中国网络社会组织联合会未成年人网络保护系列丛书

人工智能为儿童

——面向儿童群体的人工智能应用调研报告

人工智能为儿童项目组　编著

中国商务出版社
CHINA COMMERCE AND TRADE PRESS

图书在版编目（CIP）数据

人工智能为儿童：面向儿童群体的人工智能应用调研报告/人工智能为儿童项目组编著. —北京：中国商务出版社，2021.9

（中国网络社会组织联合会未成年人网络保护系列丛书）

ISBN 978-7-5103-3942-4

Ⅰ.①人… Ⅱ.①人… Ⅲ.①人工智能—应用—儿童教育—调查研究—研究报告—中国 Ⅳ.①G61②TP18

中国版本图书馆 CIP 数据核字（2021）第 165863 号

人工智能为儿童——面向儿童群体的人工智能应用调研报告
RENGONG ZHINENG WEI ERTONG
—MIANXIANG ERTONG QUNTI DE RENGONG ZHINENG YINGYONG DIAOYAN BAOGAO

人工智能为儿童项目组　编著

出　版	中国商务出版社	
地　址	北京市东城区安定门外大街东后巷 28 号	邮政编码：100710
网　址	http://www.cctpress.com	
电　话	010-64212247（总编室）　010-64515164（事业部）	
	010-64208388（发行部）	
印　刷	北京印匠彩色印刷有限公司	
开　本	787 毫米×1092 毫米　1/16	
印　张	21	
版　次	2021 年 10 月第 1 版	印　次：2021 年 10 月第 1 次印刷
字　数	408 千字	定　价：89.00 元

序　言

党和国家历来高度重视未成年人的教育和培养，习近平总书记指出，要关心关爱少年儿童，为少年儿童茁壮成长创造有利条件，要顺应时代发展，培养能够担当民族复兴大任的时代新人。人类经历了石器时代、青铜器时代、农业革命时代、工业革命时代，如今到了人工智能时代，人工智能已成为引领新一轮科技革命和产业变革的重要驱动力。随着互联网的高速发展和智能设备的广泛普及，人工智能在提供个性化学习、加强卫生保健和改善社会福利服务等方面深刻改变着世界，也为在数字世界中实现儿童权利提供了巨大潜力。由于人工智能技术具有广泛的社会、经济和道德影响，各国政府和许多组织都在为其开发和实施制定指南，但目前全球范围内各类人工智能相关政策的制定和执行，普遍缺乏反映儿童权利。因此，为保护儿童免受人工智能的危害，赋予儿童创造未来的权利和动力，便于国家制定相应发展战略和政策，有必要对面向儿童群体的人工智能应用进行调研和总结。

中国网络社会组织联合会（以下简称"中网联"）自 2018 年 5 月成立以来，为贯彻落实《关于加快建立网络综合治理体系的意见》，完善未成年人网络保护体制机制，进一步凝聚社会共识、清朗网络空间，围绕促进政府、学校、家庭、企业等多主体参与未成年人网络保护开展了系列活动。本书是中网联受联合国儿童基金会于 2020 年 9 月公布的《人工智能为儿童——政策指南》草案启发，与联合国儿童基金会、中国传媒大学联合成立项目组，历时半年调研，面向全国征集实践案例，经专家多轮评审修改完善而成。书中围绕人工智能技术与应用如何保护儿童的实践课题，集中反映了涉及儿童群体的人工智能应用类型和发展现状，展示了我国目前在人工智能领域造福儿童方面的新做法和新成效。本书内容于 2021 年 6 月 1 日在未成年人网络保护研讨会（宁波）上公开发布以来，受到媒体广泛报道，引发社会各界高度关注和积极反响，项目组受邀将在 2021 年 12 月召开的联合国互联网治理论坛上以"发布与奖励"形式向全球介绍人工智能为儿童的中国案例。这既是激荡思想、凝聚智慧的力行之举，更展现了社会各界同人关心关爱未成年人的情怀和担当。

　　国家的未来在未成年人，人工智能的未来也在未成年人。全国人大社会建设委员会和中网联愿与社会各界一道，聚焦人工智能发展前沿问题，深入探讨人工智能快速发展条件下未成年人保护的新思路和新举措，凝聚共识、深化合作，坚持守正创新，强化责任担当，充分发挥立法、执法检查和桥梁纽带作用，积极致力于推动未成年人网络保护工作，为未成年人健康快乐成长贡献自己的力量！

全国人大社会建设委员会副主任委员
中国网络社会组织联合会会长

2021 年 9 月于北京

前 言

　　近年来，随着人工智能技术的快速发展，面向儿童群体的相关应用和产品大量涌现，蓬勃发展，场景覆盖健康、安全、教育、娱乐和公益等各个方面。但同时也带来了公平性、隐私安全、泛人工智能乱象和过度依赖等不少衍生问题和潜在风险。儿童权利在数字时代亟待关注，但全球范围内各类政策的制定和执行，大多以改善人工智能系统、更好服务社会为目的，较少涉及反映儿童权利的内容。因此，为促进保护儿童健康成长，妥善应对人工智能可能带来的挑战，对面向儿童群体的人工智能应用现状进行调研尤为必要。在联合国儿童基金会的支持下，中国网络社会组织联合会联合中国传媒大学共同组成项目组，开展人工智能技术在儿童领域中的应用情况调研，并面向社会征集人工智能技术为儿童提供服务及保护的案例。

　　本书包含六个章节，详细分析了面向儿童群体的人工智能发展现状、与儿童相关的人工智能原则政策和法律，以及面向儿童群体的人工智能应用，并编选国内 39 个人工智能应用典型案例，尽可能反映涉及儿童群体的人工智能应用类型，如课堂教辅、在线教育、智能陪伴、儿童安全、儿童健康及公益/弱势群体等，具有一定实际参考价值。

　　本书由现任中国网络社会组织联合会秘书长、中国传媒大学新闻传播学院（互联网治理方向）副教授、北京大学政府管理学院政治学理论专业博士赵晖担任项目负责人，带领中国网络社会组织联合会、中国传媒大学、联合国儿童基金会有关专家学者共同完成。中国网络社会组织联合会对外交流部主任丁秀云、中国传媒大学信息与通信工程学院副教授严明、联合国儿童基金会驻华办事处儿童保护官员苏文颖作为项目组核心成员，赴多地调研了 29 家社会组织、高校、科研院所及企业，充分了解各单位在人工智能为儿童领域的研究情况和工作现状，为本书编撰提供大量背景资料及独到见解，丰富了本书内容。同时项目组组织来自社会各界的专家学者召开多次专家研讨会和案例评审会，查阅、分析国内外大量相关政策法规，结合实际考察内容对人工智能为儿童领域相关文献进行深度解读，分类、整理各单位优秀实践案例，最终形成了本调研报告及案例汇编。

　　本书鼓励开诚布公地讨论，通过分享典型实践案例，可以为社会各界带来诸多积极有益的影响。例如：对政策制定者，本书可以作为未来制定法律和法规的基础，同时督促各方恪守社会责任，制定相应的准则；对教育工作者，有助于探讨儿童教育该如何在人工智能席卷而来的浪潮中积极地进行教育革新；对技术开发者，可以进一步促进人工智能技术在儿童领域中的研究，推动助力儿童健康成长的深入思考和探索。希望通过本书使读者近距离了解我国人工智能技术发展现状，同时为各方提供交流探讨机会，助力人工智能技术在儿童领域的发展与应用。

人工智能为儿童项目组

2021 年 9 月于北京

目录
CONTENTS

第1章 绪 论

1.1 调研背景

近年来，人工智能作为引领新一代科技革命和产业变革的战略性技术，在提供个性化学习、加强卫生保健和改善社会福利服务等方面的应用正深刻改变社会生活、改变世界，也为在数字世界中实现儿童权利提供了巨大潜力。孩子们已经以许多不同的方式与人工智能技术进行交互，这些技术往往被嵌入玩具、应用程序和视频游戏中，不知不觉中影响着每个孩子的成长。

2020年初暴发的新冠肺炎疫情极大地推动了人工智能相关技术在儿童教育及休闲娱乐上的应用。据清华大学附属小学统计，在2020年春季学期中，全校一共录制了816节直播课，直播及点播总量超过6.54亿人次。[①] 可以说全国儿童都经历了从传统课堂到在线学习的转变，并且将对未来的学习产生深远的影响。除了学习以外，网络游戏、短视频等应用也成为疫情期间儿童的主要娱乐休闲方式之一。使用人工智能技术的应用软件在带来更好体验的同时，也容易让孩子沉迷于这些应用，从而危害儿童的健康。

为了使网络技术更好地服务未成年人，并保护未成年人的合法权益，已于2021年6月1日正式实行的《中华人民共和国未成年人保护法》（2020年修订版）中增设了"网络保护"专章。[②] 国家鼓励和支持有利于未成年人健康成长的网络内容的创作与传播，鼓励和支持专门以未成年人为服务对象、适合未成年人身心健康特点的网络技术、产品、服务的研发、生产和使用。

联合国儿童基金会于2020年9月公布了《人工智能为儿童——政策指南》草

---

① 清华大学附属小学公众号. https://mp.weixin.qq.com/s/ROwijIYnVQzMbgCxaFtiBw.

② 新华网. http://m.xinhuanet.com/2020-10/18/c_ 1126624505.htm.

案，这是一项针对政府和行业的全球政策指南，其中包含以儿童为中心的人工智能的实用建议和原则。除隐私、安全、公平等主题外，该指南还特别关注了人工智能对儿童的适用性，更考虑了儿童的独特发展需求，强调了人工智能系统应该对孩子也是可以理解的，并鼓励开发可以增进儿童成长福祉的人工智能系统。[①]

为更好地了解人工智能如何保护、提供和赋予儿童权利，助力有关部门研制行业标准，妥善应对人工智能可能带来的挑战，推动我国人工智能健康快速发展，中国网络社会组织联合会、联合国儿童基金会和中国传媒大学共同进行面向儿童群体的人工智能应用调研。希望通过这次调研，尽可能真实地反映人工智能技术在儿童群体中的应用情况，并发现现有技术的不足之处，促进人工智能技术和应用的改进，以此保护儿童在网络环境中健康成长。

1.2 调研范围及局限性

人工智能是计算机科学的一个分支，它企图了解智能的实质，并生产出一种新的能以与人类智能相似的方式做出反应的智能机器或软件，该领域的研究包括语音识别、图像识别、自然语言处理、机器人和智能推荐等。在本报告中，不仅调研像智能陪伴机器人这种显而易见的人工智能设备，还调研基于人工智能技术开发的各类软件应用。对于使用者来说，也许并不清楚这些软件应用背后所使用的技术，以及使用这些技术存在的风险。此外，本报告还对培养青少年编程能力的信息学培训和竞赛的情况进行了总结。

基于上述目的，我们主要选择了三类调研对象：一是互联网企业；二是科研院所；三是政府机构及社会组织。现场调研的区域主要以北京为主，除北京之外的区域主要有深圳、杭州和南京等地。此外，还面向全社会发布案例征集通知，邀请国内的企业、研究机构和社会组织等撰写案例，分享经验。案例要求以问题为导向，以解决问题为目的，包括背景、实际做法、最终成效三个部分。累计收到了来自不同地区和行业的50多个有效案例。

虽然该报告希望尽可能反映所有涉及儿童群体的人工智能应用类型，但是调研对象的范围和区域很难做到全覆盖。在调研过程中，虽然尽可能选择具有代表性的调研对象和区域，但仍会有很多跟儿童相关的应用不能得到体现，特别是偏远地区，限于精力等原因无法进行全面的调研。征集到的案例虽然力求覆盖所有面向儿童群

[①] 联合国儿童基金会. https://www.unicef.cn/en/reports/policy-guidance-ai-children.

体的应用类型，但是限于宣传力度以及相关单位的积极程度，有些应用类型上的案例数量并不是很多。尽管本报告所展现的内容不一定完全反映这些应用的最新水平，但我们希望通过对相关案例的分析，能够为政策制定者、应用开发者、儿童用户及家长等相关参与方提供适当的建议和参考。

2.1 人工智能的定义

人工智能（Artificial Intelligence，AI），作为计算机学科的一个重要分支，于
1956 年在达特茅斯学会上正式被提出，在当前被人们称为世界三大尖端技术之一。[①]

美国斯坦福大学著名的人工智能研究中心尼尔逊教授这样定义人工智能："人工
智能是关于知识的学科——怎样表示知识以及怎样获得知识并使用知识的学科"；
另一名著名的美国大学麻省理工学院的温斯顿教授认为"人工智能就是研究如何使
计算机去做过去只有人才能做的智能工作"。[②]

当前人工智能的定义仍相对模糊，目前普遍说法是拥有"仿人"的能力，即能
通过计算机实现人脑的思维能力，包括感知、决策以及行动。人工智能按照智能程
度大致可以分成三类：弱人工智能、强人工智能和超人工智能。图 2-1 描述了这三
类人工智能分别对应的解释。现阶段所实现的人工智能大部分指的是弱人工智能，
并且已经被广泛应用。

[①]崔雍浩，商聪，陈锶奇，等. 人工智能综述：AI 的发展 [J]. 无线电通信技术，2019，45（3）：225－
231.

[②]百度百科. https://baike.baidu.com/item/%E4%BA%BA%E5%B7%A5%E6%99%BA%E8%83%BD/9180?fr=
aladdin.

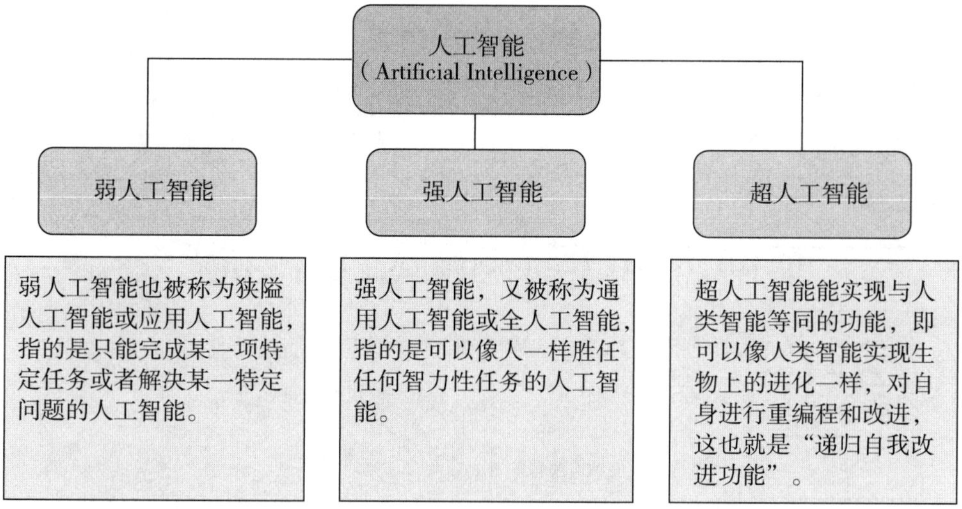

图 2-1　人工智能类别

2.2　人工智能主要应用

以人工智能为首的数字技术为我们的生活提供了重要的工具，在医疗、制造业、服务业、城市治理等领域发挥了重要的作用。自 2020 年新冠肺炎疫情全球大流行，人工智能在助力、支撑国家复工复产和数字经济发展等方面也发挥了重要作用。人工智能助推各行各业转型升级，有效提升了社会劳动生产率、降低了劳动成本并优化产品服务，改变生产与生活方式。近年来在政策、资本的双重推动下，人工智能商业化应用进程加快。目前，人工智能技术已在教育、安全、金融、智能交通、医疗健康、智能家居、游戏娱乐等多个领域实现技术落地，并且应用场景也愈来愈丰富，主要应用如图 2-2 所示。

1. 智慧教育

以人工智能为代表的新一代信息技术的快速发展，将会对传统的教育理念、教育体系和教学模式产生革命性影响，从而进一步释放教育在推动人类社会发展过程中的巨大潜力。"人工智能+教育"正在掀起教育的一场革命。它改变着教育的生态、教育的环境、教育的方式、教育管理的模式、师生关系等。

通过图像识别技术，人工智能可以将教师从繁重的批改作业和阅卷工作中解放出来；语音识别和语义分析技术，可以辅助教师进行英语口试测评，也可以纠正、

教育	学情分析、智能作业批改、课堂效果评估、智能辅导
安全	人脸识别、公安监控、语音识别、暴力行为分析
智能交通	自动驾驶、智能停车、智能调度
医疗健康	流行病预测、健康管理、远程手术、疫情防控
智能家居	家庭机器人、智能家居管理、安全监测、入侵检测
游戏娱乐	语音识别、地图线路规划、智能推荐、防沉迷
智能机器人	智能感知、人机交互、智能识别
金融	智能投资、风险评估预测、智能反欺诈、身份认证
农业	智慧养殖、智能育种栽培、智能检测管理
可穿戴设备	智能眼镜、智能手表、智能健康检测、智能服饰
工业制造	工业机器人、智能供应链、智能物联网、产品质检

图 2-2 典型人工智能应用

改进学生的英语发音；而人机交互技术，可以协助教师为学生在线答疑解惑。人工智能将教学变为大数据分析以及人工智能辅助的以学生为中心的个性化学习，为每个学生提供个性化、定制化的学习内容、方法，从而激发学生深层次的学习欲望。

2. 安全

随着高清视频、智能分析、云计算和大数据等相关技术的发展，安防正在从传统的被动防御向主动判断、预警发展，行业也从单一的安全领域向多行业应用、提升生产效率、提高生活智能化程度方向发展，为更多的行业和人群提供可视化、智能化解决方案。随着安防领域的发展，人工智能的重要作用正逐步显现。当前，用户面对海量的视频数据，已无法简单利用人海战术进行检索和分析，需要人工智能作为专家或助手，实时分析视频内容，探测异常信息，进行风险预测。视频结构化技术是融合了机器视觉、图像处理、模式识别、深度学习等最前沿的人工智能技术，是视频内容理解的基石。

3. 无人驾驶汽车

近年来，伴随着人工智能浪潮的兴起，无人驾驶已经成为人们关注的话题。无人驾驶中涉及的技术包含多个方面，例如计算机视觉、自动控制技术等。美国、英国、德国等发达国家从 20 世纪 70 年代开始就投入无人驾驶汽车的研究中，中国从 20 世纪 80 年代起也开始了无人驾驶汽车的研究。目前，我国已经有多家公司发布了无人驾驶汽车研究计划，并且有部分公司已经进行了无人驾驶汽车的测试。其中，百度于 2014 年启动无人驾驶汽车研发计划，并且在 2020 年 9 月的百度世界大会上，展示了 Apollo 无人驾驶商业化落地过程中的最新成果。[①]

4. 机器翻译

机器翻译是计算语言学的一个分支，是利用计算机将一种自然语言转换为另一种自然语言的过程。机器翻译用到的技术主要是神经机器翻译技术。随着经济全球化进程的加快及互联网的迅速发展，机器翻译技术在促进政治、经济、文化交流等方面的价值凸显，也给人们的生活带来了许多便利。例如我们在阅读英文文献时，可以方便地通过有道翻译、谷歌翻译等网站将英文转换为中文，免去了查字典的麻烦，提高了学习和工作的效率。

5. 智能家居

通过人工智能技术可以丰富家用电器的功能，对家电进行智能化升级，并为各种音乐类智能辅助设备提供智能服务和不同类型的人工智能应用模式。此外，通过应用人工智能传感器技术保障用户自身和家庭的安全，对用户自身健康、幼儿和宠物进行监测。通过分析家庭数据、推理家庭事件，并自动做出评估、匹配相关的家庭外部服务。例如分析空巢老人的健康数据，判断老人的健康状态等。随着 5G 技术的落地，智能家居将迎来快速发展，艾瑞咨询有关报告预测，2020 年，中国智能家居市场规模将达到 5819.3 亿元。[②]

6. 智能客服机器人

智能客服机器人是一种利用机器模拟人类行为的人工智能实体形态，它涉及的技术包括语音识别和自然语义理解，具有业务推理、话术应答等能力。随着智能客服机器人的垂直发展，它已经可以深入解决很多企业的细分场景下的问题。其可以针对用户的各类简单、重复性高的问题进行解答，还能为用户提供全天候的咨询应答服务，大大降低了企业的人工客服成本。

7. 智能音箱

智能音箱是语音识别、自然语言处理等人工智能技术的电子产品类应用与载体，

---

① 新华网. http://www.xinhuanet.com/tech/2020-09/15/c_ 1126496359.htm.

② 人民网. http://scitech.people.com.cn/n1/2020/0707/c1007-31774076.html.

也被视为智能家居的未来入口。支撑智能音箱交互功能的前置基础主要包括将人声转换成文本的自动语音识别技术，对文字进行词性、句法、语义等分析的自然语言处理技术，以及将文字转换成自然语音流的语音合成技术。

8. 智慧农业

应用农业人工智能技术可以提高劳动生产率、资源利用率和土地产出率，增强农业抗风险能力，保障国家粮食安全和生态安全，实现农业可持续发展，促进从传统农业向现代农业的跨越式发展，全面助力农业实现生产智能化、经营网络化、管理数据化和服务在线化。例如，运用传感器和软件通过移动平台或者计算机平台可以对农业生产进行控制。智慧农业还包括农业电子商务、食品溯源防伪、农业休闲旅游、农业信息服务等方面内容。

9. 医学图像处理

医学图像处理是目前人工智能在医疗领域的典型应用，它的处理对象是由各种不同成像机理，如在临床医学中广泛使用的核磁共振成像、超声成像等生成的医学影像。该应用可以辅助医生对病变体及其他目标区域进行定性甚至定量分析，从而大大提高医疗诊断的准确性和可靠性。另外其也在医疗教学、手术规划、手术仿真、各类医学研究、医学二维影像重建中起到重要的辅助作用。

2.3 人工智能全球发展现状

人工智能作为引领未来的战略性技术，目前全球主要经济体都将人工智能作为提升国家竞争力、维护国家安全的重大战略。自 2013 年以来，包括美国、中国、欧盟、英国、日本、德国、法国、韩国、印度、丹麦、芬兰、新西兰、俄罗斯、加拿大、新加坡、阿联酋、意大利、瑞典、荷兰、越南、西班牙等 20 多个国家和地区发布了人工智能相关战略、规划或重大计划。表 2-1 列举了 2013—2020 年全球主要经济体人工智能战略发布情况。从表中可以看出，越来越多的国家加入布局人工智能的队列中，从政策、资本、技术人才培养、应用基础设施建设等方面为本国人工智能的落地保驾护航。

表 2-1　2013—2020 年全球主要经济体人工智能战略发布情况

年份	2013	2014	2015	2016	2017	2018	2019	2020
中国			"互联网+"战略	机器人产业发展规划、"互联网+"AI	新一代AI发展规划、AI三年行动计划	新一代AI产业创新重点任务揭秘工作方案	新一代AI开放创新平台建设工作指引	国家新一代人工智能标准体系建设指南
美国	国家机器人计划、BRAIN计划			国家人工智能研究与发展战略规划	人工智能与国家安全	成立人工智能专门委员会、自动驾驶政策3.0、人工智能安全委员会法案	美国AI计划、美国AI研究与发展规划、维护美国AI领导力行政命令	巩固美国人工智能的领导地位、人工智能研究与开发
法国	法国机器人发展计划				人工智能战略	人工智能政策文件		
欧盟	人脑计划	机器人研发计划		机器人技术路线报告		AI合作宣言、人工智能伦理指南		人工智能白皮书
英国		RAS2020机器人和自主系统		机器人技术与人工智能		人工智能领域行动		
日本			机器人新战略	AI大数据等综合项目	人工智能产业路线图			
德国			自动与互联汽车战略			联邦政府人工智能战略		
韩国				智能信息社会战略			人工智能国家战略	
加拿大					泛加拿大人工智能战略			

续 表

年份	2013	2014	2015	2016	2017	2018	2019	2020
新加坡					国家人工智能计划			
阿联酋					人工智能战略			
印度						国家人工智能战略		
丹麦							人工智能国家战略	
西班牙							人工智能研究、发展与创新战略	
俄罗斯							人工智能国家战略	多领域人工智能应用路线图

5G 与人工智能的互促式发展可以加速全球人工智能应用突破与落地，因此，目前全球范围正在加快 5G 商用推广的步伐，全球 5G 基础设施建设如火如荼。

根据全球移动通信系统协会（GSMA）公布的数据显示，截至 2020 年 7 月底，全球 38 个国家已经部署了 92 张 5G 移动网络，较 4 月底增加了 22 张；截至 2020 年 9 月，全球 5G 终端达到 18 类 362 款，其中 162 款手机，113 款已经上市，5G 商用正在加快。[1] 据华为披露，截至 2020 年 6 月底，全球运营商已部署了超过 70 万个 5G 基站。截至 2021 年 2 月，中国已建成开通大约 72 万个 5G 基站，约占全球七成，华为已与运营商、合作伙伴签署了 1000 多个与 5G 相关的合同。[2]

近年来在政策、资本的双重推动下，人工智能商业化应用进程加快。目前，人工智能技术已在金融、医疗、安防、教育、交通、制造、零售等多个领域实现技术落地，且应用场景也越来越丰富。值得注意的是，尽管目前全球范围内人工智能商业化进程正加速推进，但受制于应用场景的复杂度、技术的成熟度、数据的公开水平等限制，全球人工智能仍处在产业化和市场化的探索阶段，落地场景的丰富度、用户需求和解决方案的市场渗透率仍有待提高。

---

①前瞻经济学人网. https://www.qianzhan.com/analyst/detail/220/201120-c7bf2d63.html.

②腾讯网. https://new.qq.com/omn/20210223/20210223A08NQZ00.html.

　　人工智能在北美洲、亚洲、欧洲地区的发展愈演愈烈。北美、亚洲和欧洲是全球人工智能发展最为迅速的地区。截至 2019 年底，北美地区共有 2472 家人工智能活跃企业，超级独角兽企业 78 家；亚洲地区活跃人工智能企业 1667 家，超级独角兽企业 8 家；欧洲地区活跃人工智能企业 1149 家，超级独角兽企业 8 家。[①]

　　全球科技巨头纷纷布局人工智能。在美国，谷歌在云服务、无人驾驶、虚拟现实、无人机、仓储机器人等领域均有布局。脸书公司依托社交网络，从产品中获得数据、训练数据，再将其人工智能产品反作用于社交网络用户。

　　在中国，互联网巨头企业如腾讯、百度和阿里均纷纷依托自身平台优势，构建人工智能服务产品，主要布局于人工智能应用层领域。

2.4　面向儿童群体的人工智能应用的机遇与挑战

　　人工智能系统正在从根本上改变世界并影响今后世代的儿童。孩子们已经以许多不同的方式与人工智能技术进行交互：人工智能技术被嵌入玩具、网络应用或视频游戏中，并被用来驱动聊天机器人和自适应学习软件。人工智能算法向孩子们推荐下一个要看的视频、要看的新闻、要听的音乐以及建议与谁成为朋友。除了儿童与人工智能之间的直接互动之外，儿童的生活和健康还受到自动决策系统的间接影响，该决策系统确定各种问题，例如福利补贴、医疗保健和教育质量等。人工智能技术对儿童的影响可以不同的层面进行阐述。

1. 宏观层面：人工智能在儿童领域欠缺全球合作治理

　　面对人工智能未来的发展，技术创新还存在着太多的不确定性。当下如何通过人工智能在儿童领域的全球合作达成国际共识，进而形成一定的规范，成为许多人思考和讨论的重点。人工智能可以学习已有的国际机制，未来不断加强人工智能领域的国际合作，我们可以在合作过程中找到各方的共同点，并不断探讨、沟通，一同寻找人工智能共同的准则和规则，引导人工智能的健康发展，为人类造福。

　　当前，全球正处于防控新冠肺炎疫情的关键时期，世界各国积极推动线下教学转向线上教学。人工智能技术与教育教学的融合突破了学习时间与空间的限制，满足了学习者居家学习的需求，成为一种安全可靠、过程可控的教与学模式。然而我们也看到：全球各个国家、地区之间的差异明显，尤其是在经济欠发达地区，教育

[①]前瞻经济学人网. https://bg.qianzhan.com/trends/detail/506/201023-92babe7e.html.

教学处于半停滞状态，欠缺全球教育合作治理。

同时，不同地区使用的数据标准不统一，使得现有数据难以汇聚融通，因此现有各类智能适应平台、智能学习系统只能服务于特定的教学场景。此外，伴随着数智融合出现的网络与数据安全、人工智能伦理风险等问题依然存在，例如滥用儿童数据和侵犯个人隐私等风险。没有任何一个单一国家或公司能够设计出全面、符合所有人预期的指导方针，用以管理人工智能的发展，因此我们必须加强全球合作，为人工智能在儿童群体中的应用创建一个可行的国际合作和治理框架。

2. 中观层面：智慧校园建设亟待深化

在线教育仍存在缺陷，一方面，全球范围内还有数量庞大的学校组织不能够提供正常线上教学和学习服务；另一方面，能够提供线上教育资源的学校也同样存在不能够满足学习者需求等问题，在线教育存在设备欠缺、流量不足、卡顿塞车、教师成为"十八线主播"、家长和学生不适应等诸多问题，甚至凸显教育不公平现象。人工智能教育未能真正融入学校教学过程、服务管理功能之中。

智慧校园建设成本高昂，且人工智能技术更新迭代速度较快，缺乏办学经费的学校可能难以持续对智慧校园进行升级换代。即智慧校园的实现有赖于将人工智能技术有机整合并嵌入教育活动过程之中，这种嵌入的方式、途径等需要精心设计，才能帮助教师、学生提升教与学品质。然而，从现行智慧校园的建设来看，这一功能的实现尚待时日。

3. 微观层面：个性化学习尚任重道远

人工智能技术的发展，推动了个性化学习、项目式学习、体验式学习等的变革，在大数据、学习分析等新兴技术的支持下，自适应学习方式兴起，这种学习模式解决了传统学习方式中学生主体性受限的问题，致力于为学生提供精准的个性化学习体验。

但由于学习者个体之间存在的"数字鸿沟"会造成教育资源利用的不均衡现象，难以满足学习者的个性化需求。人工智能技术同样难以解决教育公平性和包容性需求，在"数字鸿沟"日益加剧的情况下，甚至会在一定程度上增加教育的不公平现象。[1]

---

[1]卢迪，李福华，等.人工智能教育的全球治理：框架、挑战与变革[J].远程教育杂志，2020，38（6）.

第3章 与儿童相关的人工智能原则政策和法律

自 2016 年以来，全球各主要国家先后发布国家级人工智能战略。2016 年，美国、英国、中国发布国家级人工智能战略。2017 年，阿联酋、芬兰、加拿大、日本、新加坡发布国家人工智能战略。截至 2020 年 7 月，全球已有 38 个国家制定了国家层面的人工智能战略政策、产业规划文件。[①]

2020 年 8 月，联合国儿童基金会制定了有关儿童与人工智能的政策指南，该指南探讨了人工智能政策和人工智能系统，并考虑了它们对儿童的影响方式。它借鉴了《儿童权利公约》，为维护儿童权利的人工智能政策和系统奠定了 3 个基础：

（1）人工智能政策和系统应旨在保护儿童。

（2）它们应公平地满足儿童的需求和权利。

（3）它们应授权儿童为人工智能的发展和使用作出贡献。

在这些基础上，该指南提供了以儿童为中心的人工智能的 9 项要求：支持儿童的发展和幸福；确保包括所有儿童；优先考虑对儿童的公平且没有歧视；保护儿童的资料和隐私；确保儿童安全；为儿童提供透明度、可解释性和问责性；让政府和企业了解人工智能和儿童权利；为儿童在人工智能方面的当前和未来发展做准备；创造有利环境。

2021 年 3 月 24 日，联合国儿童权利委员会发布了"与数字环境有关的儿童权利问题的一般性意见"。[②] 一般性意见由《儿童权利公约》的监督机构——儿童权利委员会拟订，用于解释公约中的具体规范或与公约有关的特定主题，并就公约的落实和实际运用提供指导。3 月 24 日发布的一般性意见是首个涉及数字技术与环境的

---

①腾讯网．https://new.qq.com/rain/a/20201214A03RAM00．

②联合国儿童权利委员会．https://www.ohchr.org/EN/NewsEvents/Pages/DisplayNews.aspx？NewsID＝26944&LangID＝E．

意见，对提升儿童网络保护问题的公众意识，加强国际合作，推动各成员国及相关企业落实儿童保护措施、为儿童提供安全的网络环境等方面有很大帮助，在互联网与技术蓬勃发展的当下具有特殊意义。

3.1 全球人工智能相关标准政策

1. 中国

近年来，为了推动人工智能技术的快速规范发展，中国相关政府部门密集出台了与人工智能相关的规范或政策。图 3-1 梳理了一些主要的人工智能相关政策。

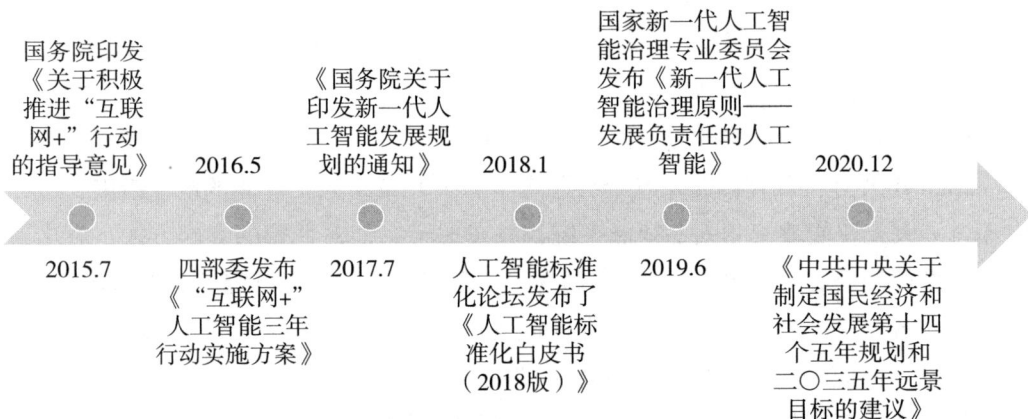

国务院印发《关于积极推进"互联网+"行动的指导意见》 2016.5 《国务院关于印发新一代人工智能发展规划的通知》 2018.1 国家新一代人工智能治理专业委员会发布《新一代人工智能治理原则——发展负责任的人工智能》 2020.12

2015.7 四部委发布《"互联网+"人工智能三年行动实施方案》 2017.7 人工智能标准化论坛发布了《人工智能标准化白皮书（2018版）》 2019.6 《中共中央关于制定国民经济和社会发展第十四个五年规划和二〇三五年远景目标的建议》

图 3-1　中国政府发布的与人工智能相关的政策

2015 年 7 月，国务院印发《关于积极推进"互联网+"行动的指导意见》（以下简称《指导意见》）。《指导意见》中将人工智能作为其主要的十一项行动之一。明确提出，依托互联网平台提供人工智能公共创新服务，加快人工智能核心技术突破，促进人工智能在智能家居、智能终端、智能汽车、机器人等领域的推广应用；要进一步推进计算机视觉、智能语音处理、生物特征识别、自然语言理解、智能决策控制以及新型人机交互等关键技术的研发和产业化。[①]

2016 年 5 月，国家发展改革委、科技部、工业和信息化部、中央网信办发布《"互联网+"人工智能三年行动实施方案》，明确提出到 2018 年国内要形成千亿元级的人工智能市场应用规模。规划确定了在 6 个具体方面支持人工智能的发展，包

---

①中国政府网. http://www.gov.cn/zhengce/content/2015-07/04/content_ 10002.htm.

括资金、系统标准化、知识产权保护、人力资源发展、国际合作和实施安排。规划确立了在 2018 年前建立基础设施、创新平台、工业系统、创新服务系统和人工智能基础工业标准化这一目标。①

2017 年 7 月,《国务院关于印发新一代人工智能发展规划的通知》要求做好发展人工智能的保障措施,围绕推动我国人工智能健康快速发展的现实要求,妥善应对人工智能可能带来的挑战,形成适应人工智能发展的制度安排,构建开放包容的国际化环境,夯实人工智能发展的社会基础。从战略态势、总体要求、资源配置、立法、组织等各个层面阐述了中国人工智能发展规划,要求加强人工智能标准框架体系研究,到 2020 年初步建成人工智能技术标准体系,其中包括人工智能网络安全、隐私保护等技术标准,鼓励各行业各单位参与或主导制定国际标准。②

2018 年 1 月,人工智能标准化论坛发布了《人工智能标准化白皮书(2018版)》。国家标准化管理委员会宣布成立国家人工智能标准化总体组、专家咨询组,负责全面统筹规划和协调管理我国人工智能标准化工作,并对其中的《促进新一代人工智能产业发展三年行动计划(2018—2020 年)》及《人工智能标准化助力产业发展》进行解读,全面推进人工智能标准化工作。③

2019 年 6 月,国家新一代人工智能治理专业委员会发布《新一代人工智能治理原则——发展负责任的人工智能》(以下简称《治理原则》)。《治理原则》提出了人工智能治理的框架和行动指南。这是我国促进新一代人工智能健康发展,加强人工智能法律、伦理、社会问题研究,积极推动人工智能全球治理的一项重要成果。④

2020 年 10 月,《中共中央关于制定国民经济和社会发展第十四个五年规划和二〇三五年远景目标的建议》提出"把科技自立自强作为国家发展的战略支撑",并指出"要瞄准人工智能、量子信息、集成电路、生命健康、脑科学等前沿领域,实施一批具有前瞻性、战略性的国家重大科技项目"。⑤

2. 美国

2016 年,美国发布了《美国国家人工智能研究与发展战略规划》。目标是投资研究,开发人工智能协作方法,解决人工智能的安全、道德、法律和社会影响,为人工智能培训创建公共数据集,并通过标准和基准评估人工智能技术,首次将人工智能上升到美国国家战略高度。近期,美国政府启动了"美国人工智能计划",是前期国家人工智能研发战略的延伸,主要包括研究和开发、释放资源、道德标准、

---

①中国政府网. http://www.gov.cn/xinwen/2016-05/23/content_ 5075944.htm.
②中国政府网. http://www.gov.cn/zhengce/content/2017-07/20/content_ 5211996.htm.
③中国电子技术标准化研究院. http://www.cesi.cn/201801/3545.html.
④新华网. http://www.xinhuanet.com/tech/2019-06/18/c_ 1124636003.htm.
⑤中国政府网. http://www.gov.cn/zhengce/2020-11/03/content_ 5556991.htm.

自动化和国际推广等 5 个方面，要求确保人工智能系统安全可靠。①

2020 年 2 月，美国白宫科技政策办公室（OSTP）发布《美国人工智能行动：第一年度报告》。从投资人工智能研发、释放人工智能资源、消除人工智能创新障碍、培训人工智能人才、打造支持美国人工智能创新的国际环境，致力在政府服务和任务中打造可信的人工智能等方面，总结了特朗普签署《维护美国人工智能领导力的行政命令》一年后，在实施"美国人工智能行动"方面取得的重大进展。②

2020 年 5 月，美国参议院民主党领袖 Chuck Schumer 提出《无尽前沿法案》（Endless Frontiers Act），拟在未来 5 年投入 1000 亿美元研发十大关键技术，包括芯片、人工智能等。根据该法案，美国国家科学基金会（NSF）将更名为国家科学技术基金会（NTSF），并建议在 NTSF 内设立技术局，以推进 10 个关键重点领域技术的发展。③

2020 年 6 月，美国国会提出 3 个两党法案：《军队人工智能法案》《国家安全创新途径法案》和《维护美国创新法案》。《军队人工智能法案》进一步提高了人工智能在整个国防部的重要性，确保联合人工智能中心的负责人是三星级将领并直接向国防部长报告，法案还要求国防部长制订培训和认证计划，以更好地招募人工智能和网络安全人才等；《国家安全创新途径法案》旨在为从事保护国家安全方面重要工作的非公民建立获取移民签证的途径，如为从事特定技术领域（人工智能、量子信息科学、生物学、机器人技术等）的学生或专业人员提供永久居留的途径；《维护美国创新法案》进一步解决了教育部门在报告中国捐助美国学术机构情况执法的问题，提出对接受联邦赠款但不披露外国支持的个人予以处罚等规定。④

2020 年 9 月，美国和英国政府正式签署《人工智能研究与开发合作宣言》。旨在促进两国在人工智能发展方面的合作，并对人工智能规划的优先事项提出建议。⑤

3. 俄罗斯

2019 年 10 月，普京签署批准《关于发展俄罗斯人工智能》命令，批准《俄罗斯 2030 年前国家人工智能发展战略》。战略提出俄发展人工智能的基本原则、总体目标、主要任务、工作重点及实施机制旨在促进俄罗斯在人工智能领域的快速发展，谋求在人工智能领域的世界领先地位。包括强化人工智能领域科学研究，为用户提

---

① 搜狐网. https://www.sohu.com/a/118826997_483389.
② 中国国际科技交流中心. http://www.ciste.org.cn/index.php?m=content&c=index&a=show&catid=148&id=1861.
③ 腾讯网. https://new.qq.com/omn/20210422/20210422A05BA500.html.
④ 搜狐网. https://www.sohu.com/a/435550437_358040?sec=wd.
⑤ 搜狐网. https://www.sohu.com/a/435550437_358040.

升信息和计算资源的可用性，完善人工智能领域人才培养体系等。①

2020 年 7 月，俄罗斯经济发展部称正在制定人工智能在卫生、交通、智慧城市、农业、工业和国防工业综合体等领域的应用战略和路线图，截至 2024 年，将制定出不少于 15 个此类政策。②

4. 欧盟

2018 年，欧盟委员会发布了《欧盟人工智能》报告，提出了一项数字欧洲计划，明确了欧盟人工智能行动计划，主要举措包括承诺将欧盟对人工智能的投资从 2017 年的 5 亿欧元增加到 2020 年底的 15 亿欧元，同时建立欧洲人工智能联盟，并设立"人工智能高级别小组"作为其指导小组，负责起草道德准则供成员国审议。同年，欧盟成员国签署了人工智能合作宣言。③

2019 年 4 月，欧盟人工智能高级别专家组正式发布了《可信赖的人工智能伦理准则》。同时欧盟委员会还发布了政策文件——《建立以人为本的可信人工智能》。根据准则，可信赖的人工智能应该是合法的、合乎伦理的、稳健的。该指南提出了未来人工智能系统应满足的七大原则，以便被认为是可信的。修订后的指南原计划将于 2020 年上半年发布。④

2020 年 2 月，欧盟委员会进一步发布了《关于人工智能、物联网、机器人对安全和责任的影响的报告》。⑤

2020 年 2 月，欧盟委员会在布鲁塞尔发布《人工智能白皮书》，旨在促进欧洲在人工智能领域的创新能力，推动道德和可信赖人工智能的发展。白皮书提出一系列人工智能研发和监管的政策措施，并提出构建"卓越生态系统"和"信任生态系统"。卓越生态系统目的是从研究和创新开始，并创造适当的激励机制，以加速采用针对包括中小型企业在内的人工智能解决方案。信任生态系统必须确保遵守欧盟规则，在欧盟运行的高风险的人工智能系统保护消费者的基本权利。建立受信任生态系统本身就是一项政策目标，应该让公民有信心接受人工智能的应用，并给予公司和公共组织使用人工智能进行创新的法律确定性。⑥

2020 年 12 月，欧盟提出新的人工智能法案《数据服务法》。新法案将聚焦风险准则和透明性规则，通过引入人工智能技术的风险准则与透明性规则来限制和监管人工智能技术的使用。法案针对人工智能系统的数据库制定数据收集的透明性规则，

---

①新华网. http://www.xinhuanet.com/world/2019-10/12/c_ 1125097410.htm.
②搜狐网. https://m.sohu.com/a/435550437_ 358040.
③搜狐网. https://www.sohu.com/a/230896121_ 320333.
④搜狐网. https://www.sohu.com/a/309897032_ 375670.
⑤腾讯网. https://new.qq.com/omn/20200301/20200301A0IKUR00.html.
⑥搜狐网. https://www.sohu.com/a/376681565_ 120057883.

以确保它们是被合法采集且可追溯其来源。欧盟委员会希望通过加强对技术的人工监督来使难以理解的"黑匣子"清晰、透明化。[①]

5. 韩国

2018 年 7 月，韩国第四次工业革命委员会审议通过了人工智能研发战略。主要包括确保人才、技术和基础设施等 3 个方面。其中，预计在 2022 年前新设 6 所人工智能研究生院，拥有 1370 名人工智能高级人才，培养 350 名人工智能高级研究人员的计划，并投资 20 亿美元用于人工智能研究。[②]

2020 年 6 月，韩国发布人工智能新政，计划投资 76 万亿韩元（约合 4400 亿元人民币），旨在于 2025 年前，通过支持就业增长和新兴产业调整经济重心。新政的重点之一是促进跨行业使用第五代无线网络和人工智能技术，同时在韩国最不发达地区促进数字化进程，投资还将为专注于绿色技术的初创企业提供支持。在人才招募上，政府希望能够召集到 100000 名人工智能和软件编程专家，从各个方面助力韩国经济复苏。政府还发布了 3 个支柱下的 10 个关键项目，包括加强可持续数据基础设施、扩展数据收集和使用、建立 5G 网络基础设施、扩展人工智能数据及其在整个行业的使用、加强云和网络安全等。[③]

6. 日本

2016 年，日本提出了超智能社会 5.0 战略，将人工智能作为实现超智能社会5.0 的核心，同时明确提出设立"人工智能战略会议"，将产官学结合的战略高度作为实现第四次产业革命的具体措施。[④]

3.2 国内与儿童相关的人工智能相关政策法规

1. 国家层面的政策法规

随着人工智能技术在儿童群体中被大量应用，为了规范这些技术的发展，并保障儿童权利，近年来我国政府从多个视角出发陆续出台了相关的政策法规，主要政

[①] 搜狐网. https://www.sohu.com/a/436452422_ 468720.

[②] 搜狐网. https://www.sohu.com/a/249325635_ 505884.

[③] 人民网. http://korea.people.com.cn/n1/2020/0618/c407882-31751696.html.

[④] 人民网. http://japan.people.com.cn/n1/2019/0304/c35421-30954984.html.

策及出台时间节点如图 3-2 所示。可以看出，近两年相关政策非常密集，充分体现了国家对人工智能在儿童群体中应用的重视。

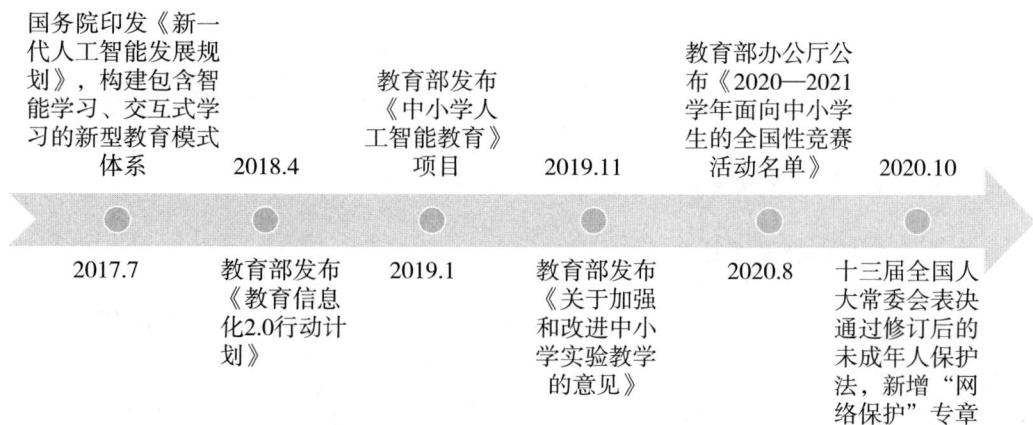

国务院印发《新一代人工智能发展规划》，构建包含智能学习、交互式学习的新型教育模式体系　2018.4

教育部发布《中小学人工智能教育》项目　2019.11

教育部办公厅公布《2020—2021学年面向中小学生的全国性竞赛活动名单》　2020.10

2017.7　　教育部发布《教育信息化2.0行动计划》　2019.1　　教育部发布《关于加强和改进中小学实验教学的意见》　2020.8　　十三届全国人大常委会表决通过修订后的未成年人保护法，新增"网络保护"专章

图 3-2　国家级儿童相关人工智能相关政策法规

2017 年 7 月，国务院印发《新一代人工智能发展规划》。规划指出：构建包含智能学习、交互式学习的新型教育模式体系，推动人工智能在教学、管理、资源建设等全流程应用，中小学设置人工智能教程、推广编程教育，高校增加硕博培养形成"人工智能+X"模式和普及智能交互式教育开放研发平台。[①]

2018 年 4 月，教育部发布《教育信息化 2.0 行动计划》。该计划指出：大力推进智能教育，开展以学习者为中心的智能化教学支持环境建设，推动人工智能在教学、管理等方面的全流程应用，利用智能技术加快推动人才培养模式、教学方法改革，探索泛在、灵活、智能的教育教学新环境建设与应用模式。[②]

2019 年 1 月，教育部发布《中小学人工智能教育》项目。北京、广州、深圳、武汉、西安作为第一批试点城市，3~8 年级学生将试点学习人工智能教育与编程课程。[③]

2019 年 11 月，教育部发布《关于加强和改进中小学实验教学的意见》，指出加强实验教学与多学科融合教育、编程教育、创客教育、人工智能教育、社会实践等有机融合。[④]

2020 年 8 月，教育部办公厅公布《2020—2021 学年面向中小学生的全国性竞赛活动名单》。确定"中国青少年机器人竞赛""全国青少年创意编程与智能设计大赛"等 35 项竞赛活动为 2020—2021 学年面向中小学生的全国性竞赛活动。名单中

---

①中国政府网. http://www.gov.cn/xinwen/2017-07/20/content_ 5212064.htm.

②教育部. http://www.moe.gov.cn/srcsite/A16/s3342/201804/t20180425_ 334188.html.

③中国政府网. http://www.gov.cn/xinwen/2019-01/24/content_ 5360752.htm.

④教育部. http://www.moe.gov.cn/srcsite/A06/s3321/201911/t20191128_ 409958.html.

共包含 35 项赛事，其中和编程相关的赛事共 11 项，约占总数 1/3。相较于 2019 年，2021 年教育部新增了 14 项赛事，其中编程相关赛事就有 5 项。[①]

2020 年 10 月，十三届全国人大常委会二十二次会议表决通过了修订后的《中华人民共和国未成年人保护法》。新法新增"网络保护"专章，规定对未成年人使用网络游戏实行时间管理，具体办法由国务院规定。网络游戏服务提供者应当按照国家有关规定和标准，对游戏产品进行分类、做出提示，并采取技术措施，不得让未成年人接触不适宜其接触的游戏或者游戏功能。[②]

2. 省市地区相关政策法规

此外，部分省市地区也相继出台了面向中小学的人工智能教学及应用等相关政策法规。图 3-3 展示了近两年出台的主要政策和法规。从图中可以看出，大部分省市地区都积极发布了人工智能在中小学中应用的文件，对人工智能应用的发展起到了较大的推动作用。

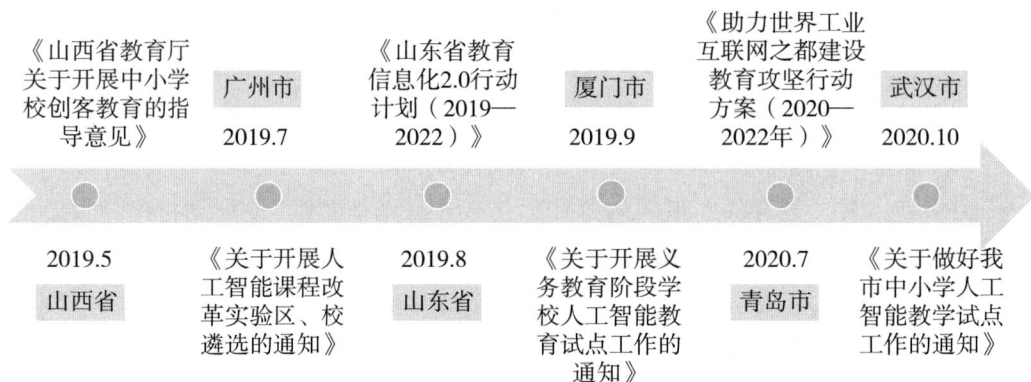

图 3-3　省市地区出台的面向中小学的人工智能相关政策法规

2019 年 5 月，山西省教育厅发布《山西省教育厅关于开展中小学校创客教育的指导意见》，文件提出：积极鼓励、引导和支持一批中小学校，构建良好的创客教育环境，培育切合学校实际、满足活动需求、具有示范引领作用的创客教育基地。推动人工智能教育大力发展，落实到中小学。[③]

2019 年 7 月，广州市教育局发布《关于开展人工智能课程改革实验区、校遴选的通知》，提出将在广州市遴选实验区和实验校，开展中小学人工智能课程实验。预计于秋季开展校本课程试点实验，到 2022 年，实现人工智能教育覆盖广州全市学校。[④]

---

①教育部. http://www.moe.gov.cn/jyb_ xxgk/s5743/s5745/202007/t20200701_ 469571.html.
②人民网. http://politics.people.com.cn/n1/2020/1017/c1024-31895829.html.
③山西省教育厅. http://jyt.shanxi.gov.cn/sjytxxgk/xxgkml/jytwj/201905/t20190508_ 639791.html.
④广州市教育局. http://jyj.gz.gov.cn/gk/zfxxgkml/bmwj/qtwj/content/post_ 4195670.html.

2019 年 8 月，山东省教育厅发布《山东省教育信息化 2.0 行动计划（2019—2022）》，提出要整合人工智能教育、机器人教育等创客教育资源，着力打造创客教育课程体系。推进人工智能教育试点区域和试点学校建设。[①]

2019 年 9 月，厦门市教育局发布《关于开展义务教育阶段学校人工智能教育试点工作的通知》，决定在厦门市义务教育阶段学校开展人工智能教育试点。[②]

2020 年 7 月，青岛市教育局出台《助力世界工业互联网之都建设教育攻坚行动方案（2020—2022 年）》，将工业互联网和人工智能教育纳入中小学科技教育和综合实践课程体系，制定了《青岛市人工智能教育实施意见》和《人工智能教育课程纲要》，面向全市中小学生推广普及人工智能基础课程，3 年内打造 100 所人工智能教育实验学校。[③]

2020 年 10 月，湖北省武汉市教育局发布《关于做好我市中小学人工智能教学试点工作的通知》，决定从 2020 年秋季学期起在部分中小学开展人工智能教学试点。要求各区教育局高度重视人工智能教学工作，加强人工智能教学工作指导。[④]

3. 其他组织机构相关文件

2020 年 9 月，智源研究院联合北京大学人工智能研究院、清华大学人工智能研究院、清华大学人工智能国际治理研究院等高校院所，以及小米、360、好未来、新一代人工智能产业技术创新战略联盟等人工智能企业和联盟组织，共同发布了我国首个针对儿童的人工智能发展原则《面向儿童的人工智能北京共识》。针对儿童这一特殊群体接触使用的人工智能技术产品加以伦理研究和规制，帮助相关企业避免潜在风险，保障未成年人的健康成长。

作为我国首个针对儿童的人工智能发展原则，《面向儿童的人工智能北京共识》是《人工智能北京共识》针对儿童群体的实施细则，涵盖了"以儿童为中心""保护儿童权利""承担责任"和"多方治理"四大主题，共包括 19 条细化原则，呼吁社会各界高度重视人工智能对儿童的影响，人工智能的发展应保护和促进儿童的权益，避免剥夺和损害儿童的权利，助力实现儿童健康成长。[⑤]

---

① 山东省教育厅. http://edu.shandong.gov.cn/art/2019/8/19/art_ 11992_ 7194732.html.
② 厦门市教育局. http://edu.xm.gov.cn/xxgk/zfxxgk/zfxxgkml/yzdgkdqtzfxx/201909/t20190924_ 2336425.htm.
③ 青岛市教育局. http://edu.qingdao.gov.cn/n32561912/n32561915/200728135709627363.html.
④ 武汉市教育局. http://jyj.wuhan.gov.cn/zfxxgk/fdzdgknr/wjtz20201009/202010/t20201023_ 1471803.shtml.
⑤ 新华网. http://www.xinhuanet.com/tech/2019-05-25/c_ 1124540938.htm.

3.3 儿童权利和人工智能

1. 儿童权利

儿童作为人类生命的最初形式，承载着人类未来的希望。然而，对于社会来说，儿童仍旧是社会的弱势群体，更需要社会为其生存和发展提供更多的保护，以便其能获得更加良好的生存环境。但儿童的自身心智尚未成熟，无法为其自身争取权利，因此，明确儿童在社会中的权利就显得至关重要。1989 年 11 月 20 日，第 44 届联合国大会第 25 号决议通过《儿童权利公约》，是第一部有关保障儿童权利且具有法律约束力的国际性约定。该公约旨在保护儿童权益，为世界儿童提供良好的生活环境。公约将"儿童"界定为"18 岁以下的任何人"。公约强调，各国应确保其管辖范围内的每一儿童均享受公约所载的权利，不因儿童或其父母或法定监护人的种族、肤色、性别、语言、宗教、政治或其他见解、国籍或社会出身、财产、伤残或其他身份等而有任何差别。该公约旨在保证儿童的幸福和权利，对儿童应享有的权利在以下方面做出了规定，包括儿童最基本的生存权、全面发展权、受保护权和全面参与家庭、文化和社会生活的权利。同时，《儿童权利公约》还确立了 4 项基本原则：无歧视、儿童利益最大化、生存和发展权以及尊重儿童的想法。[1]

作为联合国的常任理事国之一，我国也一直在推进儿童权利保障系统的发展。1990 年 8 月 29 日，中国常驻联合国大使代表中华人民共和国政府签署了《儿童权利公约》，中国成为该公约的第 105 个签约国。并于 1991 年 12 月 29 日批准《儿童权利公约》。同时声明，中国将在符合其宪法第 25 条关于计划生育的规定的前提下，并据《中华人民共和国未成年人保护法》第 2 条的规定，履行公约第 6 条所规定的义务。

2. 网络时代下的儿童权利保护

加入联合国《儿童权利公约》30 年来，中国儿童事业发展取得了历史性成就和巨大的成功。随着互联网的飞速发展，信息网络化的浪潮席卷全球。截至 2020 年 12 月，我国网民规模达 9.89 亿，手机网民规模达 9.86 亿，互联网普及率达 70.4%。其中，40 岁以下网民超过 50%，学生网民最多，占比为 21.0%。[2] 网络空间作为家庭、学校、社会等现实世界的延展，已经成为未成年人成长过程中极为重

---

[1] 联合国. https://www.un.org/zh/documents/treaty/files/A-RES-44-25.shtml.
[2] 新华网. http://www.xinhuanet.com/politics/2021-02/03/c_1127057425.htm?baike.

要的新环境。在传统的未成年人保护体系当中，国家、社会、学校、家庭作为不同的责任主体，分别在各自职责范围内履行保护责任。然而，网络的横向性打破了这一职责划分界限，职责界限相互交叉，单一主体履行单一职责难以实现全面保护。因此，2020 年我国第二次修订《中华人民共和国未成年人保护法》，与时俱进，对网络时代的热点问题进行回应，创设了"网络保护"专章。该专章对网络保护的理念、网络环境管理、相关企业责任、网络信息管理、个人网络信息保护、网络沉迷防治等作出全面规范，力图实现对未成年人的线上线下全方位保护。同时，该专章也与《中华人民共和国未成年人保护法》各章节互补配合，实现多方主体共治的整体保护局面，在互联网时代的背景下，最大限度地保护未成年人的权利。

"网络保护"专章以网络素养教育、网络信息管理、网络沉迷防治、个人信息保护、网络欺凌防治五大主题为纲，以国家、社会、学校、家庭这四大责任主体为本。该体系分别从培养网络素养教育，构建以分类管理为基础的网络信息管理制度，对网络沉迷现象进行防治，通过为未成年人提供特殊保护以及为未成年人提供便捷、合理、有效的投诉和举报渠道等方面加强在网络时代对未成年人的保护。

第一，网络素养教育是实现网络保护的根本和基石，网络素养教育的加强，不仅有利于未成年人牢牢把握网络时代的风向标，而且也能进一步提高未成年人辨别、应对网络风险的意识和能力。互联网时代的海量信息对儿童的方方面面都带来了巨大的冲击，只有对其进行正确的引导，才能使儿童更加正确应对信息安全、网络沉迷、网络欺凌等网络风险，树立符合社会发展规律的网络价值观。同时，作为当下时代中网络素养的责任主体的重要一员，监护人具有网络素养是引导和监督未成年人正确使用网络的前提条件，因此，提高监护人的网络素养，使监护人能够规范地使用网络也是很重要的。

第二，严密有效合理的网络信息管理制度，是网络保护体系中的核心。专章要求建立健全的管理制度，增加网络对于儿童的有利输出，加强对网络内容的审查，对其加强监管以保障儿童上网安全。

第三，有必要对网络沉迷现象进行防治，督促游戏企业承担起其应负的社会责任。进一步建立针对网络游戏的规范性强、操作性强的法律规范，对网络游戏产品进行分类和适龄提示。

第四，网络环境下需要给未成年人提供特殊保护，将 14 周岁作为未成年人个人信息处理的同意年龄，并赋予未成年人及其监护人更正权、删除权，为了赋予未成年人更多使用网络的发展机会。规定了网络服务提供者私密信息保护义务以最大限度保护其合法利益和个人信息安全。

第五，网络欺凌行为是指通过网络以文字、图片、音视频等形式，对未成年人实施侮辱、诽谤、威胁或者恶意损害形象等。因此，网络服务提供者接到通知后，应当及时采取删除、屏蔽等必要措施，为未成年人提供便捷、合理、有效的投诉和举报渠道。

3. 人工智能时代下的儿童权利保护

当今世界，算法、算力、数据等关键要素在时代的不断进步下更进一步，人工智能的应用场景也在飞速地拓展，人工智能时代，即将到来。人工智能的飞速发展使得它不再局限于某几个特定领域，而是向各领域不断地溢出渗透，以此来带动人类社会全面进入智能时代。人工智能为儿童提供了丰富的信息资源，创造了精彩的娱乐时空，成为学习知识、交流思想、休闲娱乐的重要平台，增强了儿童与外界的沟通和交流。

然而，人工智能，作为一种深刻改变世界的颠覆性技术，在给生活带来巨大便利的同时也为社会的发展带来全新的机遇与挑战。儿童，作为社会构成中的弱势群体，更是应当加强对其的保护。正如麻省理工学院、阿西洛玛人工智能原则发起者马克斯·泰格马克教授所说："儿童在很多方面都是易被人工智能系统操纵和利用的最弱势的群体，因此也应得到最强有力的保护。"

近年来随着在线课程、游戏娱乐和社交软件等产品的日益普及，儿童能够接触并使用的人工智能的场景越来越多。它为儿童进行互动交流、学习提供了无限机遇，然而在海量的数据处理过程中，人工智能也为儿童带来了风险。然而儿童对这种数据处理带来的风险理解非常有限，他们在使用人工智能时，存在一定的特殊性与被动性，可选择能力差，对风险和隐患识别的能力严重不足，同时他们在互联网上输入各种信息的门槛过低，甚至完全不加限制。由于公司普遍将收集个人数据视为对商业至关重要的行为，而对企业而言，儿童又是重要的数据来源，因此"万物互联"使得儿童的每一条信息都可能为人所用，儿童权利将面临受侵犯的风险。同样地，父母通常也不了解孩子的哪些信息被收集了起来。由此可见，当前市场在开发对于面向儿童的人工智能产品时，应该提升针对数据保护、授权范围、隐私安全等问题的重视程度，加强对儿童用户的关爱，加大有利于其健康成长的产品的开发。同时，网络服务提供商需要承担更大的责任，为儿童数据的收集、处理和保留设定清晰的界限，包括"保证数据收集方法的透明性，并提供所得数据用途的清晰解释"。同样，政府在此过程中，也要承担起其相应的责任，加强在人工智能时代对于儿童个人信息保护的执行力，进一步具体化、明确化《网络安全法》《未成年人保护法》《互联网信息服务管理办法》等法律、行政法规中对未成年人保护和个人信息保护规定中较为模糊的内容。

在全球范围内，目前非常缺乏与儿童有关的人工智能伦理原则，因此有必要针对儿童这一特殊群体接触使用的人工智能技术产品加以伦理研究和规制，帮助相关企业避免潜在风险，以保障儿童这一需要特别关注的群体的健康成长，以便在人工智能时代，维护儿童合法权益、保护儿童个人安全以及为儿童营造健康的成长环境。

3.4　以儿童为中心的人工智能发展原则

在联合国儿童基金会于 2020 年 9 月公布的《人工智能为儿童——政策指南》草案中，提出了以儿童为中心的人工智能应该遵循的 9 大要求。[①]

（1）支持儿童的发展和福祉——让人工智能帮助儿童最大地发挥潜力。

（2）确保包容、多样性和儿童参与——所有的儿童都能参与。

（3）公平和非歧视应被摆在优先位置——人工智能必须面向所有儿童。

（4）保护儿童的数据和隐私——在人工智能世界里确保儿童的隐私。

（5）确保儿童的安全——在人工智能世界里需要确保儿童的安全。

（6）具备透明度、可解释性和问责制度——需要知道人工智能对儿童的影响，政府和企业需要对人工智能负责。

（7）政府和行业应具备儿童权利和人工智能的相关知识——政府和企业必须知道和维护所有儿童的权利。

（8）培养儿童为现在和未来的人工智能发展做好准备——如果现在准备充分，儿童能为未来人工智能的发展做贡献。

（9）创造一个儿童友好型人工智能的环境——努力让所有的人工智能环境都以儿童为中心。

无论人工智能系统是为儿童设计的还是以儿童为受众的，只要人工智能系统与儿童互动或影响儿童，这些要求都适用。开发和采用人工智能系统，同时维护儿童获得保护、赋能和参与的集体权利。当从政策转向实践时，有必要承认这些原则之间的潜在紧张关系，并以公开和协作的方式加以解决。由于人工智能影响社会的许多方面，在制定跨组织和部门的人工智能政策和系统时，需要制定一种兼顾多利益相关者的方法。

无论人工智能政策或系统的成熟程度如何，所有利益相关者都应考虑以下要求和建议，但应根据当地情况进行调整和实施。

---

①联合国儿童基金会. https://www.unicef.cn/media/17926/file/Policy％20guidance％20on％20AI％20for％20children.pdf.

1. 支持儿童的发展和福祉

如果应用得当，人工智能系统能够支持儿童实现权利直至成年，并且有利于儿童的福祉。这其中包括健康和精神、身体、社会和环境生活的全方面蓬勃发展。

在制定人工智能政策和战略时，应该优先考虑人工智能系统对儿童的好处。人工智能政策和战略应充分了解人工智能对儿童的影响，包括其独特的发展和福利福祉，以及与儿童人工智能系统相关的风险。在政策和战略方面对这些好的方面给予支持，同时采取行动减轻任何风险。

由于儿童将越来越多地在生活中花费大量时间与人工智能系统交互或受到人工智能系统的影响，因此人工智能系统的开发人员应该将他们的设计与现有的福利框架和指标（最好是专门针对儿童的框架和指标）联系起来，并采取措施改善儿童福利，作为主要衡量系统成功与否的标准。除了福利之外，人工智能系统不应该对自然环境产生负面影响，以便儿童能够生活在一个有着健康气候的可持续世界中。

2. 确保包容、多样性和儿童参与

在开发人工智能系统时，应该针对尽可能广泛的用户进行设计，以便所有儿童都能使用人工智能产品或服务，而不考虑他们的年龄、性别身份、能力或其他特征。鼓励儿童积极参与人工智能系统的设计、开发和实施，并将儿童放在预期用途的背景下加以考虑，以便所有潜在的儿童用户都能享受到并适当地受益于人工智能系统。

开发人工智能产品时应该采用包容性设计，让所有儿童都能够使用或者受益。通过包容性的人工智能设计确保所有儿童都能使用人工智能产品或服务，而不考虑他们的年龄、性别特征、地理和文化多样性，这可以确保儿童不会因偏见、歧视或相貌而被排除在外。在设计团队中包括广泛的利益相关者，如家长、教师、儿童心理学家、儿童权利专家，在适当的时候，应该邀请儿童加入。

在人工智能设计、开发和政策制定过程中，相关部门应该支持有意义的儿童参与。如果人工智能系统是为儿童设计的，或者当儿童可以使用该系统时，即使儿童不是直接用户，我们也强烈建议根据《儿童权利公约》第 12 条的权利，让儿童有意义地参与设计和开发过程。

3. 公平和不受歧视应被摆在优先位置

人工智能系统不应导致对儿童的任何歧视，包括年龄、种族、性别特征、残疾、农村或城市环境、社会经济地位或地理位置。促进每个儿童的平等机会和公平，应该是人工智能系统的政策、原则和法规的基础。

应当积极关注弱势儿童群体，使其尽可能受益于人工智能系统。并非所有的孩

子都面临着平等的环境，因此并非所有的孩子都能平等地从人工智能系统中受益。人工智能政策应优先考虑弱势儿童群体，包括女童、少数民族儿童、残疾儿童和难民儿童等，以便通过与人工智能有关的政策和制度来减轻对这些儿童的进一步排斥。

应当开发儿童专用的数据集，并涵盖多样的儿童数据。人工智能系统的数据应该代表所有相关儿童，包括来自不同地区（包括农村社区）、年龄、社会经济条件和种族的儿童，这对于保护和造福儿童至关重要。例如，在数据驱动的医疗服务中，儿童的治疗或药物治疗不应基于成人的数据，因为这可能会对儿童的健康造成未知的风险。

4. 保护儿童的数据和隐私

人工智能政策和系统应认识到儿童数据及其隐私的价值和独特的脆弱性。儿童的数据包括他们创造的内容、收集到的关于他们的信息以及通过算法推断出的信息。除了正常的数据及隐私保护之外，还需要对特别敏感的数据（包括种族和生物特征数据）提供特别保护。

鉴于儿童被视为弱势群体，他们的数据应得到最高限度的保护。此外，儿童数据的使用和管理必须成比例，在确保人工智能系统能够最大限度地造福他们的同时，尽量减少数据收集，以最大限度防范隐私泄露和安全的风险。

支持儿童维护其个人数据的主观能动性，根据其年龄和认知程度合理分配访问、安全共享、理解使用、控制和删除其数据的权限。数据保护的责任绝不能完全由儿童承担，这必须包括更广泛的社会生态系统，如父母等监护人（需要他们的同意才能使用年幼儿童的数据），以及教育工作者和社会工作者。此外，随着儿童认知能力的提升，应在儿童成长的关键发展阶段重新审视给予同意的过程。

5. 确保儿童的安全

无论是短期还是长期，人工智能系统内的儿童安全都应该得到保证。儿童在生理和心理上都不同于成人，并且会受到不同的人工智能系统的影响。此外，孩子们以非常规的方式使用数字服务和应用程序，对隐私和安全有不同的看法，并且经常开发创造性的技术来接触数字世界。因此，在使用这些技术的每一个方面都需要充分考虑儿童的特殊性。

需要持续评估和检测人工智能对儿童的安全影响，并贯穿人工智能技术的开发生命周期。在人工智能系统的规划、开发和实施阶段，确保开发一种解决潜在风险和总体影响的方法。这包括确定人工智能系统对社会系统和结构的影响，以及对儿童发展和认知技能的影响。还需要采取措施为相关影响设定门槛，从政策层面来制止对儿童有害的人工智能做法，即使同样的人工智能系统可能对其他群体有益。

要求对人工智能系统进行安全性、合法性和鲁棒性的测试。人工智能系统需要不断地测试，以确保它们是安全、合法和健全的。这可能包括要求人力的参与对儿童的自动决策，以及对系统抗黑客攻击和网络攻击能力的额外检查。

6. 具备透明度、可解释性和问责制度

人工智能系统的目的和潜在影响应该被一系列利益相关者所理解，包括儿童用户及其父母等监护人，使他们能够决定是否使用此类平台系统。关于人工智能政策和系统开发过程的目的和动机的透明度是很有价值的，它可以更好地通知父母等监护人，便于他们决定是否同意他们的孩子使用该系统。同时也可以让决策者、监管者、设计者、开发者、人工智能政策和系统的实施者和应用者，对此类产品的行为和影响负责。

提高解释性和透明度时，需要突出儿童的特征。尽管对可解释性和透明度的要求已经包含在大多数关于道德和值得信赖的人工智能的建议中，但它们必须与儿童的需求和能力保持一致。使用适龄的语言描述人工智能，直接与人工智能系统（如玩具、聊天机器人或在线系统）互动的儿童有权以适龄和包容的方式获得解释，包括通过使用动画，了解系统如何工作以及如何使用和维护关于这些系统的数据。对解释性和透明度的要求也适用于间接影响儿童的人工智能系统。

当孩子们直接与人工智能系统交互时，他们应该以一种直截了当的方式得到通知，以避免他们认为自己在和人类互动。此外，人工智能不应作为唯一的介入方来确定影响儿童的关键生活决策，例如医疗诊断、福利决定或处理学校申请，做出最终决定需要人的知情和参与。儿童和他们的监护人应该得到通知，人工智能系统已经被用来指导这些重要的决定。

依循法律和政策框架开发人工智能系统，可有效保护和赋能儿童用户，无论儿童是否能够理解系统。应当建立和调整治理框架，包括伦理准则、法律、标准和监管机构，以监督确保人工智能系统的应用不会侵犯儿童权利。此外，应建立程序，及时纠正任何歧视性情况，并应设立由多方面和跨学科利益攸关方组成的监督机构，以接受投诉，并不断监测儿童的安全和保护。

7. 政府和行业应具备儿童权利和人工智能的相关知识

为了开发和确保以儿童为中心的人工智能，了解儿童和人工智能系统的相互关系是一个必要的起点，但光靠这一点是不够的。决策者、管理层和人工智能系统开发人员应该具备人工智能和儿童权利的相关知识。他们应充分了解儿童权利以及与人工智能有关的儿童发展机会。

投资于为儿童设计安全、负责任和符合道德的人工智能的企业。可以加强这些

企业的可持续发展，同时通过将尊重和支持儿童权利纳入核心战略和业务来确保企业的利益。随着消费者和广大公众对技术服务提出了更高要求，企业应利用这一市场机会，减轻与人工智能相关的企业声誉损害风险。

致力于以儿童为中心的人工智能，并建立机制以在实践中实现这一目标。提高全社会对人工智能相关的儿童权利问题的认识，并得到政府对以儿童为中心的人工智能的支持，以便这些问题得到认真对待。对于决策者来说，国家人工智能战略不应以经济目的为主导，而是首先应以维护儿童和人权为基础。

8. 培养儿童为现在和未来的人工智能发展做好准备

将人工智能相关技能从幼年开始作为教育课程的一部分，可以让孩子们了解他们生活中越来越多的人工智能系统和设备。此外，这将帮助他们成为人工智能的未来用户和潜在开发者，并将支持他们适应不断变化的就业市场。

数字素养是指使儿童能够在日益全球化的数字世界中茁壮成长，并以适合其年龄、当地文化和环境的方式获得安全和赋权的知识、技能和态度。在人工智能环境中，相关知识包括基本的人工智能概念和数据素养、人工智能编程等技能，以及理解人工智能伦理的态度和价值观。人工智能素养目前在数字课程中并不常见，它还应包括教育儿童了解他们作为用户的权利，以便他们能够成为基于人工智能系统的有意识用户。孩子们还需要在终身学习中培养批判性思维和情商技能，以支持他们在不断变化的世界中茁壮成长和适应变化的世界，而目前的人工智能系统无法做到这一点。

为了提高儿童的数字素养和意识到人工智能系统对他们的生活可能产生的影响，老师也需要具备这些技能。因此，教学方案的课程应提高对人工智能系统对儿童的社会和个人影响的认识。同时，积极鼓励在职教师参加课程，提高人工智能系统意识和知识水平。此外，当有证据表明人工智能系统在教育中的好处没有风险时，应该利用这些机会。这对于处于社会边缘地位的儿童、有特殊需要的儿童和少数群体的个性化教育关系重大，这些群体往往得不到现有教育服务，并将从行之有效的新方法中获益。

开展并促进针对父母、监护人和整个社会的宣传运动。这些活动可以集中在人工智能素养、数字安全、隐私以及在家制定有关人工智能系统使用规则的重要性。这些努力应该有助于家庭、监护人和儿童思考允许儿童共享哪些数据以及如何合理使用人工智能系统。需要承认的是，并非所有的父母都有时间和资源来了解他们的孩子使用的技术，学校和校外学习机构在提供额外支持方面发挥着关键作用。

9. 创造一个促进儿童友好型人工智能的环境

与人工智能相关的政策、战略和系统存在于广泛的生态系统中，仅仅注重政策和实践是不够的。以儿童为中心的人工智能友好环境包括开发数字基础设施、资助以儿童为中心的人工智能、支持人工智能系统对儿童影响的持续研究，以及加强利益相关方的数字合作。

支持基础设施建设以解决数字鸿沟，并致力于公平分享人工智能的红利。一般来说，拥有更多数字化机会的儿童，包括在家里和学校的可靠互联网连接，将从人工智能系统中获益更多。这种新兴的"人工智能鸿沟"必须转变，因为人工智能系统的好处不能局限于少数人，而让所有人都分担风险。人工智能政策和系统需要投资于数字基础设施和更广泛的适合儿童的技能、内容和服务的数字生态系统，以及不断努力消除阻碍儿童使用数字技术的社会障碍。

支持人工智能为儿童的研究，并贯穿人工智能系统的生命周期。有必要对人工智能在短期和长期内对儿童及其个人发展的影响进行合理的定义、案例分析和严谨的研究。研究应包括各种情况下的儿童，如不同发展阶段的儿童、生活在农村和城市地区的儿童、有残疾或因任何其他原因造成弱势的儿童。

虽然数字技术——包括基于人工智能的系统——独特地跨越了国际边界、政策范围和专业领域，但目前的国际合作手段严重缺乏，合作水平非常低下。因此，联合国秘书长数字合作高级别小组建议加强人工智能合作，包括投资创造数字公共产品：开放源代码、开放数据、开放人工智能模型、开放标准和开放内容。政府和企业对这种合作的支持以及资源分享将有利于儿童友好型人工智能的实现。

第4章 面向儿童群体的人工智能应用

随着人工智能、互联网、大数据等技术的融合发展，面向儿童群体的相关应用和产品也大量涌现。人工智能系统不仅在提升从早教、在线教育到学校管理等方面的水平具有很大潜力，还能应用在儿童成长的各个方面。人工智能驱动的学习工具被证明能够帮助儿童学习以及发展批判性思维和解决问题的技能。自适应学习平台有可能提供个性化的学习体验，以满足每个用户的独特需求。当与传统的教学方法结合使用时，这种定制和一对一的智能辅导可以极大地帮助学习有困难的孩子。其他类型的支持人工智能的产品可以在陪伴孩子的同时，还能提供人身安全和身体健康方面的支持。

不可否认的是，这些技术大多数受商业利益驱动，在使用过程中存在着各种各样的风险。人工智能算法本身的设计就容易由于样本的局限性而产生不公平的结果。例如，现有人工智能系统可能会忽略少数群体或与同龄人有很大差异的儿童，也可能不支持现有数据库无法解释的发展规律。另外，人工智能系统需要数据，并且在许多情况下，包含的数据是隐私的。例如，位置信息、医疗记录和生物识别数据。隐私泄露可能导致对儿童的人身安全和潜在的机会造成威胁。因此，儿童个人数据应该被特殊保护，以确保孩子的人身安全和隐私安全。

在这一章节里，我们将从课堂教辅、在线教育、儿童安全、儿童健康、休闲娱乐、人工智能教育、智能陪伴和公益/弱势群体八个方面分析当前的人工智能技术在儿童群体里的应用现状以及存在的机遇和挑战。

4.1 课堂教辅

随着人工智能技术的应用，课程内容、教学方法和师生关系都在发生天翻地覆的变化。利用人工智能可以实现更加开放灵活的教学体系，推动人工智能与教育教学系统性融合；当人工智能真正融入教学模式中，教学模式将重心转移到关注"人"本身时，智慧教学的新时代也就开启了。人工智能技术无论在少儿或青年阶段都在逐步推广。

4.1.1 课堂教学主要应用

新时代对教书育人提出新的需求，即如何从以教师为主，走上以学生为主的个性化学习之路，如何借助互联网、人工智能等新技术实现人机交互的智慧教学模式。人工智能赋予教育新功能，满足了大数据时代下个性化学习的需求。如图 4-1 所示，通过实时捕获师生语言、动作等各类课堂行为，人工智能促进了课堂学习模式的改变。它改变了教学形态、课堂组织形式，促进了学生个性化学习的发展，增加了人机交互模式。用人工智能传授新的知识，教会人类探索知识的新方法，推动人工智能与课堂教学的融合是非常必要的。

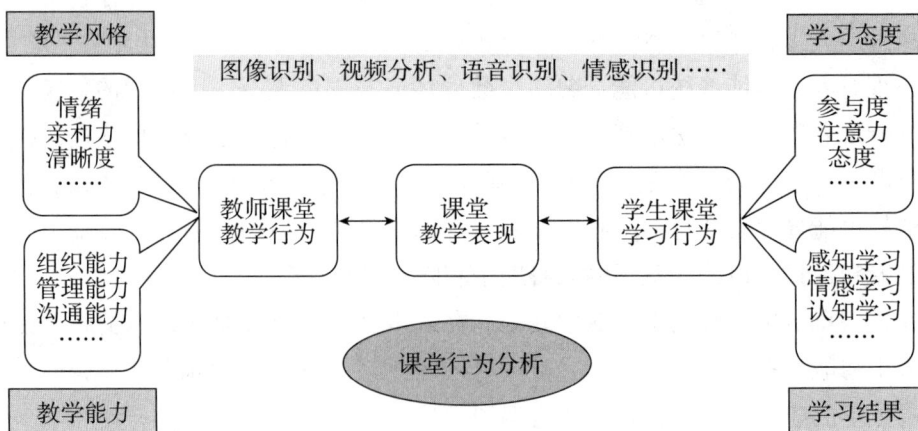

图 4-1 基于人工智能的师生课堂表现刻画

2019 年 5 月，习近平总书记向国际人工智能与教育大会致贺信，指出中国高度重视人工智能对教育的深刻影响，要积极推动人工智能和教育深度融合，促进教育变革创新，充分发挥人工智能优势。借助人工智能技术，让学习更高效，让教育更公平。

1. 因材施教，促进个性化学习

在传统的课堂教学中，老师是绝对的权威，教学资源的分配是以老师控制为基础的。课堂教学是老师分配合适的教育资源，再通过师生之间的互动确立起来一种沟通方式。由于个人的精力有限，老师为了方便管理，即使不是主观意义上的，也会下意识地为学生贴上相应的身份标签。课堂教学机械地完成知识灌输，而人工智能的出现可以为老师分摊压力，更加关注学生本身，促进学生的个性化学习。

随着人工智能的介入，以往老师无法关注到每一位学生，无法做到因材施教的问题将会迎刃而解。人工智能技术可以伴随式地记录分析每一位学生的学习状况，全面勾勒学生画像。基于大数据分析，人工智能可以对学生学情进行诊断、分析，从中找出学生学习的薄弱项，并及时指正；同时可以发现学生学习的优良习惯，并通过数据分析向适合该类学习方法的学生推广。通过人工智能分析，总结出学生个性化学习方法，校方能够真正做到以人推题，让学生只学该学的点，只做该做的题，杜绝盲目刷题和无效练习。

2. 教育资源公平化

传统的课堂教学一直面临着来自时间、空间限制等不利因素造成的教学质量的差异。时间限制主要是传统课堂教师在课堂教学过程中的互动时间、学生间的讨论时间较少；空间限制是指传统的课堂空间结构是固定的，学生们由于固定座位的局限，学生之间课堂注意力和接受知识的能力势必会受到影响。

人工智能的出现可以打破传统课堂教学时空的局限，能够使学生随时随地地进行学习，也排除了由于座位原因导致的课堂注意力下降的因素。在人工智能环境下，学生可以通过 VR 等技术手段在虚拟世界中观察和感受核裂变的过程、发动机的内部构造、生物医疗技术的应用等传统课堂教学中难以实现的场景。人工智能环境能够让学生沉浸在场景式的教学情境中，全息、动态的画面能够带给学生更加直观、真实的亲身体验。这在一定程度上有助于学生改变其由于认知方式和想象力等因素的差异而造成的非平衡性发展。

3. 教学方式的改善

在传统的课堂教学中，教师们被准备教学材料、撰写教案、管理课堂、批改作业等各种事务缠身，使得他们对学生的评价只是停留在对学生知识储备程度的考查上，缺乏全面性与科学性。在人工智能的时代背景下，人工智能技术掌握了巨量的信息和知识，可以帮助人们解决一些问题。随着语音识别、图像处理技术、AR、VR 技术的成熟，人机交互变得更加和谐，传统教师的一些技能性、重复性的工作在很大程度上可借由人工智能机器人来替代，教师们更应该注重于课堂教学本身，改善现有的教学方式。

人工智能有助于将传统的话语式的师生互动变为场景式的互动。在课堂教学中，教师能够运用 AR、VR 技术手段设计和制作出立体的、全息式的教学场景，供学生欣赏和学习。人工智能通过语音图像识别功能将教材中静态的知识与文本转化为数字文本，通过多种数字化的方式呈现给学生，学生在这个过程中能够获得视觉、听觉等多维度的体验，将枯燥的知识转变为形象生动的场景式展现。

人工智能有助于实现教学过程中的师生情感沟通。以往的教学只注重学生吸收知识的程度，忽视了师生间的情感沟通。通过人工智能的多维度互动，学生不仅能够获得对知识的深层理解，还能拉近与教师的距离，使学生们更愿意与老师们分享自己的看法。如图 4-2 所示的基于多模态行为数据的教师课堂教学表现刻画与评估模型，通过学生全景视频和学生特写视频捕获学生个体/群体的行为，利用行为与状态的表征关系来刻画学生个体/群体的课堂学习状态；通过教师特写视频捕捉教师行为，刻画教师的课堂教学风格与教学能力；通过综合教师和学生的多模态行为数据，最终得到教师课堂教学表现的刻画模型。通过模型监测使教师能够实时监测到自身及学生的情感波动，以便及时做出调整。现代语音合成技术能够将数字文本转换为语音资料，还可以对需要理解的文字进行精准识别并做出处理，只需点击即可获取相应的动态图像。师生能够通过动态图像以及语音说明，形成沉浸式的视听体验互动，从而获得更深层次的理解与思考。

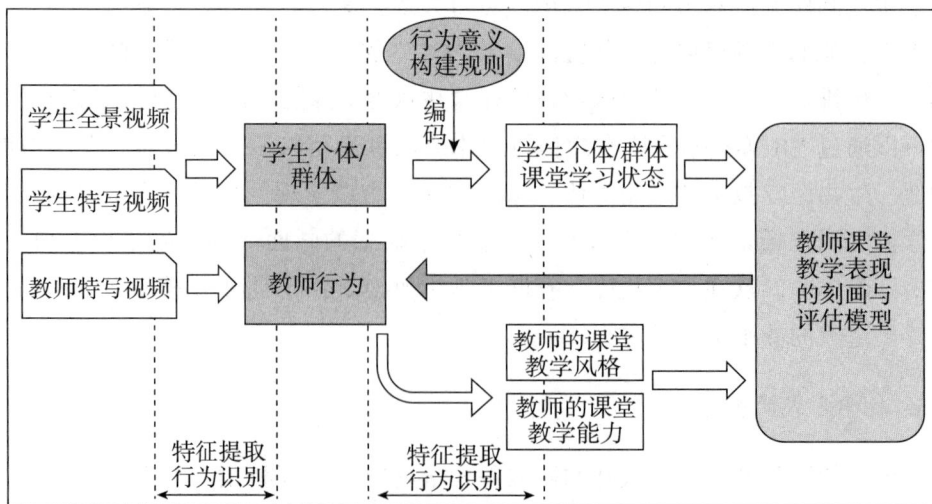

图 4-2 课堂教学表现的刻画和评估模型

4. 科学的教学评价

课堂是学生学习知识的场域，与教师教学过程的各个环节相对应，学生的学习是一个从对知识的初步了解到对知识的熟练应用与理解再到举一反三的过程。这个过程不仅包含课本知识的学习与巩固，同时也涉及学生学习过程中认知、情感等方面的变化。因此，对学生的评价应不仅仅取决于知识的掌握情况。

课堂教学中，人工智能的引入能够为课堂教学各环节做出科学的评价。

在预习阶段中，人工智能可以通过大数据的采集处理对学生原有的知识结构图谱进行模拟成像，直观呈现学生现有的知识储备情况和能力情况，然后进行大数据预测，预测出学生在本次课堂教学之后可能达到的能力发展程度和知识内化状态。如此，就可以做到"以学定教"。

在课堂阶段，人工智能能够结合知识追踪技术，全面记录学习者的听课、答问、讨论、作业等多个学习轨迹，通过对学科知识图谱的对比，就可以了解到学生个体对各个知识点的实时掌握情况；同时人工智能技术能够借助摄像头捕捉到师生在教学情境中的面部表情和眼动特点，辨认、分析师生的情绪状况，并基于学生对当前教学的情绪状态，让老师更好地掌握学生对本次教学的接受程度。从而为下一次的课堂教学寻找出可以改善的方式。这样，便可以及时预测学生当前的学习情况并准确找出学生的薄弱知识点。（人工智能就能够在学生的学习风格、情感，老师的课堂教学质量等维度上为其提供一定的评价。）

在课后阶段，可系统挖掘学习者个体的学习进度，以学习过程的整体数据为支撑，为情况各异的学生个体安排个性化的测试，提供适切的评价标准和测评工具。在自动生成测评分析报告的基础上，有针对性地给学习者对其所存在问题的归因咨询，对其疏漏的知识点在教师许可的情况下实施比较系统的补救方案。

在此过程中，人工智能对课堂教学的评价更加客观科学。课堂教学情况千差万别，学生情况有大的差异也有细微区别，长处短处也各不一致。以往学生的情感发展、责任担当、逻辑思维能力等方面的发展遭受忽视，而人工智能的数据分析、语音图像识别等技术应用能够准确评价教与学的差异化情况，例如，某网校的教师监课系统借助语音识别和表情识别等技术的融合，能够通过教师课堂表现的亲和力、清晰度等维度评价教师的授课情况。

4.1.2　课堂教学中存在的挑战

人工智能应用于课堂教学有着广阔的前景，但同时也带来了一系列的问题。①人工智能教育应用中大数据的泄露是主要安全问题。人工智能中机器学习及深度学习技术需要大数据的支撑，而大数据采集以及存储、处理中所存在的最大安全威胁与潜在风险之一，就是数据信息的泄露。②人工智能教育应用所使用的数据集存在一定的局限性。人工智能模型训练所需的数据集并不能真正代表所有的儿童、青少年群体，因此训练模型的泛化能力较差，同时人工智能技术具有不可解释性，学生可能只是知道应该做什么而不知道为什么要这么做。长此以往，会丧失学习的主动性。③人工智能教育应用中还存在虚假宣传或恶意信息传播等危害。当前人工智能教育市场还不规范，众多企业难免会出现虚假宣传的情况，某些企业也可能为了盈利而植入一些不适合儿童观看的广告，不仅会对学习者知识获得造成影响，而且还会对学习者的价值观及意识形态形成产生一定的影响。因此，对人工智能在课堂中的实践仍然需要考量。

4.2　在线教育

2020 年，受新冠肺炎疫情的影响，互联网平台的在线教育事业得以广泛发展，2 亿多名学生涌入在线教学平台，使得曾经被视作辅助角色的在线教育呈现爆发式发展。截至 2020 年 3 月，我国在线教育用户规模达 4.23 亿，较 2018 年底增长 110.2%，占网民整体的 46.8%。①人工智能技术与教育融合早已是教育改革中的一种主流趋势，也是一种全新的教育发展战略。我国对人工智能技术的研究刚刚走过探索的初期，正走向深耕细分的新阶段，人们的教育观念和思想也随之发生了变化，许多有前瞻性思维的教育专家和学者都对人工智能和在线教育的融合抱有很大的希望。

然而，在逐利资本的涌入下，打着人工智能旗号的在线教育广告铺天盖地。不管是中央电视台，还是地方电视台，都充斥着大量在线教育广告。通过对这些在线教育机构进行分析，主要存在以下主要问题：

（1）夸大宣传，而没有注重教育效果。为了追逐利润，将资本都投入广告宣传中，而忽视了教育本质。部分从事在线教育的企业既没有专业的教育学团队，也没有真正懂教育的老师，根本无法保证教学质量。

（2）抢夺教育资源，干扰学校正常教学。资本的涌入，导致部分公办老师甚至教学名师流失。本应作为正常教学的辅助手段，过度涉及课堂教学内容，不仅加重了学生的学习负担，还严重干扰学校的正常教学。

（3）贩卖焦虑情绪，加剧教育不公。过度营销加剧家长和社会的应试教育焦虑

①中国互联网络信息中心. http://www.cnnic.cn/gywm/xwzx/rdxw/20172017_7057/202004/t20200427_70973. htm.

情绪，跟风式在线报班加重了家庭经济负担。部分经济条件好的家庭在大量资金投入下更容易获得优质的教育服务，从而加剧了教育不公。

虽然存在着上述各种问题，但是借助计算机手段并利用人工智能技术对在线教育内容进行延伸和拓展，有利于为学生打造全新的自主化、信息化、综合化的学习平台。结合各年龄段儿童的培养要求和教育要求，有效地对在线教育进行创新和规划，解决在在线教育上教师教学和学生学习过程中存在的问题，实现科技与教育的同步发展，最大限度地推动了人工智能和在线教育的融合，推动"智慧教育"时代整体发展进程。

4.2.1　人工智能在在线教育中的主要应用

人工智能是科技快速发展之下衍生出的新兴技术，其主要是以满足人们的实际需求和发展要求为目的，有效地开发和研究一系列能延伸、模拟、拓展人的智能的全新科学体系，通过计算机构建与人的思想和意识较为贴近的全新模拟和重现，运用人工智能技术，可以把模糊的逻辑引入智能化的网络管理中，使其具备模糊信息处理能力，从而在很大程度上提高网络系统的使用效率。在面对不确定的问题时，人工智能充分发挥优势，有很强的处理能力。目前人工智能主要有大数据分析、深度学习、计算机视觉、语音识别和自然语言处理等技术。表 4-1 列举了部分有代表性的人工智能技术及其应用。

表 4-1　人工智能技术的具体应用场景及代表性产品

应用场景	技术	代表性产品
个性化学习推荐	大数据分析 深度学习	小猴 AI 课 松鼠 AI 斑马 AI 课
教师监管评测系统		教学多模态 AI 分析平台
中英字词听说学习	语音识别 语音合成 深度学习	流利说少儿英语 智能发音评测纠音反馈系统 Real Skill 猿辅导网课
课堂互动环节	语音识别 计算机视觉	教学多模态 AI 分析平台 小猴 AI 课
课后作业批改	自然语言处理 深度学习	教学多模态 AI 分析平台 Real Skill 爱作业

1. 个性化学习课程推荐

大数据分析是将海量数据作为发现新知识的工具，并结合算法有效地实现对目标数据的收集与处理，具有极其优越的发现力和流程优化能力。在线教育依托计算机作为教学平台，为数据的收集提供了便利，从而为个性化教育提供了技术支持。在不侵犯学生隐私的条件下，在线教育平台应用相关算法，根据学生的兴趣和需求，量化分析学生的个性信息情况，为其匹配提供最适宜的学习方案。在网络海量资源中，搜集整理被与该学生有相似需求的用户所认可的课程，推荐给有对应需求的学生。根据学生的不同年龄阶段和不同认知水平，将课程按照不同难度进行分类，按照由易到难，由基础到专业的顺序，有序系统地推荐课程。根据收集到的学生信息，预测其在未来互动中可能出现的行为和反应，从而自我学习、自我进化，不断更新现有学习内容和路径以更好适应个体情况，因材施教，为学生提供针对性知识图谱和定制化学习方案。节约时间成本的同时，使得学生的学习效果得到极大的提升。

2. 教师监管评测系统

通过记录在线教师在上课过程中的表现，将其语言、教学方式等信息数字化，可以实现课程的全自动监管，记录老师在课程中出现的错误，监控教师在课程中的违规行为，完善教学评估机制，坚持定量与定性相结合、过程监测与结果评估相结合，从而提升教师整体教学效率，健全了在线教育的质量评估机制。由于数据的客观性和统一性，避免了人的主观意识干预评价结果，大大提高了教育教学评价的客观性，为下阶段的教育教学决策提供了客观的参考依据。因此，越来越多的教师将投入对在线教育平台和课程的建设，进一步完善评测系统的数据集，整合和优化师资资源，为高质量在线教育平台提供人才保障，增强学生、家长以及社会对在线教育的认同感。

3. 中英文字词听说学习

说好普通话，掌握一门外语，已经成为儿童教育中的重要环节。学习一门语言，如果无法流利地说出来，无法交流，那就失去了学习语言的意义。然而，受限于专业老师的数量和教学水平，以及家长的能力，绝大部分的儿童并不能获得标准的语言听说培训。人工智能很好地弥补了孩子学习过程中无法纠正发音的问题。

通过语音识别技术，准确获得儿童发音片段，并将其送入基于专家发音标注的口语评测系统，用深度卷积神经网络来提取语谱图特征进行建模，通过智能语言生成技术将打分结果进行话术生成，得到文字版的反馈结果，最后通过语音合成技术，将文字版的反馈结果用真人老师的口吻反馈给学生，实现口语的评测和纠错功能。

4. 课堂互动

课上，通过把人工智能虚拟形象技术和真人老师相结合，打破了传统学生对老师的刻板印象，符合儿童的审美需求，提高了课堂趣味性和教学有效性。课堂上引入学习状态测评系统，在学生学习过程中刻画每一个学习者的个体特征，掌握学生的学习行为习惯，精准发现学生的知识漏洞，使教师能够及时推送优化相应的教学内容。

5. 课后作业批改

利用计算机对学生作业的客观题进行批改早已在全国各大考试中实行。利用人工智能技术，可以实现主观题的智能批改。通过自然语言处理技术，识别学生提交的作业文本，人工智能就能将数据库里的字词和作文的字词进行比对，实现检查错别字的功能；自然语言处理技术将句子切分成字，整合出词，标注词性，根据句式模型判断句子的结构；运用到深度学习分析每个句子的相似性，检查上下文之间的逻辑关系。除此之外，人工智能还能实现语法检错、语音检错、同义词分析等功能，对学生的答题进行精准的实时评分和错误定位，并提供翔实的指导。学生得到了及时的反馈，能有效提高学习成绩；教师在此基础上给出的评价有了数据的支撑，同时省掉了相当一部分的重复性工作。

4.2.2　在线教育存在的挑战

对于非专业人士，我们需要了解人工智能会对我们的社会产生哪些影响，了解人工智能在现实生活中有哪些应用。这样才能促使儿童的监护人主动去拥抱这些变化，积极采用人工智能与在线教育相结合的教育模式。

1. 数据优化和伦理规范

人工智能要真正发挥作用，需要有各种各样的学习数据，有更多的数据才有更多的智能。就目前人工智能的发展来看，数据隔离的现象仍然普遍存在，各方数据形成了一座座封闭的孤岛，没有得到有效的整合利用。要想在线教育智能化，这些大量的数据必须融会贯通，充分利用。

然而，大量的数据势必带来规范使用的问题。智能训练过程中的数据，涉及孩子的隐私，目前隐私伦理在教育数据利用方面还缺乏清晰的规范，在线教育机构应该在取得儿童监护人的授权，在相关部门单位经过评估之后，尊重儿童身心健康以及个人隐私的前提下，合理利用数据。

2. 注重学生的身心健康

儿童阶段的学习不应该仅仅局限于应试教育，更多地要注重儿童身心健康发展、体质健康发展、德育和美育健康发展。目前人工智能主要应用于应试教育方面，未来人工智能与在线教育结合，为某些因为经济条件和地区差异导致教育资源短缺的儿童能同等地享受有利于其自身发展的素质教育创造了新的契机。

人工智能应用场景更加多元化、多样化，利用语音识别技术纠正儿童的发音，培养儿童的音乐素养，找到适合其演唱的歌曲，发挥其兴趣特长；利用图像视频处理技术及时纠正儿童在运动中的不恰当动作，促进其生理健康发展；利用大数据分析能力，科学合理降低学生负担，在教育的科学决策方面，发挥更大的作用。

3. 人工和智能有机结合

"科技是把双刃剑"。人工智能与在线教育的结合要避免走向极端。一种极端思想是唯人工智能论，相信人工智能能够取代老师，解决一切问题；另一种极端思想是人工智能无用论，一味否定人工智能成果。在人工智能与在线教育结合的过程中，我们始终要将人工教学作为主体，智能系统作为辅助，在两者之间实现有效的平衡。

采用多种原理的技术，实现同一种教学功能的人工智能系统可能有不同原理和技术。这时候我们需要"类比三家"，比如找 3 个产品来同样做这件事情，如果这 3 个产品都能够有一致性，就说明该功能比较稳定。如果有差异和分歧，这时候就需要人工介入。这种人机结合的思维方式，将是未来人工智能和在线教育发展的大方向。

4.2.3　在线教育应用建议

人工智能时代已经来临，人工智能技术会为儿童在线教育注入新的活力，全面渗透进"教学测评练"等多个学习环节。"人工智能+名师"的在线教育平台会成为集智能了解学生个性化需求、全面分析学生学习状况、科学辅助教师进行综合教育和规模化监督评价于一身的陪伴儿童学习成长的智能伙伴，从而真正解决教育资源平衡、优质资源来源、自适应学习等教育热点问题。

为了让人工智能技术有效服务在线教育，政府各级部门之间需要加强协作，以有利于未成年人健康发展的原则对在线教育市场进行有效的监管。建立长效管理机制，严厉打击不具备教育资助的伪在线教育平台的运营。大力发展以学校教学为主的在线教育辅助平台，为家长们提供更多的在线教育资源。

4.3　儿童安全

4.3.1　人工智能与校园安全

校园安全问题一直以来都是社会关注的焦点问题，安全管理也是学校教育管理的重要组成部分，因此必须做好校园安全管理工作，防止出现校园安全事故，为儿童建立一个安全良好的学习环境。近年来随着科技的发展，人工智能已经运用于多个方面，对于校园安全管理也有重要的实践价值。人工智能可以改变传统的校园安全管理方式，安全管理将走向"精准管理"，通过人工智能和大数据算法，为校园安全管理提供"精准服务"，构建智慧校园安全防护系统。

1. 人脸识别视频监控

人脸识别是通过监控设施获取人物面部图像信息进行快速准确的辨识，随着人工智能的快速发展，人脸识别已经广泛应用于人们的日常生活、在校园安全领域，产生了基于人脸识别的人工智能技术的视频监控系统。主要应用在以下方面：

（1）校门安全。在校园门口设置人脸门禁及考勤系统，采用人脸识别的方式自动对学生进行身份认证，可以同时对学生进行体温检测，对学生实现全天出入管控，学生进出校门的数据可以时刻传送给老师、家长。

（2）访客管理。可以将全校师生的影像资料上传至资料库中，摄像头通过人脸识别，自动识别非本校人员的陌生人，识别到陌生人之后自动示警，并自动追踪陌生人行动轨迹。也可以将每位同学的一两名家长的影像储存，这样在允许家长进入的时间里（比如放学或者开家长会等），家长不会被当作陌生人示警。

（3）校内异常预警。放学或下课期间校内可能会有过多人员集中的情况，存在很大安全隐患，容易发生踩踏事件。针对这种情况，视频监控可以利用人脸识别技术对人数密集区域"数人数"，一旦达到设定值立即示警，便于老师及时发现情况并疏导。此外，还可以对校内学生的异常行为进行预警，防止校园暴力等群体事件的发生。

（4）宿舍安全。设置人脸门禁，阻止非本宿舍人员进入，防止宿舍物品丢失，保障宿舍安全。

2. 电子学生卡

为了方便家长和孩子联系，保障学生安全，越来越多的未成年学生随身携带手机，但为了不影响学生学习，防止学生沉迷网络，促进学生身心健康发展，2021年1月15日，教育部办公厅印发《关于加强中小学生手机管理工作的通知》，要求中小学生原则上不得将个人手机带入校园。因此，基于人工智能的电子学生卡应运而生，电子学生卡的主要应用如下：

（1）身份核实。电子学生卡上设有学生本人的身份信息，包括姓名、班级、联系人电话等，在校内防止他人身份冒充，在校外方便学生在需要帮助时进行身份证明。

（2）语音通话。孩子在需要帮助时（如遇到坏人、走失方向等）可以通过指定按键与设置好的联系人（如家长、老师、警卫处等）一键取得联系，方便老师与家长随时联系孩子确保孩子安全。

（3）自动定位。电子学生卡可以自动采集学生位置和行动轨迹，家长也可以设置规定路线和安全活动范围，一旦学生偏离轨迹过多或者离开安全范围自动向老师或家长示警，保证学生安全。

4.3.2　人工智能寻人

每一年世界上都有大量儿童因为拐卖等原因与家庭失散，儿童失踪，是家庭的悲剧，也是社会的伤痛。打拐、帮助走失儿童回家成为社会迫切希望解决的热点问题。以前找回丢失的儿童能采用的方法有限，而现在，随着科技的不断进步和发展，人工智能手段可以为寻找走失儿童提供有力的技术支持，让父母更有希望找回自己的孩子。

1. 定向推送

公安部发布的儿童失踪信息紧急发布平台，一旦有儿童失踪信息发布，该平台可协助公安机关第一时间通过新媒体和移动应用终端推送失踪儿童情况，将儿童失踪信息以儿童失踪地点为中心，失踪1小时内，定向推送到方圆100公里；失踪2小时内，定向推送到方圆200公里；失踪3小时内，定向推送到方圆300公里；失踪超过3小时，定向推送到方圆500公里，让更多群众从官方渠道准确获取相关信息，及时提供线索，协助公安机关快速侦破拐卖案件。

2. 人脸识别

人脸识别技术应用主要包括两种：一是由计算机通过儿童时期的照片模拟出儿

童长大之后的照片再进行对比识别，大大提高寻找失踪儿童效率；二是利用深度学习技术进行人脸特征的提取，通过度量学习的方法，在大规模人脸数据训练模型基础上，与走失儿童数据库中的照片进行实时对比，使用跨年龄数据进行针对性优化，即使儿童走失多年，在跨年龄人脸识别技术的帮助下也有机会实现重聚。

3. 轨迹追踪

将"人脸识别+人工智能轨迹监控"与全国交通系统以及公共交通网络数据相结合，建立大范围的人工智能追踪通道，对被拐儿童或目标嫌疑人进行实时追踪，通过追踪锁定目标嫌疑人拐卖儿童的行迹路线，最终找到解救被拐儿童的地点与时机。

4. 应用成果

公安部基于人工智能的"团圆"系统从 2016 年 5 月 15 日开始运行，截至 2021 年 3 月，"团圆"系统共发布了 4722 条儿童失踪信息，找回率达到 98.1%。[①]

此外，百度与民政部合作推出的"AI 寻人"平台从 2016 年底发布。截至 2021 年 3 月 1 日，共计收到用户上传照片 42 万余张，寻亲成功数量达到 12000 多人次。

人工智能等新技术在打拐、寻找失踪儿童的公益事业上踏出的一小步，对于受害家庭来说，可能是寻亲之路的一大步。

4.3.3 人工智能技术过滤不良信息

互联网的发达，使人们的生活、工作和学习都越来越便利。但在互联网使用者当中，未成年人需要受到社会额外的关注，我国未成年人互联网使用已相当普及。2019 年，我国未成年网民规模为 1.75 亿，中国城乡未成年人网络普及率分别为 93.9%和 90.3%。[②] 但网络信息良莠不齐，而未成年人心智不够成熟，缺乏一定的是非辨别能力和自我控制能力，并且有很强的猎奇心理，因此很有可能受到不良网络信息的影响，甚至导致个别儿童形成错误的价值观，对儿童身心健康发展有着很大的影响。

据统计，46.0%的未成年网民曾在上网过程中遭遇过各类不良信息。其中，遇到炫富类信息的占比最高，达到 23.5%；淫秽色情、血腥暴力、消极思想内容的占比也均超过 15%。[③] 引导儿童安全上网，抵御网络中的不良信息，为儿童营造良好

①中国政府网. http://www.gov.cn/xinwen/2021-03/15/content_ 5593183.htm.
②中国政府网. http://www.gov.cn/xinwen/2020-05/15/content_ 5511703.htm.
③搜狐网. https://www.sohu.com/a/395634023_ 288520.

的网络环境已然成为全社会共同关注的问题。因此越来越多网络平台将人工智能技术应用在过滤不良信息上，为儿童上网保驾护航。

1. 网页内容安全审核

为了让未成年不被不良信息侵扰，在原有审核方案基础上，运用图像识别、OCR 等视觉人工智能领域的前沿技术，结合网信办"清朗"行动细则、未成年人保护法以及网络安全法等与未成年人网络安全相关的法律法规，补充了针对未成年人设计的审核能力，能够精准识别侵害儿童隐私的内容、过滤儿童不良内容，助力建立完善长效的涉青少年网络内容治理机制，遏制网上违法和不良信息的传播，净化未成年人网络环境。

不良内容主要包括以下两种：

（1）未成年人敏感内容鉴别：对以未成年人为行为主体的敏感内容进行鉴别，包括儿童色情，校园暴力，青少年犯罪等内容识别，并将其拦截。

（2）未成年人不宜内容过滤：对未成年人不宜接收的信息进行过滤，包括如抽烟、饮酒、吸毒，赌博等不良行为，提供青少年模式下的内容审核解决方案，做未成年人的滤芯。

2. 不良图像过滤

运用人工技能技术，基于图文跨模态预训练技术框架，通过对互联网上海量无标注图文数据进行匹配训练，建立图像—文本之间的内在表征联系；然后，基于这一联合表征能力在识别不良图像（如盗用儿童形象传达暗示/辱骂/挑衅内容的表情包）上迁移输出针对具体任务的人工智能模型，模型可以自动识别并屏蔽对未成年人有害的不良图像。

4.4　儿童健康

据调查，我国处于亚健康状态的人数占总量的 70%，[1] 须通过有效的措施提高人们的健康水平，而其中青少年是国家的未来，保证青少年健康成长是重中之重。随着人工智能技术的不断发展，基于人工智能的青少年健康管理的研究成为研究热点。

---

①搜狐网. https://www.sohu.com/a/442421713_ 655881.

4.4.1　青少年健康管理系统

实施健康管理系统能够帮助青少年建立良好的健康管理模式，青少年可以得到健康信息档案与评估报告，可以实时监测青少年健康状况，还能够帮助青少年树立良好的健康生活的理念，该理念也使得青少年得到健康保障，从而形成良性循环。

健康管理系统通过数据挖掘机器学习等智能算法自动对青少年的健康状态进行评估，从而能够提前发现隐藏的疾病并提前做好预防措施。

1. 健康管理系统整体框架

健康管理系统整体框架划分为三大层，分别为表示层、业务逻辑层以及数据访问层，使用这 3 层的依据是基于高内聚低耦合的设计思想，具体介绍如图 4-3 所示。

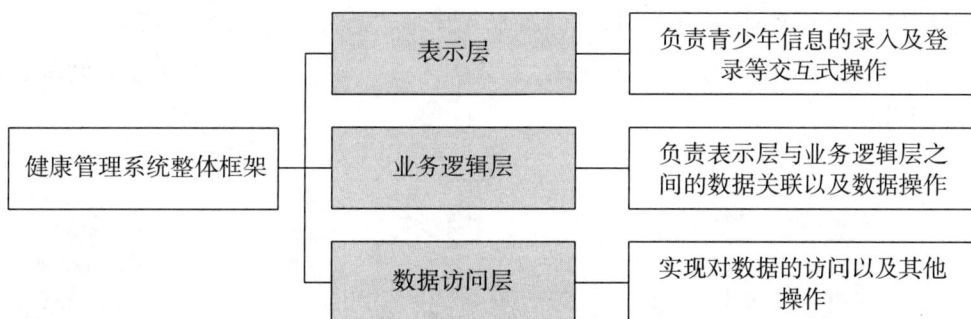

图 4-3　健康管理系统整体框架

2. 健康管理系统功能模块

健康管理系统通过对青少年有关健康管理方面的需求分析，进行了相应的功能模块设计，如图 4-4 所示，主要包括注册与登录模块、健康信息录入模块、健康状况评估模块和评估结果干预模块。

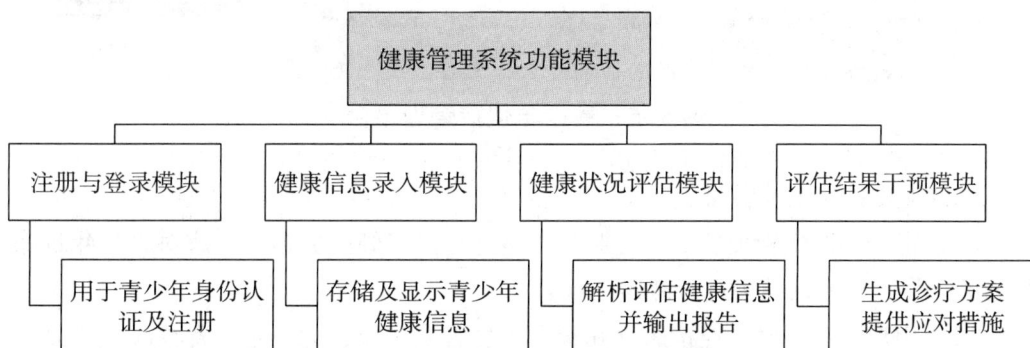

图 4-4　健康管理系统功能模块

4.4.2 青少年慢病管理平台

近年来，我国青少年慢性疾病患病率显著提升，目前有 10%～20% 的青少年患慢性疾病，常见的有高度肥胖、哮喘、2 型糖尿病和发育迟缓等，极度影响青少年的健康成长，因此，青少年慢性疾病管理已经成为社会广泛关注的问题。随着人工智能、大数据等技术的发展，利用这些信息技术能够建立更全面的青少年慢性病防治体系，构建科学规范的慢病管理指导网络，以提高青少年慢病诊疗水平。

1. 搭建云服务平台

针对现有卫生服务模式尚不能满足日益增长的青少年慢病管理需求的问题，新型青少年慢病健康管理服务模式研究已经开展。横向整合医疗与健康数据互通、身份认证信息互通、转诊业务互通、远程健康服务互通等；纵向深入构建一种"医院—家庭"的新型青少年慢病健康云服务平台，如图 4-5 所示，形成青少年慢病健康管理服务的新模式。

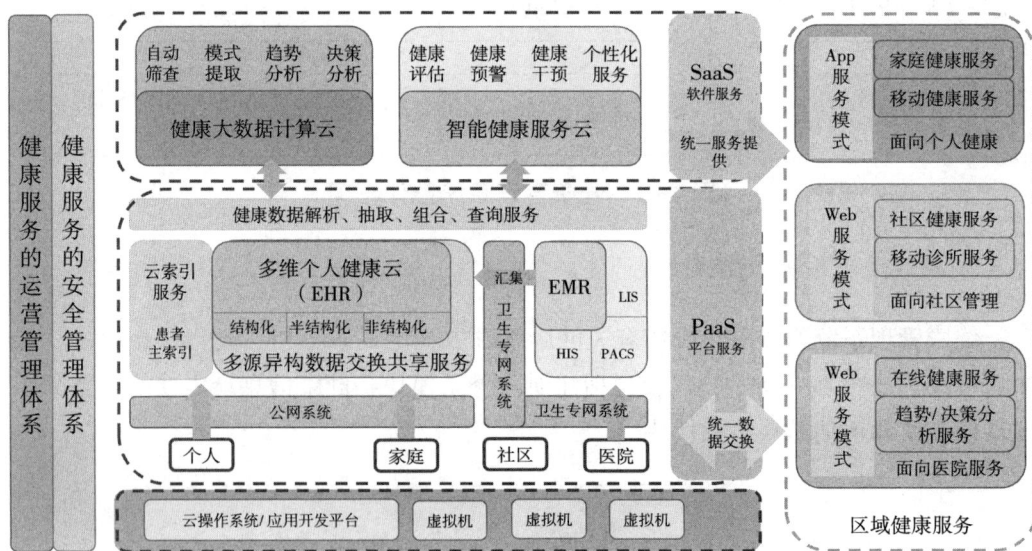

图 4-5 青少年慢病管理平台

平台主要分为 3 个层面：

（1）青少年慢病管理层面：主要负责整合青少年健康数据，完成对青少年健康状况的评估，对评估结果进行健康干预。

（2）用户交互层面：连接医生和青少年患者及家属，为医生、青少年患者及患者家属提供慢病管理操作界面。

（3）软件接口层面：为健康管理呼叫中心、医生终端、患者终端提供软件服务（SaaS）远程接口。

通过上述 3 个层面的服务，实现针对青少年慢性病的远程健康管理，从院前预防、院中治疗、院后保健 3 个角度构建以青少年患者为中心的服务体系，实现智能化和个性化的全人全程健康医疗服务，提高青少年患者及其家属的就医满意度。

2. 构建慢病人工智能语义分析系统

以青少年哮喘慢病管理为例，通过增强有重要医学意义的语句的分布偏移（如哮喘、咳嗽、发热等）扩充医学临床信息，并对青少年哮喘诊后管理知识的梳理、抽取、融合和推理以及质量评估，构建出青少年哮喘诊后管理的精准知识图谱。基于该知识图谱，可以形成信息检索、知识问答、风险识别、随访路径分析等患者管理方向的医疗服务应用，协助医护人员进行医疗决策，青少年慢病人工智能语义引擎框架如图 4-6 所示。

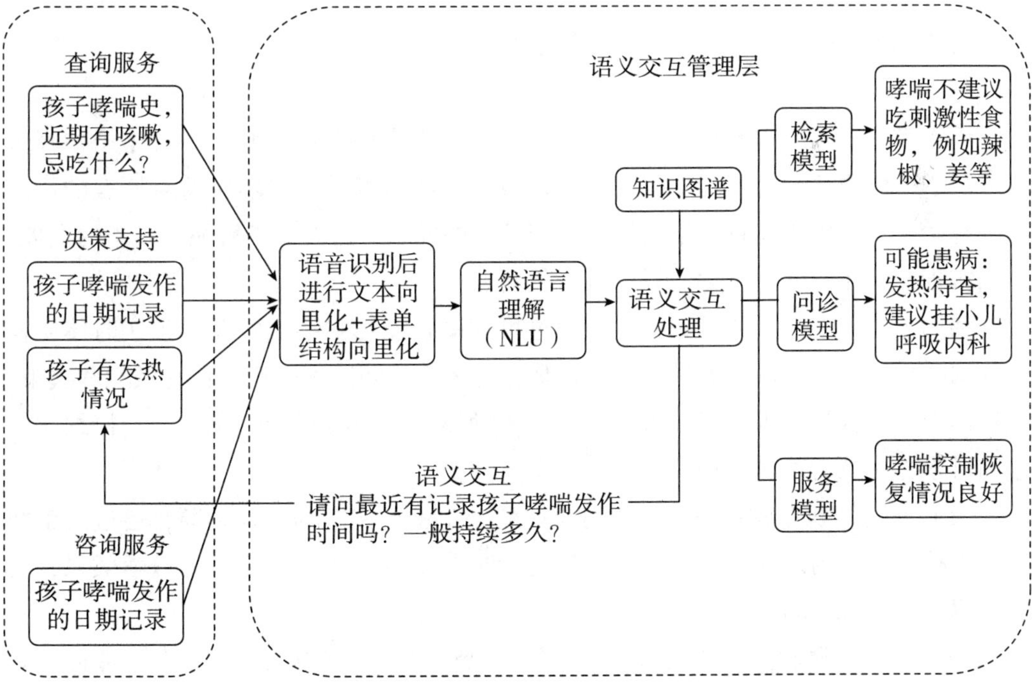

图 4-6　青少年慢病人工智能语义引擎框架

4.4.3 儿患智能医学专家系统

"儿患智能医学专家系统"在青少年专科疾病辅助诊疗领域具有重大创新性，它学习了北京青少年医院最顶尖的医学专家的诊疗思路。北京青少年医院基于多年海量病历数据搭建了青少年医疗数据库，包括病因、疾病症状、专科检查、实验室检查、影像特征、鉴别诊断、重度分型、适宜治疗方案等数据集，搭建标准化疾病谱、疾病细分类库、标准化医疗用语词库、医疗用语语义分析库、医疗知识关联融合库、多因素判断逻辑库、引导提醒库等数据解读训练模型。该系统将全国具有巨大影响力的北京青少年医院优势学科能力，通过人工智能技术转化为儿科领域的辅助诊断工具，实现了人工智能技术与医疗科学的完美融合，并填补了国内儿科智能医疗领域的空白，成为我国儿科智能辅助诊疗的先行者和推动者。该系统已在青少年医疗机构得到了广泛应用，为儿科临床医生提供了有效的辅诊服务，在极大地减轻了医生的工作强度的同时，也有效地避免了漏诊、误诊情况的发生。

4.4.4 智能体质监测可穿戴技术

近年来，为响应国家推行素质教育、提倡学生全面发展的政策，各中小学越来越重视学生体质体育的培养，但目前大多数学校的体育教学仍然维持着原有的传统体育教学模式，影响体育教学灵活性和智慧性的发展。随着人工智能等技术的发展，应该实现校园体育课信息化建设的融合创新。

利用人工智能、大数据等技术，通过可穿戴智能感知终端实现学生实时体质检测数据收集，并自动对数据进行分析评估，将体质检测数据应用于体育教学和决策，减轻体育教师教学负担，提高教学效率，帮助体育老师实现个性化教学、精细化管理和科学化决策的教学目标。

（1）通过智能穿戴设备在课中对每一位学生进行实时的跟踪判断，通过人工智能技术检测学生的运动强度，判断学生运动负荷是否达标，量化体育教学效果，有利于提高体育教学的质量。

（2）提供拍照和录入成绩入口，老师可以将课堂训练效果拍照留存，方便老师对长时间的教学内容进行数据分析，有利于快速地对教学内容进行改善调优，同时，方便家长看到学生体育课堂表现和课堂成果。录入成绩可方便老师对体质健康测试进行管理，减少纸质录入烦琐的量。

（3）体育老师可以高效在线布置、评价体育作业，家长督促学生按时完成体育作业，老师家长共同监督学生体育作业完成情况，培养学生养成体育锻炼的好习惯，提升学生体质健康。

（4）借助穿戴设备及前沿技术在体育课中对学生心率进行监控，呈现班级和学生个人心率曲线、运动密度、心率预警等各项指标，为体育教学提供强有力的数据支持，辅助教师科学、高效地完成体育教学内容，对学生体质健康相关数据系统会自动留存、归类、分析，形成学生个人的体质档案。

4.5　休闲娱乐

休闲娱乐是儿童的生活中十分重要的组成部分，随着时代的不断发展，人们的生活不断走向智能化，儿童的生活也必然离不开不断进步的科技。户外体育运动只是儿童娱乐的一部分，培养孩子的认知能力的智能游戏也是必不可少的。处于智能科技迅速发展时代背景下的孩子们的娱乐项目和过去孩子们的娱乐项目截然不同。翻绳子、七巧板等过去童年记忆中的智力游戏现在似乎已经不常见了，取而代之的是各种人工智能的娱乐产品，这使得儿童的娱乐项目更加的丰富多彩，也使孩子们拥有更加开阔的视野，了解更多的知识。

人工智能的好处与弊端是共存的，虽然人工智能带来的好处有很多，但其弊端也是显而易见且难以规避的。电子产品对人们的吸引力是极大的，即使是成年人都很难抵挡电子产品带来的诱惑，更何况是心智尚未成熟的儿童，大多数的孩子没有监护人的监督都容易产生沉迷的情况。同时，现如今的互联网上发布的内容鱼龙混杂，许多视频、游戏能包含色情、暴力、血腥等不良内容，为了保证未成年人身心能健康地成长，政府和相关部门需严格管理互联网秩序。人工智能技术既要拥有能够带给孩子快乐与知识的能力，也要能够保障孩子们的身心健康。

4.5.1　教育游戏

教育化的游戏在我国的开发相对于很多国家是比较晚的，我国在很长一段时间内教育模式都是非常严肃的，著名思想学者柏拉图认为：游戏可以帮助引导孩子的学习天性。通过游戏的方式来学习，既可以吸引孩子的注意力，还可以启发他们的创造力、提高学习的效率。

教育游戏是严肃游戏中的一种，是指专门针对教育而开发的游戏。教育游戏兼具娱乐性和教育性，设计游戏时以成熟的教育理论为支撑来使娱乐与教育相平衡。

随着科技的不断进步，国内的教育游戏开发与应用也有了极大的进步，越来越多的应用投入市场中。现阶段市场中的许多应用软件都是基于人工智能的教育类游戏。

1. 游戏化编程

游戏化编程指的是一种编程的教学方式，就是通过学生自己编程玩游戏来吸引学生的兴趣。和过去的打字游戏类似，学生通过编写代码通关游戏。游戏化编程的玩家通过编写代码来控制人物的行动，目的是通过每个关卡的任务，在娱乐的同时还巩固练习了编程知识。

2. VR 教学

虚拟现实（VR）技术是近年来大热的人工智能技术，通过多媒体、三维建模、仿真技术、智能交互、传感等多种技术手段，实现将虚拟的环境仿真后带给用户沉浸式的感觉。现在几乎在每个商场的儿童区域内都设有儿童 VR 体验馆，孩子们可以通过 VR 眼镜体验了解很多平常难以接触的环境，比如外太空航行、火灾、地震等灾难科普。但值得注意的是，由于 VR 眼镜距离人眼过近，而小孩子的眼睛发育还不成熟，因此建议 12 岁以下的儿童尽量不要使用 VR 眼镜。

3. 简笔画识别

简笔画识别通过收集简笔画照片制作数据集，通过机器学习的手段对数据集中的图像进行预处理、特征提取、归一化等操作后用分类器训练，训练得到的模型即可识别测试集的简笔画，并投入使用。简笔画的识别可以帮助小朋友使用画笔来描绘世界。

同时，人工智能还可以从很多方面与教育娱乐结合，例如人工智能美术课、语音智能机器人等。人工智能在教育类游戏中的更多使用可能有待发展。

4.5.2 网络游戏

人工智能是研究对人类智能进行模拟和延伸的理论、方法和应用的技术。而电子游戏中几条简单的规则都能够创造出无穷无尽的可能，更何况是情景复杂的大型游戏。人工智能的诞生为电子游戏插上了翅膀。

1. 智能围棋象棋

最早的人工智能下棋游戏诞生于 1952 年，在接下来的几十年间，强化学习、神经网络和时间差分学习等方法被运用于多种棋类游戏中，使得人工智能游戏走向新时代。棋牌类游戏在人工智能中最为著名的应该是 2016 年诞生的 Alpha Go，它是集监督学习、强化学习、深度学习与蒙特卡洛树搜索算法于一身的人工智能围棋机器人，Alpha Go 刚面世便屡次战胜多名世界级的围棋顶尖高手，一石激起千层浪。

2. 游戏中的语音识别

在我们现在的生活中，语音识别是一个常见的技术，工业、家电、汽车等各个领域都能看到语音识别的踪影。语音识别受到的干扰因素众多，每个人的声音或多或少都有差异，就连成年的男性和女性的声音声调都有极大的差异，更何况是发音稚嫩的儿童。即使受到诸多条件的约束，现阶段的语音识别技术在游戏内的应用已经达到较好的效果，可以使用户在游戏的过程中不用费力打字，而是采用语音转文字的方法与他人沟通，或者在教育类游戏中可以通过识别孩子的发音来进行纠错等。

3. 智能游戏托管

在现有的一些棋牌类和竞技类游戏中有一种人工智能托管模式，即玩家无法继续进行游戏时，为了保障队友和对手的游戏体验用人工智能代替该玩家继续比赛。托管后，人工智能通过神经网络根据玩家当前的水平来选择匹配自己的水平，最高级别的人工智能托管即为神经网络中的最优解。

当然，人工智能在电子游戏中的应用还有很多，除为了给用户更好的游戏体验而诞生的功能外，还有很多为了维护游戏健康向上的发展环境诞生的功能，例如游戏防沉迷系统、青少年模式等。总的来说，人工智能研究的是运用深度学习、计算机视觉等技术，使机器胜任一些需要人类的智能才能够完成的任务，目前阶段人工智能在游戏领域的应用还处于十分浅层次的阶段，仍需不断地研究。

4.5.3　网络视频

近 5 年来，随着自媒体行业的迅速发展，许多视频及短视频应用成为广大人民群众生活中必不可少的一部分。一些视频软件也深受儿童用户的喜爱，例如哔哩哔哩动画、抖音、快手及各大视频软件。

互联网上发布的视频内容丰富，各种类型应有尽有，能够感受到短视频、新闻，甚至购物软件越来越了解用户的喜好。为了迎合用户的喜好，研发技术部门会通过个性推荐算法学习用户喜欢观看的视频的类型。推荐算法可以分为 3 类：基于内容的推荐算法、协同过滤推荐算法、混合推荐算法。但这几种算法都要经过特征提取和模型训练，通过收集用户交互的数据集，提取特征后送入训练，得到模型。

在移动设备上看视频对眼睛会产生较大的压力，特别是儿童的眼睛发育不完全，因此对眼睛的保护十分重要。有一些应用加入了护眼模式，通过设备的重力感应系统、人脸识别系统和屏幕光线亮度识别技术相结合，计算用户在观看视频时眼睛与屏幕的距离，判断用户坐姿是否正确，给用户提醒，并添加了蓝光过滤的功能。

4.5.4 青少年模式及防沉迷系统

由于孩子们对电子产品使用熟练，使得儿童在互联网用户中的占比逐渐增高，网络低龄化的现象越来越普遍，有研究表明 56% 的儿童最早接触网络时的年龄小于5 岁。据共青团中央维护青少年权益部、中国互联网络信息中心联合发布的《2019年全国未成年人互联网使用情况研究报告》显示，2019 年，我国未成年网民规模为1.75 亿，未成年人互联网普及率达到 93.1%，图 4-7 为报告调查显示的未成年网民遭遇不良信息的情况。

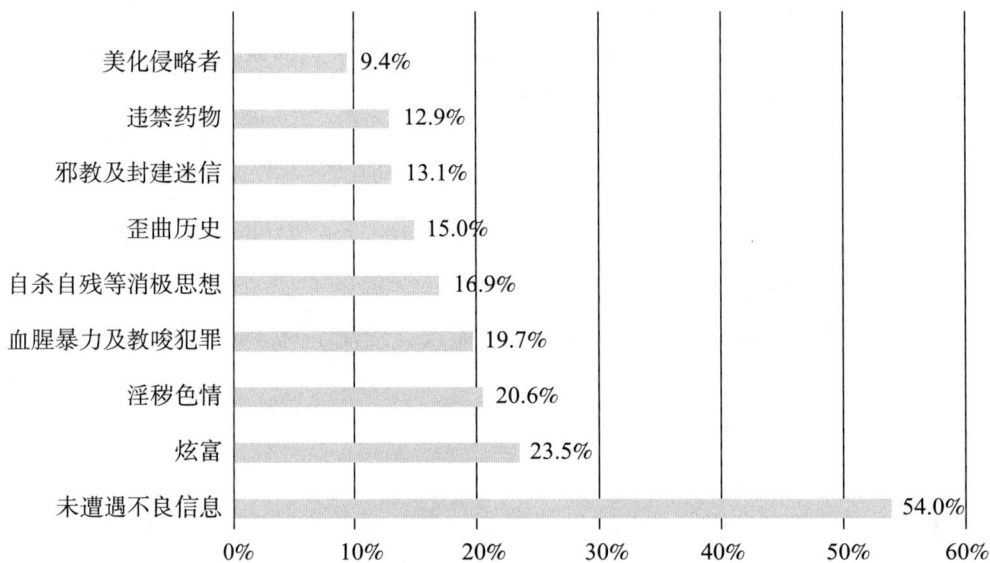

图 4-7　未成年网民遭遇不良信息的情况

1. 青少年模式

互联网中的信息良莠不齐，大量的不良信息对未成年人的身心有着极大的危害。《2019 年全国未成年人互联网使用情况研究报告》调查显示，有 46% 的未成年人在网络中受到过不良信息的影响。为保护儿童的健康成长，对网络内容的审核极为重要，青少年模式即为对内容进行严谨的筛查，过滤掉对儿童不安全的信息，助力构建属于儿童的安全网络环境。

青少年模式可以通过收集大量的不良信息数据，对数据进行特征提取、识别训练，数据库包含视频、音频、文字、图片等多种传播媒介。严格过滤掉少儿不宜观看的内容后，为青少年用户推荐适合的积极向上的内容，并对用户进行个性化的视频推荐，让未成年人既可以通过推荐系统获得娱乐放松，同时传输优质的内容。

2. 防沉迷系统

虽然娱乐对于孩子们必不可少，但其诱惑实在是太大。短视频、动画片、游戏等都极易沉迷。许多家长希望通过开启青少年模式来防止孩子沉迷网络游戏或小视频，但现阶段的青少年模式并不是强制性的，孩子随随便便就能关闭，有些使用身份证号码规定游戏时长的模式，只需要换个身份证号码认证也能轻易地避开限制。建立统一规范的强制性防沉迷模式十分重要。需要强化监管甚至借助法律的力量才能真正地实现儿童健康上网。

4.6　人工智能教育

随着人工智能的普及，掌握好一门计算机语言，就能够和计算机更好地沟通，可以取得事半功倍的效果。信息学不仅是一门学科，它还是一种很重要的职业技能和技术，对于学生未来的成长起到非常重要的作用。在"十三五"规划中，提出创新驱动的战略重点与创新型国家建设研究和推进教育现代化与人才强国、人力资源强国建设研究。

国务院于 2017 年 7 月 8 日出台的《新一代人工智能发展规划》指出，"实施全民智能教育项目，在中小学阶段设置人工智能相关课程，逐步推广编程教育，鼓励社会力量参与寓教于乐的编程教学软件、游戏的开发和推广。"该规划将青少年学习编程教育提升到了国家战略的角度，促进软件和信息领域专业技术人才培养，向青少年推广编程相关知识，普及青少年对人工智能设计的相关认知和技能，提高青少年的创新能力。2017 年，浙江省正式将编程纳入高考，不只浙江，北京和山东也确定要把编程基础纳入信息技术课程和高考的内容体系。上海今年发布了《人工智能基础》（高中版）并已在部分中学开始基于教材内容进行授课。[①]

[①] 搜狐网. https://www.sohu.com/a/215647673_ 675709.

4.6.1 青少年科技竞赛种类统计

2020 年，教育部办公厅印发《关于面向中小学生的全国性竞赛活动管理办法（试行）》的通知，有不少跟机器人、编程相关的赛事。表 4-2 列出了部分面向中小学生的全国性科技竞赛活动。从表中可以看出跟编程相关的赛事几乎覆盖了所有中小学阶段的学生，可以考查学生不同方面的编程动手能力。除了这些教育部列出的比赛以外，还有其他部门组织的各类编程赛事。下面挑选一些主要的赛事进行简单的介绍。

表 4-2 2020—2021 学年面向中小学生的全国性科技竞赛活动名单

序号	竞赛名称	主办单位	竞赛面向学段
1	中国青少年机器人竞赛	中国科协	小学、初中、高中、中专、职高
2	全国青少年人工智能创新挑战赛	中国少年儿童发展服务中心	小学、初中、高中、中专、职高
3	全国青少年创意编程与智能设计大赛	中国科协青少年科技中心、中国青少年科技辅导员协会	小学、初中、高中、中专、职高
4	全国中小学信息技术创新与实践大赛	城乡统筹发展研究中心、中国人工智能学会	小学、初中、高中、中专、职高
5	世界机器人大赛	中国电子学会	小学、初中、高中、中专、职高
6	世界物联网博览会青少年物联网创新创客大赛	中国教育技术协会	小学、初中、高中
7	少年硅谷——全国青少年人工智能教育成果展示大赛	中国下一代教育基金会	小学、初中
8	"明天小小科学家"奖励活动	中国科协、中科院、工程院、自然科学基金会、周凯旋基金会	高中
9	全国青少年无人机大赛	中国航空学会	小学、初中、高中、中专、职高
10	全国青年科普创新实验暨作品大赛	中国科协	初中、高中、中专、职高

1. 中国青少年机器人竞赛

中国青少年机器人竞赛创办于 2001 年，是中国科协面向全国中小学生开展的一项将知识积累、技能培养、探究性学习融为一体的普及性科技教育活动。竞赛为广大青少年机器人爱好者在电子信息、自动控制以及机器人高新科技领域进行学习、探索、研究、实践搭建成果展示和竞技交流的平台，旨在通过富有挑战性的比赛项目，将学生在课程中的多学科知识和技能融入竞赛过程中，激发学生对工程技术的学习兴趣，培养学生的创新意识、动手实践能力和团队精神，提高科学素质。自 2001 年起，每年举办一届，至今已举办 19 届。经过近 20 年发展，中国青少年机器人竞赛在普及机器人工程技术知识，推动机器人教育活动开展等方面发挥了积极作用，已成为国内面向青少年机器人爱好者所举办的规模最大、管理规范、认可度高、影响广泛的竞赛活动。①

2. 全国青少年创意编程与智能设计大赛

全国青少年创意编程与智能设计大赛是一项面向广大青少年普及编程知识、推广智能设计技能的科普活动，其活动主题为"智能时代，逐梦成长"，旨在提高青少年对人工智能的认知和初步应用能力，深受青少年和科技教师的关注和喜爱。大赛由中国科协青少年科技中心和中国青少年科技辅导员协会共同主办。自 2015 年开展以来，经过不断探索与发展，大赛受到社会各界的关注和肯定，为我国青少年人工智能科普活动的发展起到了示范带头作用，为广大青少年创意编程和智能设计爱好者以及科技教师搭建了展示交流的平台。②

3. 世界机器人大赛

在历届大赛成功举办的基础上，世界机器人大赛将更加聚焦高精尖技术交流、产业技术应用、市场规模影响等方面，围绕科研类、技能类、科普类三大竞赛方向，设共融机器人挑战赛、BCI 脑控机器人大赛、机器人应用大赛、青少年机器人设计大赛共四大赛事，每年在全球举办多场选拔赛、总决赛、冠军赛、锦标赛。其中，共融机器人挑战赛和 BCI 脑控机器人大赛作为高精尖的科研类赛事将通过竞赛考查机器人在智能制造、医疗康复、国防救援等方面实际技术应用的科研成果，推动全球机器人技术领域核心技术攻关；机器人应用大赛作为技能类赛事的代表，将推动机器人操作技能的提升和工业设计应用的发展，充分发挥竞赛自身的成果转化优势，促进机器人应用领域的整体发展和人才培养；青少年机器人设计大赛作为重要的科

---

① 中国青少年机器人竞赛官网. http://robot.cyscc.org.
② 全国青少年创意编程与智能设计大赛官网. http://aisc.xiaoxiaotong.org.

普类赛事，将持续吸引世界范围内青少年群体广泛参与，为各国热爱机器人技术的青少年们提供充分展示自己的平台。同时，大赛还将协调对接产业、金融、技术等资源，贯穿全年地举办多项系列特色活动。[1]

4. 全国青少年信息学奥林匹克联赛

全国青少年信息学奥林匹克联赛（NOIP）是一项面向全国青少年的信息学竞赛和普及活动，旨在向那些在中学阶段学习的青少年普及计算机科学知识；给学校的信息技术教育课程提供动力和新的思路；给那些有才华的学生提供相互交流和学习的机会；通过竞赛和相关的活动培养和选拔优秀的计算机人才。

竞赛的目的是在更高层次上推动普及。本竞赛及其相关活动遵循开放性原则，任何有条件和有兴趣的学校和个人，都可以在业余时间自愿参加。本活动不和现行的学校教学相冲突，也不列入教学计划，是课外性质的因材施教活动。参加者可为初高中学生或其他中等专业学校的青少年。[2]

5. 蓝桥杯大赛青少年创意编程组

蓝桥杯大赛是工业和信息化部人才交流中心举办的全国性专业信息技术赛事。自2016年第八届起，赛事在原有大学生数个专业编程组别的基础上增加了中小学创意编程组，简称青少组。第11届竞赛，超过4万名中小学生参加了青少组的比赛。第12届起，STEMA评测考试替代了青少组的地区选拔赛，能更加全面和科学地评价学生的科技素养、逻辑思维和编程能力，给出可以跨时间地域衡量的综合评测成绩。[3]

4.6.2 全国科技竞赛发展分析

据统计，第11届蓝桥杯大赛青少年创意编程组竞赛，超过4万名中小学生参加了青少组的比赛。覆盖了来自全国各省区市的中小学生参赛，通过对他们的参赛成绩分析，可以看出全国不同省份的学生编程水平情况。最近，蓝桥杯大赛组委会发布了2020年度K12-STEM教育发展指数，为科学衡量各省区市的中小学STEM教育发展水平提供了指标性度量方法。

该指数调取了来自国家统计局、工业和信息化部人才交流中心、蓝桥杯大赛组委会的基础数据，并综合考虑各省区市的科技发展水平、硬件基础设施、人均教育投入和STEM学习热情等4个方面指标进行编制。2020年度K12-STEM教育发展指

①世界机器人大赛. http://www.worldrobotconference.com/html/jiqirendasai.
②全国青少年信息学奥林匹克联赛. https://www.noi.cn.
③蓝桥杯大赛青少年创意编程组. http://kid.lanqiao.cn.

数如图 4-8 所示。K12-STEM 教育发展指数体现了各省区市 K12-STEM 教育发展水平相对于全国平均值（100）比例关系。例如，北京市 K12-STEM 教育发展指数为 352，即其 K12-STEM 教育发展水平约为全国平均值的 3.5 倍。

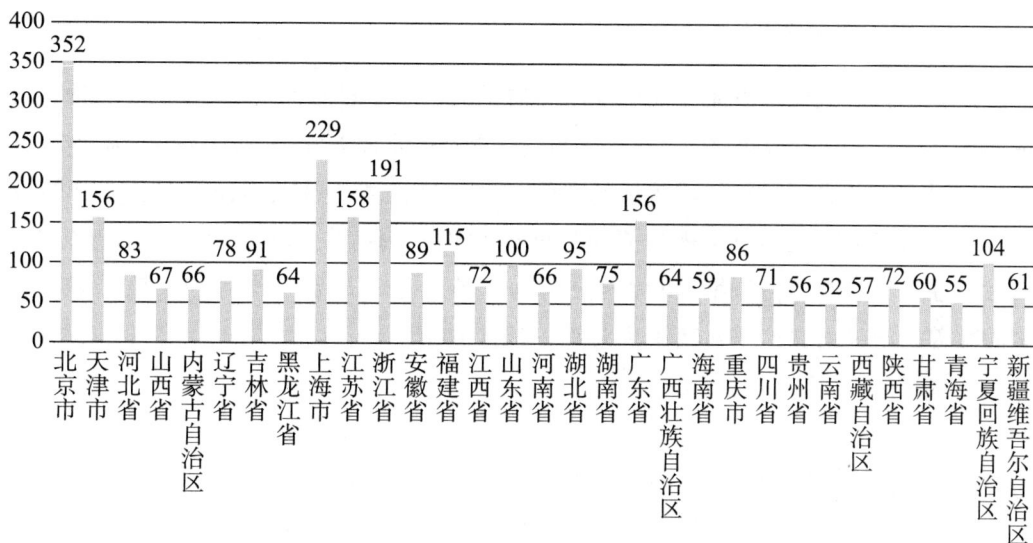

图 4-8　2020 年度 K12-STEM 教育发展指数

4.6.3　青少年编程教育存在的问题

近两年，随着资本的大笔投入，少儿编程从之前少部分人参与的小众素质教育品类，变得越来越被大众所熟知。无论线上或线下，各类少儿培训机构层出不穷，网络上和朋友圈经常会刷到少儿编程培训机构投放的广告，孩子放学也经常能在校门口收到编程培训机构的传单，各种挑动家长心声的广告语扑面而来。但是该行业还存在不少的问题亟待解决。

1. 缺乏权威评价体系

众所周知，中国编程教育起步晚，行业缺乏权威评价体系和统一的行业标准。而在课程内容上，市场大多机构都在参考国外课程大纲，缺乏真正适合中国本土化的成体系的优质课程内容。此外，少儿编程教育的课程延续性不足，往往只有适合几年学习的课程体系。

2. 信息学师资匮乏

不同于 K12、少儿英语培训市场，市面上已经聚集大量优质师资，少儿编程领域老师可以说基本空缺。编程领域师资需要一批既有编程专业背景又懂教育培训的人才上岗，痛点首先就在于很多代码写得好的人不太具备教育属性；其次这部分人群选择面又很多，他们优先选择一些更高薪的工作。

3. 教学质量参差不齐

专业师资的缺乏就不能保证持续的高质量的教研，自然保证不了高质量的教学，造成了部分机构以次充好的局面。一个优秀的少儿编程老师，懂编程是必需的，更要懂教育，也要懂不同年龄段孩子的认知规律，这样才能既做到授人以鱼，又能授人以渔。很多编程老师只是积累了专业的编程知识，教育方面的专业知识是缺失的，其教学往往停留在了传授编程知识点的层面，在整个教学流程设计中，孩子编程思维的培养是缺失的，严重背离了少儿编程教育的初衷。

4.7 智能陪伴

我国自 20 世纪 70 年代开始推行计划生育，独生子女的教育问题成为广受关注的社会性问题，独生子女教育的复杂性及诸多衍生的问题亟待解决。在快节奏、压力大的现代社会中，父母与孩子之间的沟通与交流也变得越来越少，孩子无法体验到被父母重视的心理感受，同时父母也不能拥有陪伴孩子成长的美好经历。对于一些独生子女来说，他们没有兄弟姐妹的陪伴玩耍，父母也很少有时间或者根本就没有时间陪伴孩子一起成长，在工作之后也很少和孩子交流，不能够及时地了解孩子的身心发展。一部分独生子女，由于缺乏父母的陪伴，只能在家跟自己的玩具说话，把玩具当成了自己的朋友、亲人。在假期间，这些孩子又会因为面临升学压力去上各种课外辅导班，导致父母和孩子相处的时间更少。

随着城市化进程的加快，农村青年群体为了获取更高的收入而选择进入城市务工，只能将自己的孩子留在农村接受教育。据权威调查统计，2018 年，全国共有农村留守儿童 697 万余人，农村留守儿童中的 79.7% 由爷爷、奶奶或外公、外婆抚养，13% 的孩子被托付给亲戚、朋友，7.3% 为不确定或无人监护。[①] 而在这些留守儿童中，有相当一部分都是独生子女，这些孩子每年最多只能与父母见一两次，父母的陪伴时间微乎其微。图 4-9 展示了父母陪伴孩子时间的统计结果。

留守的少年儿童正处于成长发育的关键时期，他们无法享受到父母在思想认识

---

①中国青年网. http://news.youth.cn/gn/201810/t20181030_ 11768916.htm.

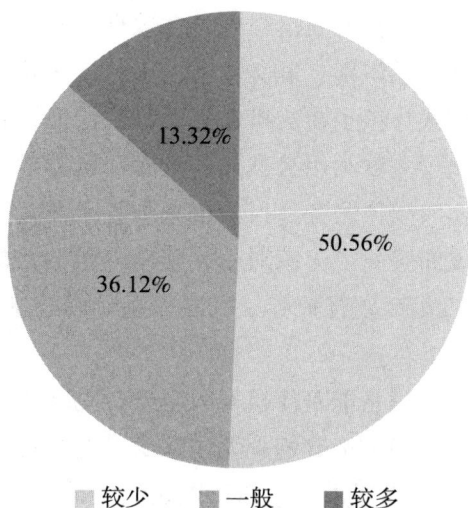

较少　　一般　　较多

图 4-9　父母陪伴孩子时间统计

及价值观念上的引导和帮助，成长中缺少了父母情感上的关心和呵护。由于祖辈们的年龄较大，在与孩子们沟通方面存在一定的代沟，在照顾孩子方面也存在精力不足的问题。留守儿童群体中的独生子女，缺乏同龄人的交流沟通和陪伴玩耍，可能会导致心理问题得不到及时解决。而且老年人群体受教育的水平有限，孩子在学习中遇到的问题也无法得到解决。

4.7.1　智能陪伴机器人现状

随着互联网、大数据、人工智能等技术的快速发展，儿童智能设备不断从单一服务向综合多功能服务发展，利用人工智能技术服务的智能陪伴机器人逐渐出现在大家的视线中。2015 年，在《科技导报》中《儿童成长陪伴机器人与教育资源平等》文章的发表，国内开始进行对智能陪伴机器人的相关研究，初始阶段主要集中于儿童陪伴机器人的造型和交互界面设计，后续通过分析情感、色彩、表情等对儿童的生理和心理的影响，智能陪伴机器人的造型、色彩、动作、面部表情等方面又有了创新设计。将人机交互对象构建为 3D 虚拟模型，智能陪伴机器人的功能再次得到拓展并且互动方式也变得更为生动形象。

2015 年，在世界互联网大会上，主打陪伴儿童概念的 360 公司的小忆机器人首次在公众面前亮相。2016 年底，科大讯飞利用大规模儿童语音数据和语音交互技术，推出了"阿尔法蛋"智能陪伴机器人。2018 年 8 月，优必选的悟空机器人亮相世界机器人大会，这款机器人具备舞蹈动作、语音交互、人脸识别、物体识别、视频监控及图形编程等功能。2021 年 4 月，华为发布了首款儿童陪伴机器人小艺精灵，不仅具有可爱的外形和丰富的表情，通过大数据分析、人工智能等技术还能实现主动情绪识别、多模态情感识别、语义意图识别、多人互动儿童定制语料等强大功能，通过寓教于乐的方式让孩子在与机器人互动的同时得到知识和趣味陪伴。广州智伴人工智能科技推出了一款利用自然语言处理、机器学习、推荐算法等技术的智能产品，为儿童提供实时陪伴服务。目前市场中关于儿童智能陪伴机器人的产品还有很多，这些产品的发布强化了大家对于智能陪伴机器人的认知，儿童智能陪伴机器人产品功能主要包括儿童教育辅导、机器人玩具以及基于云技术的家长监控、即时通信等功能。

根据机器人的结构，儿童智能陪伴机器人主要分为 4 种。一是不可移动的智能陪伴机器人，这种机器人一般较为普遍、无法移动、成本低、功能相对也比较简单；二是车轮式结构的智能陪伴机器人，它的特点是结构简单、平稳性高且便于操作，但是只能在平坦的道路上移动，无法实现跨越和上下阶梯等功能；三是履带式结构的智能陪伴机器人，该机器人行驶平稳且机动性能好，但是较重且结构相对较复杂；四是步行式结构的智能陪伴机器人，采用仿生的行走方式，可以连续的协调运动且各关节能进行一定角度的旋转。主要特点是可以上下阶梯、跨越障碍物，但系统设计复杂且制作成本高。不同结构的儿童陪伴机器人如图 4-10 所示。

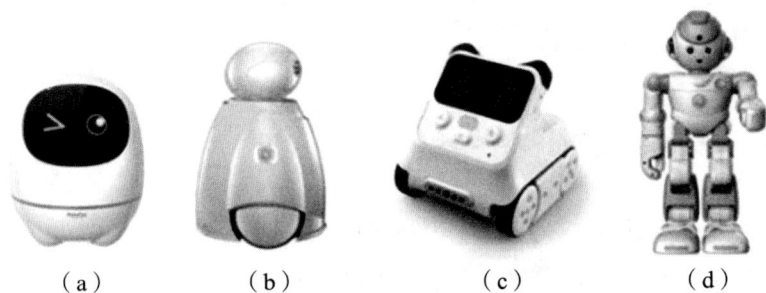

（a） （b） （c） （d）

图 4-10 不同结构的儿童陪伴机器人

除了这 4 种外还有一些用于特别环境中特殊移动形式的机器人，比如蛇形式、爬壁式、履带式、飞行式等机构。从儿童智能陪伴机器人的稳定性、安全性、功能性以及购买成本上综合考虑，以车轮式结构的机器人为主。智能陪伴机器人根据不同的形态设计可分为：具象造型、抽象造型和卡通造型。具象造型主要来源于现实生活，可以促进儿童对社会原生态的认知；抽象造型是以点、线、面构成的简练造型，有利于激发儿童抽象思维发展；卡通造型是将卡通人物形态造型运用于产品中，使得儿童陪伴机器人更有亲和力。

4.7.2　智能陪伴机器人技术架构

随着人脸识别技术、图像识别技术、视频交互及大数据分析技术的不断成熟，这些技术与家庭机器人主要应用场景可以做到高度耦合，为用户提供良好的使用体验。一个典型的智能陪伴机器人架构如图 4-11 所示。

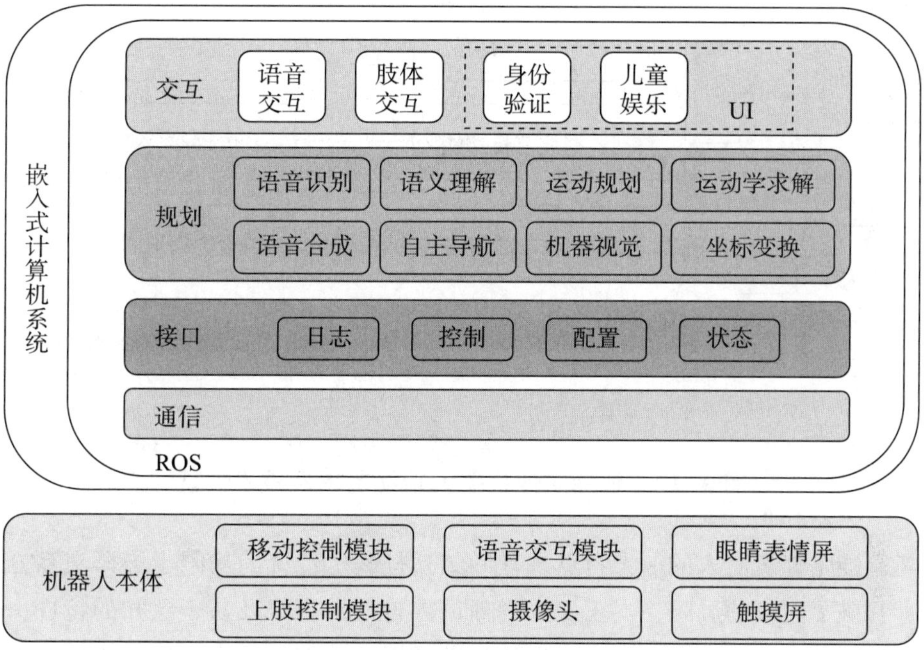

图 4-11　智能陪伴机器人架构

儿童陪伴机器人是父母与孩子进行情感沟通互动的桥梁与媒介。据相关调查数据显示，儿童智能陪伴机器人是最受家庭欢迎的家庭类服务机器人。目前市场上的智能陪伴机器人致力于满足家长和孩子的功能需求、互动需求和情感需求。智能陪伴机器人的典型功能需求及技术实现如图 4-12 所示。根据调研，孩子对于智能陪伴机器人的需求主要有三点：一是要外形好看可爱，符合孩子的审美；二是互动方式有趣、可以陪伴孩子玩耍；三是具备学习、娱乐、视频等功能。父母对儿童智能陪伴机器人的诉求主要有两点：一是安全性需求，在父母无法陪伴孩子的时间里，智能陪伴机器人可以引导孩子养成良好的生活习惯和学习习惯，形成正确的人生价值观；二是场景式陪伴，智能陪伴机器人通过高清的视频和语音装置，可以让父母与孩子交流互动，同时父母也可以对孩子所处的状态进行实时监控，及时了解孩子的行为以及心理状态，有利于孩子未来身心的健康成长。

有形交互是自然交互方式中的一种，也是连接物理世界和网络世界的介质，这

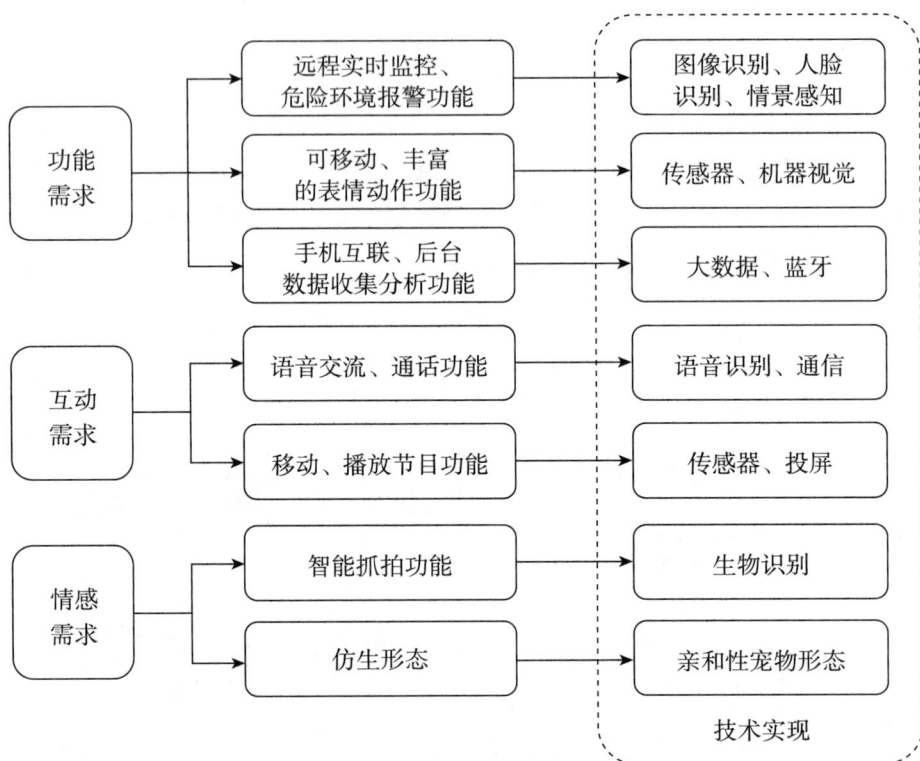

图4-12 智能陪伴机器人功能需求及技术实现

是儿童智能陪伴机器人的一大特点。有形交互打破了传统的局限于屏幕交互方式的壁垒，打破了时空的局限，真正发挥物理世界自然、直观及易于认知的特性，使得用户可以实现沉浸式的全身交互，充分刺激了用户更多的感官系统，并且有形交互可以更好地激发儿童去认知物理世界。它强化了与真实世界的接触，避免了孩子沉浸于网络，通过主观而随性的与陪伴机器人进行互动来获得发现与探索的乐趣，全身心与儿童陪伴机器人进行互动不但有利于儿童身心的健康发展，而且有趣的交互方式加强了陪伴过程中的情感体验。用户通过操控物理接口实现与现实世界的交互，将此设为监控装置便可以用来记录儿童的行为，父母可以通过网络在手机上实时查看孩子的动态和需求。通过对儿童日常行为的检测可以将这些数据实时上传至软件系统，根据大数据分析可以生成儿童的心理状态分析图表，父母可以通过软件随时监测孩子的心理健康情况。基于有形交互的儿童陪伴机器人架构如图4-13所示。

4.7.3 智能陪伴面临的挑战

目前儿童智能陪伴机器人还存在一些不足与局限，主要的问题是趣味性不够、互动性较差、智能化程度不够、后台资源匮乏、容易引导孩子沉迷网络等。由于目

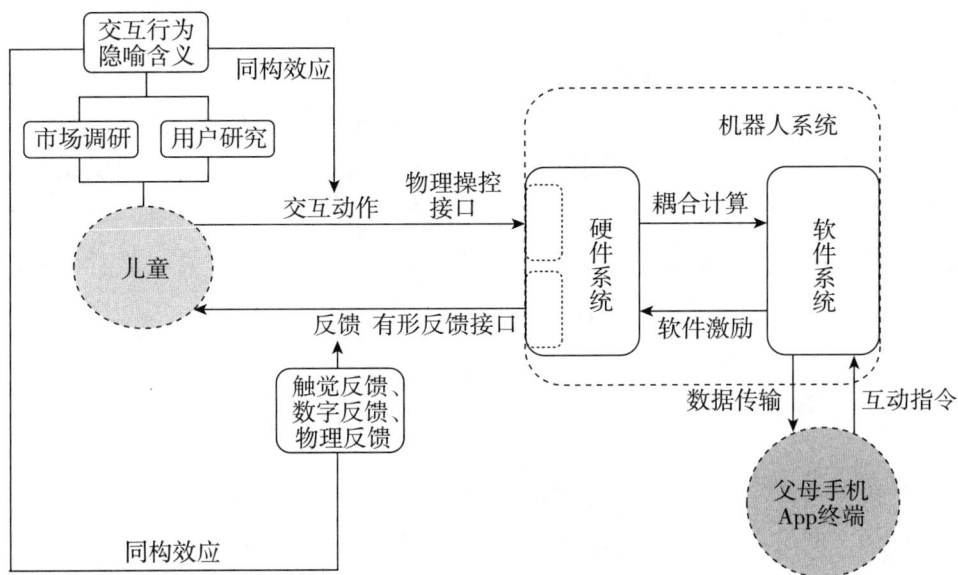

图 4-13　基于有形交互的儿童陪伴机器人架构

前人工智能技术尚未成熟且研发制作需要高昂的费用，除了智能陪伴机器人的外在造型不同之外，大部分的儿童智能陪伴机器人的功能过于同质化，缺乏创新，功能交互方面也有待进一步提高。人工智能教育普及率较低，且产品质量参差不齐，优质陪伴机器人价格过高，导致智能陪伴教育机器人普及率低。

随着人工智能、语音识别、大数据等技术的进一步发展创新，物联网趋势下交互方式的新一代变革，以机器视觉、表情及手势为主的隔空交互方式有可能为儿童陪伴机器人的发展方向提供新的思路。随着智能陪伴教育机器人生产技术的愈加成熟，产品价格也会有所降低，关于未来智能陪伴机器人的发展预测有以下几个方面。首先，未来陪伴机器人可以是任意可爱的小动物的造型，增加外观的趣味性；其次，类似于乐高积木，儿童可以根据自己的爱好、想象力组装机器人成为任何他们想要的造型，但并不影响机器人的整体功能；最后，模块化的组合丰富了儿童与机器人的互动方式，同时，机器人屏幕信息也可以动画或者卡通模块化的方式呈现出来。

4.8　公益/弱势群体

教育是人成长过程中十分重要的组成部分，在未成年时期受到的教育能够影响甚至改变人的一生。但在偏远的山区、贫困地区的孩子们难以像城市里面的孩子一样公平地接受教育，他们没有宽敞的教室、好看的文具、洁净的书本，但他们也拥有获得知识的权利。

教育公平是一个历史久远的观念，古希腊的思想家柏拉图曾提出过教育公平的理念，在两千年前的中国古代大教育家孔子也曾提出过有教无类。教育公平的定义有三方面的意义：①确保每个人都有平等接受教育的权利；②为人民提供相对平等的受教育的机会和条件；③每个学生接受同等水平的教育后能够达到一个最基本的标准，且学生的成绩判定公平、教育质量水平公平、目标公平。并且教育公平的发展有相对性，教育公平和教育效率是统一的。

4.8.1 教育公平现状

就学机会是教育公平中最为基础的一部分，就学机会不均等是教育起点不公平的主要表现。据国家统计局《2017 年农民工检测调查报告》显示，进城务工人员数量接近人口数量的 1/5，并依旧有较快的增长速度和趋势。这导致了进城务工子女的就学问题加剧。虽然国家对于农民工群体的权益提供了许多的支撑，农民工随迁子女的就学问题得到了极大的改善，但相较于城市学生仍有较大的差距。

除此之外，就学的地域也会带来教育的不平等。处于城市中心的孩子距离优质教育资源距离近，获取教育信息的途径更多且更容易。而农村孩子获取教育信息资源的途径要少很多，距离的成本对于家长来说更是一笔巨大的负担。

师资力量的短缺是教育公平中最为主要的问题之一，教师在教育中是最为基础的保障，教育的好和坏与教师有着密不可分的关系。改革开放以来，我国的教师数量稳步增长，教师学历水平、整体素质都有了极大的飞跃。但由于农村环境艰苦，师资力量和教师的整体素质和城市相比较依然差距巨大。

4.8.2 人工智能促进教育公平

偏远山区条件艰苦，近年来，国家大力扶持偏远山区振兴，并号召人们为扶贫建设出力。许多学校在大山中建立起来，越来越多的人们加入公益事业，许多大学生来到偏远山区支教。但即便如此，偏远山区的教学质量、教资水平等与城市相比依旧是天差地别。随着人工智能的飞速发展以及 5G 技术的快速普及，越来越多的 5G 基站的建立为偏远山区孩子提供了智能化教学的途径。人工智能从多方面赋能教育公平。

1. 教学资源共享

5G 时代的到来打破了城市与贫困山区之间的空间限制，教学资源匮乏的地区可以与优质学校展开合作，通过共享课堂、同步课堂等远程线上教学在一定程度上弥补师资力量不足、教育水平有限的问题，同时还能丰富山区孩子的见识，可以为资金、条件缺乏的学校带来音乐、艺术鉴赏等课程。

2. 智能测评系统

传统的教学中，老师是整个课堂的核心，特别是农村学生，家长难以辅导他们的功课，因此老师的负担更加的沉重。智能测评系统可以通过自然语言处理、图像识别、语音识别等人工智能技术，对孩子的外语发音、作业等进行测评。系统通过识别孩子的发音和词汇，进行纠错、反馈和建议，还可以识别拍摄的作业的照片进行批改。此系统在大大地减少了老师的负担的同时，也让孩子们随时掌握了知识。

人工智能赋能教育公平还有很多方面的体现，人工智能作为一种新的技术手段可以带来许多的便利，但在现阶段的教育中，还应该分清主次，不能忽视老师在教育中的重要地位，人工智能和教育的融合共同发展才能有效地促进教育均衡。

4.8.3　人工智能助力特殊人群发展

在我国，有特殊需要的学生主要包括聋哑学生、听障学生、视障学生、智障学生、自闭症患儿及肢体残疾学生，他们由于先天或后天的关系，在生理、心理上与正常的孩子存在较大的不同。随着人工智能的不断发展，特殊教育与人工智能相结合，能够大大地满足特殊儿童的教育需求，现在已经有很多人工智能技术开始应用于多类残障人士的生活中。但对于特殊教育，依然有很多难以克服的难题，如图 4-14 所示。

从图中可以看出，将人工智能技术应用在特殊人群，还存在以下困难和挑战：

（1）教材的设计难以考虑特殊儿童的身心特征，质量有待提高；

（2）特殊教育的师资力量较为薄弱，专业水平有待提高；

（3）学生的残障问题不一，需要投入个性化的教学；

（4）学生的障碍类型多，难以实现便利化；

（5）医疗救助欠缺，难以保障学生健康。

着眼于这些特殊教育的难题，人工智能可以发挥它们强大的作用。现在也有许多科技已经有了初步的应用，例如学习困难儿童早期干预虚拟仿真实验平台，应用人工智能技术、增强现实技术等技术搭建拥有自动问答、自动评分的辅助教学平台。该平台能够高度仿真实验环境，将复杂的实验过程可视化，学生可以与虚拟的教师交流互动，既能增加学习的生动性还能降低学习成本。

研究表明，孤独症患者虽然存在社会交往的障碍，但对电子产品的接受能力较

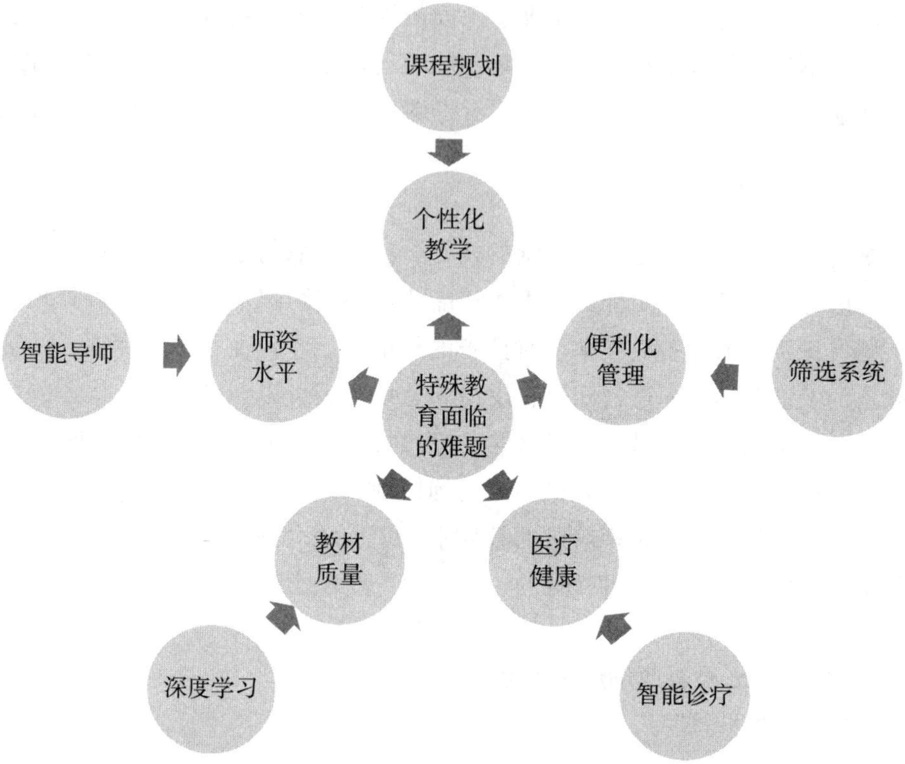

图 4-14　特殊教育面临的难题及对策

高，对于此类患儿的学习主要需要在个性表达、学习资源系统构建及学习过程干预3 个方面入手。孤独症儿童智能教育干预系统从 4 个方面入手，分别为儿童认知心理模型、人机交互、多维度社会互动能力量化评估以及孤独症儿童自适应干预。其中应用了头部姿态估计、视线跟踪、表情识别、强度估计、皮肤电信号处理、脑电信号处理、多媒体交互游戏、增强现实技术、体感式交互学习、智能感知、定量评估、动态学习路径规划、学习活动智能推荐等多种技术手段。

对于特殊教育的研究阻碍有很多，但相信在人工智能的帮助下，特殊教育会飞速发展。

本次人工智能为儿童项目在中国网络社会组织联合会、联合国儿童基金会的指导支持下，项目组查阅了国内外大量相关政策法规、文献资料，整理分析了征集的 39 份有效案例，实地调研了北京、上海、深圳、杭州和南京等地的 6 家社会组织、9 家高校和科研院所及 16 家企业，召开了多次专家研讨和案例评审会，并征求了有关部门的意见，最终形成了这份报告和《人工智能为儿童案例汇编》（本书第 6 章）。

古人云："天时、地利、人和，三者不得，虽胜有殃"。现如今中国从中央政府到地方政府、从科研院所到企业、从社会团体到普通老百姓，都已经开始全面拥抱人工智能。在儿童群体中，人工智能也得到了广泛的应用，几乎全面融入儿童成长的各个阶段。现在正是需要探讨如何加深对人工智能的信任，从而让人工智能在中国的儿童群体的健康成长中发挥更大作用的时机。在抓住机遇的同时，也应承担相应的责任。

5.1　人工智能技术和应用为儿童成长带来的有益帮助

1. 更广泛的教育资源

人工智能教育是一个强大的计算机教育系统，相当于拥有渊博教育知识的机器人——可以集几十、上百、上千个特级教师的智慧、教学知识、教育经验于一身的机器人。个人的智慧终究有限，远不能提供儿童成长足够的知识，而人工智能技术几乎拥有无限的数据库与知识储备，使儿童能够接触到更宽阔的世界。近年来，早教机器人、绘本机器人、智能儿童手表等相对成熟的产品不断出现，它们成为儿童的"玩伴"和"老师"，寓教于乐，让儿童通过不同途径获取知识。

2. 更高的教学效率与质量

人工智能可以自动化各种管理任务，为教育工作者腾出大量时间。目前，人工智能技术在教育中的应用主要体现在图像识别、语义识别、语音识别等方面，可以帮助教师批改家庭作业、评分测试和考试、在线答疑等。这些应用不仅提高了儿童的学习效率，也将教师从繁重低效的工作中解放出来，使他们可以把更多的时间集中在与学生的互动上，为学生提供即时反馈，进行一对一的教学。也有更多的精力关注儿童的德智体美等更高层次的教学问题，促进儿童全面成长。未来，随着人工智能在技术和应用场景中的更多探索，可以进一步提高教与学的针对性、有效性和科学性。

3. 降低网络对儿童的危害

随着互联网和智能设备的高速发展与全面普及，当代儿童正以前所未有的方式接触互联网。网络上各类信息纷繁混杂，保护儿童免遭有害网络信息"毒害"至关重要。网络中的不良内容和行为，可能正在父母看不到的地方侵害着儿童。而通过深度学习算法，则可以识别和预测有害内容，在儿童可能涉及的各类网站、网络游戏中保护他们，过滤有害信息和预测有害行为的发生。由此可以预见，未来通过人工智能算法的不断升级，互联网将变成一个更加安全的地方，更有益于儿童的成长。

5.2 人工智能技术应用在儿童群体中的衍生问题

1. 公平性问题

人工智能的发展可能造成新的不公平。由于机器学习和深度学习的训练数据集和测试数据集均集中在已经能够深度接触人工智能技术的群体范围内，将会造成数据集缺少边远山区、少数民族或残障弱势等少数群体数据，算法无法兼顾公平性，带来性别歧视、弱势群体接入障碍等问题，最终加剧少数群体与普通群体之间的数字鸿沟。

2. 隐私问题

人工智能算法的准确度依赖于机器学习所使用的数据集，数据收集和使用的过程中如果不能得到有效的监管，必然会导致用户隐私泄露等问题。儿童作为弱势群体，他们的数据应得到最高限度的保护。在满足人工智能系统需求的基础上，应该设计相关的隐私保护措施，同时尽量减少数据收集，以确保隐私问题得到有效解决。

3. 泛人工智能乱象

人工智能已经在所有领域得到广泛应用，并被社会热捧。但我们必须认识到，目前人工智能的部分应用仅仅是浅层应用，家长不应被企业营造的氛围和噱头引导。学校和家长对儿童进行人工智能教育应以帮助儿童适应数字化时代的到来为目的，以教授底层逻辑为主，充分考虑儿童在各年龄段的接受能力和特点，以及技术更迭的速度。

4. 过度依赖人工智能

人工智能虽然可以在儿童教育、陪伴等各方面提供很多帮助，但并不能完全替代家长和学校的教育陪伴。如人工智能过多地参与导致儿童真实社交的减少，造成儿童社交障碍难以融入社会；社会盲目信赖人工智能等技术对游戏娱乐等应用采取的青少年模式或防沉迷系统，由于隐私保护需要或家长疏忽甚至家长主动帮助，被儿童破解轻而易举。

5. 伦理道德问题

在运用新技术赋能教育的同时，要遵守最根本的伦理道德、公序良俗，应遵循教育教学的基本规律。技术发展到一定程度，常常不再是科学的问题，而是上升到哲学的考量，伦理道德即其中之一。随着市场的快速扩张，一些人工智能产品出现遭明令禁止的有害内容，严重影响教学秩序、助长学习焦虑、传播有害思想，不利于青少年身心发育和健康成长。除此之外，当人工智能深度参与人类社会的许多重要活动、让系统从事决策性事务时，能否服从社会公认的准则和人类的价值观也是人工智能的一大挑战。如教育工作的一项重要任务就是帮助人们树立善良、正直、公平、公正等正确的价值道德标准。现在的人工智能技术水平，我们还不可能对人工智能程序进行道德教育，但是在我们开展人工智能教育时，绝不能忽视人工智能教育中的伦理教育。

5.3 人工智能技术应用在儿童群体中的发展建议

1. 加强政府监管和引导

中国政府为新一代人工智能发展做了具体规划，也出台了《国家新一代人工智能标准体系建设指南》。面对快速发展的各种人工智能技术，建议政府在企业科技创新和具体技术路线上，督促企业秉承技术向善原则。面对人工智能对人类提出的哲学、道德和实践方面的挑战，政府应尽快出台人工智能的相关政策和规范。同时通过制定法律法规、标准规范等手段，降低人工智能在儿童群体中应用可能产生的安全隐私、伦理道德、身心危害等问题。

为了最大限度地发挥人工智能在儿童群体中的作用，同时减少风险、尽量避免意外后果，我们建议在政府引导下，组织相关企业、社会组织、科研院所、学校、家长和儿童代表举行公开讨论。通过各方共同努力，我们可以识别具有明显社会和经济后果的问题，优先制定保护儿童群体的解决方案，同时避免不必要的限制未来的创新。

2. 提高企业履行社会责任的意识

企业在人工智能技术发展中应遵循科技向善原则，切实履行社会责任。人工智能是深刻影响未来的战略性科技，在针对和涉及儿童的技术、产品研发中心，应恪守社会责任，制定相应的准则。科技创新本无好坏之分，关键在于使用科技的人。只有进一步加强科技伦理对科技活动的引导和规范，才能促使科技活动朝着更加有利于人类和人类社会的方向发展，通过技术资源为人类社会可持续发展创造福祉。企业在研发和生产过程中，更要注重提升相关产品和应用安全性。

随着儿童智能产品市场爆发，国内外很多中小厂商进入市场，他们或许尚未具备完善的安全设计研发能力，在产品设计和生产中存在一些漏洞，自身也不能进行及时而完善的修复，导致其生产出来的儿童智能产品存在各类安全风险。因此相关部门需要重视面向儿童群体的人工智能产品，确保儿童智能设备安全而健康地运行，让家长和孩子都能够放心地享受儿童智能设备的陪伴、便利和教育作用。同时营造人工智能技术发展的良好产业环境，让市场和用户去选择最好、最合适、最有竞争力的技术和产品。

3. 重视家长和全社会的深度参与

要保障儿童在数字环境中的权利，充分享受人工智能为儿童带来的福利和权益，家长必须深度参与，才能与政府、企业和学校形成合力。面对飞速发展的人工智能，家长对儿童的教育需要进行调整。利用人工智能这一有力工具，为儿童提供优质的教育，是当下家长最应该关注的事。多让儿童接触人工智能的实际应用，并对儿童进行正确引导，才能利用人工智能更好地辅助儿童的学习与生活。家长们可以、也应该将人工智能相关知识教授给儿童，与儿童、与人工智能一同成长，迎接一个更美好的世界。

要解决人工智能在儿童群体中的问题，助力儿童更好地成长，一项有益的措施就是评选和分享创新的最佳实践案例，以指导负责任的人工智能运行和发展。行业领导组织，例如中国网络社会组织联合会，将行业内的参与各方组织起来，征集并挑选发布典型的人工智能应用。通过鼓励开诚布公的讨论，协助分享典型实践案例，政府还可以帮助在人工智能应用开发者、用户和大众之间创造一种合作、信任和开放的文化。这些工作可以作为未来制定法律和法规的基础。

4. 加强国际交流合作

据有关机构预测，2030 年，人工智能将带动全球 GDP 增长 14%；其中，最大的收益将来自中国与北美，总计高达 10.7 万亿美元，占全球经济影响的近 70%。由此可见，在如此巨大的经济体量、重大创新领域中取得革命性突破与颠覆性技术是至关重要的。加强国际技术交流，开阔视野，借鉴国际上的经验，有助于加快实现我国科技发展，将创新主动权、发展主动权牢牢掌握在自己手中。

自 2017 年 7 月国务院发布《新一代人工智能发展规划》及 2018 年 4 月教育部发布《教育信息化 2.0 行动计划》以来，"人工智能+教育"逐渐成为教育工作者关注的热点。近年来，我国也多次参与并联合世界各国各组织举办人工智能教育国际论坛，我国社会组织、企业与国外开展了丰富多样的国际交流合作，积极探索人工智能在教育领域的新发展。但是我国目前与国际上的交流合作仍停留在研讨、意见交流阶段，实际的技术合作交流较少。全球的人工智能教育技术目前也主要停留在辅助阶段，还需要时间才能触及教育的核心。

因此，我国迫切需要加强国际合作。可以从以下几个方面做起：①参与创办权威国际会议，建立国际合作关系，提升我国人工智能教育技术的国际影响力；②与国际组织或机构开展项目合作，借鉴国际上的经验，加强技术交流，进一步推进我国人工智能技术基础设施搭建、人才队伍培养、信息化建设等；③建立海外研发中心，与海外优秀的技术、产品、服务结合，积极在海外设立分、子公司，推动优质产品走向国际市场。

6.1 课堂教辅

6.1.1 图片文字识别技术助力教育行业

【报送单位】

腾讯优图实验室

【案例背景】

人工智能作为新一代信息技术发展的主攻方向，正在推动教育领域的快速发展，引领新一轮的革命和变革。推进人工智能持续赋能教育行业，对于加快建成伴随每个人一生的教育、平等面向每个人的教育、适合每个人的教育、更加开放灵活的教育，十分需要，十分必要，十分重要。

1. 推动因材施教，激发学生潜能

人工智能在教育领域的应用意味着对传统教育模式的挑战和颠覆，人工智能既改变了传统教育的育人目标，也突破了传统教育的育人方式，教育的目的从"高分教育"转为"育人教育"。注重以学生为中心，针对学生具体情况以及需求提供个性化解决方案，把握学生知识长短处，让因材施教成为可能，帮助学生最大限度地发挥潜力。

2. 惠普优质资源，促进教育公平

传统的教育管理模式基于层级管理，不同部门间的信息互不流通，优秀教资集中在发达地区，造成区域间教学资源不公平。人工智能技术的出现是教育领域的"供给侧改革"，打破优质教育资源的时间和空间壁垒，让不同地域的同龄学生都能享有优质的教学资源，实现教学资源跨校区的互通流动，促进教育普惠价值的最大化。

中国在 OCR（光学字符识别）技术方面的研究工作起步较晚，随着"863"高新科技研究计划的提出，对汉字识别的研究进入一个实质性的阶段。早期的 OCR 软件识别率较低、成本高，未能达到实用的程度，平台式扫描仪的广泛应用和信息自动化的普及，极大地推动了 OCR 技术的发展。如何除错或利用辅助信息提高识别率，是 OCR 最重要的课题。依托业界领先的深度学习技术，OCR 技术得到了极大的发展，针对印刷体字符的光学识别及文本转换的正确率不断提高。本方案面向教育行业推出 OCR 解决方案，助力学校和教育机构能力升级，从人工智能角度提升学生的学习效率、提高教师的机械式作业批改工作，同时也能够帮助家长解决在辅导孩子学习的过程中遇到不会讲、不会解的难题。OCR 解决方案主要有以下几个关键方面的作用：

（1）速算批改，解决批改这一项繁重的机械式劳动。轻松完成学生作业检查工作，实现了"将老师和家长从烦琐的批改中解放出来"。

（2）英语手写作文批改，辅助老师快速进行阅卷。同时，学生可以快速自查，纠正英文作文中的错误，提升学习效果。

（3）智能阅卷，解决了手动整理归档的烦琐工作，实现教育资源数据化，方便教学素材沉淀和管理。

【技术方案】

关注"人工智能+教育"既要不断探索在人工智能技术教育领域的实际落地点，也要回归最本质的核心——技术。面向具体的教育应用场景，从技术的角度实现对人工智能通用技术的封装与定制。其主要功能包括：

（1）OCR 识别技术，指利用光学技术和计算机技术把印在或写在纸上的文字读取出来，并转换成一种计算机能够接受理解的格式；

（2）深度学习，指一种以深度神经网络为架构，对数据进行表征学习的算法，其好处是用有监督式、非监督式或半监督式的特征学习和分层特征提取高效算法来替代手工获取特征；

（3）自然语言理解技术，指研究能实现人与计算机之间用自然语言进行有效通信的理论和方法，包括机器翻译、机器理解、问答系统等具体领域技术。

1. 速算批改

基于深度学习的算式检测与识别算法，数学速算批改实现原理大致分为算式检测、算式识别和算式批改这三大部分，如图 1 所示。具体包括对象输入、前处理、全图检测、版式重构、算式检测、题意识别、特定题型后处理逻辑、结果判断。此外，对于实际图片效果差，用户书写习惯不同等实际难点，题目智能批改技术针对速算题结果进行智能分析。基于题目性质判断用户意图，有效避免错判，同时增强在复杂场景下的判题精度。针对小学数学速算题中的加减乘除四则运算、整数的混合运算、大小比较等，实现速算智能批改。截至目前，本方案已支持 14 种小学主要题型，包括加减乘除四则运算、分数四则运算、单位换算、竖式四则、脱式计算、解方程等。速算批改应用方式如图 2 所示，通过简单拍照就可以对速算题目进行自动识别和判分，代替学生家长和老师的手工劳动，轻松完成学生作业检查工作，同时降低人工阅卷的出错率。与此同时，借助中文文本识别能力与数学公式识别能力，识别试题/作业文本内容，为后续的搜题功能建设提供鲁棒输入。

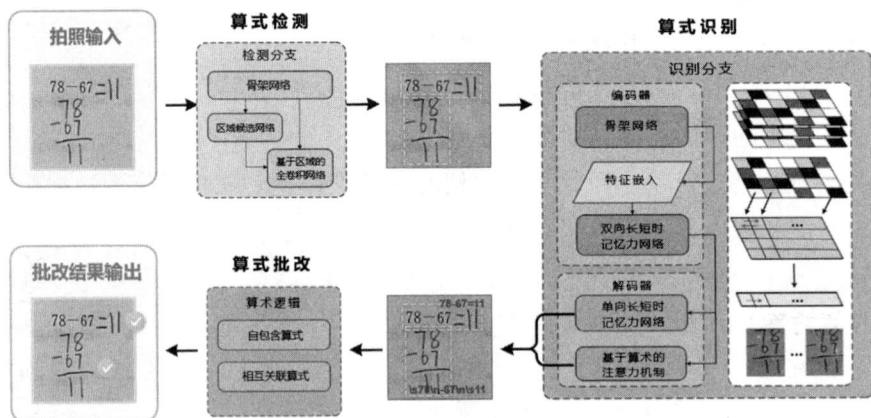

图 1　数学速算批改原理

2. 英语手写作文批改

基于英文和手写的识别技术，英文手写作文批改实现原理大致分为角度预处理、多角度文本检测、文本识别、排版这四大部分，如图 3 所示。针对学生考试答题卡中的英语手写作文进行有效识别，并返回的单词包含置信度信息。同时，结合自然语言处理技术，还能返回作文写作的质量分数。如图 4 所示，教师可根据置信信

图 2　数学速算批改效果

（英文OCR技术流程图）

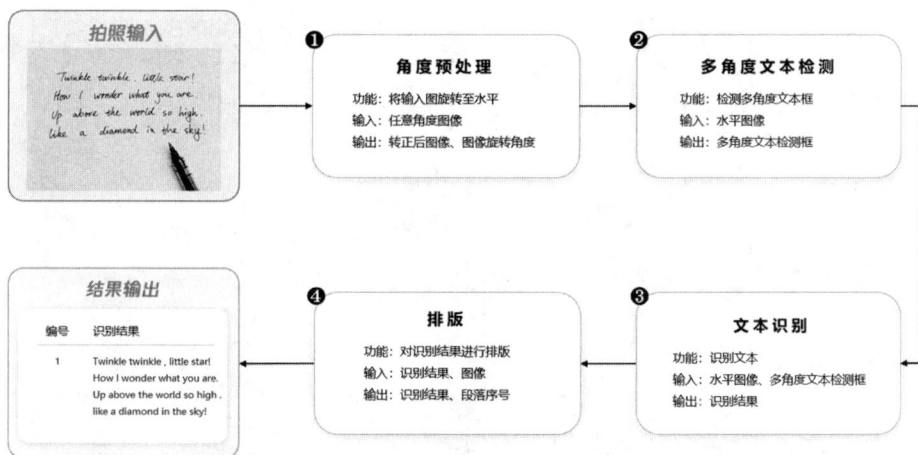

图 3　英文手写作文批改原理

息提示错误单词，分析语法错误，判断作文写作水平的好坏，帮助快速进行阅卷。解决了过去英文作文的批改基本依赖教师的主观判断的难题，减少了教师做大量重复性的工作以及批量批改中对细节错误的忽视。

3. 智能阅卷

结合公式识别和通用文字识别技术，针对学生日常作业及考试试卷中的题目、公式及答题区手写内容进行检测和识别，并返回题目框位置与内容。并将试卷中的题目进行自动化切分和结构化打标，并进行对应题目、题干、选项、答案等内容的结构化输出。智能阅卷不仅辅助了教师的教务工作、提升了教师工作效率及质量，

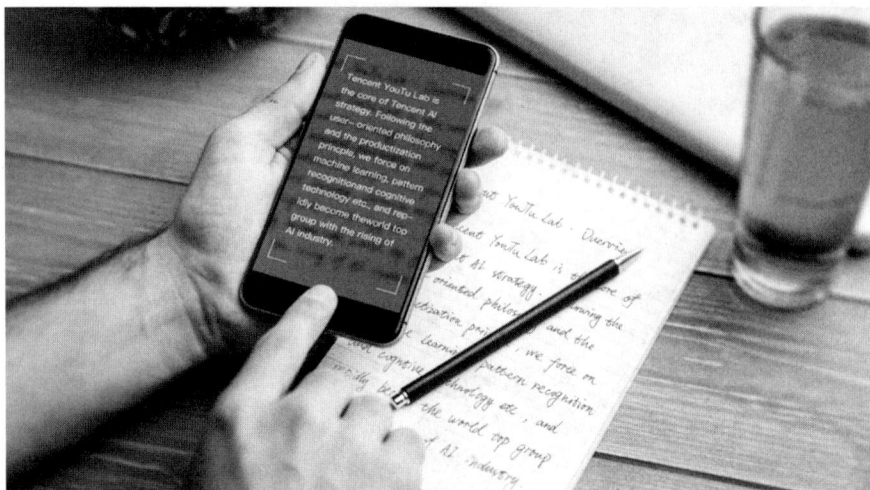

图 4　英文手写作文批改效果

也促进了教学管理的数字化和智能化。

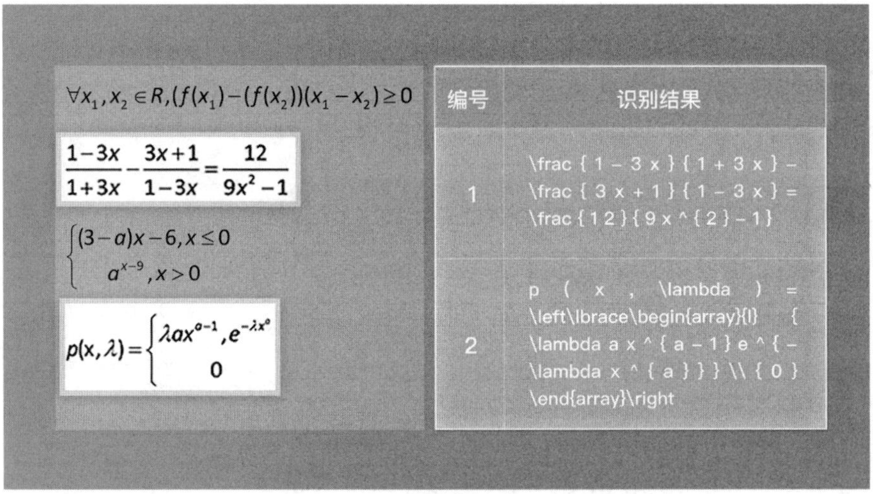

图 5　数学公式识别效果

【应用效果】

　　本方案从 2018 年 3 月正式实行以来，已服务于超过 60 家学校和在线教育机构，在教学教育方面为教师、家长、学生提供便捷服务。本团队的图像文字识别技术的精度高达 97%，处于业界领先水平。其中，针对英语手写作文批改，通过对 13000 张不同场景的测试集进行评测，包括手写听写场景、各年龄段手写英文作文场景等，英语手写作文的召回率高达 97%，准确率高达 95%。

借助文字图像识别技术，可以大幅提高教师工作效率。据不完全统计，学校老师平均每天批改 120 份作业，手动批改至少需要 130 分钟。但是借助本方案的 OCR 技术，只需 30 分钟即可完成全部批改，平均每天为老师节省 100 分钟的时间。我们对 50 多本习题册，包含 6 万道题目，进行了人工批改与 AI 批改的测评。最终发现，人工批改中有 500 道批改错误，AI 批改仅有 60 道题目出错，本方案的 AI 速算批改错误率仅为人工批改错误率的 12%。

未来，本团队将不断通过先进的 AI 技术为教育行业提供优质的教学产品和服务，并积极响应国家教育普惠号召，坚持"科技向善"的理念，践行社会责任，以实际行动助推教育行业迈向智能化、个性化、公平化的新台阶。

【专家点评】

人工智能中的人机交互技术作为"人工智能＋教育"的实际落脚点，正在从语音交互、人脸识别、自然语言理解等多方面对具体的教育应用场景进行通用技术的定制与封装。

本案例选取光学字符识别 OCR 技术，从人工智能角度提升学生的学习效率、提高教师的机械式作业批改效率，同时也能够帮助家长在辅导孩子学习的过程中解决遇到的不会讲、不会解的难题。从某种程度上说，该技术能够大幅度提高作业批改的效率，从而把老师从繁重的作业批改工作中解放出来，并为辅导功课的家长提供帮助。但是在主观题的批改上，特别是中英文作文写作中，OCR 技术还存在着诸多不足。例如，技术无法判断整体的写作思路和架构是否合理，也不能对一些成语典故的合理使用做出准确判断等。此外，拍照搜题的功能如果不加以限制，会导致学生在解题过程中过分依赖这些工具而忽视了自身的能力锻炼。因此，需要从教育的规律出发，站在未成年的健康成长角度，合理开发使用这些技术。

6.1.2　基于人工智能技术的课堂教学质量监测系统

【报送单位】

北京世纪好未来教育科技有限公司

【案例背景】

随着近两年在线教育的快速兴起与 2020 年初新冠肺炎疫情的暴发，传统线下教育服务模式遭遇到了巨大的挑战。越来越多的教育机构已逐渐将线下教学模式转型为线上教育，但是与线下教育模式相比，线上教育服务面临着许多亟待解决的问题与挑战：①对于服务学生的教师来说：如何快速适应线上课堂中无法与学生直接互动的环境，如何有效提升自己课堂的教学效果是所有教学老师的难点；②对于家长来说：将孩子的学习交给线上老师，其学习效果是否会受到影响，孩子在课内表现怎么样，这些问题是家长的关注点；③对于教学机构来说：线上教育在带来巨大流量的同时，也带来了对教学质量管控方面的巨大压力，传统人工课堂质检模式在面对当前海量线上课堂时显得杯水车薪，如何使用新技术使当前全部线上课堂的教学质量得到全部覆盖是每个教育机构管理人员面临的挑战。

面对上述问题，好未来结合其领先的 AI 技术研发能力与多年深耕教育行业得到的宝贵经验，提出了 GodEye 课堂教学质量监测系统。该系统打破了传统课堂过程的黑盒，使评价课堂效果的指标更客观、可量化，解决了家长对课堂质量的担心。最后，基于不同课堂之间师生课内行为指标的横向对比，教学管理老师可以高效地从海量的线上课堂中，筛查出表现优秀与待提升的课堂与老师，并通过向相应老师展示相应客观的行为统计指标，对老师进行奖励或建议，最终高效地保障线上教育场景中海量课堂的整体教学质量。

GodEye 是教育领域内首个成功将人工智能技术与教学理念深度融合的课堂质量监测解决方案，在监测的广度、深度上都处于行业领先水平。目前 GodEye 已成功应用于多个线上/线下教育场景，日均覆盖课堂超过 1500 节。未来，GodEye 将继续扩展其覆盖对象，目标日均覆盖课堂超过 5000 节；借助好未来集团在教育行业的丰富经验与深刻理解，GodEye 课堂教学质量监测系统是行业内唯一成功对课堂行为及质量全面监控的落地方案。除此以外，GodEye 系统包含 8 项行业领先的技术与专利，基于课堂内师生行为识别与分析的 7 篇论文被 AIED、TKDE、ICASSP、ICDE 等各类世界顶级 AI 会议接受。

【技术方案】

1. 技术方案概述

2020 年初，汹涌而来的新冠病毒让线上教育模式快速替代了传统线下教育，在收获巨大线上流量的同时，线上教育这一新型教学模式同样面临着新的挑战。"学而思网校 1 对 1"作为当前线上教育行业内领先的平台，通过接入全套 GodEye 课堂教学质量监测解决方案，将线上所有课堂中师生学习指标量化，配合行业领先的 AI 算法快速从线上海量流量中精准发现优秀课堂与待提升课堂。在保障全量线上课堂质量的同时，为家长了解学生学习情况、教师提升自身教学水平提供了极大帮助。自 GodEye 系统接入以来，它已累计帮助课堂质检人效提升 50 倍，帮助 58% 的课堂教师提升教学质量，原有每日待提升课堂比例已从 28% 下降至 10% 以下。

GodEye 课堂教学质量监测系统，从功能架构来说自下而上共分为四层，如图 1 所示。四层分别为：

（1）第 1 层，基于课堂视频、课堂语音数据，分析老师的教学仪态，检测老师教学红线，实现基础课堂质量监测，其中包含人脸检测、微笑识别、静默检测、闲聊检测、红线词检测等 AI 能力。

（2）第 2 层，针对课堂行为，分析老师在教学过程中所使用的教学动作以及教学技巧，对教师语音的流利度、情感，教学过程中的表扬鼓励、提问、引导等行为进行定向的捕获和分析。

（3）第 3 层，使用多模态视频理解技术，融合好未来领先的"愿表达、勤动笔、善总结"教学理念，对课堂上出现的教学片段进行捕获和分析，并通过相应的数据记录方法，为其他老师提升自身教学水平提供优秀模板。

（4）第 4 层，基于上述 3 层分析结果内容，对整堂课堂的课内师生行为进行评级与打分。最终通过输出包含 4 个方向的课内行为评测结果（课堂评级、互动评分、教学评分、笔记/思维导图评分），对每节课的课堂质量进行全面的展示。

在该方案中，好未来成功融入了包括语音、图像、自然语言处理和数据挖掘等多方面的 AI 课堂行为分析能力。其中图像类包含笔记工整度打分、课件 LOGO 识别等；语音方向包含语音识别、师生静默片段检测、语音情感打分、流利度打分等；

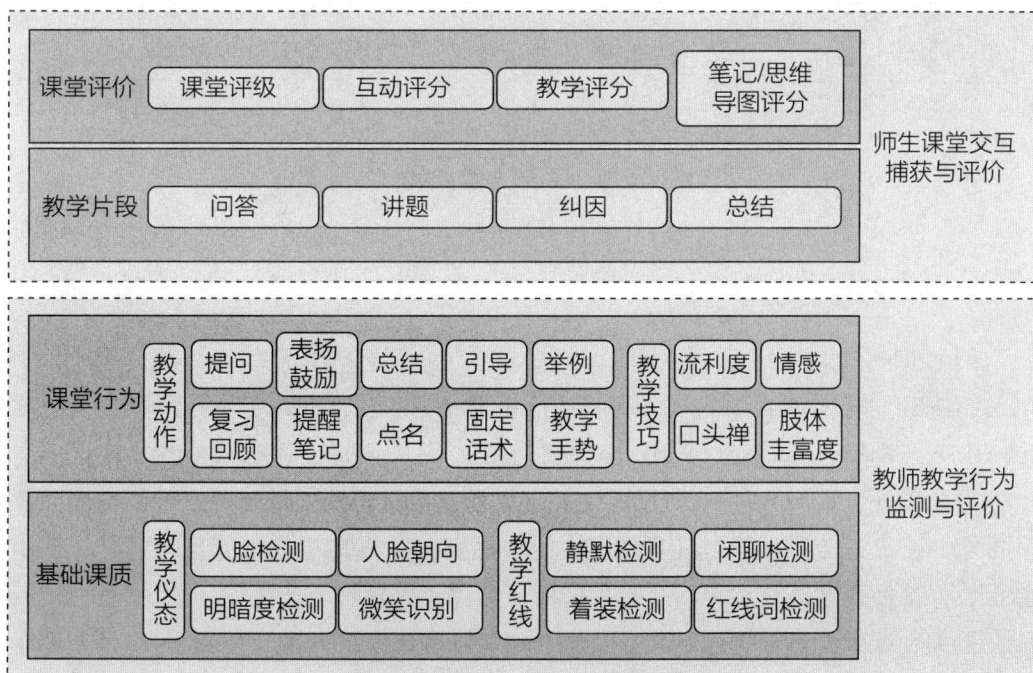

图 1　整体系统功能架构

自然语言处理部分覆盖课堂总结检测、课前导入检测、鼓励行为检测以及各类关键词检测；数据挖掘方向包含多模态视频分析、课堂基础行为统计、课堂质量评级等。该平台方案架构如图2所示，总体来说，该系统通过挖掘课堂内师生各类行为，将课堂黑盒拆解为客观的量化指标，并通过各类优秀教学片段的抓取，外化优秀教师授课成果，为其他教师提供有效的提升指导。

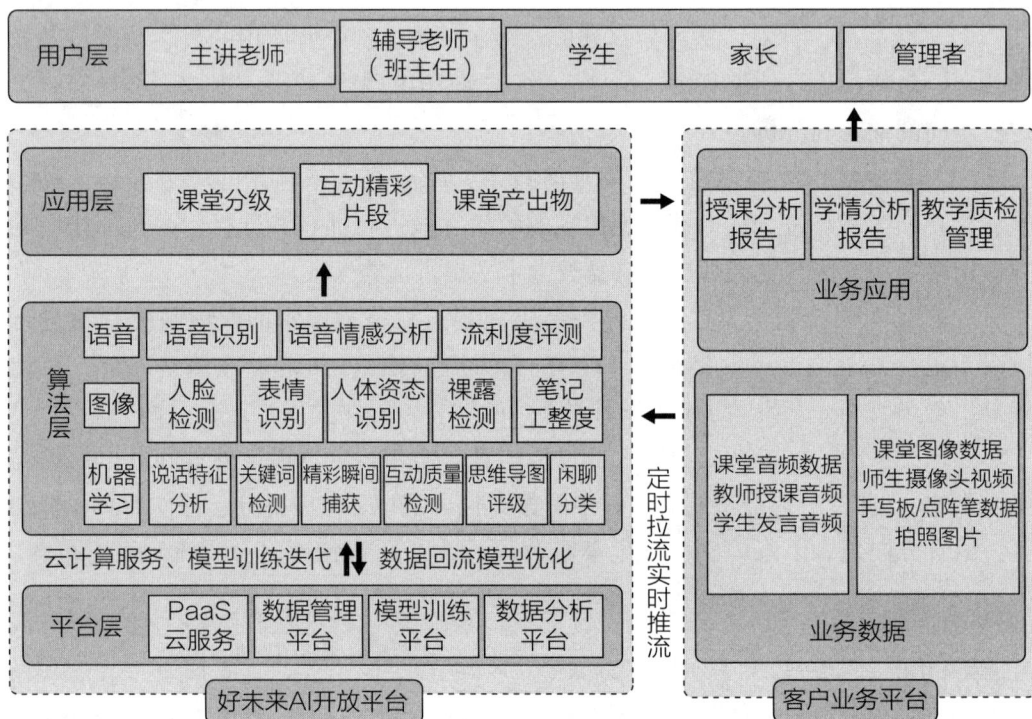

图2　平台方案架构

2. 技术优势

（1）创新性。

GodEye课堂质量监测解决方案目前已申请专利8项，在人工智能顶级会议或期刊AIED、TKDE、ICASSP、ICDE等发表论文7篇。

除此以外，针对Godeye所服务的教育场景，项目研发人员与好未来师资团队逐项拆解原有人工监课环节中具有共识性的关键点，并将其转化为可量化的具体数值指标，保证使用系统算法得到的指标能对后续课堂管理环节产生作用。

例如，课堂四色分级体系，通过结合相关师资团队的经验，GodEye将一节课学生的表现划分为3个方面：愿表达、勤动笔、善总结。算法开发人员继续将以上3点拆分为师生问答捕获与评级，学生讲题捕获与评级，学生笔记工整度判断，错题纠因捕获与评级，思维导图评级等具体的算法输出指标，最终通过规则判断与计算公式将学生在每个方面的表现划分为 4 色等级：独到有效［绿］，做到规范［蓝］，做到不规范［黄］与做不到［红］。六大行为与四色分级如图 3 所示，针对不同颜色等级的课程，师资团队将对相关课程的老师进行奖励与惩罚，保证通过机器学习算法得到的结果能切实地辅助管理人员对所有课程质量进行高效的管理。基于六大行为分析，输出课堂实际学习产出，包括精彩片段、优秀笔记和做题图片，解决课堂结果外化的问题，让老师和家长实际感受学生的学习成果。

| 评价项 | 愿表达 | | 勤动笔 | | 善总结 | |
	问答	讲题	笔记	做题	错题纠因	导图PK
	提问	新方法见解	关联其他	独到简单方法	设法改进	拓展反思
	回答完整	独立完成	重点突出	完整做出	完成阐述	提炼重点
	回答不完整	辅助完成	完成记录	部分完成	指出原因	梳理归类
	不回答	不能完成	无笔记	无从下手	错因不明	无法画出

图 3　六大行为与四色分级

除四色分级体系之外，GodEye 对课堂进行多维度细粒度监测，如人脸出画、微笑、红线词、各类关键词关键句识别、异常行为监测、课堂互动质量分析、课堂质量等级预测等功能都是算法研发团队与教学师资团队合作得到的成果，每项功能都对实际的教育环节产生了切实的帮助与作用，使 GodEye 成了首个在教育监课场景下成功落地并形成闭环的 AI 产品。一个多维度多模态的指标监控如图 4 所示。

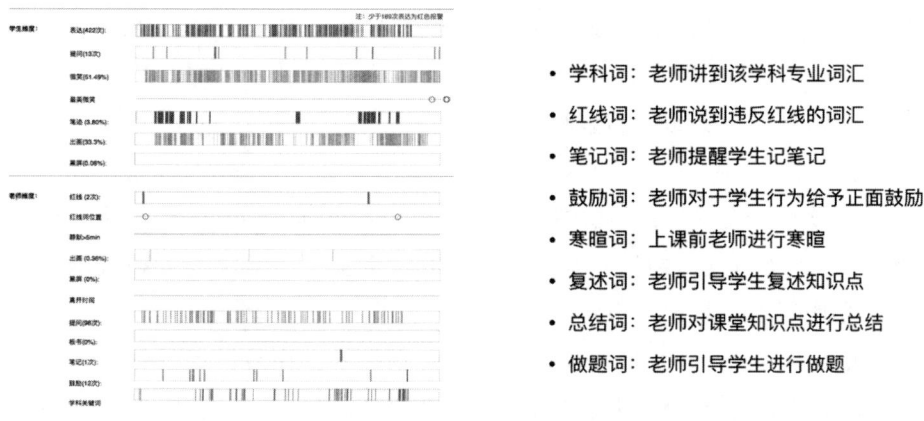

- 学科词：老师讲到该学科专业词汇
- 红线词：老师说到违反红线的词汇
- 笔记词：老师提醒学生记笔记
- 鼓励词：老师对于学生行为给予正面鼓励
- 寒暄词：上课前老师进行寒暄
- 复述词：老师引导学生复述知识点
- 总结词：老师对课堂知识点进行总结
- 做题词：老师引导学生进行做题

图 4　多维度多模态的指标监控

实验对部分分级为红色的课堂的老师发短信提醒，可以看到红色课堂（低质）比例在持续下降。在其中两周的对比实验中，58%的课堂都有了提升，图5展示了课质监测红色课堂比例。

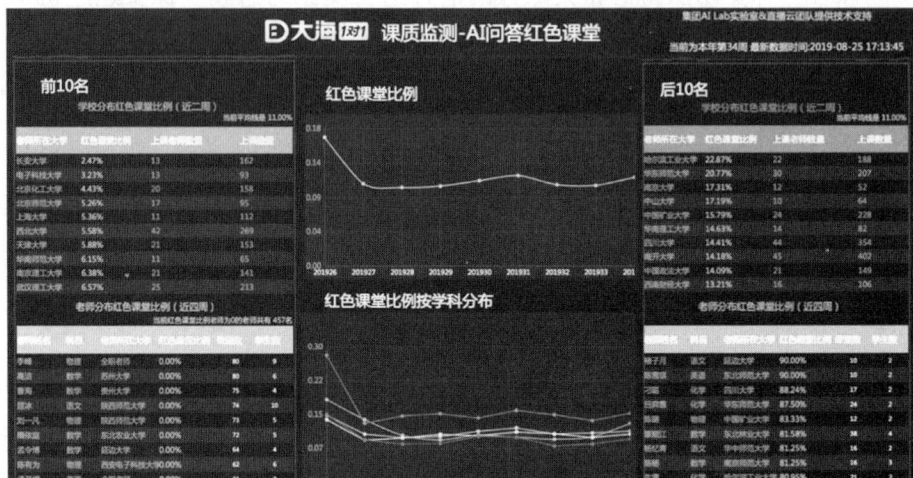

图5 课质监测红色课堂比例

（2）引领性。

GodEye专注于解决在线教育商业模式中的本质问题，基于好未来多年沉淀的教学数据，将行业内顶尖算法技术，与教育理念有机结合，打造出的教育垂直行业领先的人工智能课堂质量监测解决方案。其中包含基于教学效果监测的六大行为四色分级体系，六大行为具体是指问答、讲题、笔记、做题、错题纠因、导图PK。AI将六大课堂行为智能分为四级，快速评测学生的行为水平；基于师生课堂异常行为监测的报警体系，AI能够轻松识别课堂中的闲聊片段，智能捕捉老师着装不规范现象，以及准确检测识别师生人脸，防止提前离开教室情况发生；GodEye人工智能课堂质量监测解决方案已服务好未来集团内外多个业务，获得良好的口碑，是教育场景下AI监课业界第一，成为行业标杆。

（3）先进性。

GodEye项目中使用的各类机器学习算法采用各自领域中领先的方法，在好未来独有的场景、教学理念、数据基础上，进行算法创新，在教学场景和数据中表现出超出业界通用能力的效果。

①语音识别方面：教育行业领先的语音识别技术，在教学场景数据上词错率低于百度、阿里等通用语音识别接口的表现；

②自然语言分析方面：教育行业领先的精彩片段捕获，红线词预警，闲聊片段识别等技术；

③计算机视觉方面：教育场景领先的笔迹工整度分析，思维导图分析，教师着装合规检测等技术；

④数据挖掘方面：教育行业领先的师生互动质量分析，师生匹配，课堂异常行为报警，课堂四色分级体系等技术。

（4）效益性。

接入 GodEye 课堂质量监测解决方案，如图 6 所示，业务方的课堂教学评估的覆盖率由接入前的 10%，提升至全面覆盖。

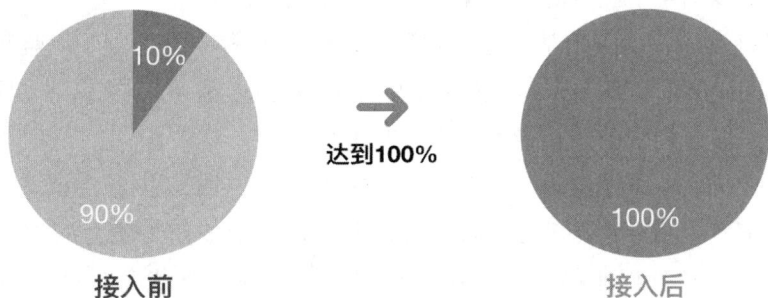

图 6　课堂检测覆盖率

质检团队由几十人盲检，优化至 1~2 人即可完成复检，质检人效提升近 50 倍，极大地提高了教育产品管理人员的人效，降低了运营成本，为客户节省了大量的人员工资、团队管理及其他各种附加成本。同时提供了可量化的科学评级体系，为提高课堂效率、提升教育服务的规范性提供了可能性。经过多家教育机构的实践应用和版本迭代，该方案在监测的广度、深度上都处于行业领先水平，为线上课程的质量控制、量化评价提供了可能。

【应用效果】

对于教育机构而言，如何以低成本、高效、全面对教学过程质量进行管理是非常重要的。GodEye 可以灵活落地在线、线下面授等多种教学场景，目前接入的机构们基于 GodEye 提供的多维课质数据设计了完善的教学质量管理流程，在课程结束后对于教师不合规等异常行为进行及时的报警，并将多维度的课堂指标呈现给教学管理人员，实现教、学、管闭环的课质提升机制；除此之外，机构们还利用 AI 提供的数据生成详细量化课堂报表与丰富多维度的课堂素材向家长呈现，外化教学效果，让孩子的变化看得见。利用 GodEye 解决方案，机构们实现了课质监测低成本的全面覆盖，用数据透明课堂。

在当前线上教育巨大的流量的背景下，已有越来越的企业选择加入这一赛道。

首先，对比其他服务产业，教育行业对其服务质量（教学质量）的把控是其工作内容的重中之重。然而，在面对线上海量课程的背景下，人工对课堂教学进行质检的传统方式已完全无法满足当前线上教育需求。其次，对于企业来说，如何能通过向家长展现学生学习过程中客观的指标来获取家长的认同，也是其重点之一。最后，当前大量教师涌入线上教育，如何高效地为这些新加入的老师进行相应教学水平提供，也是整个行业面临的挑战之一。

针对上述问题，"学而思网校 1 对 1"通过全套接入 GodEye 课堂教学质量监测解决方案，从以下 4 个层级对传统课堂过程黑盒进行拆解：

（1）基础课质：覆盖教学仪态、教学红线 2 个方面、共包含人脸监测、红线词监测等 8 项基础能力；通过对基础课质的把控，质检人员可以快速发现具有问题的所有课堂，并对课堂中的禁止行为进行及时干预。

（2）课堂行为：覆盖教学动作、教学技巧 2 个方面，共包含课堂 8 大行为、语言情感与流利度等 14 项能力；通过对以上各种教学技巧与能力的记录，不同老师之间的课堂比较过程变得更为客观与具体。通过对比与优秀教师课堂中的各项教学行为与技巧，其他教师可以针对特定的不足进行定向增强，最终达到高效的提升结果。

（3）教学片段：从问答、讲题、纠因、总结 4 个方面对课堂内师生学习互动进行拆解，并通过记录每个方面的出现次数与时间点，帮助家长快速了解学生在课堂中与老师的学习状态，为建立家长与平台之间的信任提供充足的支撑。

（4）课堂评价：通过接收以上 3 层的输出指标及内容配合行业领先的 AI 算法，从 4 个关键角度（课堂评级、互动评分、教学评分、笔记/思维导图评分）对整节课的课堂质量进行打分。使用该具体的评价结果，课堂质量质检人员可快速对比不同课堂质检的优劣，并为后续的教学管理手段的使用如奖励/惩罚相关教师，提供客观的证据。

在上述 4 层能力的帮助下，"学而思网校 1 对 1"成功地解决了上述挑战。同时，从具体数字效果上来说，自使用 GodEye 课堂教学质量监测解决方案以来，业务方的课堂教学评估的覆盖率由接入前的 10%，提升至全面覆盖（100%），质检团队由几十人盲检，优化至 1~2 人即可完成复检，质检人效提升近 50 倍。在课程质量提升方面，基于课堂四色分级体系，在为期两周的对比实验中，将多维度的课堂指标反馈给教师与教学管理人员后，低质课堂比例持续下降，有 58% 的课堂质量有所提升。同时，四色分级体系中红色课程（"做不到"，即较差的课程）比例从 28% 降低至 10%，有效解决了低劣课堂对学生的负面影响。另外，通过教学主管的满意度调研，有 89% 的教学主管表示："鸟枪换大炮""整个课堂数据化了""大幅提升了课程质量管理的效率，还能及时发现违规行为""跟主讲老师沟通时有的放矢了，有 AI

识别到的实际素材和案例，不会空口无凭了"。

在接入方面，GodEye 以开放 API（Application Programming Interface，应用程序接口）的方式提供服务，如要调用语音类的接口服务，只需输出课堂的视频或音频流链接，经过系统的处理后即可拿到相应的数据结果。同样地，图像类的服务只需输出图像存储的 URL（Uniform Resource Locator，统一资源定位系统）或是 base64 码即可调用图像类接口。系统方案流程如图 7 所示，整个方案的接入难度低且处理效率稳定，除了对当前线上课程有较好的适配能力外，对于传统线上课程的使用也具有较强的兼容性。

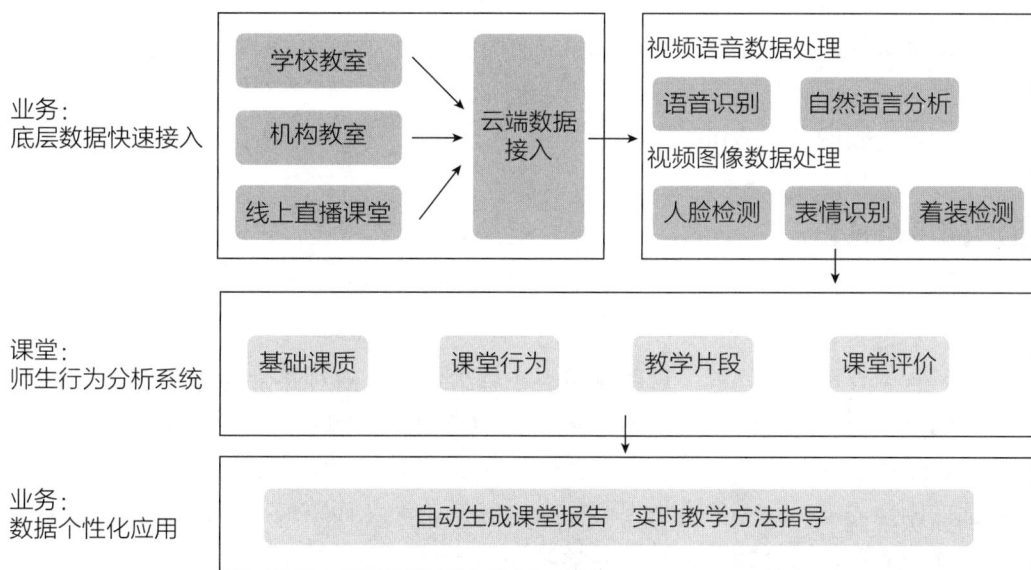

图 7　系统方案流程

【专家点评】

GodEye 课堂教学质量监测系统是北京好未来教育科技公司将人工智能技术与教学理念深度融合的课堂质量监测解决方案，该系统基于课堂音视频数据，针对课堂行为，使用多模态视频理解技术，对课堂上师生问答、学生讲题、错题纠因、课堂总结 4 类教学片段进行捕获和分析，对师生行为进行评级与打分，评估课堂教学质量实施监测，为整体提升线上教学质量，解决线上教学面临的挑战提供技术支持。

GodEye 课堂教学质量监测系统的亮点是，设计初衷为整体提升课堂教学效率、儿童学习效率，增强对知识的理解和掌握，确保儿童形成正确的价值观，实施过程中数据采集涵盖各年龄段、各学科，线上线下多样教学场景，充分考虑到儿童的特征、发育阶段、学习能力等的差异性，确保公平对待儿童，同时注意保护儿童的数据和隐私。本系统基于线上课堂教学质量的监测，评估的重点主要基于好未来公司教学理念"愿表达、勤动笔、善总结"等。如适度遵循儿童认知、情感、思维等的成长，关注儿童自身的理解、认知、表达、参与，提高对教学进行评估，将更能体现"人工智能为儿童"的发展理念。

6.1.3 智能学习机助力因材施教

【报送单位】

科大讯飞股份有限公司

【案例背景】

当前，在线教育与人工智能技术结合已成趋势，也产生了一些新形态的在线教育产品；在学习终端领域，也存在着被人工智能赋能、改造的机会。由于小升初及考试导向等原因，传统的学习终端产品自 2010 年前后上市以来，形成了较高的品牌集中度，如步步高、读书郎等。学习终端产品因其能帮助学生学习而在学生群体中有较强的刚性需求，每年的市场规模很大，容量较大。而市面上传统的学习终端产品内容比较简单，适合初高中学生的学习终端产品不多，且不能很好地适应学生不断更新的学习需求，因此，市场渴望新品牌、好产品。

随着计算机技术的发展，为解决以上问题，本产品将人工智能技术与在线教育相结合，用人工智能技术对传统学习终端产品进行赋能，升级传统学习终端的产品形态，支持儿童的发展，确保包容、多样性和儿童参与、公平和非歧视被摆在优先位置，保护儿童的数据和隐私，培养儿童为现在和未来的人工智能发展做好准备、创造一个促进儿童友好型人工智能的环境，为儿童教育提供更大的学习助力。

【技术方案】

1. 技术方案概述

目前，科大讯飞构建了覆盖"教学考评管"全场景的智慧教育产品体系，有效助力教育教学模式创新，为学生、教师和各级教育管理者提供了精准、便捷的服务，讯飞智能学习机是科大讯飞推出的新一代人工智能学习机，覆盖小初高学习阶段，利用人工智能技术为孩子查缺补漏、精准辅导，真正做到因材施教，是每个孩子的 AI 家庭教师。讯飞智能学习机的主要功能体现在以下几点。

（1）AI 同步精准学。

学习机可以做到伴随式数据记录和分析，确保包容、多样性和学生参与。全面勾勒学生画像：基于学生日常学业大数据的记录分析，通过科大讯飞人工智能算法和知识图谱体系，对学生学情进行诊断、分析，找到学生学习问题根源，形成学生个性化学情画像。基于大数据和知识图谱，独创精准学习三步法，帮助学生找到薄弱项，再由系统自动推荐提升方案，做到以人推题，让学生只学该学的点，只做该做的题，杜绝盲目刷题和无效练习。AI 同步精准学包括以下几个方面。

① "精准找弱项"：该环节基于知识追踪的 AI 技术，通过目标用户的历史答题记录以及少量本章节下的练习测评题，即可精准自动建模用户在各个知识图谱节点下的掌握程度，从而发现学生弱项。精准找弱项中的知识追踪技术模型示意图如图 1 所示。

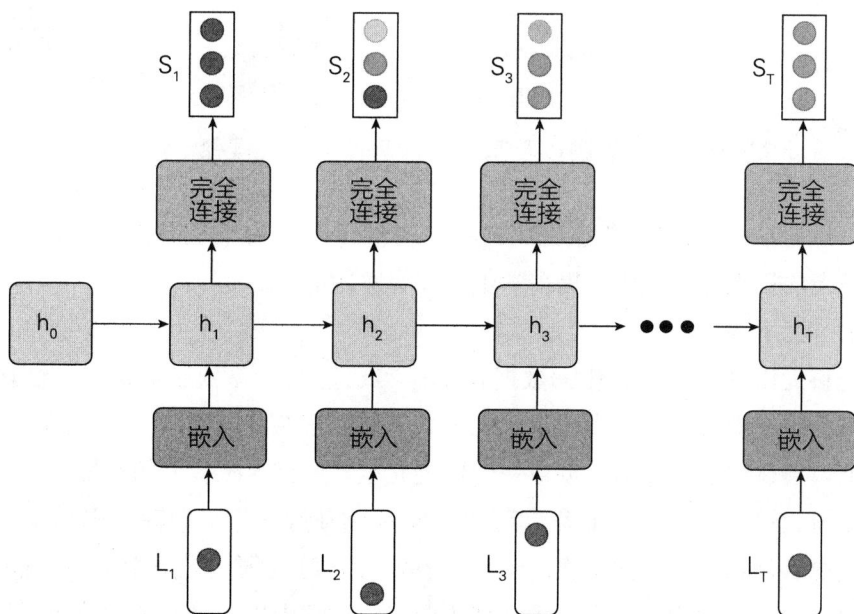

图 1　精准找弱项中的知识追踪技术模型示意图

② "推荐提升方案"：根据找弱项引擎在知识图谱上的能力刻画结果，推送弱项考点下的习题、知识卡片，以及解题视频等多元学习资源，进而针对薄弱点进行闭环式学习；找弱项引擎通过对海量学生答题规律进行大数据分析，依托知识图谱

各个节点之间的内在关联性，创造性地构建了"千人千面"的以人推题算法。该算法同时充分落实了教育心理学领域中著名的"最近发展区"理论（Zone of Proximal Development），保障学生能够优先对自己能力边界附近的知识进行训练，从而在有限时间内达到最佳的能力提升效果。知识图谱以及基于学情画像的以人推题示意图如图2所示。

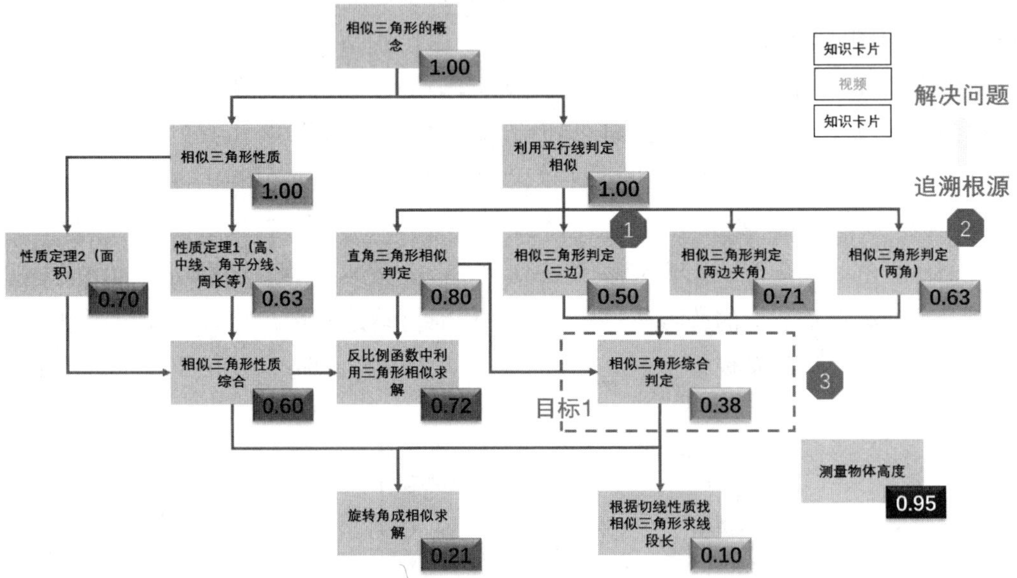

图2　知识图谱以及基于学情画像的以人推题示意图

③ "综合能力测试"：学生完成弱项针对性学习之后本节基础知识已掌握，会结合区域考向推送综合试题，提高学生的综合解题能力。

（2）个性化备考。

依托科大讯飞人工智能和大数据技术，实现精准资源分层推荐、个性化备考，将公平和非歧视教育摆在优先位置，支持儿童教育发展，培养儿童为现在和未来的人工智能发展做好准备，努力创造一个促进儿童友好型人工智能的环境。

基于科大讯飞人工智能推荐引擎和系统后台海量优质资源库，根据学生学情，结合试题标签体系，向不同层次的学生推荐个性化练习题。针对学优生，推荐解题技巧更灵活，且难度相对较高的拔高训练题；针对学中生，推荐解题技巧更加综合，且难度相对适中的巩固提升题；针对学困生，推荐解题技巧、考查手法等更加直接，且难度相对较低的基础夯实题。帮助学生在考前紧张的学习环境下，进行个性化、高效的备考。基于学生在同步学习场景下的作答数据，推荐个性化的考前数据分析、错题纠因、强化训练、模拟试卷等，解决传统备考方案缺乏个性化和针对性等问题。学习机个性化备考流程示意图如图3所示。

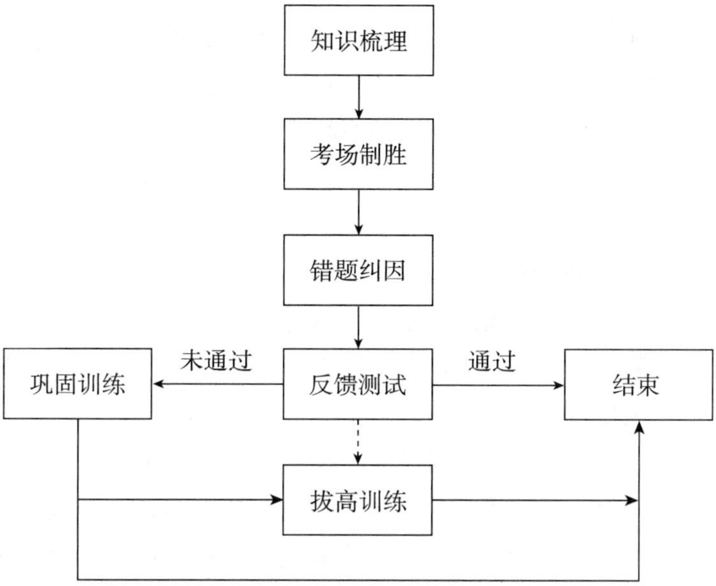

图 3　学习机个性化备考流程示意图

（3）智能错题本。

①系统化规整：线上错题自动录入、线下错题一键上传，可以将学生答错的习题自动规整到错题本中，智能归纳出错知识点，还可以让学生重新做答错题并查看解析；

②智能化推荐：系统会对学生高频出错知识点进行举一反三的智能推荐练习，根据学习情况智能推荐难度适宜的题目，训练学生在做错一道题后，进行纠错，并反复巩固训练学会一类题；

③多样化打印：支持多种格式、多种模板的错题打印，让学生使用错题本更加方便。

（4）理化实验室。

理化实验室是整合初高中理化实验专题，通过重新模拟实验操作，还原真实现场，满足课前预习课后复习实验学习的需求，让学生在模拟操作过程中对理化实验过程有真实的感受并提升对原理的理解，有助于学生理化科目的学习。

2. 关键技术

讯飞智能学习机将人工智能技术与在线教育相结合，是由大数据和知识图谱体系等多种算法完成的，其中包含多项技术创新，主要体现在：

（1）结合平台搭载的专用 NPU 硬件加速与讯飞核心图像处理引擎相结合，算力加速效果最高可提升 10~20 倍，能效较业内平均水平提升 30%，同时降低 CPU

使用率。另，AI@ NPU 的算法引擎也能带来更好的指读和笔迹书写体验。

（2）面向电子平板设备书写场景实时解析批改，其创新点在于：一是围绕屏幕上手写笔迹记录和识别，通过图文识别技术实现对数学公式等复杂输入场景的公式符号识别；二是基于数学的解析推理和批改技术实现面向电子平板设备的实时书写识别和解析批改能力，这能够极大地提高学生用户的学习反馈效率，同时还能够实现作答全流程的记录和分析。

（3）基于手指及手势动作语义理解的交互识别技术，其人机手势交互方案的创新点体现在：一是设计了一种新的基于视觉传感器的手势识别方法，该方法对指尖位置进行稳定性检测，当确认指尖位置稳定性，再启动手势识别，规避掉初始定位手势的问题。取指尖稳定前一定时间内的指尖坐标进行输入，送到分类器进行判断，得到手势信息。二是实现了一种全新的效率极高的实时性手势捕捉的计算机视觉处理分析系统，在人机交互的流程上，不需要人过多地参与，交互过程十分顺畅，实现自然的通过平板电脑前拍摄的手势交互体验。学习机使用效果如图 4 所示，摄像头开启后可以自动识别手势，对学生所指的地方做出详细讲解。

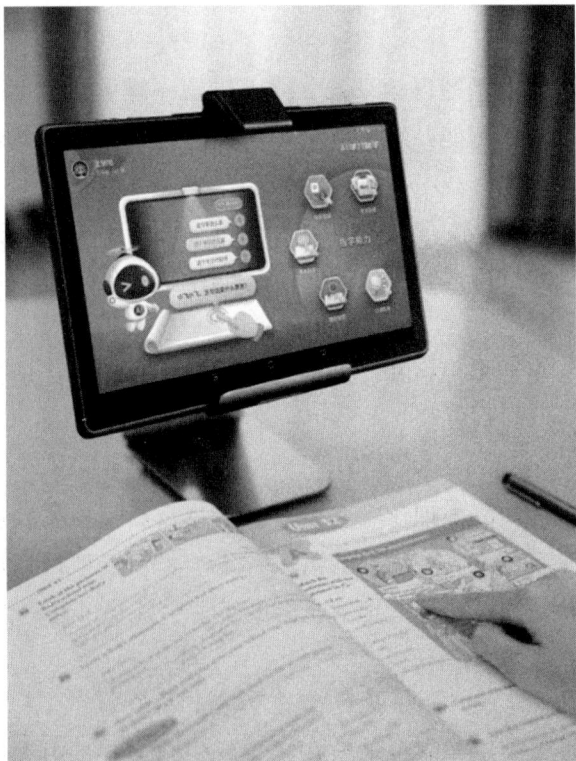

图 4 学习机使用效果

【应用效果】

科大讯飞智慧教育，基于广大师生的学习行为和教学方法进行了大数据分析，打造出一套科学有效的智慧学习方法，为学生量身定制个性化学习路径，历经 17 年，已在全国 31 个省级行政区域 38000 所学校进行了应用实践，服务过亿师生，实现因材施教，成就孩子梦想。根据科大讯飞智慧教育统计，以单个知识点学习为例，孩子的习题练习量减少了 32%，学习时间减少了 48%（数据来源：根据智学网校对 95 所学校，735 个班级，35740 名学生的个性化学习记录得出）。

【专家点评】

科大讯飞公司创造性地构建"千人千面"以人推题算法，落实教育心理学中"最近发展区"理论。建立了全场景覆盖的智慧教育产品体系，具体分析独立个体学情提供软硬件结合的智能学习机设计原理，可以帮助学生独立自主学习知识点，针对性地给出解决方案，在一定程度上解决了因授课师资能力不同以及人工授课教师因生理原因造成的不能将更多精力关注于个体学生的问题。同时方案简单描述了其硬件的独特性和操作方式，并给出了流程图和方案的描述示意图。整体方案内容较为翔实，解析较为充分，如实际情况真实可靠，则讯飞智能学习机的推广有利于学生获得更好的学习成绩。

讯飞学习机的教学辅助功能比较依赖于其独立建立的软件及硬件系统，通过方案描述无法得知其是否具有可复制和通用性，如果使用条件固定，则普遍应用的成本将在一定程度上限制很多家庭采用。另外科大讯飞学习机的设定目标仅仅是服务应试教育要求，以提高学生考试能力为唯一目的，其全维度地给参与的学生"画像"，事实上阻断了教师、家长与学生之间的情感交流，不利于儿童青少年的心智成长。同样地，由于系统需求，此学习机需要并可能获得学生的面部影像、声音、甚至书写方式和笔迹等个人隐私信息，如何严格保护相关资料不外泄及不被滥用，本方案没有做出任何说明和保证。

6.1.4　基于人工智能技术的智慧课堂应用

【报送单位】

深圳市优学天下教育发展股份有限公司

中国联合网络通信有限公司大同市分公司

【案例背景】

人工智能、大数据等新一代信息技术的迅猛发展，深刻改变着人们的生产、生活和学习方式，同时也赋予教育改革更多的可能性，加快推进教育现代化和实现"三全两高一大"的教育发展目标。我们传统的教学模式中存在的一些问题和难点，随着基于人工智能技术的智慧课堂的出现，使其解决成为可能。人工智能技术让学习更高效，让教育更公平。主要体现在以下几个方面：

（1）通过智能推荐引擎解决学习过程个性化的问题。系统收集学习者在学习过程中产生的学习数据，并基于知识图谱、各类资源标签和行为标签，进行智能分析，最终为学习者推荐个性化的学习资源。

（2）通过智能教学系统解决教学过程精准化的问题。在智能教学平台上，通过"移动教学、互动探究、高效练习"等手段，精准分析教学中的盲点及学生对教学内容的掌握程度，帮助教师实现精准教学，从而提高教与学的质量。

（3）通过版面分析和智能判卷引擎解决资源高效加工与作业高效批改问题。系统实现了纸质试卷自动电子化、学生作答自动批阅、自动生成学习报告等功能，并支持小学、初中、高中阶段全学科使用。

（4）通过智能管控解决学生的上网安全问题。安全智能引擎通过对用户的群体定位以及用户上网行为进行智能分析，为用户自动配置最佳内容管控方案，并结合App白名单、URL白名单、分时策略、群体隔离策略等方案，确保用户既能及时获取所需的信息，又能保障上网安全。

（5）通过数据服务平台解决教育决策依据不足的问题。数据服务平台通过教育领域内的数据汇聚、统一展示来辅助决策，全面支撑教育精细化管理、教师差异化教学和学生个性化学习。

（6）通过资源平台推动教育资源均衡建设。资源平台提供资源协同制作加工与资源共享，将优质教育资源传输到教育资源薄弱区域，有效促进教育均衡发展及教育公平。

【技术方案】

优学派智慧课堂以网络学习空间建设标准为依据，以绿色安全为原则，以"优学 AI"智能引擎为核心，融硬件、软件、资源等为一体，为中小学用户构建面向未来的智慧教育网络学习空间。其中"优学 AI"智能引擎为 AI 提供基础能力，在此技术上打造了优学应用核心服务平台、优学大数据服务平台、优学智能安全服务平台，如图 1 所示。

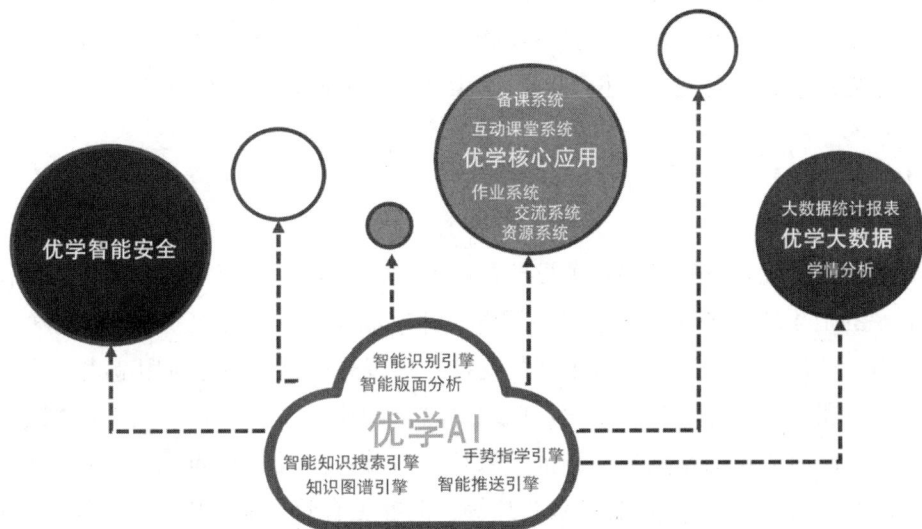

图 1　智慧课堂核心服务

优学 AI 智能引擎为面向的教育应用场景提供基础的 AI 技术服务能力。其中主要包括：①智能知识搜索引擎，基于海量的知识库提供精准的知识搜索能力；②智能推送引擎，提供基于用户知识画像以及知识图谱的精准知识推送能力；③手势指学引擎，提供指尖动态定位技术，确定手指指向区域的内容的基础能力；④知识图谱引擎，通过知识抽取、知识融合、知识推理技术，完成对分布式的知识表示形成的综合向量对知识库的构建；⑤智能识别引擎，提供文字识别、图像识别、语音识别、语义识别等基础能力；⑥智能版面分析，采用图像检测、图像分割等深度学习模型与高精准的中英文、数理化公式、图表等 OCR 算法实现对答卷中的题干和手写图像识别，并结合 NLP（Natural Language Processing，自然语言处理）、解题等 AI 算法实现主客观判卷能力。

优学核心应用服务是基于优学 AI 构建，贯穿教学全过程，为师生提供课堂教学以及学生自主学习的全方位系统解决方案。其中主要包括：①备课系统：为教师提供备课方案以及资源定制平台；②互动课堂系统：提供在课堂中师生互动解决方案；③作业系统：提供作业布置、批改、统计、错题本等系列的解决方案；④资源系统：提供资源协同制作加工、资源共享的平台。

优学大数据服务为系统提供数据聚合、数据清洗、数据统计、数据分析的能力，主要包括：①大数据统计与报表中心，能够按需并实时统计平台数据，生成数据报表；②学情分析中心，通过数据挖掘，结合学生画像提供学生的学情报表。

优学智能安全服务为学生营造一个绿色安全的网络学习环境，规范学生的课堂使用行为的解决方案。主要包括：①班级课堂管控：教师在上课之前，可以设置本班级的学生在上课期间允许使用的 App 有上网的权限，其余的应用一律无法访问网络，甚至不能开启；②学校管控：学校管理者通过管控后台可以限制学生在校期间的上网行为；③家长管控：家长可以对学生平板的上网行为进行管控。

【应用效果】

截至目前，优学派智慧课堂项目已覆盖四川、山东、山西等31个省（自治区、直辖市）的上千所学校，形成了以四川省成都市泡桐树小学西区分校为代表的区域常态应用特色示范校。以下是人工智能支持下的智慧课堂常态化应用范式。

教育专属智能硬件，为学生学习保驾护航。网络时代，绿色、安全的网络学习环境是学生健康成长的基础条件，也是家长对智慧课堂关注焦点之一。优学派的智能 AI 行为干预，权威认证定制护眼芯片等，能够更有效帮助防控学生近视，绿色护眼安全管控结构如图2所示。同时，优学智能安全服务平台的多重管控手段，科学管理学生对电子产品的使用，力促网络学习空间信息安全。

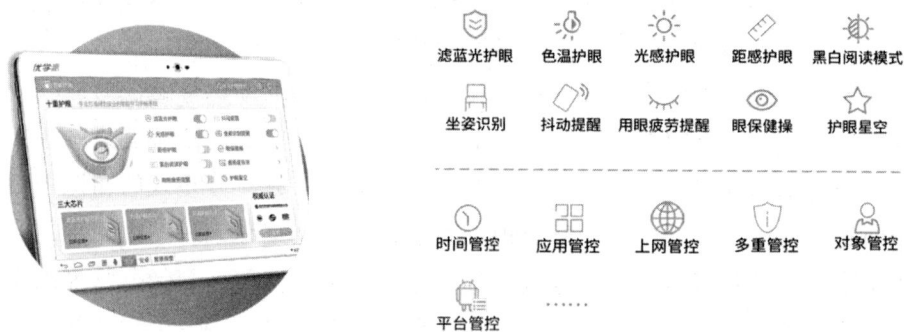

图2　绿色护眼安全管控

智能教学系统，助力教师因材施教。智能教学系统为师生提供课堂教学以及学生自主学习的全方位解决方案，从课前导学、课中研学、课后共学、课外拓学四大场景满足学生个性化学习的需求。

课前导学——先学后教，以学定教。教师通过智能知识搜索引擎选择与课程同步的预习资源，供学生主动学习。智能学情分析，一方面，统计了班级整体的学情信息；另一方面，汇聚了单个学生的学习态度、知识点掌握情况等，使教师能够精准掌握个体的学习需求，及时进行二次备课，真正实现"先学后教，以学定教"。图3展示了作业情况统计反馈。

图 3　作业情况统计反馈

　　课中研学——合作探究，互动高效。教师根据前测报告选择适合的学科探究工具，让学生进行个人或小组的探究活动，记录探究过程、生成互动评价，助力学生个性高效学习。图 4 展示了智能题板记录思维过程示意图。基于大数据服务平台，根据学生"画像"开展差异化分组练习，让每一层级的学生都能得到有效的训练。

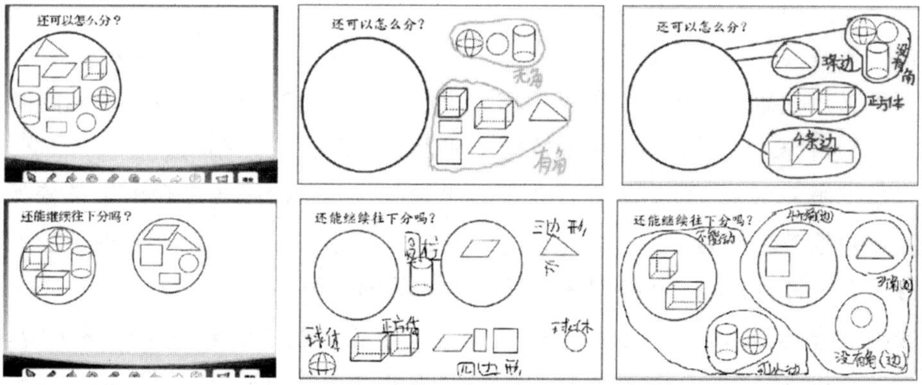

图 4　智能题板记录思维过程示意图

　　课后共学——个性作业，分享提升。系统根据学生的不同学情，智能推送个性化作业，通过智能批阅，帮助教师评估课堂教学效果，并针对个人学习进度进行指导，如图 5 所示。学生还可进行跨班级、跨年级与不同层次的学生进行分层交流，形成互帮互助的学习氛围。

　　课外拓学——拓展学习，差异发展。学生根据平板上课堂内外所有活动数据记

图 5　智能推送相关练习

录，随时分析自己的成长报告，根据学习情况，选择平板上的同步课程资源进行基础补习或能力提升；也可根据兴趣爱好，选择兴趣课程进行自主学习，实现全面发展。

智能推荐引擎，促进学生个性化学习。学生在平板上完成在线作业或选择资源完成自主学习后，系统推送相关任务，快速检测学生弱项，根据检测结果绘出学生专属的知识地图，并针对学生对知识的掌握情况智能推送适合的资源，提供个性化优学方案，促进学生个性化发展。

优质资源共建共享，促进教育公平。优学派将体系化教育资源与人工智能结合，通过远程名师直播授课及优质资源共享，让远端结对学校的学生也可以随时随地免费获得名师指导，缓解贫困地区师资短缺和资源配置不均衡的问题。

大数据服务平台，助力教育管理科学化。通过大数据服务平台汇聚学校教育数据，主要包括教学行为、学生学习行为等方面的数据，以数据驱动管理过程的科学化，逐步开展评价标准、评价要素、评价方式等的变革。

家校共育创新，加强家长孩子间的交流。家长通过系统实时了解孩子的学情、综合素质评价等，有针对性地监督与指导；还可以与教师进行实时沟通，实现跨时空无缝隙参与学生成长过程。

【典型应用】

教育部于 2018 年针对教育信息化发展提出了《教育信息化 2.0 行动计划》，并同步下发了《中小学数字校园建设规范（试行）》。山西省教育厅依此制定了《山西省基础教育信息化"十三五"规划实施意见》，大同市教育局为加快推进教育现代化和实现"三全两高一大"的教育发展目标，计划将大同市打造成国家级的"智慧教育示范区"，并以《中小学校智慧课堂建设指导意见》为指导方案，在全市六所学校开展"智慧课堂"试点。目前优学派 AI 智慧课堂已成功在试点学校的各个学科上实现了应用，为老师和学生们带来了极大的便利，更是提高了教与学的效率。

大同市联通分公司按照国家、省、市教育主管部门的文件精神，主动参与区域教育信息化的建设，以创新的思维和开拓的精神不断寻求教育市场的发展突破，在以上背景下，结合大同市教育局数字校园的试点实施，推出了针对缝隙市场的"智慧课堂"项目。该项目前期为全省首批入围"项目（产品）经理负责制"创新项目之一，与平城区教育局达成合作意向，并在大同市第四十五小学进行试点推广。

平城区教育局召集 8 所学校的校长进行集中的培训，针对开学招生"智慧课堂"业务拓展模式进行指导交流，并就相关流程、要求进行明确，确保开学"智慧课堂"工作的顺利实施。同期 7 所学校的 50 余名教师参加了"智慧课堂"现场演示教学，演示教学后又召开了"构建智慧课堂，创设高效教学"主题观摩研讨会，得到了 7 所学校校长和教师的高度认可，为下一步开学打下了扎实的基础。

根据优学派 AI 智慧课堂的后台统计数据我们观察到用户活跃度在逐渐增长，同时也能看出每天用户登录时段分布、每日活动分布以及教学活动数量分布等。具体的数据统计情况如图 6 所示。

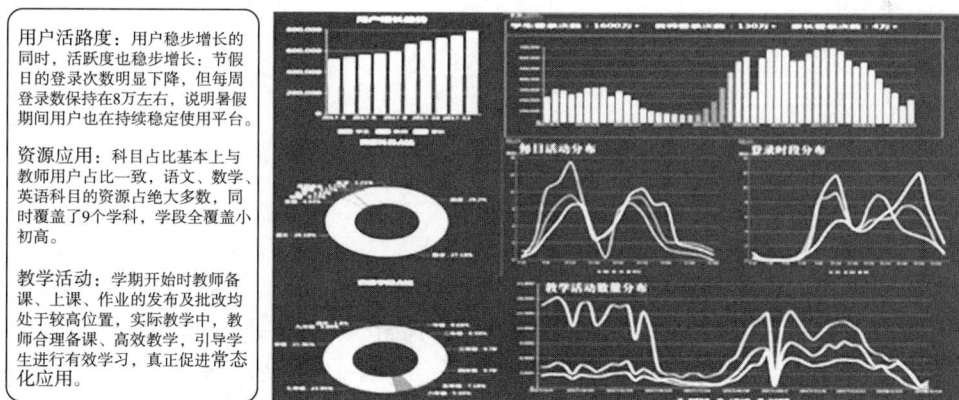

图 6　智慧课堂数据统计情况

【专家点评】

该案例基于优学天下公司"优学 AI"智能引擎，打造了优学应用核心服务、大数据服务和智能安全服务三大平台。其应用核心服务平台设计研发了网络教学的备课、互动课堂、作业、资源等四大系统，把人工智能技术运用贯穿于教学的全过程，全方位地为师生提供了课堂教学及自主学习的系统解决方案，为师生构建了较为完整的教与学网络空间。优学大数据服务平台主要包括大数据统计、报表中心和学情分析中心，智能学情分析和智能推送促进了师生之间、生生之间的互动，实现了"先学后教，以学定教"的局面，形成了互帮互助的学习氛围。为保护学生身心健康，采用教育专属智能硬件，能够更有效地防止学生近视；同时，采用多重管控手段，力促网络学习空间信息安全，从软硬件两方面着力打造的智能安全服务平台也是该案例比较优长的地方。该案例应用效果说明：三大平台协同发挥作用，形成了课前导学、课中研学、课后共学、课外拓学四大场景，并在促进学生个性化学习，优质资源共建共享、促进教育公平，助力教育管理科学化，创新家校共育等方面预留了广阔的上升空间。当然，该案例仅以一个地区的典型应用来证明其效果是远远不够的，其效果还有待在实践中经历广泛而深入的检验。

6.1.5 精准教学提升学生学习成效

【报送单位】

希沃教育研究院

【推荐单位】

在线教育专业委员会

【案例背景】

在中小学儿童的学习中，传统教室带来的僵化教学关系，使课堂教学以教师为中心，阻碍了儿童在课堂中的全员参与、互动生成，学生学情难以精准反馈，课外个性化学习难以开展。为此，《教育信息化 2.0 行动计划》等政策文件提到要依托各类设备及网络，实现教育模式变革和生态重构，智慧课堂逐步成为教育向优质向均衡迈进的有力助推器。作为"互联网+"时代智能化技术系统与教学深度融合的产物，智慧课堂通过师生等活动主体与技术的有机融合实现课堂变革，最终达到提升教与学效果的目的。《教育部关于加强网络学习空间建设与应用的指导意见》中亦提出，加快学生智能学习终端的普及，有效保证学生空间的平等使用。

为助力学校实现互动生成、减负提效的教学变革，促进以学习者为中心的教学理念的实现，本案例在遵循：支持儿童的发展；确保包容、多样性和儿童参与；公平和非歧视应被摆在优先位置；保护儿童的数据和隐私；确保儿童的安全；具备透明度、可解释性和问责制度；政府和行业应具备儿童权利和人工智能的知识；培养儿童为现在和未来的人工智能发展做好准备；在创造一个促进儿童友好型人工智能环境的基础上，通过应用知识图谱技术、题目推荐算法、模糊搜索算法、OCR 图片识别、机器翻译、语音识别、手写识别、发音评分算法。

【技术方案】

1. 产品介绍

希沃易课堂是基于希沃提供的教育云服务及应用，搭载希沃教学平板、希沃学习平板及希沃易课堂系统，助力学校实现互动生成、减负提效的智慧课堂教学。

希沃易课堂覆盖课前、课中、课后全流程教学场景，支持在线学习、实时互动、精准教学、个性化学习等教学需求，结合完善的学情数据分析，构建个性化智慧学习环境，帮助学生提升学习成效，并通过提供对应教学资源及教研运营服务，帮助学校有效落地智慧课堂。课堂搭建教室实景如图 1 所示。

图 1 课堂搭建教室实景

整体架构分为以下三部分：

（1）硬件设备层。配备教师移动终端、高性能路由器，学生移动终端、高性能 AP、充电柜等设备，通过无线 AP 连接教室内的设备，通过软件系统层账号在云端作应用互联。

（2）软件系统层。主要由教、学两个系统组成，服务于教师备课、资源管理、课堂教学、作业辅导与评价、教学评价等教学场景，服务于学生课前预习、课堂互动参与、课后作业、自主学习、错题本等学习应用，通过教师、学生账号实现云端互联，实现人与账号绑定，人与设备解耦。

（3）数据中心层。支持学校、个人做数据层的收集与管理，可按照指定时间、指定频率推送数据，包括但不限于应用基础数据、应用活跃情况数据、应用中产生的用户业务结果数据。实现学校管理人员做数据监管、统计分析及教学评价。

2. 技术架构

希沃易课堂采用微服务架构设计，整套系统由多个按功能拆分微服务组成，且所有服务都是通过 Docker 容器集群部署在阿里云上。使用微服务架构设计，配合希沃健全的运维体系，可以将应用和服务分解成更小的、松散耦合的组件，使它们可以更加容易开发、升级和扩展，也可以使部署、管理和服务功能交付变得更加简单。

希沃易课堂业务系统由应用层、接入层、网关层、业务层、服务层，基础层组成，如图 2 所示。核心组件分为四部分：

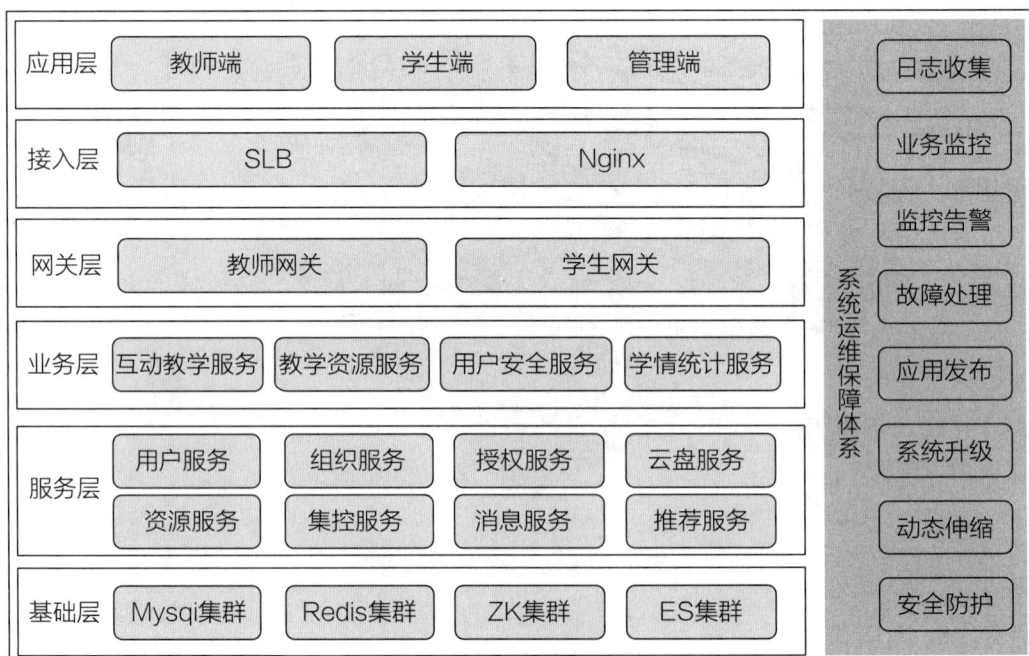

图2 课堂技术架构

（1）网关层。主要提供智能路由、权限校验、接口监控、访问日志等功能，该网关会接收外部的请求访问，通过业务权限控制、数据安全过滤，拒绝不符合要求的请求，保证内部服务的安全稳定的运行。

（2）业务层。也叫服务聚合层，业务层会收到网关层的请求，根据不同业务需求，将组织不同的子服务，做服务编排和结果汇集，然后提供给网关层，最后把结果返回给客户端。

（3）服务层。服务层主要是各类通用子服务，每个子服务只做自己领域的业务，小而精，比如用户服务提供了用户基础数据管理，针对一些关键用户数据进行非对称加密传输和存储，保证用户数据的安全。资源服务会通过对称加密算法进行加密传输，加大网络爬虫的抓取难度。另外云盘服务等服务会加入鉴黄鉴暴等多种敏感内容审核，有效识别违禁图片，规避违规风险，降低人工审核成本。

（4）基础层。基础层主要是数据存储层，还有一些通用中间件。数据层存储各个应用的业务数据，包含用户信息、资源、课程作业、学生学情等业务数据，另外还包含各业务的数据缓存，以便提高接口和应用的响应速度。数据存储层采用 Mysqi 主备模式，采用该模式后，一旦主库出现问题，可以快速切换到从库，由它提供服务。另外可实现读写分离，可从库中执行备份，以避免备份期间影响主库的服务。

希沃易课堂另设有健全的运维保障体系，对系统进行统一监控，保障系统的安全性、健壮性和可用性，来确保服务能高效稳定地运转。

3. 精准教学方案

（1）课前：精准开展以学定教。

实时接收导学案，实现在线自主预习。学生通过希沃学习平板，可实时接收教师下发的交互式课件、微课、习题等学习材料，进行自主学习。

智能实时分析预习数据，以学定教。教师可及时获取智能批改结果，根据学生的学习时长、答题正确率等数据，精准分析学生知识掌握情况，调整课中教学计划。图 3 展示了学生学情发现。

（2）课中：精准开展以学导教。

①全员参与，互动生成，高效反馈。学生通过希沃学习平板，可全员参与课堂各项探究活动，如发表观点、拍照上传、学生传屏、主观评价、课堂竞赛等，针对客观性问题，可实时获取智能反馈结果，针对主观开放性问题，可进行师生、生生间的多形式点评，实现互动生成。

学情发现 ⑦

突飞猛进	不懂就问	可圈可点	踊跃参与
正确率显著上升 ⑦	提问最多 ⑦	收到点赞最多 ⑦	小组协作贡献度高 ⑦
欧阳海伦 王原 肖雷珍	汪伦 刘一书 吴爱国	郭建国 尉迟俊伟 冷书宇	李健之 赵子琇 高滢雷

学习退步	态度不端	粗心大意	成绩波动
正确率明显下降 ⑦	作业答题时间短且正确率低 ⑦	简单知识点错误率高 ⑦	知识点掌握时好时坏 ⑦
王婷 刘伟 张伟	陈碧云 孙宇梁 林奕奕	段誉鸿 乔大丰 林徐竹	蔡臻 陈田心 林紫

图 3　学生学情发现

②分层学习，小组合作，在线协同。希沃易课堂提供开放的分层学习资源，支持学生分小组探究，并能够实现跨平板的实时协作。小组合作学习协同编辑成果如图 4 所示。

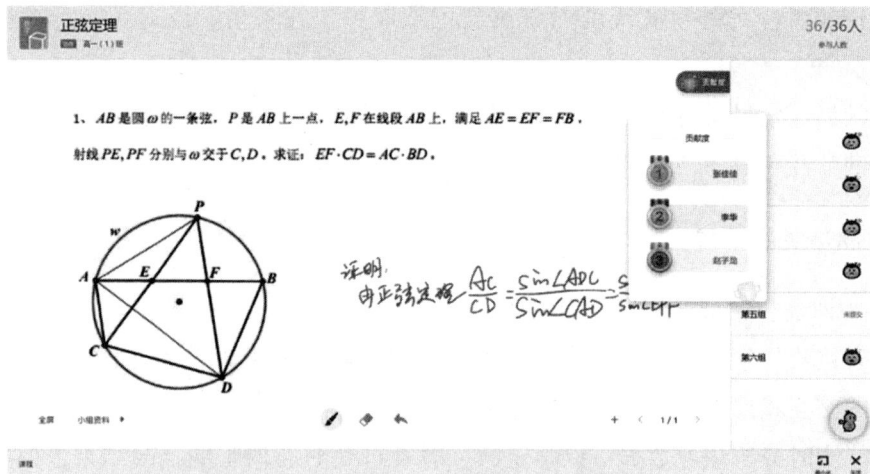

图 4　小组合作学习协同编辑成果

（3）课后：精准开展以学促教。

①智能推送专项练习，实现分层辅导。根据学生对知识点的掌握度，希沃易课堂为教师智能生成知识图谱，如图 5 所示。并为学生分层智能推送专项练习，如图 6 所示。教师可将课件、知识胶囊，配套专项练习等任务分层推送至学生平板，为学生提供临近发展区的提升练习。

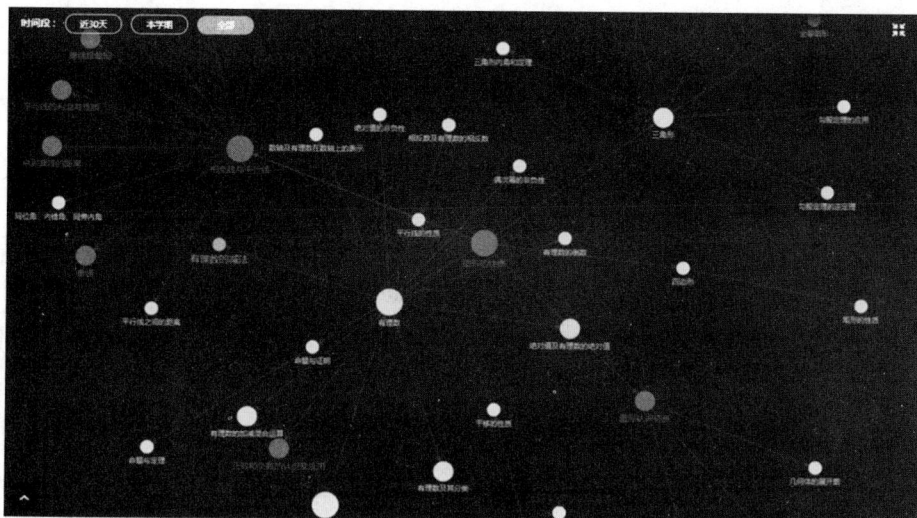

图 5 知识图谱

图 6 智能分层推送专项练习

②智能错题复习，实现高效巩固。希沃学习平板可自动生成错题本，并智能地为学生匹配相似题。同时，学生可查看各学科的学习数据与薄弱知识点统计，更精准地开展自我评价与学习诊断，并可进行在线提问，及时解决学习困惑。

③学科特色工具，实现个性化提升。希沃学习平板提供多种特色学习工具，如 AI 练习册基于学生历史数据自动组题，智能推送适合当前学习水平的题目，并辅以

闯关式练习调动学生学习兴趣；希沃学生词典可支持学生查词与翻译；飞花令覆盖30万首古诗词，内设"逛灯会"古风活动、智能搜索、荣誉激励等趣味栏目。

【应用效果】

截至2021年2月，希沃易课堂已覆盖全国4300多所学校，为超过12万位老师、90万名学生提供服务。

广东省中山市丽景学校以学生闪亮未来作为培养目标，实施"以学定教、小组合作、当堂检测"的小组合作探究型教学模式，并以课题研究为契机，将其具体落实到了不同学科、不同场景、不同课型，教学改革成效显著。

河北邢台英华教育集团完全小学积极创新智慧课堂教学方式，开展多软件混合实用的项目式学习，2020年新冠肺炎疫情期间的线上项目式学习经验在教育部基础教育司国家级高级研修班上被推广，同时，提炼出极具校本特色的"6+E"智慧教学模式。

贵州省兴义市丰都中学4个试点班级的学生在使用希沃学习平板后，在一年时间内，学生成绩从排名全市百名之外的水平跃升至市区A级，排在全市前30名，平均分较其他班高20多分，4个智慧课堂班排名位居年级8个班的前四名，学校亦跃升为"兴义市智慧课堂示范校"。

【专家点评】

2018年，教育部印发《教育信息化2.0行动计划》通知，提出要到2022年基本实现"三全两高一大"的发展目标。其中"一大"指的是建成"互联网+教育"大平台，智慧课堂在此情形下应运而生，它是以"互联网+"的思维方式和大数据、云计算等新一代信息技术打造的智能、高效的课堂，其实质是基于动态学习数据分析和"云、网、端"的运用，实现教学决策数据化、评价反馈即时化、交流互动立体化、资源推送智能化，创设有利于协作交流和意义建构的学习环境，通过智慧的教与学，促进全体学生实现符合个性化成长规律的智慧发展。此案例希沃易课堂采用微服务架构设计，整套系统由多个按功能拆分微服务组成，且所有服务都是通过docker容器集群部署在阿里云上。具体能够实现精确开展以学定教的课前准备，精准开展以学导教的课上教学，精准开展以学促教的课后复习等多项智能教学内容，构建了个性化智慧学习环境，帮助学生提升学习成效，并通过提供对应教学资源及教研运营服务，帮助学校有效地落地智慧课堂。

6.2　线上学习

6.2.1　人工智能启发2~6岁儿童成长可能解决方案

【报送单位】

北京学而思教育科技有限公司

【案例背景】

《2019年世界发展报告》提出从3岁开始的社会化与更加正式的早期学习是儿童在小学获得成功的重要准备，优质的学前教育强化了儿童执行能力，将儿童导入更加有效的学习轨道。近年来，启蒙教育理念的不断渗透，令中国父母愈加重视学前启蒙教育。伴随着中国适龄儿童人数跨入亿级水平（按正常生育情况下每年新生儿数量1000万以上增幅增长），中国学前启蒙教育需求激增，释放了更多教育空间、也为学前教育行业带来了更大的挑战。伴随着2020年初新冠肺炎疫情暴发，传统线下教育服务模式遭遇了巨大的挑战。家长和孩子都迫切希望在家也能享受到优质的启蒙资源，启蒙不受场地等条件的制约。

在这个大的社会背景之下，小猴启蒙应运而生，旨在以技术的方式，推动中国学前启蒙教育蓬勃发展，助力优质的内容和启蒙理念的推广。小猴启蒙由好未来集团旗下学而思出品，是专为2~6岁学前儿童打造的启蒙课程。拥有17年教育经验的学而思，是由联合国内外专业的儿童启蒙专家，根据儿童发育特点及心理认知规律，结合权威教学大纲和国际课程标准，设计的满足儿童敏感期学习需求的课程体系。它以名师互动、趣味动画、游戏化训练和陪伴式辅导等形式，为孩子打造丰富有趣的智能化学习课堂，帮助孩子激发学习兴趣，培养学习习惯，提升学习能力。

小猴启蒙产品在设计和用户使用中，遵循了以下以儿童为中心的人工智能的原则。

1. 支持儿童的发展

好未来脑科学实验室为国内教培行业首家脑科学实验室，与清华大学等顶尖研究机构合作，对2~6岁儿童的大脑特性进行了深度的科学研究。小猴启蒙的相关基于脑科学研究结果设计，解决 2~6 岁孩子学习过程中的问题，让孩子爱开口，坐得住，学得会，记得牢，会思考。更好地支持了启蒙阶段孩子的成长。

2. 确保包容、多样性和儿童参与

好未来人工智能实验室与斯坦福大学等全球知名高校深度合作，为小猴启蒙的智能化课程系统与个性化分析中心提供支持。小猴启蒙提供全面的学习分析报告和辅导建议，让家长和老师充分了解孩子的学习情况，进而提供针对性的巩固训练和个性化的辅导服务。

在此基础之上，小猴启蒙保证了多类角色的参与，更好地服务了儿童，让儿童感受到了全方位、多样化的支持。

3. 公平和非歧视应该摆在优先位置

AI 课首先以技术的方式保证了优质的名师资源+互动动画可以更多地普及更多的地方，加上其可反复、随时观看的特点，保证了孩子启蒙学习的强频次输入。

4. 保证了儿童的隐私

小猴启蒙非常重视保护儿童隐私，不收集儿童个人信息，涉及儿童生物特征的数据，如人脸、动作、课堂行为等，仅为解析课堂教学行为进行收集。在线教学中的摄像头，是学生与教师互动的辅助工具，为学生提供更优质的课堂体验，不会采集学员的面部肖像，也不会对学员的脸部特征信息进行记录和识别。

5. 确保儿童的安全

小猴启蒙对家长和孩子很友好，家长既不用来回接送孩子去培训机构，也不用固定地花费时间盯着孩子上直播课；线上的内容审核通过了层层标准，AI 课程避免了老师临时上课中出现的不当行为，也确保了孩子看到的内容都符合正向引导的价值观。

【技术方案】

1. 技术架构

小猴的整体技术架构在好未来集团的支持下，实现了为启蒙阶段儿童专属开发：①教育场景专用语音模型，古诗朗读场景，英文纠音场景；②儿童专用语音模型，2~6 岁年龄段专属语音模型，K12 专属语音模型；其中 AI 课引擎为主要架构，方案技术架构如图 1 所示，包括：

第 1 层，人机交互层：重点解决 App 中课程各要素（如音视频资源、课件、

2D/3D 动画等）的渲染，以及课堂与用户的交互（如语音识别、语音评测、光学字符识别）等。

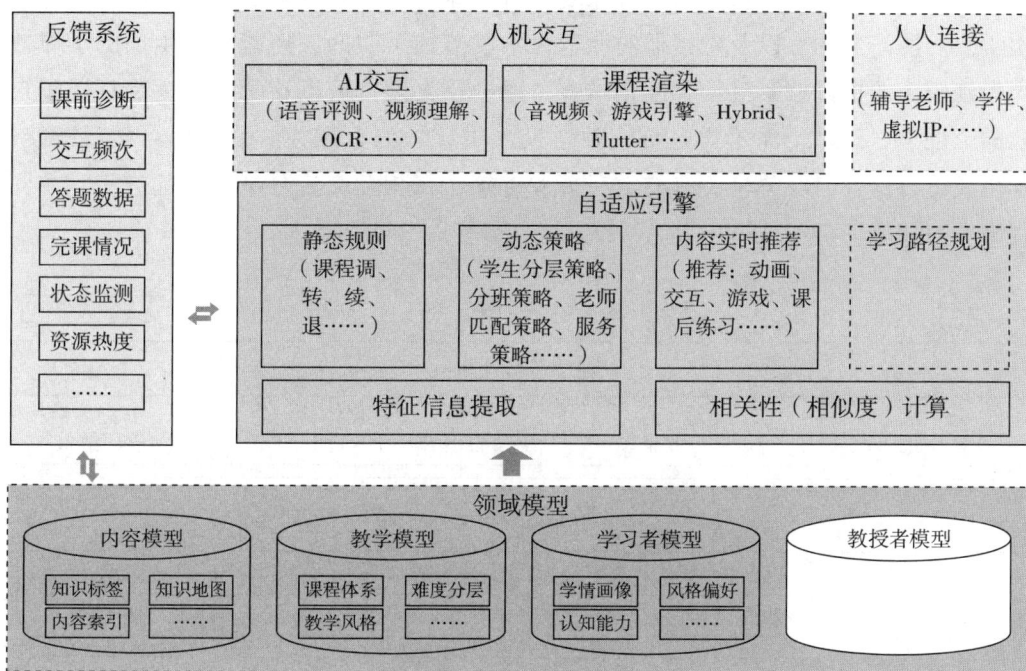

图 1　方案技术架构

第 2 层，自适应引擎层：根据静态规则可以进行课程的调、转、续、退等操作；根据动态策略可以自适应进行分班策略、老师匹配策略、服务策略等。根据用户的学情画像、体验偏好，通过自适应推荐及匹配算法，给用户实时推荐个性化的习题、内容、服务等。

第 3 层，领域模型层：主要是对学习者、内容、教师等进行建模。有根据知识标签、知识地图、内容索引等建立的内容模型；有根据课程体系、难度分层、教学风格等建立的教学模型；有根据学情画像、风格偏好、认知能力等建立的学习者模型。

第 4 层，反馈系统：主要通过平台对课前诊断、交互频次、答题数据、完课情况、状态监测、资源热度等数据的统计分析进行反馈，并通过反馈到数据可以相应进行自适应引擎层和领域模型层的调整优化，使产品不断地升级换代，更好地满足老师和学生们的要求。

2. 关键技术

AI 课的核心要素主要有四点，如图 2 所示。第一，高质量内容，小猴 AI 课不仅可以为学生们提供海量的学习资源，还能保证这些学习资源的品质通过严格的审核，并且经过智能化的推荐，这些课程与学生们的需求匹配度更高。第二，自适应学习，根据所收集的大量数据进行深度分析，通过自适应推荐及匹配算法可以匹配出学生们所需要的，以及感兴趣的课程，不仅节约了时间，还能使学生们的学习效果得到极大的提升。第三，个性化体验，通过个人设置可以让每个学生制订属于自己的个性学习计划，而不再是传统教学模式中统一的上课模式。第四，学习链接，学生们可以保存以及分享所有的学习资源链接，在相互交流分享中一起进步，共同提高学习成绩。

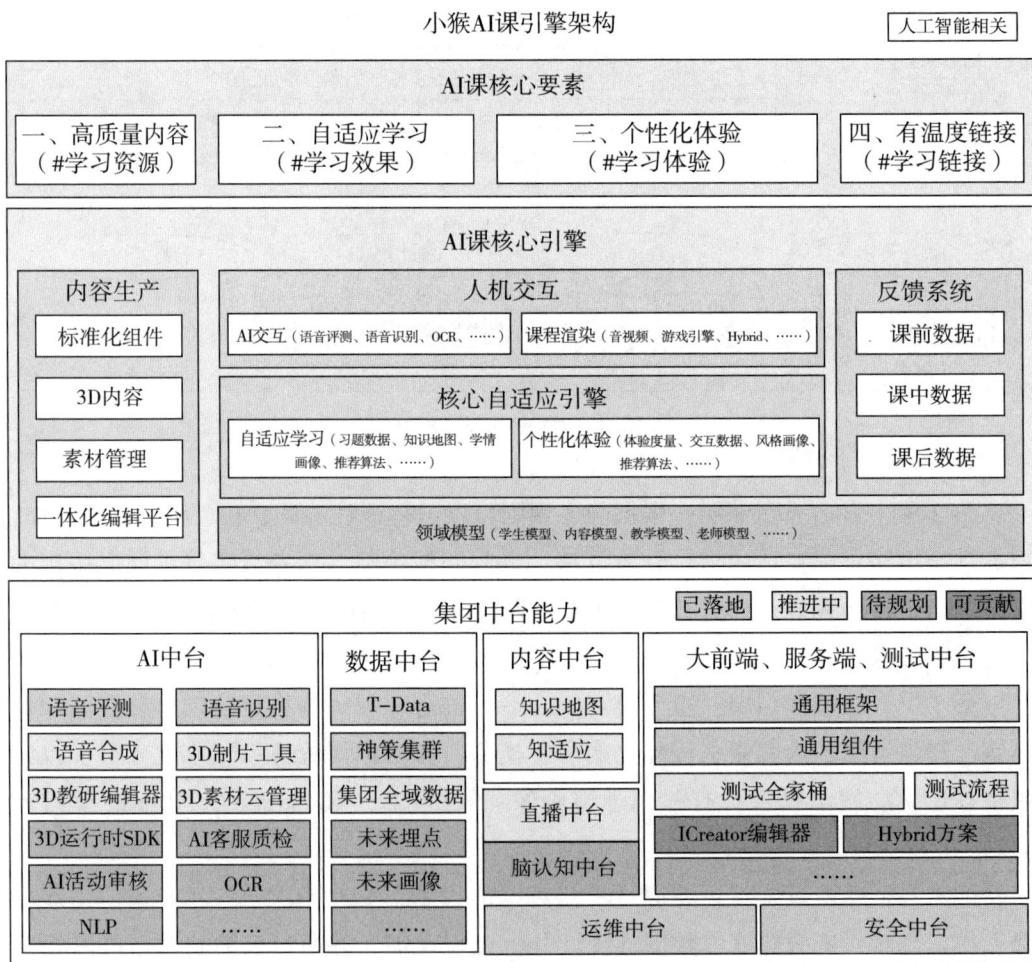

图 2 AI 课系统引擎架构

AI 语音评测部分，要解决用户语音交互体验的效果问题。需要结合 AI 能力、音频能力、产品设计，以及业务策略（如截停、超时、奖励等），进行综合优化。在 AI 语音评测前需要做好一系列准备工作，比如问题引导，设置问题和预期答案，然后启动语音 AI 能力进行收音和音频采集。在 AI 语音评测中，进行音频编码、AI 模型运算和业务策略对所采集到的音频进行处理加工。在 AI 语音评测后，进行业务数据绑定。具体的 AI 语音评测流程如图 3 所示。

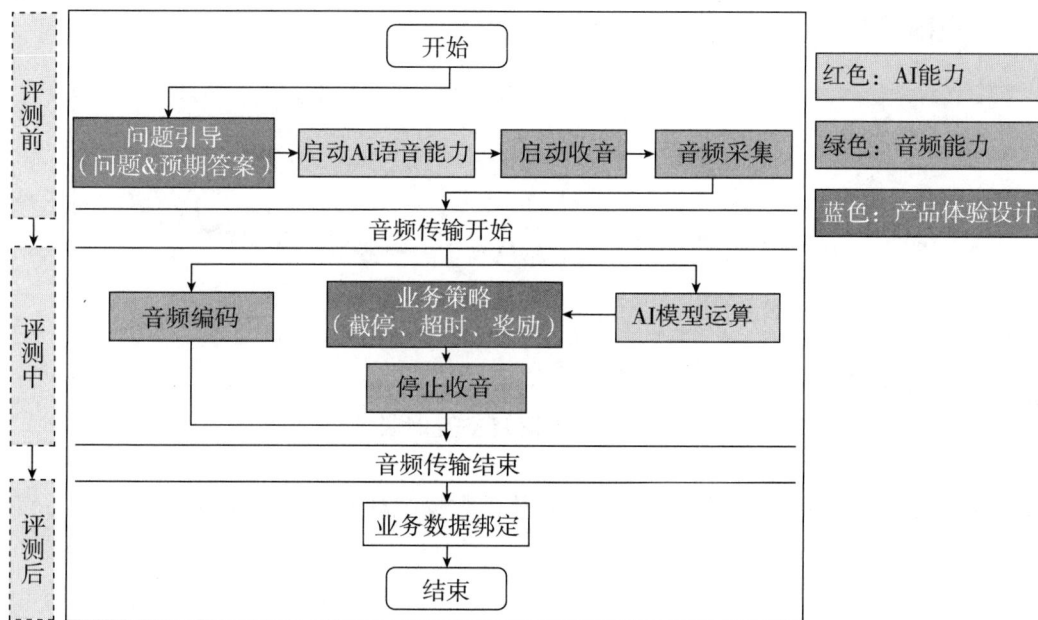

图 3　AI 语音评测流程

【应用效果】

1. AI 交互，让启蒙学习更有兴趣

将语音识别应用于课堂互动环节，将学生发言识别成文字，并返回时间戳信息，结合自然语义理解技术、语音情感分析等技术，评估儿童对知识点的掌握程度。

将语音识别应用于语文、英语的字词学习环节，对学生语音实时转录，结合语音评测技术，实时评估学生中文、英文发音的音准度、流利度等信息，判断学生对知识点的掌握度。

通过 AI 语音交互的引入和自动优化迭代，可以激发用户交互的兴趣，有效提升交互频率及时长，如图 4 所示（人均语音交互时长稳步提升）。

2. 学情分析+自适应学习，让课程更有效果

（1）学情以及能力数据：首先，在 CDP（Consumer Data Platform，客户数据平台）系统可以分析孩子的具体学情，根据孩子的上课次数、出勤率、完课率、正确

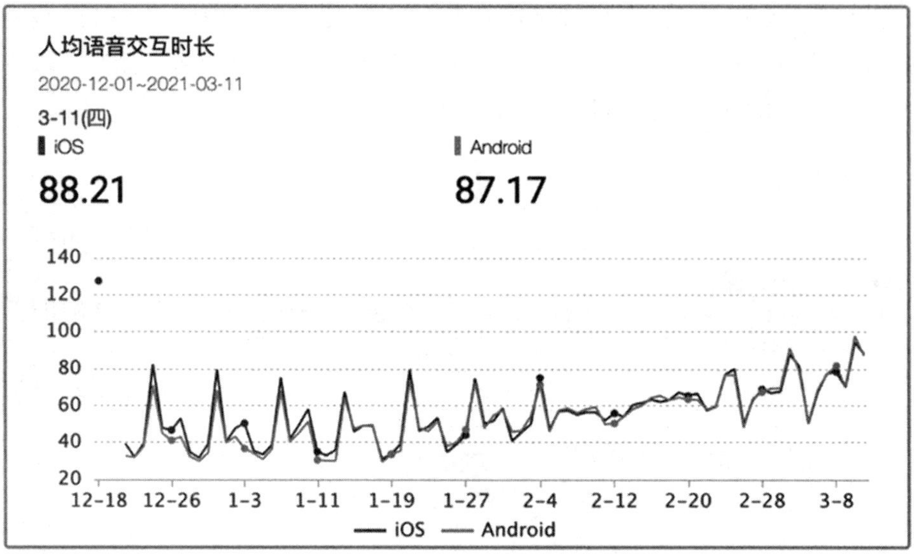

图 4 人均语音交互时长

率等综合表现情况可以得到整体评分，具体的数据统计情况如图 5 所示。

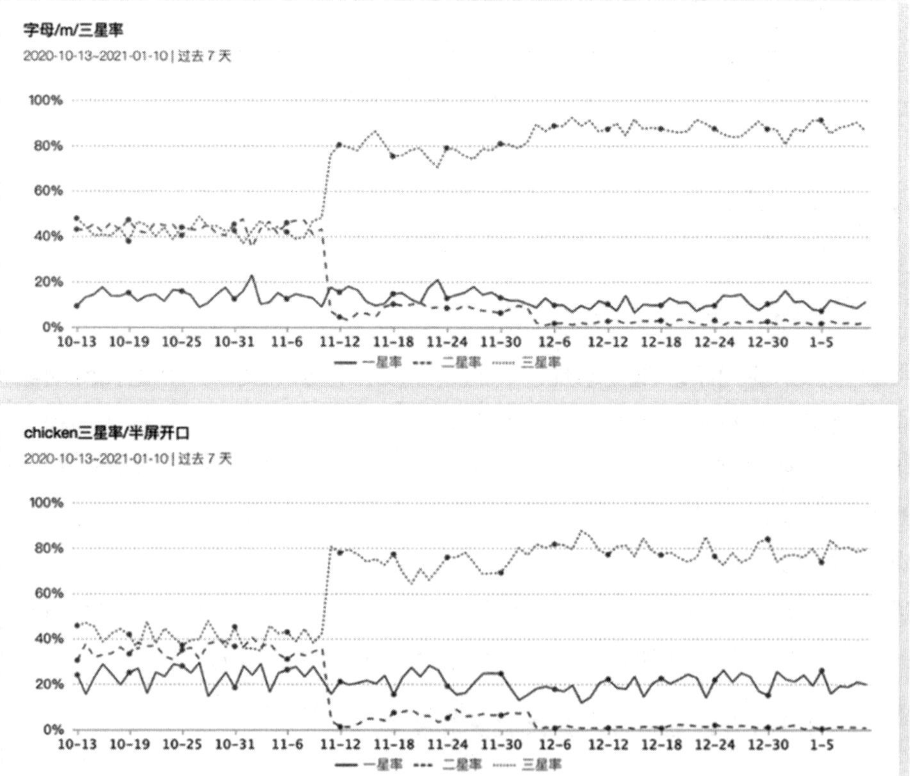

图 5 学习成绩统计

其次，可以通过测评，得到孩子的核心能力画像，如图6所示。

图6 学生核心能力分析

（2）一对一点评及练习题适配：搭配课后辅导老师点评，激发孩子多开口表达。为了更好地匹配启蒙阶段孩子的成长，不同科目的产品设计会结合孩子的认知规律，进行匹配：

①语文："小猴语文"是由北京大学博士带队，依据儿童2~6岁语言敏感期发展理论及"部编版"小学语文课程标准打造，旨在让孩子爱开口、会表达。

②思维："小猴思维"是由中国数独国家队原队长领衔开发，内容涵盖数感、空间、逻辑、益智、生活五大知识模块，旨在培养孩子的七大底层学习能力。

③英语："小猴英语"独创"八步教学法"和"15+N学习模式"，通过外教全美音授课，让孩子在语言学习黄金期来培养语言自信。

【专家点评】

小猴启蒙适应时代变化，抓住人工智能快速发展的契机，秉持以儿童为中心的教育发展理念，针对2~6岁儿童身心特点，在脑科学实验研究的基础上，结合当前国际通行的课程标准，研发出了一系列启蒙课程。该课程体系在保护儿童身心健康的前提下，使身心快速发育期的儿童能够"爱开口，坐得住，学得会，记得牢，会思考"。该课程体系着意在师生之间、生生之间、家庭与机构之间、家庭与家庭之间建构关联，为用户勾画了有利于儿童成长的良好环境，体现了较高的社会化程度，有着较强的互动性和交互性。小猴启蒙在 2~6 岁儿童成长解决方案中对人工智能的运用可谓独具特色。但是也应该看到，由于针对儿童的在线启蒙教育集中爆发于 2020 年新冠肺炎疫情期间，小猴启蒙也是在疫情防控的大背景下应运而生，其运用人工智能解决 2~6 岁儿童成长问题尚在探索之中，其效果和作用，特别是长久的影响还有待深入观察、评估、研究和总结，有待实践的进一步检验。儿童启蒙中，与儿童进行情感交流，培育儿童的自信心和独立思考能力，都应该是启蒙教育运用人工智能设计和建构解决方案过程中十分重要的研究方向。

6.2.2　多模态人工智能在线学习分析平台

【报送单位】

成都谦德（VIPKID）科技有限公司

【推荐单位】

成都市互联网文化协会

【案例背景】

在线学习是日趋重要的学习方式。相比线下，线上学习互动形式更多样，但学生参与课堂互动的频率以及对老师的要求也更高，主要体现在：①在多样的多媒体互动形式中快速选择最合适且能最正确地使用；②帮助学生注意力集中在线上学习上而不受计算机设备干扰；③对学生互动快速做出反馈，及时鼓励正面行为批评负面行为。很多线下老师没有受过专业线上培训，到了线上反而无法发挥良好的教学效果。学生家长也经常反馈学生在线上学习时注意力不集中，听不进去，导致对学习逐渐失去兴趣。

通过应用 AI 技术自动检测学生上课表现，基于分析为老师提供相关提示信息，让老师和学生的互动更高效更准确，自动对学生的课堂表现做出反馈。在线平台还可以连接中国本地学生和国外优质老师，极大地推动了全球优质教育资源的高效流通。在线教育作为互联网与教育领域深度融合的场景，利用互联网平台开放性、共享性、即时性等特点，使教育资源变得多元化和个性化，教师与学生之间的需求匹配度也更高，更有针对性。同时，人工智能、大数据等技术的完善和发展进一步丰富了教学场景，让老师和学生突破时空限制实时互动，不断提升教与学的效率与效果。多模态 AI 线上教学可以提供课堂互动、作业批改、自适应评测等多种功能模块，可以极大满足老师和学生们的需求，多模态线上教学平台功能如图 1 所示。

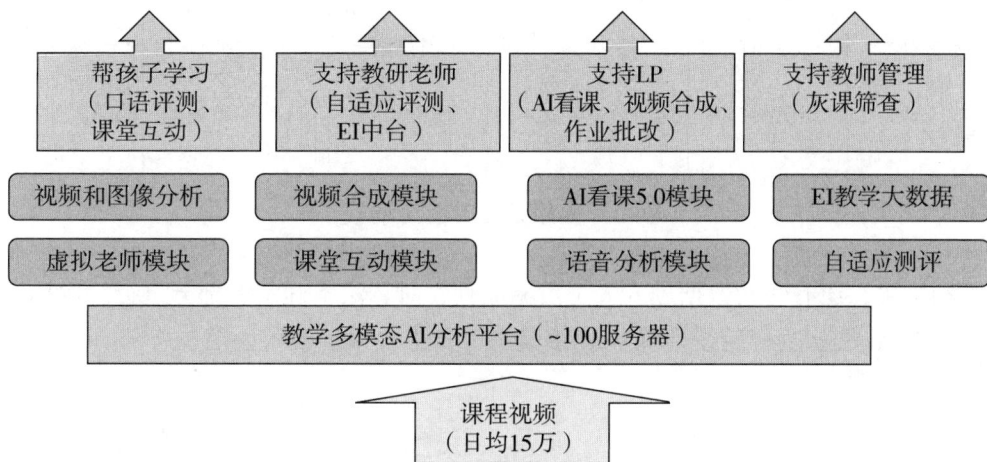

图 1　多模态线上教学平台功能

🄖【技术方案】

1. 技术方案概述

VIPKID 研发了"教学多模态 AI 分析平台"，依托教学场景，分析课程中的音视频图像内容，利用 AI 技术提升教学质量，提升学生的课程体验。教学多模态 AI 分析平台主要包括语音平台，视频平台，智能批改作业平台和计算平台。核心算法技术包括视频理解和识别，GAN 视频生成，中英文 ASR（Automatic Speech Recognition，自动语音识别）和 TTS（Text To Speech，从文本到语音）合成，NLP（Natural Language Processing，自然语言处理）的 Bert 语义理解和多伦对话机器人。我们通过 AI 图像技术，识别课堂中老师和学生、闭眼、吃东西的问题课程，提高发现问题课程的概率，通过教师运营动作，实现教学质量提升。

AI 不仅能赋能教育，还能提升运营效率，如图 2 所示。教学 AI 可以实现视频虚拟老师、口语测评等功能；教研 AI 可以获取知识图谱等教学资源实现自适应教学；教辅 AI 可以进行自动作业批改、沟通话术生成以及真人语音合成，这些运用给老师们提供了极大的便利，在保证效果的前提下也达到了节省时间、提高教学质量的目的。AI 技术的运用可以解决一些传统教育模式下解决不了的难题，通过生动的画面展示，使学生们对知识点的理解更加深刻。

平台的数据主要来自学生的教室实时采集，其中部分数据自动处理及时反馈给

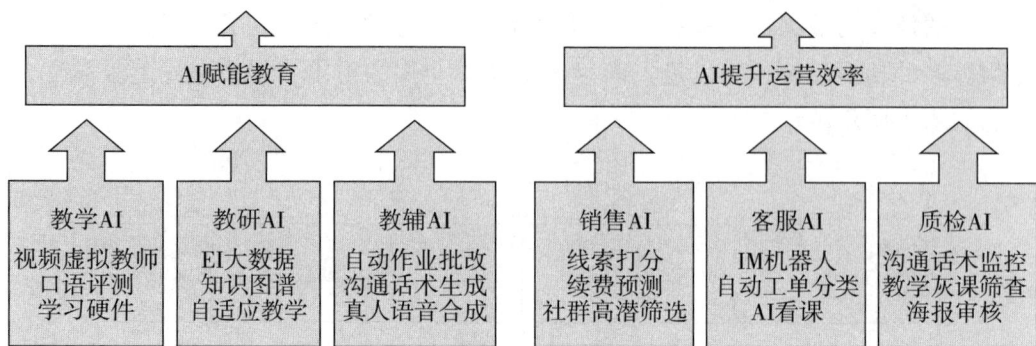

图 2 多模态 AI 运用场景

家长和学生，还有一些数据进入人工后验流程，对算法不确定的部分进行二次标注，从而帮助 AI 模型进行后续训练。AI 多模态分析平台系统架构如图 3 所示。

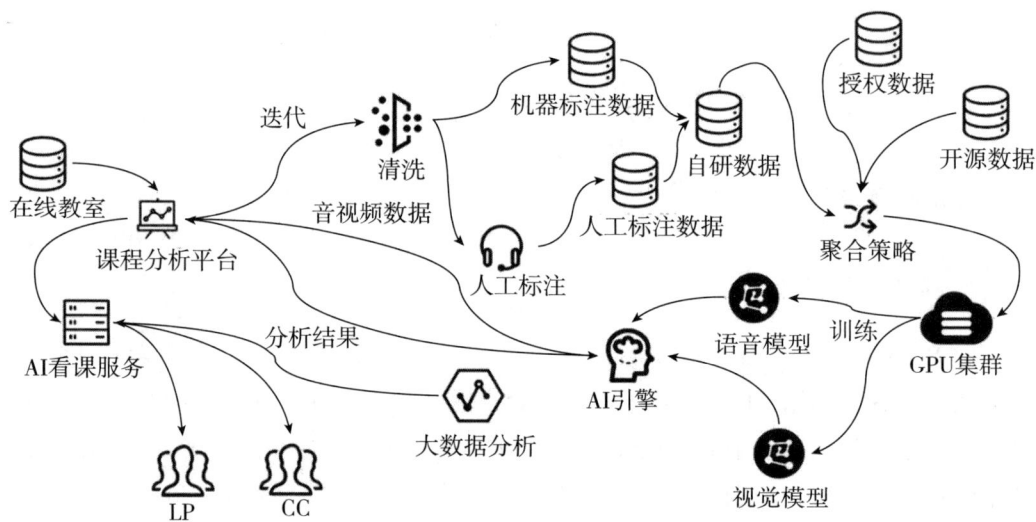

图 3 AI 多模态分析平台系统架构

教学多模态 AI 分析平台提供的实时课堂行为监测，通过学生上课状态和知识点掌握情况可以实时对学生的学习情况进行分析。通过自适应模型及相关算法对教学流程、知识传授、教学策略、师生情感等因素的分析，可以使学生进行自适应学习。多模态 AI 分析平台还可以帮助实现真人老师的 AI 分身，给学生提供全天候不分时段的 AI 陪练，通过练习进一步提高英语听说水平。图 4 展示了基于 AI 分析能力实现真人老师的 AI 分身模型。

2. 关键技术

OCR（Optical Character Recognition，光学字符识别）自动批改作业解决了人

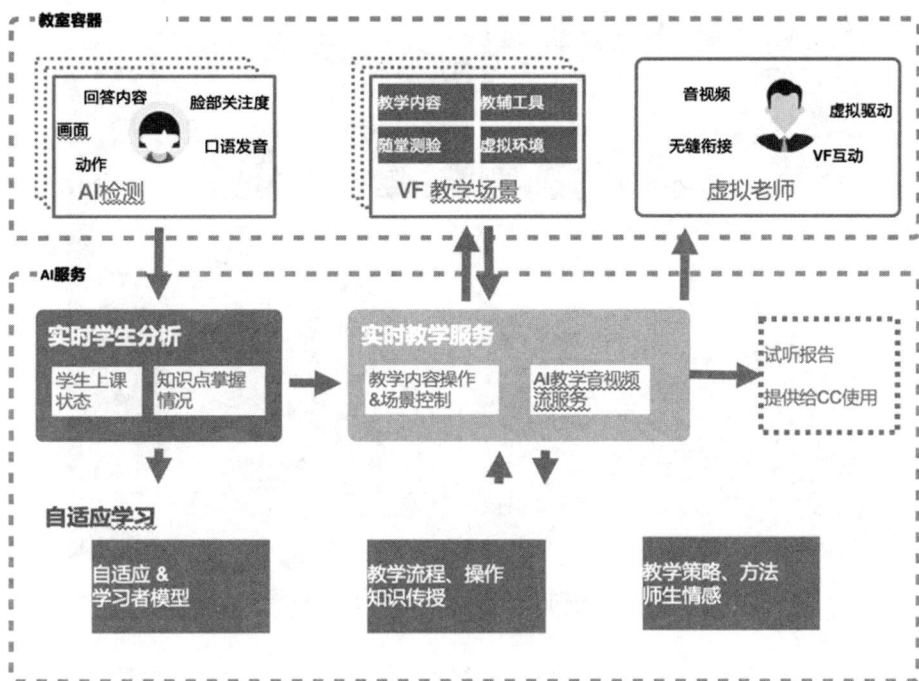

图 4 基于 AI 分析能力实现真人老师的 AI 分身模型

工校验工作过多的问题，用 AI 提高图清晰度，提升作业批改精准度和使用率，使多条业务线自动提高批改作业能力。我们在很多课堂的互动以及老师录课过程中增加了实时 AR 贴纸、美颜等功能，增强课堂教学互动性，进而提升用户体验与教学效果。平台通过真人老师的视频数据进行机器学习，可以合成真人老师虚拟分身，从动作到表情均通过纯 AI 生成，最大限度地减少真人录制的时间和成本，MOS（Mean Opinion Score，平均主观意见分）打分达到 4.0 以上。通过任意人的动作驱动目标形象生成视频的功能，解决从现有视频中搜索动作片段的局限性。我们结合音素特征来驱动虚拟形象，不依赖多说话的人的个体特征以及语种也可生成与音频内容相符的嘴型，降低模型训练以及数据采集成本。优化的拼接算法使得视频更加流畅自然，从而实现根据个人喜好生成"最中意"虚拟形象的功能。我们实现并上线了 100% 基于 AI 老师的个性化教学分支的课程，具备单词发音纠正，实时点名等个性化功能。图 5 展示了老师虚拟分身给孩子做纠音的情况。

教学多模态 AI 分析平台还可以截取定位需要家长看的回放内容，并提供对应话术，提高家长教辅效率，快速定位学生不同表现，为沟通触达提供可视化、数据化物料。语音技术解决了家长反馈频发的外教不纠音的问题，由于学生年龄和学习状态决定外教课上更倾向于鼓励多说多做，因此，AI 班主任作为纠音老师既可以达到纠音目的，又可以不伤害学生的学习热情和信心。分析平台提供的口语评测功能是

图5　老师虚拟分身给孩子做纠音

VIPKID 学员使用最多的产品功能之一，通过多模型解耦，对 30 个拼读音节进行 3~10 岁数据的模型 NAS（Neural Architecture Search，神经架构搜索），我们构建了领先全行业的口语评测 AI 能力。

"教学多模态 AI 分析平台"还可以自动找到违规员工行为，从而提升员工整体运营效率。对话机器人平台实现了基于状态机的多轮引擎，把主修课一对一的学习效果外化，使教辅老师能够为学生提供更加充满温情、高质量的专业教学服务。我们还为每一个班主任老师提供每个学生的课后作业结果报告，对学生的学习效果进行直观的反馈，帮助学生查漏补缺。

AI 技术帮助错题智能打标签，识别对应知识点。建立自适应技术相关的底层设施，搭建能够支撑和迭代多个业务的"自适应中台系统，AI 打标能力与题库系统集成，支持题库中题目自动批量打标操作。图 6 展示了多模态 AI 分析平台建立知识图谱的框架，知识图谱覆盖知识点内容广，包括 VIPKID 主修课、双优课、专项课以及第三方的剑桥少儿英语、小学托福课程的知识点。

我们完成了 10+维度、5+层级、共 2W+知识点的构建，用于分析学生课堂、作业表现，精准分析学生知识点弱项。基于课程大纲、作业、标签树等分析构建过程全自动，可以精准细化到每一节课，目前共包括 1000+节课详细知识点。我们自动识别知识点的学习资源种类丰富，包括课前预习，课后作业、PPT、直播课，识别准确率高，较人工给资源打标提高效率约 10 倍。知识赋能情况如图 7 所示。

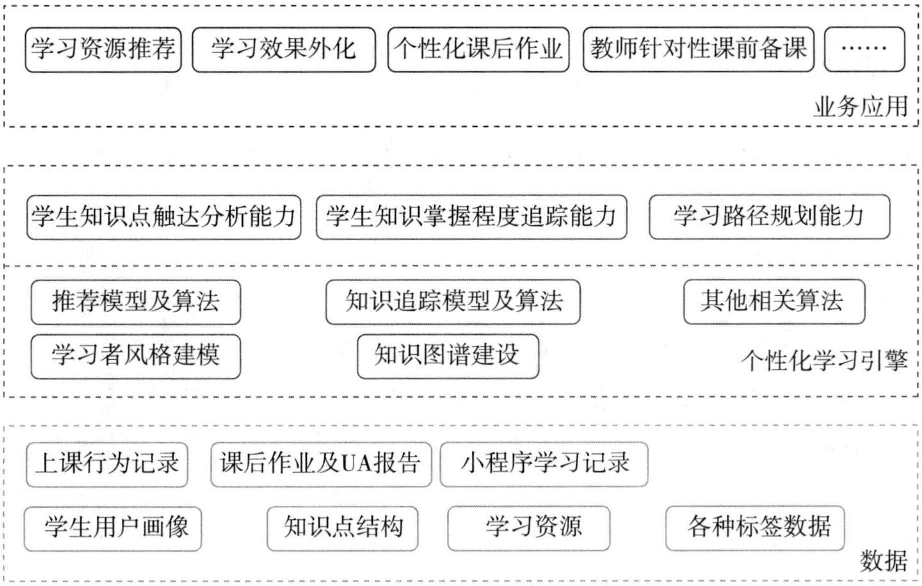
学习资源推荐
学习效果外化
个性化课后作业
教师针对性课前备课
……
业务应用
学生知识点触达分析能力
学生知识掌握程度追踪能力
学习路径规划能力
推荐模型及算法
知识追踪模型及算法
其他相关算法
学习者风格建模
知识图谱建设
个性化学习引擎
上课行为记录
课后作业及UA报告
小程序学习记录
学生用户画像
知识点结构
学习资源
各种标签数据
数据

图 6　多模态 AI 分析平台建立知识图谱

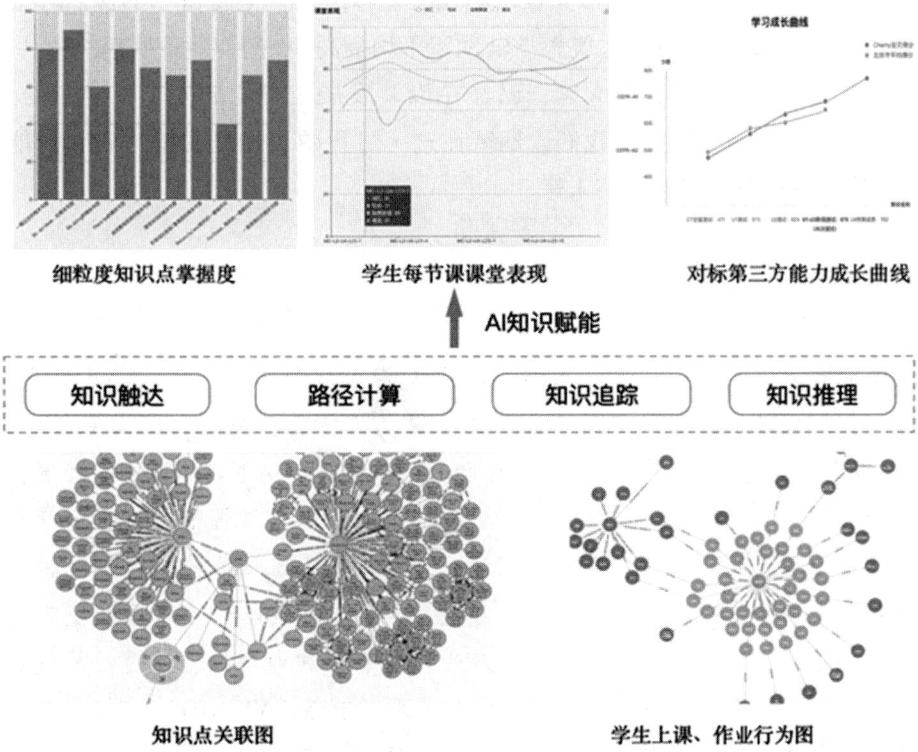
学习成长曲线
细粒度知识点掌握度
学生每节课课堂表现
对标第三方能力成长曲线
AI知识赋能
知识触达
路径计算
知识追踪
知识推理
知识点关联图
学生上课、作业行为图

图 7　知识赋能

【应用效果】

用 AI 视觉识别解决孩子不会打字的问题，提高课堂中师生互动，准确率90%以上。"教学多模态 AI 分析平台"已经完成开发且上线，服务 70 万学生和 10 万线上老师。此平台不断上线新的产品功能，不停产生新的监测指标，致力于使多模态 AI 线上教学更好地发展。该 AI 系统应用在了 VIPKID 一对一课，一对多课，和大班网课中，日均和学生互动 350 万次。其中，看课老师通过语音平台发现问题课程的准确率为 78%，视频平台日均扫描课程数十万节，发现问题课程准确率超过 90%。

通过视频理解技术可以自动找到有问题的一对一课，使得教辅老师可以第一时间介入，给每个孩子一个纯净的教学环境。视觉 AI 技术提供的关键视频片段提取技术准确率超过 80%，覆盖 50% 的学生，通过"教学多模态 AI 分析平台"对每节课每分钟进行分析，平均每天帮助 3.5% 的老师显著改善教学方式。

用 AI 技术分析课程效果，给辅导老师提供摘要与参考话术，节省教辅工作时间 5445 小时/月。通过把 AI 虚拟形象技术和真人老师结合，提高 30% 的课后环节完成率；通过 AI 分析结果进行自适应教学辅助，平均提高 5% 的作业正确率。

中国作为一个人工智能的大国，已经在以"发展负责任的人工智能"为目标，探索建立人工智能治理原则，我们也期待在这一过程中，优先发展"人工智能为儿童"，为孩子构建更美好的数字未来。

【专家点评】

在线教育突破了线下课堂、教师、用户等某些方面的局限性，以其节约时间、空间成本、形式多样、可重复等特点和优长深受科技教育企业和广大用户的青睐。VIPKID 教学多模态人工智能分析平台着眼于提高教与学双主体的自适应程度，依托教学场景，进行大数据分析，抓取学生上课状态和知识点掌握情况，自行筛查问题课程等，运用人工智能（特别是真正实现真人老师的人工智能分身，全过程全方位地进行陪练检测评价）给予解决，建构起教与学双方面的自适应模型，使教与学的契合度越来越高，利用互联网平台的开放性、共享性和即时性、便捷性等特点，为进一步提升线上教学质量拓展了广阔空间和无限可能性。VIPKID 在应用效果方面还有准确的数理统计分析支撑，证明其取得了良好的效果。目前研发的多模态人工智能在线学习分析平台主要包括语音平台，视频平台，智能批发作业平台和计算平台，相信随着人工智能的深度介入，经验的积累，创新意识和创新能力的不断增强，产品的进一步分化组合，公司会有更多更好的、能够不断增强教与学双主体自适应性、持续为教与学双主体赋能的平台推出。希望作为科技教育企业的 VIPKID 公司能够始终不忘"人工智能为儿童"的初心，尽力打造环境良好、适应良好、趋势良好的多模态人工智能分析平台，为实现人工智能与教育教学的深度融合做出更大贡献。

6.2.3　儿童智能发音评测和纠音反馈系统应用实践

【报送单位】

北京瓜瓜龙科技有限公司

【案例背景】

随着海量数据的不断积累和算力的日益增长，人工智能系统在多个领域追平甚至超过了人类的平均水平。在 2016 年，由 Google（谷歌）开发的围棋系统击败了最高水平的人类选手；在人脸识别领域，机器的水平也已经大幅领先人类的平均水平。本案例主要分享字节跳动如何利用人工智能技术（口语评测技术，声学评测技术，智能语言生成技术和语音合成技术）帮助儿童更好、更快地掌握一门语言的发音。该方案主要是为了提升儿童教育的公平性和多样性，同时确保人工智能决策的可解释性。

在儿童学习一门语言的时候，发音练习作为"听说读写"的重要一环，得到了越来越多的重视。然而，受限于专业老师数量和家长不够标准的发音，越来越多的小朋友并不能随时随地地进行发音练习，并得到及时的纠正。本团队为解决儿童语言学习标准发音的需求同师资有限及家长发音不够标准的矛盾，打造了智能发音评测和纠音反馈系统。该系统集成在 App（应用程序）里面。只要儿童打开 App，选择相应的课程，就可以通过海量的学习内容进行发音练习，并能够得到及时的纠音反馈，此外，对于儿童的学习情况，家长还能通过系统反馈的信息得到更加具体的打分报告和儿童的学习轨迹，时刻掌握孩子学习的进度，对其做进一步的引导。

【技术方案】

1. 系统技术框架概述

整个智能口语评测流程主要包括 4 个模块（如图 1 所示）：

（1）准备工作模块：主要包含儿童语音数据的收集，打分规则的制定和标注人员的培训；

（2）专家定标模块：主要包含儿童数据的脱敏，有效数据的筛选和大规模的儿童训练集标注（音素标注和发音质量打分标注）；

（3）系统上线模块：主要包含声学模型的训练，相关服务的端云一体部署；

（4）智能评测模块：主要包含应用程序对小孩语音的采集，通过训练好的模型，对其发音进行打分，并给出评级。

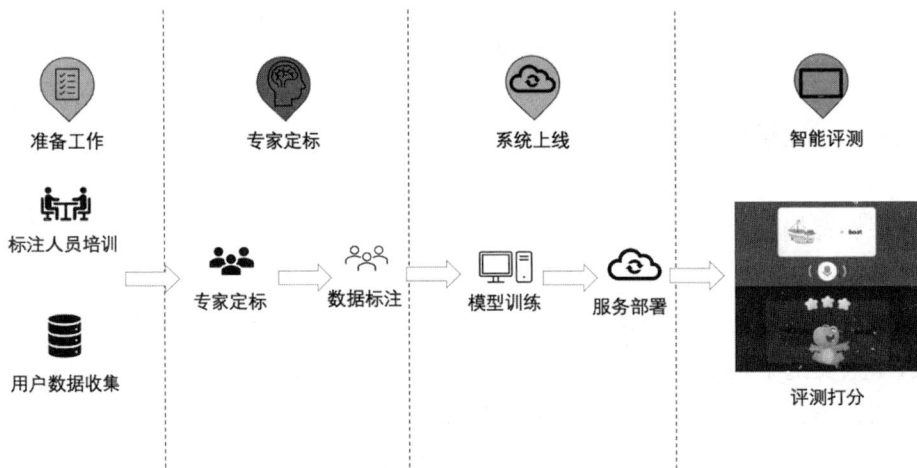

图1　儿童智能口语评测流程图

2. 关键技术

（1）线上评测系统。

线上评测系统首先接收儿童的跟读音频和朗读文本。其次完成文本和音频的对齐，即基于朗读文本，先生成一个音素切分网络，结合已经训练好的声学模型，获取朗读文本中每个音素在评测音频中的时间边界。最后在给定的边界信息里面，提取不同层级的打分特征（如音素/单词层级的发音平均分，方差，时间长短等统计特征），并送入分数映射模块，得到最终的发音质量分数。分数映射其实质是机器学习中的回归问题，即模型需要学会如何用底层的打分特征去拟合人工的打分，从而得到更好的人机打分相关性。随着标注数据的积累，本团队使用的模型已经从最初的线型模型（如逻辑回归模型），发展到了多种深度模型（如深度卷积神经网络和深度循环神经网络）。受益于深度模型的表征和学习能力，模型输入的特征也从最开始的上层统计特征扩张到了最底层的原始特征。目前，本团队通过多颗粒度建模和深度学习模型不断提高口语评测系统在内部测试集上的性能，其打分准确度已经非常接近于语言专家的打分水平。目前系统除了拥有基础的打分功能，同时还可以对各种粒度的错误发音单元进行检测（如单词、元音辅音、声调等）。我们尝试利用各种深度学习模型去建模音素之间的协同发音现象和人工标准里面可以容忍的错误，从而提高单词偏误检测的准确度。比如，Water 这个单词中间的元音存在英音和美音的不同发音，通过大数据学习，发音偏误模型可以自动去学习哪些元音的发音混淆是可容忍的错误，哪些元音错误会带来单词层级的理解错误。最后，受限于小孩的语言水平，很多时候小孩并不能一次性地完整朗读给定的文本（单词序列），存在少量的漏读、增读、重读的现象，因此进一步优化了切分网络的结构设计，面对漏读、增读、重读等各种复杂情况，都能够准确地进行边界切分和打分。

在满足了打分/偏误检测这些基础要求以后，团队开发的评测系统通过多信息融合的方法来自动检测小孩的发音是否结束，并及时地返回评测分数。过早地判停或者过晚地判停都会极大地影响用户的实际体验。过早地判停发生在小孩还没有完整的跟读，系统就停止收音了；而过晚地判停发生在用户已经正确地朗读了跟读文本，但是系统一直无法返回给定的评测结果。传统的判停严重依赖于语音事件检测模型，它的作用是从一段语音（纯净或带噪）信号中标识出语音片段与非语音片段。判停模型的输入信息不仅包含了非语音片段的统计特征，还包含了在当前的时刻用户整体的发音分数，最后通过概率建模来最终判定是否在某个时刻触发停止收音。

目前测评系统已经支持对英语发音，语文的声韵母，汉字和古诗词的发音进行自动评测，并在 App 里面顺利上线，主要服务于 2~8 岁的儿童。

（2）智能纠音系统。

智能纠错系统集成了多种人工智能技术，主要包括：

①通过声学事件检测技术，准确获得儿童发音片段，并将其送入上述的口语评测系统获得每个单词的打分；目前所采用的深度声学事件检测模型采用了端到端的建模机制，即用深度卷积神经网络来提取语谱图特征进行三分类建模（儿童声音，家长声音和其他声音）。

②通过智能语言生成技术将打分结果进行话术生成，得到文字版的反馈结果。目前所采用的智能语言生成技术包括话术组装模块（如覆盖度预定义，语义分类和槽位逻辑）和话术匹配模块。假设给定跟读文本是 Lovely Cat，小孩进行了跟读；如果口评测系统认为 Lovely 有明显的发音错误，而单词 Cat 的发音被给予了高分，最终线上生成的文本反馈结果如下：Hi，<Alice>宝贝，我是<Arya>老师，<Cat>宝贝读得太棒啦，以后要继续保持哟。<Lovely>这个单词的发音宝贝还要多练习一下。最后，我们一起来复习下吧，<Lovely><Cat>。

③通过语音合成技术，将上述文字版的反馈结果用真人老师的口吻朗读给家长听。目前语音合成框架采用了时长可控的端对端模型，稳定提升发音稳定性，支持文章、对话等通用合成，同时支持音标、音节等细粒度的发音示范。在跨语种合成方面通过多人模型混合训练和口音迁移技术，提升了中英文跨语言发音的自然度，

并且改进了失爆等语流现象，在韵律自然度上有明显提升。在教学方面，基于 ToBI（音调和折断指数）韵律特征实现英文合成的语调、重音等发音知识点预测和控制，可以生成各种不同的发音示范效果，达到中上等教辅水平。

【应用效果】

丰富的学习内容和本团队开发的评测系统都极大地提升了儿童教育的公平性，即无论大城市的儿童，还是在边远山区的儿童，都可以打开 App 随时随地地进行同样内容的学习。同时，该智能评测系统在设计的最初阶段，就根据小孩的学习能力/年龄大小进行了级别相关的打分策略优化。比如，受限于口腔肌肉未完全发育的限制，很多低龄小孩不能很好地控制平翘舌发音，如/S/and/SH/。所以，对于 2~3 岁小朋友，当他们的发音被检测为平翘舌混淆的时候，也会给他们三星，对其进行鼓励。优化后的打分策略确保了儿童教育里面提倡的包容和多样性。

智能口语评测系统服务于 2~8 岁的儿童用户。图 2 给出了在 2021 年 3 月 5 日当天，该系统完成了约 230 万次的口语评测请求，其主要来自语文和英语课程里面的发音练习环节。图 3 主要展示了小孩在跟读古诗词"《赠汪伦》[唐]李白"的时候，系统自动发现小孩"汪"字发音有问题，用白色进行了标示。由于小孩其他字都发音准确，所以系统予以两星表示鼓励。图 4 则是英语单词发音环节，单词"boat"被正确朗读，因此系统予以 3 星表示奖励。

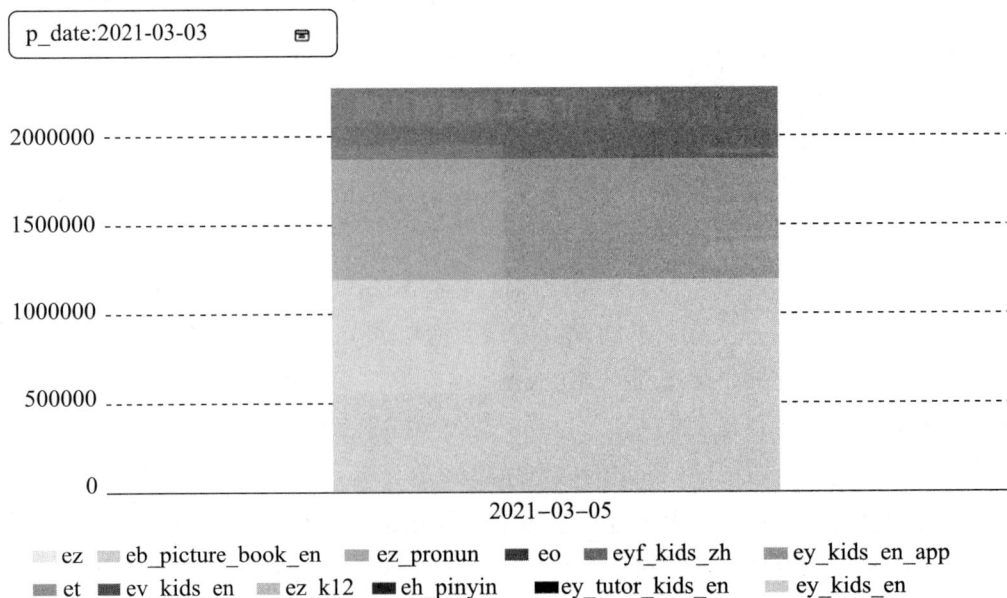

图 2　儿童口语评测请求次数

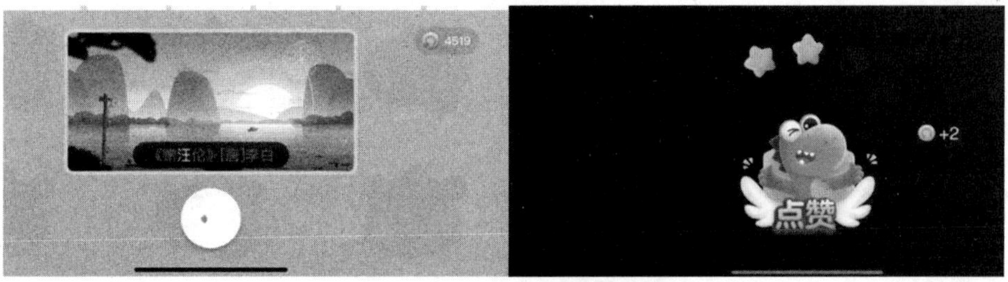

图 3 儿童古诗跟读评测

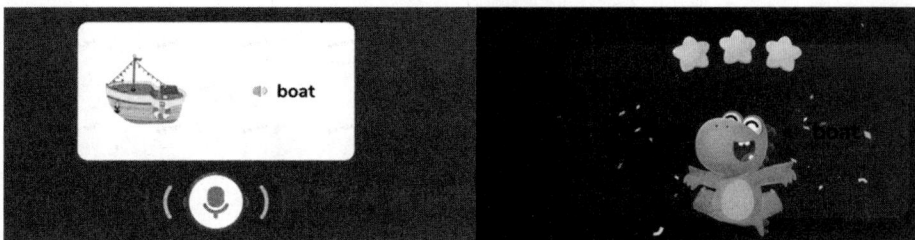

图 4 儿童英语单词跟读评测

智能纠音反馈系统面向儿童家长,在满足儿童自主发音练习需求之后,帮助家长更好了解自己孩子的学习进程。通过详细点评孩子在发音方面的优缺点,来让他们及时掌握自己孩子的学习动态,同时可以让他们用额外的时间去指导孩子发音,促进个性化成长。

【专家点评】

在一个人的成长过程中,学习语言十分重要,其中发音是重中之重,特别是儿童时期发音的准确与否,奠定其一生的语言学习好坏的基础。该案例将人工智能技术应用于儿童评测和纠音反馈系统,火力集中,有很强的针对性,系统建立在大数据分析的基础上,对儿童发音问题运用人工智能给予集成化解决方案,并对问题进行多层级的立体化、智能化处理,在技术建模中尽可能避免传统采样判停过早或过晚对儿童学习发音产生的不利影响,反馈及时、精准,机制灵活,过程完整,该案例在应用效果方面也有数据统计分析,实验证明其取得了良好的教学效果。应该提醒注意的是,该案例的智能解决方案中,更多地反馈给了家长,家长在系统过程中要了解儿童练习情况,掌握其进度和水平,起到指导和促进的作用。而家长在为孩子选择线上学习时,是比较看重节约时间和精力成本的,又由于家长的工作及受教育背景的不同,家长间的付出有很大差异,这种情况有悖该系统的"提升儿童教育的公平性"的设计初衷。建议该系统在保障儿童学习兴趣和注意力的前提下,多向儿童自身反馈，使其在学习过程中培养起独立解决问题的意识和能力，使家长从中解放出来，这样才能保证人工智能儿童教育的相对公平性，才能保证公司和产品自身的可持续发展。

6.2.4 自适应在线学习系统应用及实践

【报送单位】

北京猿力教育科技有限公司

【案例背景】

过去几十年间人工智能飞速发展，教育领域人工智能也被广泛应用，人工智能的出现极大地影响了教师的教学，也极大改变了学习过程的发生机理和作用机制。2017年，"人工智能"首次被写入政府工作报告之中，接连发布的《新一代人工智能发展规划》《促进新一代人工智能产业发展三年行动计划（2018—2020年)》等多个国家层面的人工智能发展政策，明晰了我国应当抢抓人工智能发展的重大战略机遇，促进社会的整体进步。

最近几年，人工智能与教育的融合发展，不仅促进了教育形态的变革，而且有效地促进了信息技术环境下自适应学习、个性化学习的有效变迁。由于量子技术、神经网络、虚拟现实、5G网络等新兴技术日趋成熟，并被不断尝试应用于教育领域，这些进程对于改变未来世界的教育活动具有重大意义。

猿辅导在线教育成立于2012年3月31日，目前公司估值超过155亿美元，是全球教育科技行业估值最高的独角兽公司。公司旗下拥有猿辅导、斑马、小猿搜题、小猿口算、猿题库等多款在线教育产品，为用户提供直播网课、启蒙课程、智能练习等智能教育服务。

猿辅导在线教育对人工智能技术在在线少儿教育领域的应用场景、应用形态和应用关键技术进行研究，重点关注自适应学习系统在少儿教育及维护儿童权利中的应用，包括支持儿童发展、确保包容、多样性和儿童参与，创造促进儿童友好型人工智能的环境等方面，推动针对少儿的个性化教育发展。

【相关成果及做法介绍】

从概念上看，人工智能概念复杂的原因之一就是该领域具有跨学科性质。源于审视视角的差异,人类学家、生物学家、计算机科学家、语言学家、哲学家、心理学家和神经科学家都对人工智能领域做出了贡献,每个群体都带来了自己的观点和术语。教育研究者普遍认为人工智能的术语起源于 1956 年美国达特茅斯会议 John McCarthy 等人提出的"使用机器模拟人类智能"概念,后经概率统计模型、深度学习技术使得人工智能在语音、图像、数据挖掘、自然语言处理等多个领域取得突破性进展。

1. 猿辅导在线教育打造虚拟浸入式教学法

虚拟浸入式教学法主要依据 4 个原理:第一,学校的各类学科课程为第二语言的学习提供了自然的基础和环境,为儿童提供了用第二语言进行(求知、感情和态度等方面的)交流的机会。第二,重要而有趣的学科内容能使儿童产生掌握第二语言和运用第二语言进行交际的动机。第三,儿童母语(第一语言)习得的本身就是语言与认知内容的结合。儿童第二语言的学习也是同样,它是儿童认知和人际能力发展的有机组成部分。第四,语言正规的和功能的特征随情景不同而变化,语言与学科内容相结合的教学模式为儿童使用第二语言提供了广阔而丰富的语言环境。虚拟浸入式教学法配合高精度的语音识别技术,在节约时间、空间成本、丰富语言输入模式等方面具有重大意义。

随着在线教育的不断发展,浸入式教学法也被应用到在线学习环境,实现"虚拟浸入"式教学。猿辅导在线教育利用积累的海量少儿语音数据,进行数据筛选后,利用深度端到端语音识别模型、用户自适应、领域对抗、VTLN 等模型,实现对普通话、英文、中英文混发的多种语音识别。主要的平台方案架构如图 1 所示。

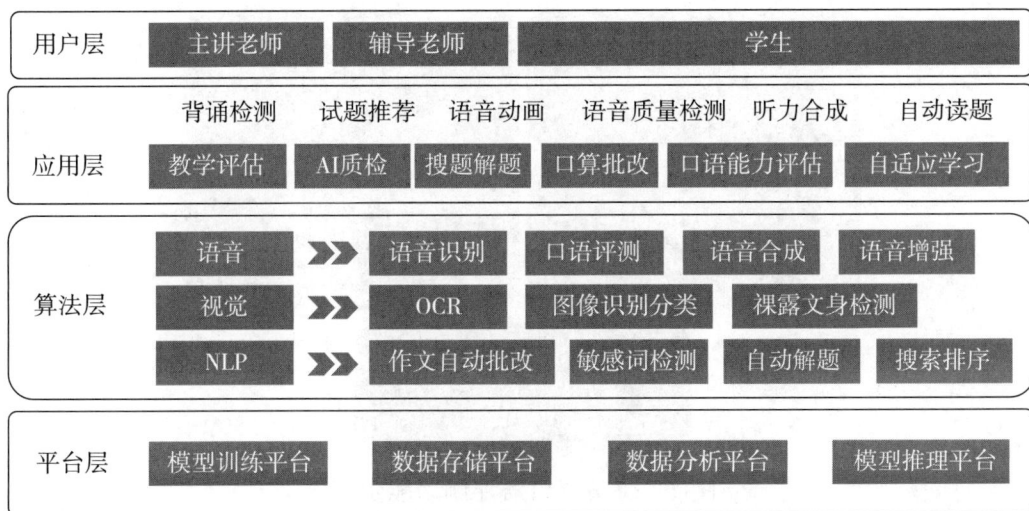

图 1　平台方案架构

此外，猿辅导在线教育团队还采用人工抽查加 AI 自动分析的方法，对喷麦、语速和情绪进行识别，不断优化语音识别的质量。通过语音识别技术，儿童可以享受到"周末游乐场""斑马背古诗"等功能，以寓教于乐的沉浸式学习，提高儿童的听说能力和古诗文背诵能力，对于"支持儿童发展和福祉，确保包容、多样性和儿童参与，创造促进儿童友好型人工智能的环境"具有重大意义。

2. 猿辅导在线教育创造自适应学习在线课程

传统的学习流程是教师与学生面对面的课堂教学，课后学生通过做纸质练习册来巩固所学知识，学习一段时间后，通过纸质试卷考试来反馈这一阶段的学习成果，因为人工效率问题，对旧的知识复习不多，就开始学习新的知识。所以花费同样的学习时间，每个学生学习效果不同。在教学目标相同的前提下，学生彼此之间存在着学习基础或者学习能力上的差异，所以如果只提供相同的学习内容或者学习路径，并不能达到对全体学生而言理想的学习效果。

猿辅导在线教育通过基于自适应学习的在线课程有效提高少儿的英语发音水平。在语音方面，猿辅导在线教育采用语音合成技术丰富教学过程，通过使用语音合成可生成题目的听力视频、题干播报音频，有效改善"低年级儿童不识字、需要音频读题"的痛点。同时，这样包容性的人工智能设计，可以确保所有使用本产品的儿童能使用人工智能产品和服务，做到人工智能为儿童。另外，采用语音合成技术，成本低、时间短、易修改，还可与口语测评技术相结合，用以诊断和训练发音准确性，真正体现了人工智能为儿童，确保人工智能在少儿教学中的包容性、多样性和儿童参与。斑马课口语评测主要功能如图 2 所示。

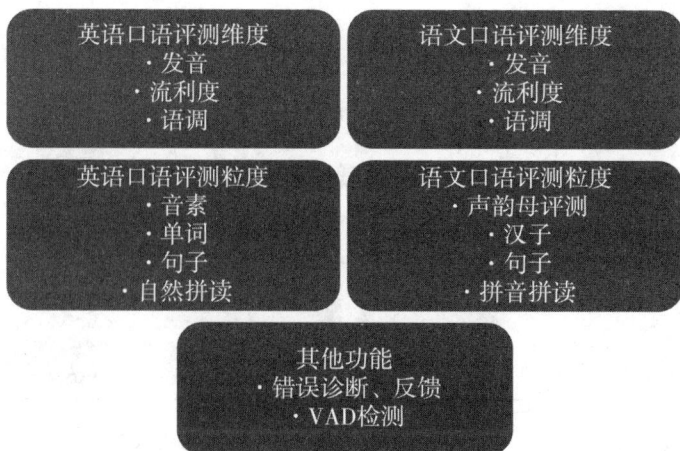

图 2 斑马课口语评测功能示意

在数感方面，猿辅导在线教育认为儿童时期的数感能力对其未来的数学能力有重要影响，但是每个儿童的数感能力存在个体差异，可采用自适应学习方式改造少儿学习过程中的内容和路径，从而为其提供个性化学习内容。在测试方面，自适应学习在线课程除了能带给少儿非常好的授课体验之外，还可通过智能测试和大数据分析，判断儿童已经掌握的知识点，集中时间学习薄弱点和重难点。同时，也会为学生设计高效个性化的学习路径，提供对应优质的学习资源，实现因材施教。在迭代方面，利用机器学习算法，自适应学习在线课程可以了解学生解决问题的过程和策略，进而反哺教研。通过对题目的过程性数据挖掘，机构能够获得更丰富的学生行为信息，进而了解学生解决问题的过程和策略，在教学过程中有针对性采取有效的学习策略。

3. 猿辅导在线教育塑造双师社群辅导模式

云计算、大数据、人工智能等技术的发展能准确刻画每一个学习者的个体特征，掌握学生的学习行为习惯，精准发现学生的知识漏洞，使教师能够及时推送相应的教学内容；从而在提供大规模教育的同时，针对每一个学习者的特定需求实现差异化的教育供给，以此解决长期困扰教育界的规模化与个性化相矛盾的问题，实现高质量的教育均衡和高水平的终身教育。

猿辅导在线教育旗下斑马 AI 课应用，于 2020 年 2 月上线，是目前唯一一款配有多学科专业老师社群辅导的少儿能力启蒙 AI 互动课。该应用针对 2~8 岁各年龄段特点，将语文、英语、思维、美术四大学科课程体系进行科学系统性分阶，难度螺旋式上升。猿辅导聘用清华北大等名校毕业生讲师，对师资经验做出要求，1%左右录取率聘用一线资深教师；在教学内容方面，猿辅导在线教育紧跟教育部改革方向，提高核心模块能力，部分课程依据主流版本教材自研课程；为了降低老师的授课难度同时提升授课质量，猿辅导平台制定好上课体系，然后老师按照平台的课程体系的知识点进行授课，课后有班主任微信群实时辅导，针对性做课后答疑工作，极大提高学习效率和学习效果。

4. 猿辅导在线教育缔造强大的科研支撑

猿辅导在线教育人工智能研究院一直从事人工智能在教育领域的应用和研究工作，研究方向涵盖图像识别、语音识别、自然语言理解、深度学习等领域。团队成功运用深度学习技术，开源了分布式机器学习系统 ytk-learn 和分布式通信系统 ytk-mp4j 等多项技术算法。2018 年，猿辅导人工智能研究院团队分别获得"MS MARCO 机器阅读理解水平测试"和"斯坦福问答数据集"两项全球 AI 顶级赛事的世界第一。图 3 展示了 MS MARCO 机器阅读理解水平测试结果。2021 年，团队还在国际声学、语音与信号处理会议（ICASSP）的旗舰比赛"M2VoC（多说话人多风格音色克隆大赛）"中获得子赛道第一名。

MS MARCO V1 Leaderboard

The MS MARCO dataset was released at NIPS 2016. We appreciate the more than 1,000 downloads from the Research community in less than one month and the progress so far! Its exciting to see the research community coming together to solve this difficult problem. Here are the BLEU-1 and ROUGE-L scores for the best models we evaluated to date on the MS MARCO v1.1 test set. We will regularly update our leaderboard as we get submissions. Follow us on Twitter for updates.

Follow @MSMarcoAI

Rank	Model	Rouge-L	Bleu-1
1	MARS YUANFUDAO research NLP	49.72	48.02
2	V-Net Baidu NLP	46.15	44.46
3	S-Net Microsoft AI and Research [Tan et al. '17]	45.23	43.78
4	R-Net Microsoft AI and Research [Wei et al. '16]	42.89	42.22
5	BiAttentionFlow+ ShanghaiTech University GeekPie_HPC team	41.45	38.12
6	ReasoNet Microsoft AI and Research [Shen et al. '16]	38.81	39.86
7	Prediction Singapore Management University [Wang et al. '16]	37.33	40.72
8	FastQA_Ext DFKI German Research Center for AI [Weissenborn et al. '17]	33.67	33.93
9	FastQA DFKI German Research Center for AI [Weissenborn et al. '17]	32.09	33.99
10	Flypaper Model ZhengZhou University	31.74	34.15

图 3　MS MARCO 排名情况：猿辅导位列第一

目前，对于幼儿口语评测的研究相对较少。同时，由于幼儿声道发音不完整、公开语料少难收集、需要家长伴读、幼儿跟读习惯差、环境噪声等问题，行业内未有成熟有效的口语评测技术。但猿辅导人工智能研究院专门对口语评测技术进行深入研究，最终可从以下多维度，对少儿口语能力进行评测，并利用评测结果，让少儿的学习过程实现自适应。

猿辅导在线教育人工智能研究院团队强大的研发能力，为斑马 AI 课奠定了强大的技术基础。斑马 AI 课结合使用计算机视觉、语音识别等多项 AI 技术实现精准、互动 AI 教学。目前，全国 2~8 岁学龄前儿童使用斑马 AI 课练习英语跟读，单月累计跟读次数超过 3 亿次，少儿语言行为大数据突破 30 亿次。

【应用效果】

以猿辅导在线教育旗下斑马 AI 课自适应学习系统的学习效果为例说明，斑马 AI 课 S2 级别的学员为 3~7 岁的学龄前儿童，处于英语初学者阶段。被测试者（以下简称被试）按照课程是否使用了自适应学习技术被分为实验组（自适应组）和对照组（非自适应组），每组各抽取了 1500 名学员，共 3000 人。根据学生第一单元测跟读题成绩将学生分为 3 个初始学习水平（以下简称初始水平）。两组被试参加了为期 3 个月的斑马 S3 英语课程学习。实验组课程中应用了自适应技术。通过对比学习前后不同学习技术和不同初始水平被试的两次跟读题得分发现，自适应技术对跟读发音准确性提升效果显著。相较于初始水平较高的被试，自适应技术对低水平被试的发音准确性提升效果更好。

在探索基于自适应学习的数感课程对儿童数感培养的有效性方面，一共 86 名 5~7 岁儿童被招募参与了为期四周的数感课程及数感能力的前测，最后共有 55 人完成了全部课程并完成了数感能力的后测。数感课程支持学习内容和路径的自适应。结果显示，课程结束之后儿童数感能力有所提升。为了检验自适应学习对不同数感能力的儿童的效果，在数据分析阶段将儿童分为高分组和低分组，发现低分组的儿童数感能力提升更为明显。结果说明支持学习内容和路径的自适应数感课程可以有效提升儿童数感能力，并对能力较弱的儿童有更好的效果。

将人工智能技术应用于英语课互动中，设置自动分组模式让每个学生都有英语练习的语伴，同时接入猿辅导在线教育独有的百亿级大数据库，对每组学生的练习，从发音、语音语调、词语使用等多维度进行评测。每个学生在练习完毕后，均会实时出现对本次练习的测评报告，学生可以即时了解学习情况，并对相应内容进行巩固加强。这样大规模的练习测评，既真正满足了科技赋能因材施教，还能继续反哺教研，有针对性地进行教学环节的改进。

【专家点评】

猿辅导在线教育以其时间早、产品多、受众广、领域宽等特征而成为目前国内网课规模最大的在线教育公司。它对人工智能技术在在线少儿教育领域的应用场景、应用形态和应用关键技术进行研究，重点针对少儿教育的个性化发展，推动自适应学习系统在少儿教育及维护儿童教育权利中的应用，倾力打造虚拟式教学法，着力运用多种人工智能技术手段研发自适应学习在线课程，塑造双师社群辅导模式，缔造强大的科研支撑，建构起了学习主体（用户）⟷学习客体（教材、课程）⟷教学支持体系（双师社群）⟷教学研发体系（人工智能）这样一套双向反哺，又能螺旋式上升的相对闭环系统，使少儿教学的公平性和儿童权利得到了相应的保障，运用大数据分析实践经验，猿辅导的教学成果在实践中得到检验，其在线教学质量有了大幅度的提升，并为下一轮产品的更新换代提供更多的数据依据和技术支持。猿辅导独创的分布式机器学习系统和分布式通信系统在国际上处于领先地位。希望在以后的产品研发推广过程中，猿辅导能够始终不忘初心，担当起"人工智能为儿童"的使命，使人工智能在线教育助力儿童教育资源配置更加公平公正，使公司和产品一直行走在正道上，得到更有益于学生、家庭、社会的发展！

6.2.5 思维课堂 AI 模型及优化教学质量应用

【报送单位】

广东快乐种子科技有限公司

【推荐单位】

广州互联网协会

【案例背景】

在新冠肺炎疫情的影响下，线下培训教育活动停摆，大量 K12 刚需涌向线上。2020 年互联网 K12 教育市场交易额为 873.8 亿元，预计 2021 年达到千亿元规模。虽然伴随着市场的膨胀和政策的利好使在线教育机构得以迅速发展，但各式教育机构课程质量却参差不齐，尤其是儿童受教育质量难以得到持续保证。如何使儿童在线上的课堂学习中积极思考和探索创造，交付让家长信赖、学生喜欢的高质量课程，促进儿童健康快乐成长成了在线教育大流之下的关键课题。

随着在线教育市场规模的扩大，每天有上万次的课堂在教学平台上产生；如果仅凭借人力检测课堂质量、调整教学策略和内容，其难度可想而知。如何通过智能大数据和人工智能建模对平台上全量老师和课堂质量进行有效的检测，保证积极正向的课程内容和价值观输出，如何通过大数据 AI 建模提升老师的教学能力、教学策略、教学内容等，让儿童获得更优质的课堂体验感及学习环境，以及如何提高儿童的学习兴趣和主动学习的能力等，这一系列课题的研究和解决变得十分紧迫。豌豆思维好课堂 AI 模型及其应用课题应运而生。

【技术方案】

1. 技术方案概述

豌豆思维好课堂 AI 模型的整体业务逻辑闭环如图 1 所示。在进行在线教学时，会通过教学策略设置预设一定的教学范式，由专业教研人员在教学目标指引下制作课件内容，再经由受过良好教学培训的专业思维老师对儿童进行传授。该模型通过大数据分析对老师的教学水平和质量进行检测以反向优化好课堂模型，提高教师教学水平引导并提升儿童学习的自主性和创造性，从而达到帮助幼小提高学习能力的目的，教学策略配置及豌豆思维数学 Demo 课事例如图 2、图 3 所示。

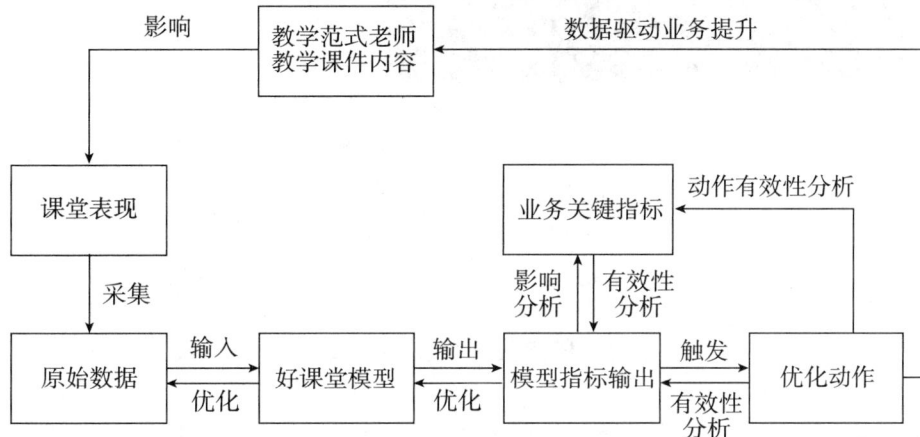

图 1　好课堂模型业务闭环逻辑

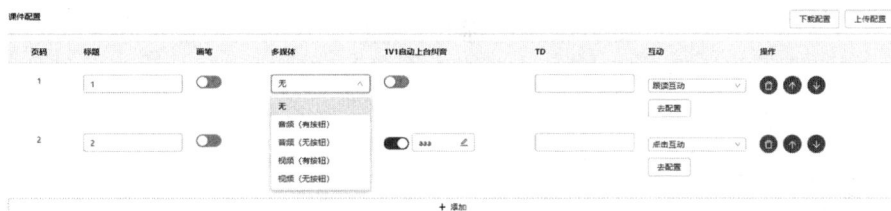

图 2　教学策略配置示例——课件配置

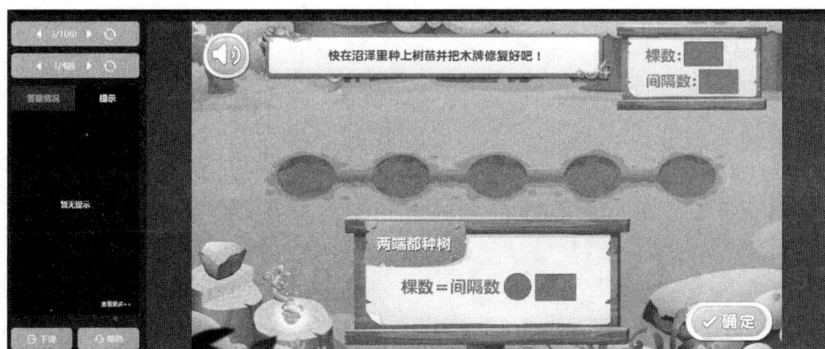

图 3　豌豆思维数学 Demo 课课件

豌豆思维利用自身在线教育的平台技术化优势，通过 AI 语音、动作识别、埋点数据、业务数据、人工录入数据等方式集中采集，获得老师在线授课中直接或间接体现出来的教学范式、课件内容、教师课堂表现等实时动态数据，模型数据采集——AI 识别如图 4 所示。

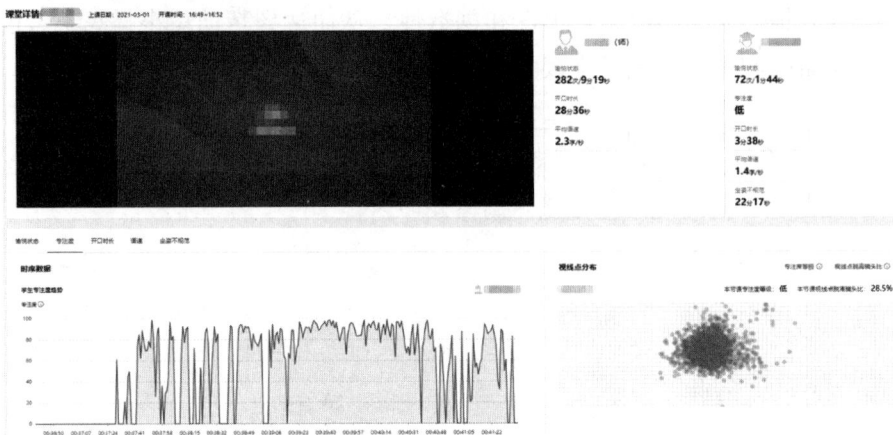

图4　模型数据采集—AI识别

好课堂模型打造过程中，豌豆思维先根据资深教研人员设立课堂维度评判指标作为模型预设输出指标，通过建模来找到课堂原始数据与课堂评判指标之间的关联，训练出好课堂AI模型进行多维度呈现。所有的模型输出指标与业务关键指标如家长满意度等建立动态关联，以验证模型指标的有效性，从而反向优化好课堂模型的建模方向，模型输出呈现如图5所示。

图5　模型输出呈现（概念图——实施中）

模型输出指标的优劣可以指导专业教学运营动作来最终优化教学范式、老师教学、课件内容。典型的优化动作有：

（1）调整教学策略配置如课件游戏环节，增加学生的注意力与兴奋度指标；

（2）提供老师针对性培训，降低老师上课触及课堂红线量；

（3）根据题目正确率与完成度，调整课件内容中过于高难度或低难度的内容。

通过上述好课堂 AI 模型应用业务逻辑，豌豆思维可打造数据驱动的业务优化闭环，达到数据的充分挖掘与应用，并持续引导教学活动，最终实现 AI 模型应用和保证平台教学质量的意义，提升了针对性管理和培训老师的效率、课堂的互动性以及儿童主动学习的积极性、创造性。

2. 技术保障

豌豆思维好课堂 AI 模型及应用考虑到了儿童学员数据的重要性和敏感性，目前该模型在中国境内应用，正在根据 GDPR 隐私政策和各类合规政策进行安全建设优化迭代，旨在未来能够让全球儿童受益。从客户端课件事件埋点和行为动作声音 AI 识别、教师端学生端业务数据收集，到大数据平台的数据清洗和业务关键数据指标驱动的人工智能建模，再到教学质量检测系统的预警和后续待办任务的触发，最后到检测、提升和驱动教学服务质量整个流程，好课堂模型能够在豌豆思维各个内部系统中形成完整的数据闭环。内部系统在端与端之间以加密数据传输，保障学员和老师数据的安全性与私密性。此外，豌豆思维的数据库采取云端异地备份的容灾存储策略，在某种程度上也保证了数据收集和模型运转的稳定性与可靠性。

3. 实施步骤

豌豆思维好课堂 AI 模型及应用项目采取分步试验验证，产品敏捷开发的思路进行，其主要实现过程可分为五步：搭建红线模型、模型数据收集、数据验证、好课堂 AI 模型训练、模型应用与优化。

第一步：搭建红线模型。

红线模型用于检测教学过程中触及红线的行为，红线行为将触发预警系统提醒相关人员执行纠正改善动作。红线模型应用可实现对低劣教学服务的全面检测与规范，提高整体教学质量与服务的下限。

第二步：原始数据收集。

实现对所有课堂相关的原始数据收集，跨系统跨端口的数据统一存储清洗。原始数据收集能够实现对所有课前、课中、课后相关的数据实现统一收集，为后续分析与建模打下基础。

第三步：数据验证。

针对收集的每个单一指标进行专家评估与分析，如每节课老师开口时长，分析其在哪个区间将会体现出最好的教学效果，从而总结单个参数对于最终指标的影响形式。数据验证可实现对全系统相关数据的沉淀，加深对所有数据参数的业务理解。

第四步：好课堂 AI 模型训练。

该环节进行以关键业务指标为驱动的好课堂模型训练。过程中可以将复杂繁多的原始数据转化为业务可以清晰评估的高价值评价性指标。

第五步：模型应用与优化。

以提升模型输出指标为目标，逐步调整优化教学范式、课件内容，同时培训提升老师能力。通过关键指标表现逐步训练优化模型。模型应用与优化可以持续以数据为驱动，实现教学内容与质量的全面持续提升。

当前豌豆思维的好课堂模型及应用已经初步完成了红线模型搭建，数据收集和验证，正在致力于搭建首个好课堂 AI 模型训练和应用，豌豆思维红线模型部分规则如图 6 所示。

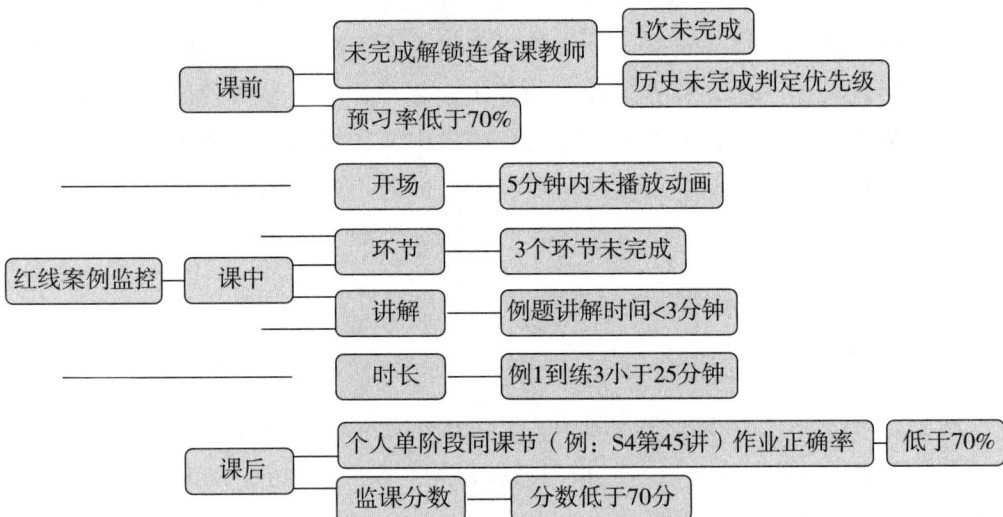

图 6 豌豆思维红线模型部分规则

⑥ 【应用效果】

1. 项目成效

从课题实施的应用表明，豌豆思维课堂红线模型的上线已大量避免了低效教学行为的发生，扫除了过往人工监课的盲点。该模型能够通过智能大数据和人工智能建模达到以下设定目标：有效检测全量课堂质量；整体优化教学策略和课件内容；提高儿童学习专注力和积极性。该模型具体应用效果如下：

（1）避免了低质量教学服务。

对于触及红线的教学行为，及时进行了纠正与完善。如课前备课未完成，及时触及上级主管进行检测动作。红线模型应用以来已经平均减少红线触发量 90 例/天，红线触发率下降超 60%。

（2）全量的自动化检测。

比之过往的人工监课和上级的人工监管检测，大数据模型监管检测没有盲点，能够实现对老师与课堂的全覆盖，数据较之其他方式监管检测也更加客观真实。当前已上线模型模块已经覆盖 20 万节课/月，不具备模型检测能力时人工监课只约为1.1 万节课/月，其间增加监课覆盖率 1800%。

（3）模型应用提升整体教学质量。

好课堂 AI 模型训练完成后，豌豆思维的所有教学策略配置、课件内容、老师教学能力都会被纳入模型考察范围，以数据驱动所有课件与直播间工具和环节的标准化配置，课件内容优化和老师能力的培训。当前豌豆思维共有近万份课件，数以百计的课堂环节类型和工具，以及超万名老师。虽然目前模型还在打造阶段，但是可以预见的是这些在线教学最重要的资产在接入好课堂模型后，所有的在线教育儿童学员都将成为好课堂模型驱动下教学质量提升的最大获益者。

2. 项目影响与前瞻

随着在线教育市场规模的扩大，线上教师和儿童学员的数量不断增加，全方位的课程质量检测和提升依然是整个行业持续面临的挑战。为最大限度地降低儿童课堂偶发性教学内容或教学能力的风险因素，豌豆思维率先推出好课堂模型的课题研究，在行业内将具有标杆性的影响意义。与豌豆思维教学模式相似的公司都可以应用相同的数据驱动逻辑打造一个自己的"好课堂模型和应用"，从而使教学质量得以提升，让更多儿童受益于优质标准化的好课堂。

豌豆思维在教育公平道路上关注边缘化儿童群体，积极保护每个儿童平等受教育权。豌豆思维向内蒙古牧区学校提供了全年的课程及配套教具，把教育公平落到实处，助力孩子们实现快乐学习的梦想。从长远来看，豌豆思维的好课堂模型及应用未来也可以考虑将模型从业务中解耦出来，开放给所有在线教育行业同僚使用，标准化的好课堂模型建设可以有效降低教学策略配置和课件打造的成本。更低的教学成本意味着更多低收入家庭的儿童拥有与发达地区和城市儿童共享优质教育资源的机会。因此，豌豆思维将好课堂 AI 模型及其应用课题作为公司战略级项目倾力打造，希望能为全球儿童带来优质多元教育贡献自己的力量。

【专家点评】

自 2020 年以来，在新冠肺炎疫情的影响下，各类线下培训教育活动停摆，大量线上教育类 App 涌现出来，特别是学前幼儿教育类 App 最为众多，虽然伴随着市场的膨胀和政策的利好，在线教育机构迅速发展，但各式教育机构课程质量却参差不齐，尤其是针对儿童在线教育的质量难以得到持续保证。

本案例中，公司通过语音识别、动作识别、埋点数据、业务数据、人工录入数据等方式集中采集，获得老师在线授课中的教学范式、课件内容、教师课堂表现等实时动态数据，并设立课堂维度评判指标作为模型预设输出指标，所有的模型输出指标与业务关键指标如家长满意度等建立动态关联，以验证模型指标的有效性，从而反向优化好课堂模型的建模方向，获得了良好的效果。但是如何使儿童在线上的课堂学习中积极思考和探索创造，促进儿童健康快乐成长，仍然是在线教育大流之下的关键课题。

6.3 儿童安全

6.3.1 人工智能寻人技术及应用

【报送单位】

百度在线网络技术有限公司

【案例背景】

百度作为一家以技术见长的科技公司，为贯彻"科技为更好"的社会责任理念，百度自 2016 年起，分别与民政部、宝贝回家志愿者协会（以下简称"宝贝回家"）等机构合作，通过搜索和人脸识别技术，帮助解决最为复杂的社会问题之一——走失与寻亲。在走失人员中，寻找儿童的难度是最大的。很多孩子在走失的时候只有几岁，失踪多年后，容貌发生了变化，这给寻亲带来了很大的困难。

百度"AI 寻人"项目利用深度学习技术进行人脸特征的提取，通过度量学习的方法，在大规模人脸数据训练模型基础上，与走失儿童数据库中的照片进行实时对比，使用跨年龄数据进行针对性优化，即使儿童走失多年，在跨年龄人脸识别技术的帮助下也有机会实现家庭重聚。

作为一家全球顶级高科技公司，创始人李彦宏先生在全国率先提出 AI 伦理原则，2018 年 5 月 26 日，他在贵阳大数据博览会上指出，所有的 AI 产品、技术都要有大家共同遵循的理念和规则：第一，AI 的最高原则是安全可控；第二，AI 的创新愿景是促进人类更加平等地拥有获得技术的能力；第三，AI 存在的价值是教人学习，让人成长，而不是取代人、超越人。

因此，百度 AI 寻人项目在保护儿童领域的应用中，一直秉持着正确的 AI 伦理观，符合联合国儿童基金会《人工智能为儿童——政策指南》九项儿童权利主张中的："确保儿童的数据和隐私""确保包容多样性和儿童参与""确保儿童的安全""具备透明度、可解释性和问责制度"等内容。

不仅如此，百度亦是联合国《儿童权利公约》和联合国可持续发展目标的坚定的拥护者。百度 AI 寻人项目贯彻《儿童权利公约》第七项第 1 条、第八项第 2 条：（第七项第 1 条）儿童出生后应立即登记，并有自出生起获得姓名的权利，有获得国籍的权利，以及尽可能知道谁是其父母并受其父母照料的权利；（第八项第 2 条）如有儿童被非法剥夺其身份方面的部分或全部要素，缔约国应提供适当协助和保护，以便迅速重新确立其身份。此外，百度 AI 寻人项目也契合了联合国可持续发展目标第 16.2 条的相关主张：制止对儿童进行虐待、剥削、贩卖以及一切形式的暴力和酷刑。

【解决方案】

每一年世界上都有大量人口因为疾病、拐卖等原因与家庭失散，根据宝贝回家的数据显示，截至 2020 年 3 月，宝贝回家网站共发布了 49533 条"家寻宝贝"信息，由此可以看出社会上仍有大量儿童与父母分离。打拐、帮助走失儿童回家成为社会迫切希望解决的热点问题，面对这一社会需求，百度作为一家人工智能企业，一直尝试用科技解决社会问题，用 AI 赋能社会，让社会各界都能享受科技带来的红利。

"百度 AI 寻人"项目是 2016 年底百度推出的一项 AI 公益服务。2017 年 3 月通过与民政部、宝贝回家等专业机构合作，探索用人工智能技术帮助找到走失或被拐儿童回家。整体系统架构如图 1 所示。

2017 年，百度与民政部的全国救助寻亲网合作，推出基于人脸识别技术的 AI 寻人平台。首批接入全国救助站内 3 万多条走失人员数据，实现家属上传走失人员照片后即可一键对比库内所有照片，系统自动给出相似度最高的十个结果。此外，

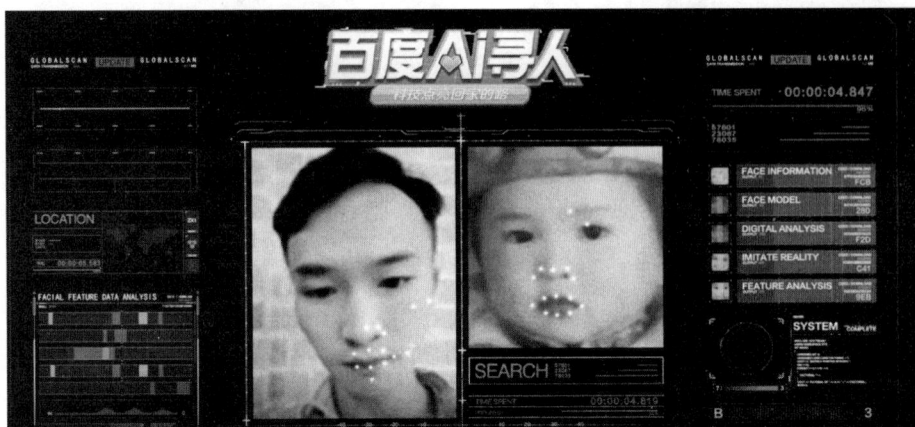

图 1　整体系统架构

宝贝回家志愿者协会作为在民政部门正式注册过的民间志愿者组织，其下的宝贝回家寻子网站在中国寻亲领域有较大的影响力。宝贝回家在志愿者团队的组建与培训、与各地方政府和公安机关协调配合等方面，做了长期细致扎实的工作，但是在技术层面，特别是"人脸识别比对"等人工智能的应用上，宝贝回家非常需要外部技术公司的支持。宝贝回家平台上有两个照片库：走失孩子寻找父母的"宝贝寻家"和父母寻找孩子的"家寻宝贝"，因此如何将两个数据库中的照片进行匹配，找出相似的照片，是至关重要的一环。之前，这两个照片库的筛选对比，主要靠志愿者的人工力量来完成，费时费力，而且人眼非常容易产生纰漏，再者最为关键的便是跨年龄段的人脸比对工作，如何用技术解决这一问题，成为百度发力的关键。系统首页界面如图 2 所示。

图 2　首页界面

　　为了快速帮助宝贝回家实现走失儿童信息的集中管理，汇集所有线索，百度应用跨年龄段人脸比对技术，寻找高度疑似案例，并交给志愿者团队进行实地调查与追踪。这个过程看似简单，背后却需要从算法到筛选、标注等各项技术支持。开展合作后，百度 IDL（深度学习实验室）、AIP（AI 平台部）、AIQA（AI 测试部）、众测（平台测试部）等多个部门的十几位技术骨干成立了"AI 寻人"虚拟团队，同时为了确保跨年龄段人脸比对技术的准确性，百度通过动员所有的百度员工贡献自己小时候的照片，以此来不断训练相关模型，确保识别技术的稳定性。

不仅如此，随着手机网民比例的逐年上升，2019 年初，"AI 寻人智能小程序"上线，用户只需在百度 App 上搜索"寻人"或"百度寻人"，简单上传一张照片，就能与民政部全国救助寻亲网及宝贝回家等平台的数万条走失人口数据进行一键比对。同时，小程序增加了寻亲登记模块，有寻人需求的用户在登记后，信息可实时推送到寻人服务机构后台，从而大大提升了实时寻亲的效率。

百度"AI 寻人"小程序自上线以来，通过"搜索+信息流"的双重加持，智能小程序即搜即得、无须下载的特性，更方便触达有需求的人群。2020 年 9 月，百度将小程序进一步升级，增加了信息推送和网友助力两大功能，帮助更多有潜在需求的用户了解和获取寻找丢失被拐卖儿童的服务。"AI 寻人"小程序示意图如图 3 所示。

基于 2 亿张图片的训练样本数据，百度人脸识别准确率已达到 99.7%。在一些特殊的场景中，人脸识别技术已成为寻亲过程中不可替代的重要工具。

图 3　百度"AI 寻人"小程序示意图

6【特色成果】

2017年3月，百度AI寻人首个成功案例诞生，4岁被拐的付贵（原籍重庆后被拐到福建），跨越了时间和空间的阻隔，通过百度的跨年龄段人脸识别技术成功找到了家人。

1990年的一个早上，付贵的姑姑付光友送付贵到镇上的幼儿园上学。往常，下午四点放学后，付贵会自己回家。万万没想到，这一天，付贵被拐卖了。2016年11月，付光友的女儿领着付贵的父亲付光发，带着身份证和付贵的照片，在宝贝回家网站上做了"家寻宝贝"的登记。他们不知道，早在2009年，已经长大成人的付贵也在寻找亲人，也在宝贝回家网站上登记了"宝贝寻家"的信息。只不过，在家人登记的信息里，付贵出生于1984年11月16日，丢失日期为1990年10月16日，失踪地点位于重庆市石柱县大歇乡。在付贵登记信息中，姓名一栏为"胡奎"，出生日期为1986年4月22日，失踪日期为1991年1月1日，失踪地点位于福建。现在对比这两份档案，出生日期差了一年半，丢失时间差了两个多月，丢失地点更是相距一千七百公里。同时由于付贵早已长大，将27年前的照片与27年后的照片进行识别匹配，是一项仅靠人工几乎无法完成的任务。好在有了人工智能。宝贝回家在百度AI寻人团队帮助下，精准地识别出了付贵的信息，随后，在福建和重庆，付贵及双亲的DNA正式入库做比对，匹配成功！27年的寻找之旅在技术的帮助下用了不到2个月。

随后，大量被拐卖、走失儿童寻亲成功案例不断涌现。依靠传统寻人方式难以实现寻亲的当事人，陆续在技术的帮助下再次与家人实现了团聚。

截至2021年3月1日，百度AI寻人平台共计收到用户上传照片42万余张，寻亲成功数量达到12000多人次。项目的成功证明了技术可以让社会更有温度，可以让更多人享受到技术发展带来的福祉，进一步践行了科技向善的理念，用人工智能切实保护儿童权益，呵护儿童成长，守护千万个普通家庭的幸福，真正响应人工智能为儿童的全球主张。

"百度AI寻人"采用行业领先的人脸识别技术，接入民政部、宝贝回家、反邪教网等权威数据，帮助走失人员、寻亲者和公益机构、志愿者寻亲。求助者无须注册或登记，只需在网站首页上传走失亲人的照片，即可与民政部登记的走失人口信息进行快速比对，得出系统对比之后的结果。除人脸识别外，平台也设置了查询功能，救助者可针对"姓名、性别、年龄、区域、救助站"等信息进行相应的筛选。百度"AI寻人"升级增加智能小程序服务和精准用户推送，将大大提升寻亲的效率和成功率，缩短离散家庭的重聚时间。

【专家点评】

我国疆域广阔，人口众多，国内走失儿童是一个相当严重的社会问题，特别是相当一部分走失儿童与拐卖、收买儿童的犯罪行为相关，造成了一幕幕令人痛心的亲人离散悲剧。这个案例是关于人工智能的寻亲技术及应用。百度公司通过与民政部、宝贝回家志愿者协会等机构合作，利用人脸识别技术，帮助解决走失儿童的寻亲问题。人工智能技术在当中发挥关键作用的环节是"宝贝寻家"和"家寻宝贝"两张照片数据库的筛选配对工作。从付贵的事例可以看出，人工智能有效提升了照片库筛选配对工作，从而帮助付贵与亲生父母团聚。案例中给出的平台寻亲成功数量达12000多人次（截至2021年3月），也展示了人工智能技术为走失儿童的寻亲做出了显著贡献。建议可以用应用人工智能技术之前和之后两个阶段的年度寻亲成功数量的变化，说明人工智能大大提升了照片的筛选配对，更好地展示人工智能技术在这个领域发挥的社会效益。此外，由于平台用户使用平台服务要上传个人照片和信息，可考虑进一步说明平台为用户提供的隐私保护措施。

6.3.2　智慧幼儿园健康管理和安全巡检解决方案

【报送单位】

广州视睿电子科技有限公司

【推荐单位】

中网联在线教育专业委员会

【案例背景】

近年来，人工智能技术的进步从根本上改变了人们的生活、工作和学习方式，引领新一轮科技革命和产业变革的战略性技术，也是教育革命的重要驱动力量。而面向幼小年龄段，实现新技术与教育信息化模式的有效创新，才能真正推动教育水平的提升，做到特色办园，智慧管理提效，让管理变得简单化、规范化、智能化，助力提升幼儿园管理效率，为幼儿园老师减负，全方位提升幼儿园保教水平。

在幼儿园整个信息化上，健康和安全巡检管理成为管理工作当中的重中之重。

首先安全管理方面，目前幼儿园主要存在以下问题：

1. 缺乏好的安全管理体系，管理效率低下

（1）幼儿园需要进行安全管理的区域及设施非常多，管理难度大，传统的管理方式完全依赖于人工操作，什么时间做什么，需要怎么做，缺乏体系流程链接；

（2）问题从发现，处理到解决，链条长；

（3）管理人员安全意识，专业素质参差不齐，往往由后勤园长或者主任兼任，精力无法完全覆盖，难以有效地监管好各区域安全工作执行情况，管理容易停留在口号上。

2. 缺乏统计分析，管理过程"不直观"，无法针对性地改善预防

（1）幼儿园安全管理工作主要是纸质登记，无法系统地看到全园的安全管理情况；

（2）缺乏针对管理结果及数据进行分析，无法进行针对性的改善及预防；

（3）检查结果无法实时确认，依赖于人工反馈，管理过程不直观。

而健康管理方面，如图1所示，幼儿园疾病预防是核心环节，如何及时发现存在的健康隐患对幼儿园管理者要求很高，日常老师健康数据的采集工作量巨大，在出现疾病时幼儿园开展家长的健康指导缺乏专业内容体系的支持。

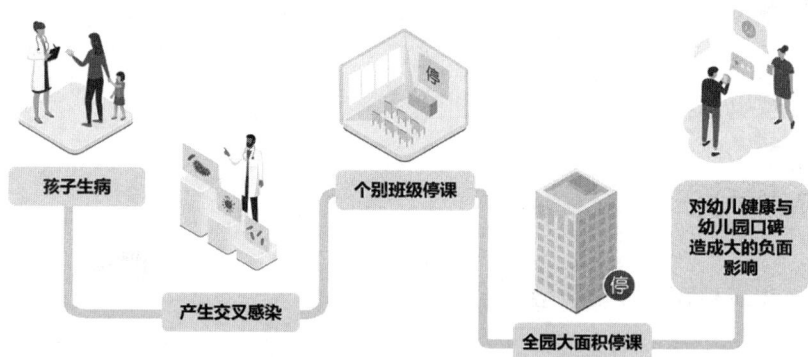

图1 幼儿园健康隐患

同时教育部对幼儿园管理工作也有要求：幼儿园应当建立幼儿健康检查制度和幼儿健康卡或档案。幼儿园对幼儿健康发展状况定期进行分析、评价，及时向家长反馈结果；幼儿园应当关注幼儿心理健康，注重满足幼儿的发展需要，保持幼儿积极的情绪状态，让幼儿感到尊重和接纳；幼儿园应当建立卫生消毒、晨检、午检制度和病儿隔离制度，配合卫生部门做好计划免疫工作。幼儿园应当建立传染病预防和管理制度，制定突发传染病应急预案，认真做好疾病防控工作。

【相关成果及做法介绍】

1. 智慧幼儿园健康管理方案

幼儿园智能健康管理平台，按照卫生部和教育部印发的《托儿所幼儿园卫生保健工作规范》和《幼儿园工作规程》的要求构建，并得到了国内最有影响力的健康科普机构《家庭医生》的儿科医生专家团队的全程专业指导。帮助幼儿园构建"预防、跟踪、指导"三位一体的健康管理体系，填补了国内在本领域的空白。

保障幼儿健康是幼儿园保育的核心工作。按照卫生部和教育部印发的《托儿所幼儿园卫生保健工作规范》和《幼儿园工作规程》的要求构建"预防、跟踪、指导"三位一体的智能健康管理体系，如图 2 和图 3 所示，具有以下几个显著的特点。

图 2 智慧健康管理方案

图 3 智能健康管理体系特点

（1）基于专业智能设备，提升健康数据采集效率。

如图4所示，通过专业定制的健康检查专用设备，智能晨检终端、智能体检仪等，并配合温差补偿算法以及物联网等技术，解决园所健康数据采集工作量大，数据记录不完整的问题，为园所健康风险防控提供第一手分析数据。

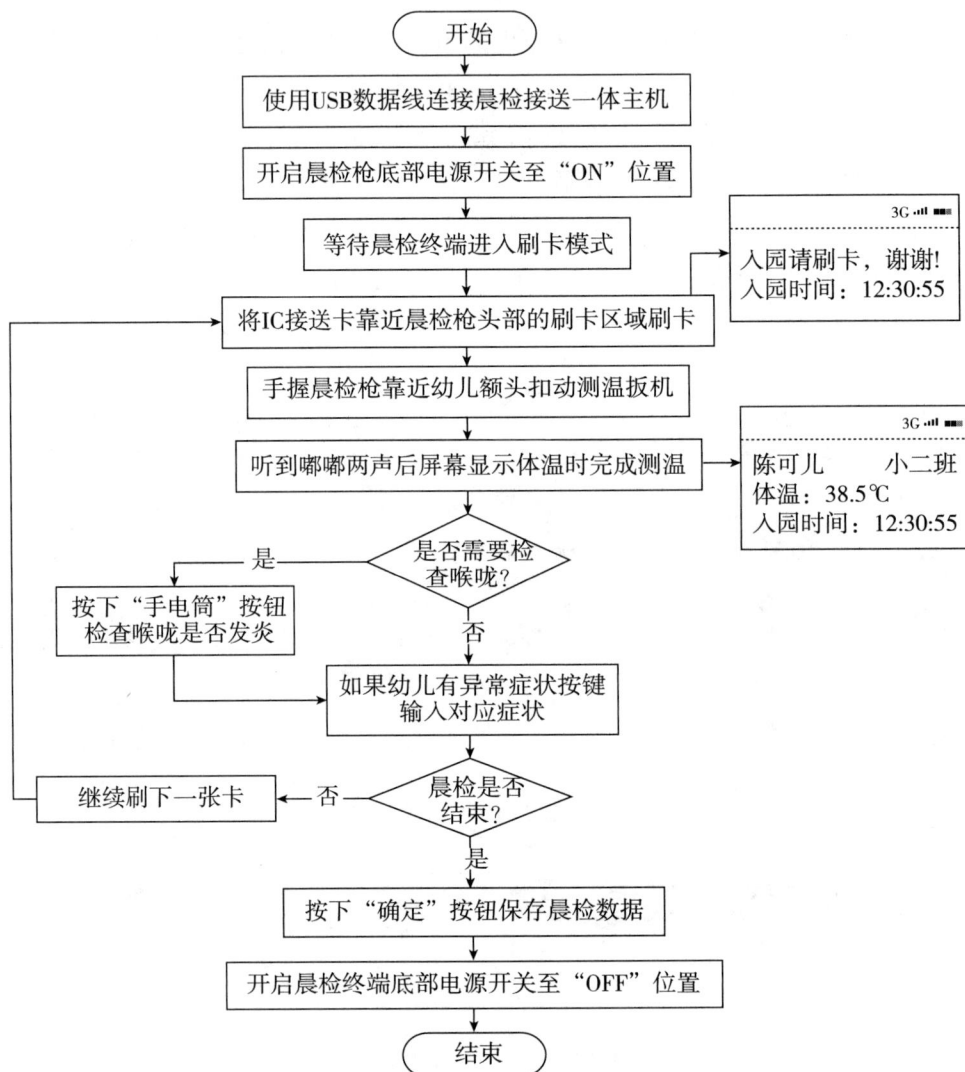

图4 健康检查专用设备流程

无线多功能手持晨检枪结合幼儿园"一摸、二看、三问、四查"的晨检流程量身定制，可以帮助幼儿园提升晨检流程的规范性。同时支持校车晨检，灵活适应不同场景的使用要求。

（2）提供流行疾病防控与追踪体系。

每年手足口、病毒性咽峡炎、诺如病毒等传染流行病高发季节。如图5所示，幼儿园可以很方便地启动预防应急预案，并通过智能督导体系以及病假跟踪等多种方式随时监控和掌握执行情况，从而大大降低了因为细小环节疏忽导致传染病源园内扩善的风险。

图 5　应急预防预案

（3）构建专业的个性化健康指导模型。

个性化健康指导模型根据幼儿的年龄、季节特点、请假病症以及晨检结果等多个维度来确定提供的具体指导内容，并及时推送给家长。

（4）为每个孩子建立电子健康档案，实现孩子健康的动态跟踪。

如图 6 所示，通过记录孩子的过敏史、疾病史数据，以及孩子的体检数据及生长发育指标、请病假记录等，从多个维度建立孩子的电子健康档案，方便老师和家长随时了解孩子的健康状况并进行针对性的健康护理。

- 晨检、午检记录

- 成长指标（身高、体重）

- 过敏史

- 疾病史

- 疫苗接种史

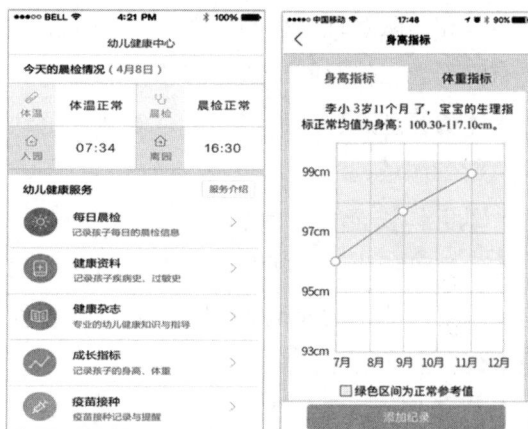

图 6　电子健康档案

（5）智能展示大屏，健康管理的工作变得直观。

如图 7 所示，通过智能大数据分析，利用丰富的图表形式，多维度展示幼儿园健康工作运行情况，方便幼儿园随时查看每日及每月的数据，比如每日晨检情况、幼儿身体发育情况、幼儿变应原分布情况以及常见病发病情况等重要的幼儿园健康相关数据，帮助幼儿园及时发现存在的健康隐患，同时对于广大的家长来说，也可以让健康管理工作更具透明化和直观感。

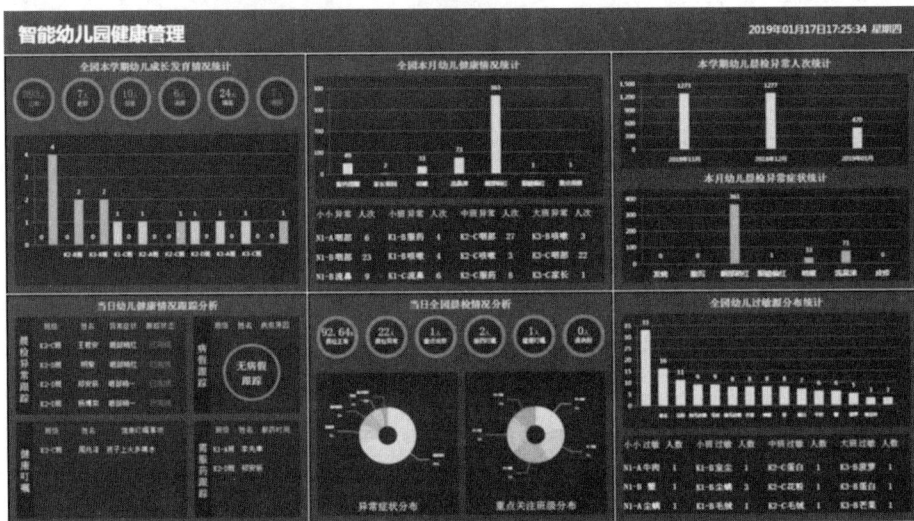

图 7　智能展示大屏

2. 智慧幼儿园安全巡检方案

如何为幼儿创造健康安全的成长环境，是每一位幼儿园园长，老师和家长关切的重要问题。希沃智慧幼儿园安全巡检管理解决方案，通过构建教学、卫生、环境、安全、服务和团队管理为核心的六大管理安全体系框架，并按照有具体的量化工作内容、有明确的工作时间节点、有相应的责任负责人和有完善的晋级考核标准的原则构建具体的管理点，从而能够更有效地规范幼儿园的管理，同时减轻管理团队和老师的执行工作量。

（1）幼儿园安全管理体系框架。

工作内容可量化、时间节点和责任归属明确、有完善的晋级考核标准是一个优秀的幼儿园管理体系的典型标志，也是提升管理水平和效率的前提。幼儿园安全管理体系框架如图 8 所示。

（2）安全巡检 App。

如图 9 所示，根据幼儿园实际需要设置的管理体系和详细管理点及标准；通过

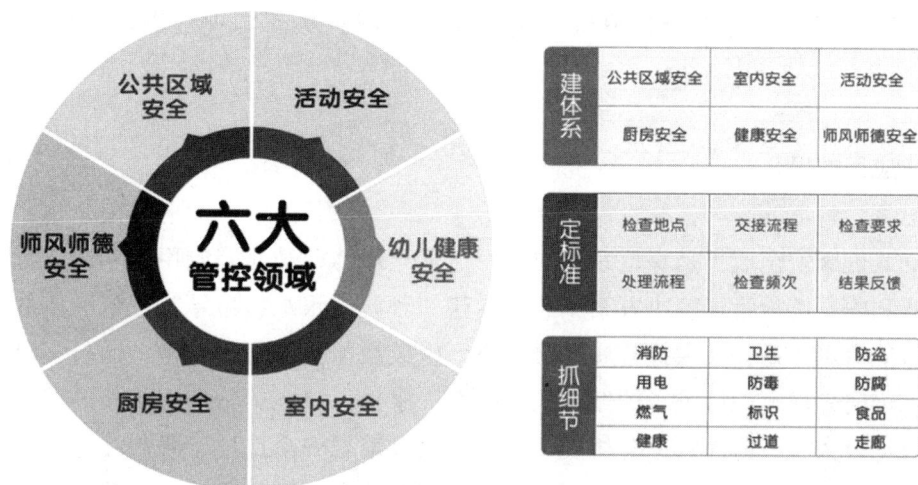

图 8　幼儿园安全管理体系框架

设置巡检线路图、自动提醒、便捷记录等手段，减轻巡检跟进工作量，保障管理体系各检查点的有效执行无遗漏，并及时处理发现的潜在安全隐患。

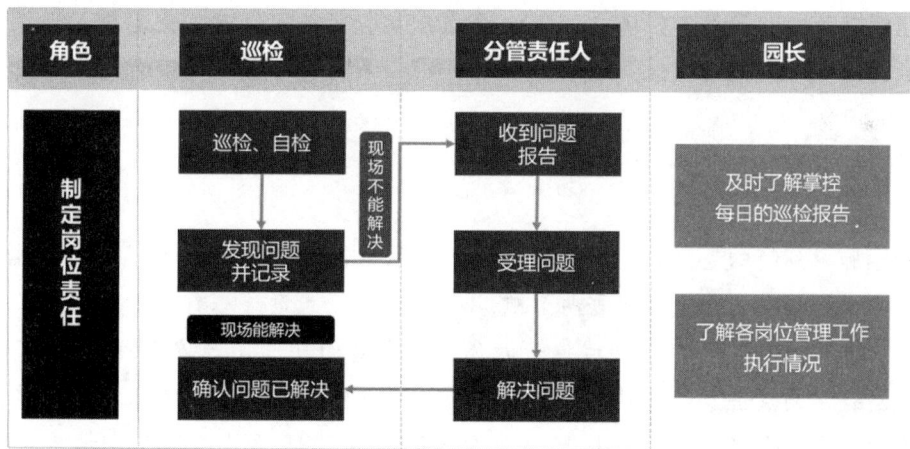

图 9　巡检管理工作流程

（3）巡检数据展示软件和智能展示大屏。

通过智能展示大屏，实时展示幼儿园安全巡检各检查点的检查情况，以及每月巡检情况的汇总分析数据，方便幼儿园管理者随时掌握每日的安全巡检进度，同时相关负责老师乃至家长也可以很清晰地了解幼儿园安全巡检的执行情况。

（4）接送安全管理。

引进智能闸机通道设备，实现人员的凭卡出入控制，进一步提升幼儿园的安全管控级别。同时，实现刷卡考勤的联动，包括自动登记考勤记录，提供自动入离园提醒，还配套提供班级点名等系列功能，从而实现接送考勤的一体化管理。

【应用效果】

幼儿健康安全成长是每位家长的期盼，东莞森林湖幼儿园应用了希沃智慧幼儿园健康和安全巡检管理解决方案，通过构建"预防、跟踪、指导"三位一体的卫生保健智能管理体系，大大提升晨午检效率，生成晨检数据报告，帮助园长实时了解情况；同时生成每一位孩子的健康成长档案，家长了解孩子每一天成长情况及成长过程，结合人工智能大数据分析展示。同时通过部署安全巡检管理解决方案，吸取了众多的优秀幼儿园的管理经验，内置一套完整的常规则管理工作规范与指导建议库，构建个性化管理体系和流程，那些检查点需要巡检，什么时间做什么，谁负责，怎么做，都可以通过手机进行实时的提醒和反馈，后续的跟进，园长也能通过巡检监控大屏随时了解各项工作的执行情况，分析整个工作效率和存在隐患，让安全巡检有序可依、有据可寻。整体大大降低对管理者的超高要求，确保各环节执行到位，并快速建立园所的管理考核体系，以比较低的成本实现信息统一化管理，得到了老师和家长的认可，提升了保育水平。

【专家点评】

新冠肺炎疫情的蔓延极大地提升了人们的卫生健康意识。近年来个别幼儿园恶性案件的发生，在社会造成了恶劣影响。学龄前少年儿童这一群体的健康和安全决定了千千万万个家庭的幸福。后疫情时代，人们对幼儿健康与安全问题越发关注。随着信息技术的发展，幼儿健康管理、安全管理的信息化水平得到较大提升成为可能。本案例介绍了"智慧幼儿园健康管理方案"和"智慧幼儿园安全巡检方案"，并且以应用这两套方案的东莞森林湖幼儿园为例，介绍了应用效果。这增进了读者对广州视睿电子科技有限公司产品（及解决方案）的了解，包括其设计理念、系统模型、功能实现等。一般来说，通用人工智能包含六大领域：计算机视觉、自然语言处理、认知推理、机器学习、机器人、多智能体学习。本案例主要说明了信息系统的部署和应用如何服务于幼儿园场景下幼儿健康和安全管理，而对具体人工智能技术的采用及其采用效果着墨不多，因此在这个方面可以进一步补充介绍。

6.3.3　智能安全应用服务平台助力校园安全管理

【报送单位】

长益华态（天津）科技有限公司

【案例背景】

近年来随着网络传播速度的加快，我们经常可以看到校园安全这类触目惊心的新闻。校园安全问题也成为社会各界愈加关注的热点问题。

根据 2020 年 12 月 10 日，教育部召开的发布会，介绍"十三五"以来基础教育改革发展有关情况。教育部基础教育司司长吕玉刚表示，当前全国共有中小学（幼儿园）51 万所，在校（园）生 2.26 亿人。每到放学时间，大量学生家长们驾驶各类交通工具，早早等在学校门口，同时也有各种培训机构业务人员、闲散人员混迹其中，现场秩序非常混乱，是校园安全风险最为突出的时刻。同时幼儿园、小学学生普遍年龄偏低，缺乏辨别能力，因此学生被错接、漏接甚至不法分子将其拐带的隐患始终存在，所以如何有效保障校园师生人身安全是事关众多家庭幸福和社会稳定的大事。

同时，面对 2020 年新冠肺炎疫情的侵袭，教育部要求各地各校在当地党委和政府领导下，在卫生健康部门指导下，根据教育部下发的《冠状病毒肺炎防控新型指南》要求和操作规程，严格检测所有校园出入人员的健康状况，并对出入人员进行信息留存和上报。因此，如何高效快速检测所有校园出入人员的健康状况也是大多数学校面临的问题。

【技术方案】

1. 技术方案概述

本方案采用边（智能设备）、端（终端应用）、云（云端服务）一体化设计，智能设备提供移动式人脸认证终端、通道式人脸认证终端和壁挂式人脸认证终端 3 种产品形态，可以选配测温、一键告警等扩展功能模块，支持与合作伙伴安防监控、行为识别及可穿戴系统进行集成，智能设备提供更多的感知手段、更强的适应能力、更快的交付速度和更低的运维成本。

终端应用提供面向最终用户的轻量化应用入口，无需下载，自动更新，应用平台提供面向用户的轻量化终端应用，包括人员出入管理应用系统、幼儿安全接送应用系统，应用预置学校管理人员、主课教师、助课教师、安保教师、保健教师、财务教师、家长、学生、访客等角色身份，支持接入微信及第三方 App。

云端服务包含基础应用服务和数据分析服务，基础应用服务基于微服务架构提供企业级统一数据平台，为用户综合提供多场景、多应用、多租户、多设备、多入口的服务体验，平台核心系统服务，由终端设备管理系统和业务应用管理系统两个部分组成，实现计算、存储、网络及安全等基础资源整合与调度，提供适配智能设备、支撑终端应用和构建数据服务所需的数据隔离、权限验证、消息传递、应用集成、身份认证、行为分析、特征画像和容灾备份等基础能力。

数据分析平台提供基于人员出入和健康监测实时数据的态势分析服务，包括面向中小学、幼儿园及校外培训机构的校园数据分析服务系统，面向区域教育主管部门的校园安全监管服务系统和面向公安部门的校园人员比对服务系统，为学校及政府监管部门提供实时、准确和全面的数据服务和惠民应用服务。

2. 关键技术

长益华态（天津）科技有限公司自主研发并运营的灵鸽校园智能安全应用服务平台，以"孩子安全、家长放心、老师安心"为宗旨，实现幼儿园、中小学和校外培训机构等重点场所的人员安全风险和公共卫生安全风险的无感化精准管控，有效规范在校学生、接送家长、教职人员、临时人员和外来访客出入秩序，切实强化校内人员健康监测、信息摸排和风险跟踪防控能力。

（1）移动式人脸识别设备。

灵鸽校园智能安全应用服务平台利用软硬一体化的身份认证终端，采用可靠、准确、便捷的人脸识别技术，如图 1 所示，实现对在校学生、教职人员、外来访客、学生家长和临时人员的身份验证。

图 1　移动式人脸识别终端和设备室外部署

智能终端自带供电系统和网络系统，具备一般防水能力，可在室内室外同时使用，能够按照学校自身的场地特点自由摆放。设备识别速度可以达到40人次/分钟，识别准确率高达99.99%，并且支持口罩检测和戴口罩识别。

智能终端支持选配体温检测模块，模块采用远红外体温检测技术，对识别人员进行体温检测，并且具备超温告警。

（2）学生考勤+测温管理。

灵鸽校园智能安全应用服务平台采用人脸识别的方式对学生进行身份认证，认证同时对学生进行体温检测。学生的认证信息和体温情况会直接发送到老师和家长的手机上，方便老师和家长双向确认学生的到校信息，避免出现校车遗忘、学生逃学造成的安全事故。同时提供如图2所示的学生考勤系统。

图2 学生考勤功能

（3）教职人员出入管控。

学校在职人员存在时常变动的情况，如图3所示，应用灵鸽校园智能安全应用服务平台，园长可以在小程序上随时对入离职的老师进行权限管控。

入校时，所有人员必须经过人脸识别验证并测温，只有验证成功的人员才可以入校，避免因人员变动导致已离职人员贸然入校，认证同时也可以记录老师的考勤情况。

（4）外来访客管理。

外来访客入校需首先完成实名认证，并完善个人信息，选择拜访对象，待安保人员确认后，访客借助人脸识别终端完成身份验证并测温，离开时借助人脸识别终端完成签离，整个访问过程全部在线处理，有迹可循，来访人员与被拜访人信息一目了然，并且访客数据长期保留，可以按月下载报表，方便留存查证。

（5）接送家长管理。

对于接送学生的家长，学生的主家长是唯一可以决定将哪些人添加入系统的，

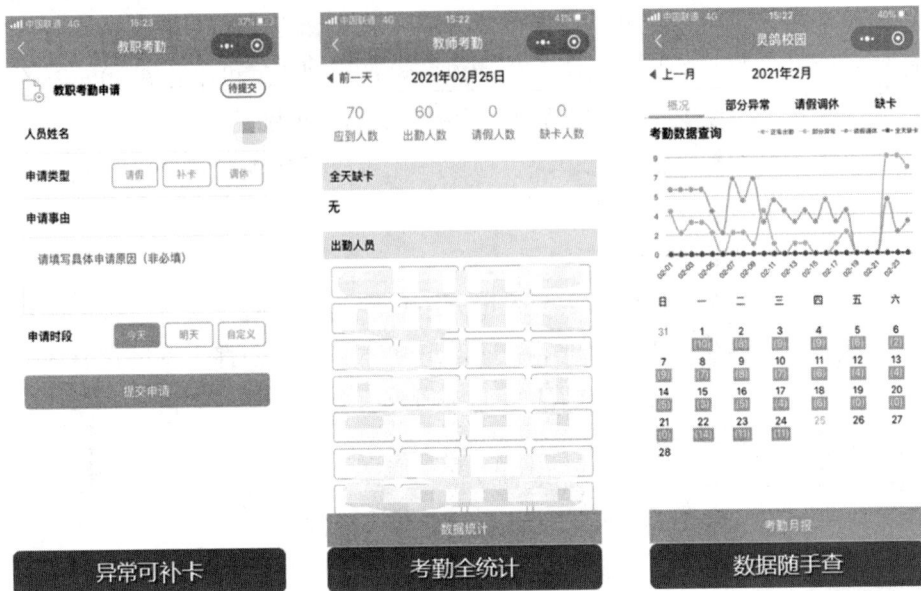

图 3 教职人员功能

只有被添加至系统的人员才能认证成功并接走学生。学生家长入校需要刷脸，接送家长验证成功后，抓拍照片会直接推送至老师和家长处，方便老师和家长及时掌握学生接送情况。验证不成功的家长，安保人员可以及时进行重点关注。保证校园缓冲区内学生的安全。

同时家长不方便接送孩子时，能够自行设置委托接送人员，并且委托事项具备有效时限，时限过期后系统自动删除其人脸识别权限。

如图4所示，平台可以为家长提供学生全部的接送记录，家长能查看自己孩子每日的接送记录，接送记录可以展示接送人、接送时间和人脸识别抓拍照。

图 4 学生接送功能

（6）临时人员管理。

临时人员出入校园，校内工作人员作为负责人，具备本区域人员通行管理权限，临时人员注册时需进行实名认证，实名认证后的临时人员才可以被负责人添加，临时人员入校时，负责人会收到消息通知。临时人员所有出入记录可以在线留存，可以按时查找。

（7）数据分析与监管平台。

学生接送情况，班级考勤情况可以完全实时展示在学校大屏上，并且可以定制语音播报功能。如图 5 所示，所有数据按照教育局要求可以定制全区监控平台。

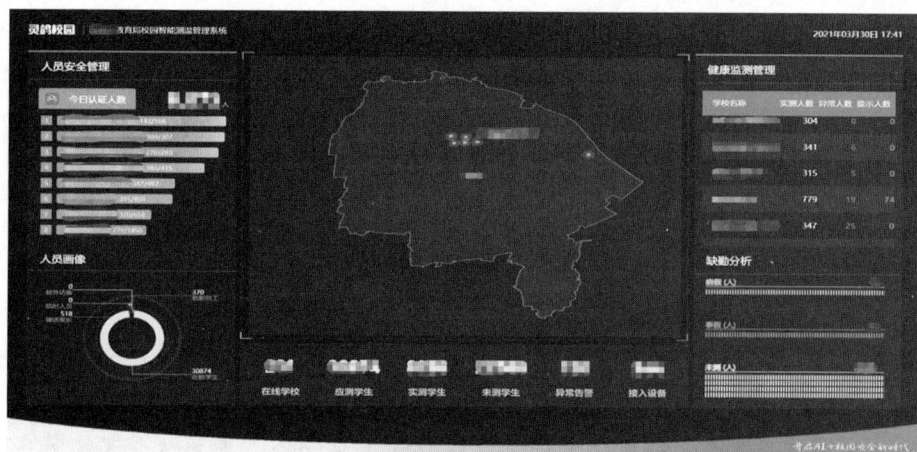

图 5　区级展示平台

【系统特点】

长益华态（天津）科技有限公司具备完全自主知识产权的身份认证智能设备，根据未成年人面部特征进行算法优化，具备识别准确率高、通行速度快、室外环境适应能力强、易于快速部署等特点，可以准确、高效、经济地支持幼儿园完成孩子到校晨检和家长接送认证，帮助中小学实现师生进入学校身份核验与体温检测。

配套的终端应用能够协助老师进一步落实晨午晚检、学生因病缺勤登记追踪以及健康情况日报告、零报告等相关管理制度，应用设计支持多入口，具备良好的开放性；后台分析服务能够支持区域教育主管部门通过大数据技术全面提升师生健康情况监测与预警能力，从整体上显著提升校园安全突出环节、关键部位和重点人员管理的效率。

【应用效果】

灵鸽校园智能安全应用服务平台着力缓解和解决家长日常接送耗时多、教师维持秩序任务重、后勤日常保障衔接难、校长安全管理责任大等问题，整体构建精准、便捷、可靠的校园人员出入管理流程、具有可视化能力的数据分析与监管平台和安全可靠的人员出入数据溯源体系。同时基于独创的信息脱敏算法与管控机制，切实杜绝个人信息被盗用或非法使用的可能性，有效保障信息安全尤其是维护个人生物信息安全。

公司创建两年以来，通过技术与市场的双轮驱动迅速积累了一批重点客户与示范项目，形成以天津为基地，服务京津冀一体化协同发展，辐射全国市场的渠道体系，目前已经在天津、北京、上海、广州、济南、石家庄、西安、成都等城市落地，在线学校超过 500 所。

【专家点评】

安全的校园环境是学校开展正常的教育教学工作的基础。校园安全是整个社会公共安全体系的重要组成部分，是指学校师生员工免除了不可接受的损害风险的状态。没有安全稳定的校园环境就无法保证师生的人身安全，更无从谈起培养优秀的学生和促进学校的良性发展。校园安全直接关系到学校的正常工作秩序和千万个家庭的幸福安宁，也直接关系到社会的和谐稳定。保障校园安全成为世界各国学校管理的首要任务。长益华态（天津）科技有限公司的方案采用边（智能设备）、端（终端应用）、云（云端服务）的设计，打造了校园安全管理平台。为突出该平台的"智能"特点，建议可着重说明除应用人脸识别技术之外，该平台相比一般性的校园安全管理信息化平台是否采用了人工智能算法，应用效果如何。

6.3.4　电子学生证助力儿童安全管理

【报送单位】

中国移动通信集团山西有限公司长治分公司

【案例背景】

为方便家长与孩子随时联系，不少家长都为未成年学生配备了手机。随着科技的进步，智能手机各种娱乐应用层出不穷，未成年人因自制力差，经常沉迷手机游戏无法自拔。长时间低头看手机影响学生视力、损伤颈椎，对学生的身体健康造成影响的同时，消耗学生精力，影响学习质量，扰乱了学校的课堂秩序。智能手机的校园管理问题已成为中小学的顽疾。

为保护学生视力，让学生在学校专心学习，防止沉迷网络和游戏，促进学生身心健康发展，2021 年 1 月 15 日，教育部办公厅印发《关于加强中小学生手机管理工作的通知》，中小学生原则上不得将个人手机带入校园。

虽然手机入校带来了很多负面的影响，但是学生校内通话的需求是刚需，为平衡这个矛盾，山西移动集客部协同长治移动开发了电子学生证产品，通过身份展示、即时通信、轨迹定位、电子围栏等功能，满足了学校安全管理及学生通话需求，取得了较好效果。

【电子学生证主要功能介绍】

1. 身份展示，小巧玲珑不易丢

如图 1 所示，将学生的相关信息经过加密处理后集成到电子学生证卡片上，替代传统的徽章、纸质电子学生证，学生出门将电子学生证挂在脖子上，方便学生在各社会机构（旅游景点、公共交通、图书馆等）进行身份证明。

产 品 示 意 图

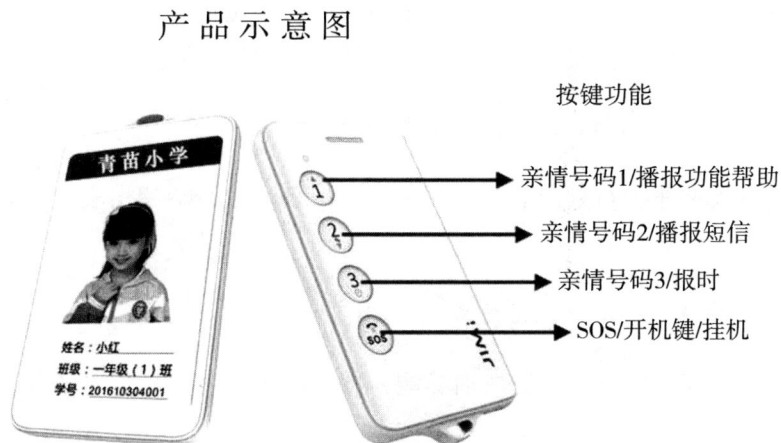

按键功能

亲情号码1/播报功能帮助
亲情号码2/播报短信
亲情号码3/报时
SOS/开机键/挂机

图 1　电子身份证

2. 语音互通，没有手机依旧沟通无碍

设置四个定向呼出按钮，一键呼叫与家长双向互通。比如设置 1 是爸爸，2 是

妈妈，3 是班主任，4 是紧急呼救。如图 2 所示，可以实现双向通话，一键求救，白名单通话等功能。

图 2　语音通话功能

3. 轨迹定位，随时随地掌握孩子的位置动态

如图 3 所示，电子学生证作为通信入口采集学生位置、轨迹信息，经过加密后上传到云端服务器，家长可通过 App 查看孩子实时定位与一周内某个时间段的历史轨迹，既能做到"两点一线"的监管，亦能帮助寻找走丢的孩子。

4. 电子围栏，进出该区域可发出告警信息

家长通过 App 可自行划定安全围栏区域，一旦学生行动超出安全活动范围，家长即收到告警。

5. 校园一卡通——智能生活方式

将电子学生证集成电子身份识别功能，满足图书馆、宿舍等电子身份识别，做到一证多用。

6. 家校信息共享，促进互联互信

如图 4 所示，学校可通过电子学生证平台管理账号，查看学生的考勤及轨迹信息。通过家校共享孩子信息，可提高双方沟通和协作的效率，避免因相关信息不互通而造成的争执。

图 3　轨迹定位

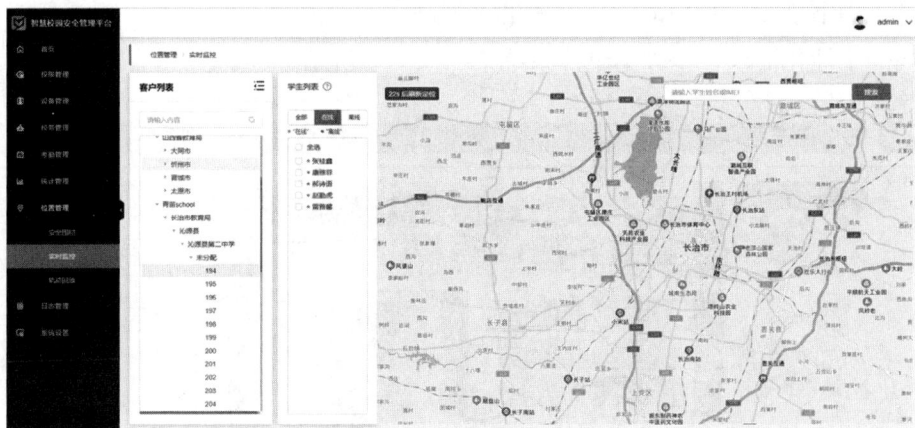

图 4　家校信息共享

【技术方案】

1. 技术方案概述

长治移动电子学生证平台属于专门为智慧校园打造的定制化 IT 解决方案，通过物联网及无线通信技术融合，实现老师、家长、学生的信息互通。智能电子学生证作为通信入口采集学生日常状态（考勤、位置、轨迹、告警信息等），上传到云端服务器即时分析与运算，一方面，可以让家长通过 App 随时随地查看学生状态；另一方面，可以让学校通过教育云平台进行智能化考勤与安全管理，解决孩子上下学考勤难、紧急情况失控等诸多难题，全方位守护孩子的安全。

电子学生证平台的技术方案核心思想可以概括为：通过云计算、大数据、物联网、人工智能赋能设备持续在校园等场景的应用学习的能力实现深度学习算法，通过卫星定位、Wi-Fi 定位、基站定位等数据作为训练，利用高识别率和低误报率的算法模型，并借助海量数据，使用特征训练不断完善算法模型，构建起完善的位置服务体系。

平台有效整合教育资源和社会资源，既保障学校、学生及监护人数据的安全，避免信息泄露，又为接入各类智能终端、家长端软件等提供技术支撑，通过高兼容性来打破信息孤岛；本方案整体架构共包括两大能力：

（1）电子学生证平台支持接入各类智能终端，除了目前的电子学生证以外，也可接入各类型的学校远距离和近距离的终端考勤设备，设备支持将数据上报至 PaaS 端进行数据的整合与分析，然后推送至 SaaS 端，从而为学校管理以及家长用户提供完善的学生校园安全管理服务；

（2）根据教育局及校方要求定制化开发，提供丰富完善的 api 接口，能够与食堂刷卡、图书借阅、考勤记录、校舍出入等进行无缝对接，统一入口统一管理，满足不同的个性化需求；本方案整体系统架构如图 5 所示。

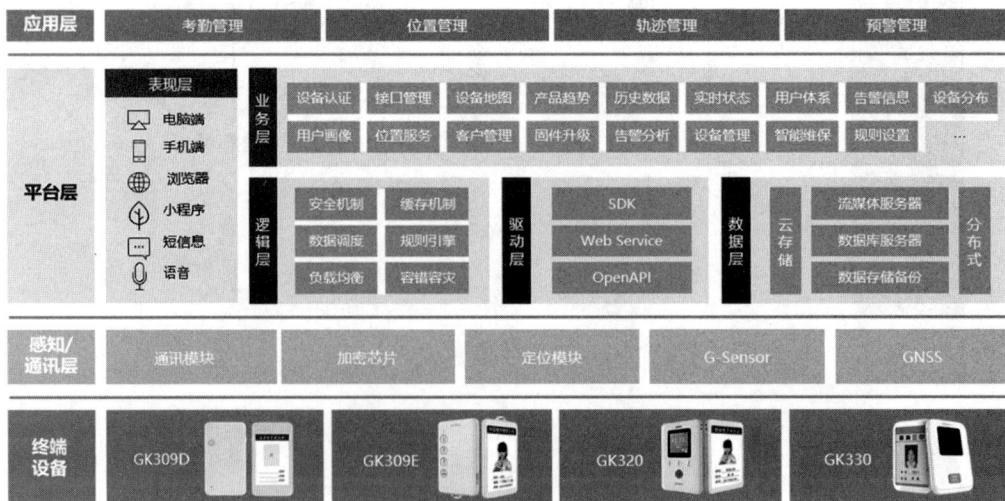

图 5　整体系统架构

2. 关键技术

该方案充分利用三大安全能力，构建基于以电子学生证为载体的位置信息安全服务。关键技术包括：用户中心及设备管理、权限管理、行为轨迹异常模型、访问控制策略动态调整引擎、多因素融合认证枢纽；同时多因素融合认证枢纽和可接入 PaaS 服务网关。

（1）用户中心及设备管理。

用户中心是为企业构建的一套用户身份集中化统一管理中心，主要解决企业信息化建设过程中由于业务系统繁多导致的人员账号孤立维护、信息孤岛严重、缺乏身份唯一性、数据难以整合，造成安全运维和管理工作困难的问题。用户中心通过构建统一的用户数据模型，集中梳理企业组织架构信息及用户全生命周期管理机制，对企业各信息系统用户数据进行汇聚，实现多身份源的整合，形成一套权威统一数据源，并对数据进行统一治理，提供用户数据对外共享消费能力。

设备管理是为企业构建的一套设备集中化统一管理中心，主要解决企业信息化建设过程中由于设备型号繁多导致的设备管理分散、信息不全面、维护属性差异大、设备质量高存在适配隐患、数据难以整合，造成安全运维和管理工作困难的问题。用户中心通过构建灵活的管理中心，集中梳理设备周期管理机制，对业务系统内的设备数据进行汇聚，实现设备的整合，形成一套权威统一数据源，并对数据进行统一治理，提供设备数据统一管控能力。

（2）权限管理。

平台管理围绕对用户身份的信任和对设备的信任两个主要维度进行基础信息构建，包括用户账号信息。用户访问平台的鉴权过程依赖动态风险值和平台操作属性的评估结果，且评估行为是持续的，伴随整个访问过程。一旦访问过程发生行为异常或环境异常，就下发至访问控制策略动态引擎，自动调整访问权限，保证业务访问的最小权限，确保用户平台的合法，从而确保访问主体的行为合法。

（3）行为轨迹异常评估模型。

如图 6 所示，持续对用户的行为轨迹异常分析在整体架构中起到承上启下的作用，向上与学校管理模块对接，学校为行为轨迹异常分析评估模型提供位置行为基础分析结果；向下则为家长提供进出校安全行为的依据，通过对学生卡设备的持续位置信息监测和对学生的行为分析，实现对学生进出校行为轨迹异常分析模型，帮助学校与家长识别风险。该技术模型具备分析、评估和决策 3 种能力。

（4）访问控制策略动态调整引擎。

访问控制策略动态调整引擎从持续风险及信任积分评估引擎中获得动态评估结果，例如访问主体的信任积分，系统风险值等，然后基于这些动态评估结果，向用

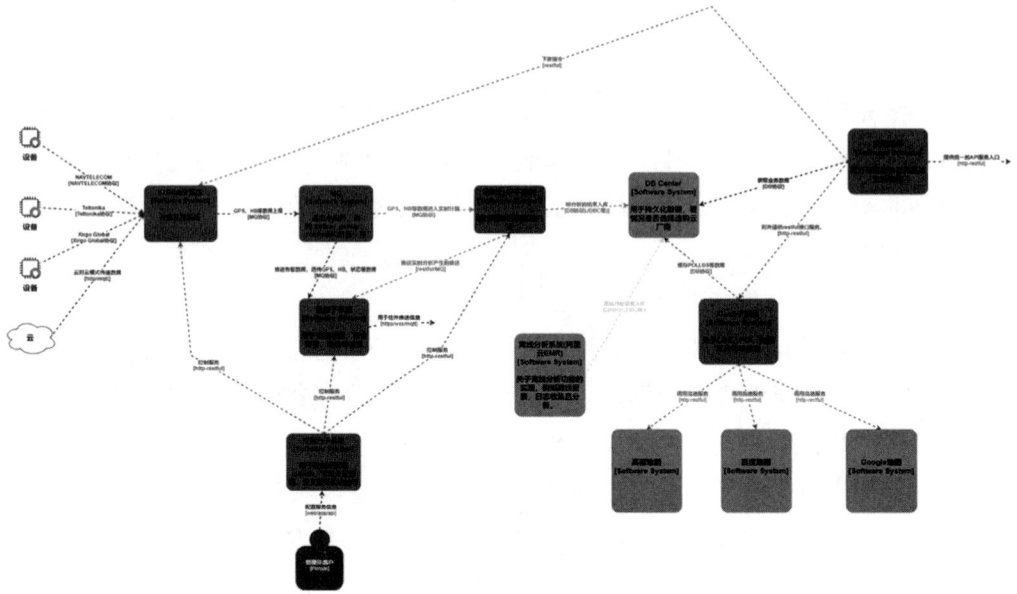

图 6　行为轨迹异常分析模型

户或设备提供动态的访问控制策略，访问控制策略可基于多种认证策略，包括认证级别升级策略、基于高风险操作的增强认证策略、特殊操作场景的多人联合认证策略以及二次认证防护策略。

（5）多因素融合认证枢纽。

多因素融合认证枢纽为企业用户或个人用户提供身份认证，支持主流多因素认证机制，包括知识因素、拥有因素、生物因素在内的各种认证方式，同时也可以转发用户认证请求到第三方认证代理。其中支持基于知识因素的认证机制，如密码、口令、问题等；支持基于拥有因素的认证机制；支持基于生物因素的认证机制，如指纹、人脸识别。支持第三方互联网认证服务的对接，例如微信、钉钉等。基于多种认证因素，可以按需设置多因素组合认证模式。

（6）可接入 PaaS 服务运维网关。

如图 7 所示，可接入访问控制网关帮助企业在人员和设备之间搭建高效、可控的访问接入通道，为企业各类 IT 维护管理人员和第三方代维管理人员提供统一的接入维护入口，并对各类接入维护行为进行安全认证、鉴权、控制等功能，可实现针对来源、人员、时段、行为、操作对象等多种细粒度访问控制，并对操作过程全程审计，形成设备指令告警以及设备异常告警。

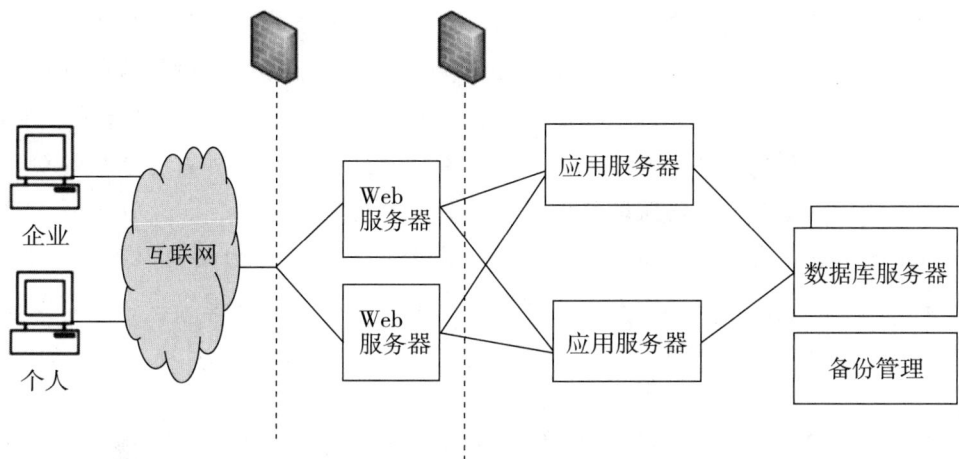

图 7　可接入访问控制网关

【应用效果】

目前，长治移动累计办理学生卡 11.56 万户（张），覆盖 176 所中小学，开办学校占全市学校总数的 40.7%，社会效益显著。

该项目已纳入长治市委市政府、教育局《长治市深化基础教育改革十大行动》进行推广，2019 年底教育部在长治市召开新闻发布会，对电子学生证案例做了重点介绍。2020 年，在新冠肺炎疫情下的校园复学管理中，电子学生证满足了学校"两点一线"位置管控需求，得到了校方的极大认可。2021 年，教育部《关于加强中小学生手机管理工作的通知》提出要"探索使用具备通话功能的电子学生证"，且央视将长治的电子学生证经验作为全国的"加强中小学手机管理"的典型案例做了专题报道，得到了社会的广泛传播。

山西省长治市委孙大军书记特别指出，长治市在逐步落实教育部所提出的"禁止中小学生带手机进校园"这一规定时，创新性的应对良策便是用智能电子学生证代替手机，并对安全管理平台在积极破解中小学生手机管理难题方面做出的探索予以充分肯定。

【专家点评】

学校是培育青少年学习成长的场所，也是社会的重要组成部分，安全稳定是学校生存与发展的前提，校园安全关系到千家万户甚至社会稳定。但是，近年来校园里刑事、治安案件不时发生，案件的发生暴露出当前治安形势严峻，使平安校园的建设成为摆在我们面前刻不容缓的问题。基于学生安全需要和物联网的发展背景，推出电子学生证能有效解决社会需求。电子学生证结合学校安防可有效提升整体管理效力和安全质量。全国不少地区都在推广使用电子学生证。山西长治的电子学生证产品将学生管理、家庭监护、社会安防、紧急报警等结合在一起，使学校、学生、学生监护人之间形成各种形式的信息交互，学校及监护人能随时查看学生的动态信息，学生也能通过亲情号码随时与绑定的手机号码进行电话通信。建议进一步说明人工智能技术在这类产品中如何得到应用，并进一步说明作为公益类产品与服务，电子学生证的产品及服务提供者不以营利为主要目的，通过合理定价、公益服务提升了电子学生证的社会效益。

6.3.5 智能内容审核助力过滤对未成年人不良信息

【报送单位】

腾讯科技（深圳）有限公司

【案例背景】

1. 应用场景介绍

在互联网的使用者当中，未成年人群体颇受关注，加强未成年人网络保护、减少网络有害信息对未成年人的不良影响已成为社会共识。据共青团中央维护青少年权益部、中国互联网络信息中心（CNNIC）联合发布的《2019 年全国未成年人互联网使用情况研究报告》（以下简称《报告》）显示，我国未成年人互联网使用已相当普及，2019 年我国未成年网民规模为 1.75 亿，未成年人互联网普及率达到 93.1%，如图 1 所示。

与此同时，网络不良信息正威胁着未成年人的网络学习和生活，网络不良信息对未成年人的学习、生活产生很大负面影响，阻碍人际关系建构，暴力和色情信息还可能成为诱发犯罪的重要因素。《报告》调查显示，46.0% 的未成年网民曾在上网过程中遭遇过各类不良信息。其中，遇到炫富类信息的占比最高，达到 23.5%；淫秽色情，血腥、暴力或教唆犯罪，自杀自残等消极思想内容的占比也均超过 15%，如图 2 所示。

此外，对未成年人网上隐私的保护也受到高度重视。2019 年 7 月，中国网络社会组织联合会和联合国儿童基金会举办"清朗网络空间，伴你健康成长"未成年人网络保护研讨会，发布《儿童个人网络信息保护倡议书》，建议及时处理侵犯涉及儿童个人信息的违法违规行为，网络社会组织督促并协助互联网企业加强行业自律，

没上过网，
6.9%

上过网，
93.1%

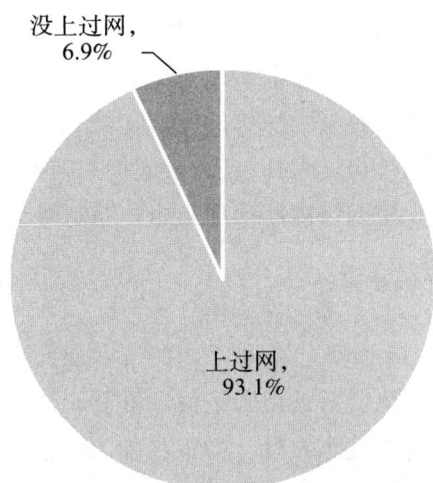

图 1　全国未成年人互联网使用率调查

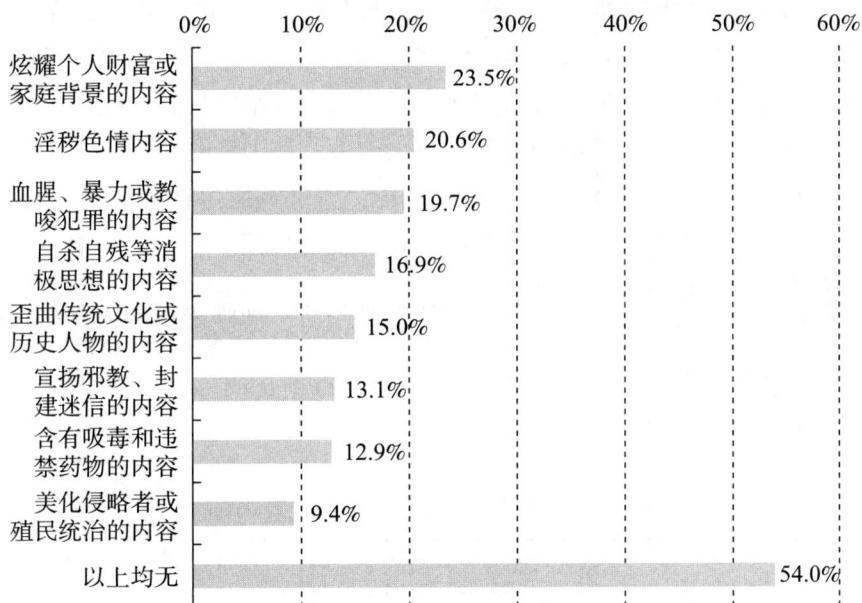

炫耀个人财富或
家庭背景的内容　23.5%

淫秽色情内容　20.6%

血腥、暴力或教
唆犯罪的内容　19.7%

自杀自残等消
极思想的内容　16.9%

歪曲传统文化或
历史人物的内容　15.0%

宣扬邪教、封
建迷信的内容　13.1%

含有吸毒和违
禁药物的内容　12.9%

美化侵略者或
殖民统治的内容　9.4%

以上均无　54.0%

图 2　未成年网民遭遇网络不良信息的情况统计

尽快制定儿童个人网络信息保护的行业规范和行为准则。该调查显示，尽管有 54.6% 的未成年网民会有意识避免在网上发布个人信息，但仍有 20.8% 的未成年网民不具备基本的隐私保护意识。

2. 解决的现实问题

在互联网领域保护儿童及未成年人隐私、保护他们免受网络不良信息威胁是本案例的主要内容。

为了给未成年人营造绿色上网环境，响应网信办网络内容"清朗行动"整治细则、《未成年人保护法》以及《网络安全法》等与未成年人网络安全相关的法律法规，腾讯发起未成年人网络内容安全保护的"守护青苗"行动，基于腾讯天御内容风控能力、腾讯优图 AI 内容审核能力，打造未成年人内容安全审核解决方案，助力企业建立完善长效的涉青少年网络内容治理机制，遏制网上违法和不良信息的传播。

3. 应用了哪些人工智能技术

"守护青苗"未成年人内容安全解决方案在技术层面是一套图像识别人工智能算法（以下简称 AI），在产品层面是在腾讯优图和腾讯天御联合共建的标准内容审核方案基础上，补充了针对未成年人设计的审核能力，能够精准识别侵害儿童隐私的内容、过滤儿童不宜内容/不良内容的传播，助力企业建立完善长效的涉青少年网络内容治理机制，遏制网上违法和不良信息的传播，净化未成年人网络环境。这套方案通过腾讯安全天御输出能力，为中小互联网内容平台提供"守护青苗"支持。

腾讯安全天御是基于腾讯安全 20 余年黑产攻防经验，依托人工智能的核心和面向场景的风控能力打造内容安全解决方案。此次解决方案的更新，提高了对未成年人消费、阅读、观看等全方位的网络环境净化能力，其中针对违规内容识别是腾讯优图实验室通过海量数据训练得到的 AI 识别能力，能够通过特征提取、标签预测、细粒度识别，精准识别色情、暴力等内容，有效覆盖视频、音频、文本、图片等多种传播媒介，确保不遗漏、不误杀。

基于这套解决方案，腾讯天御与腾讯优图已联合为 1500+家平台提供内容安全服务，共计审核图片总量已突破 1000 亿，累计拦截不良内容 51263 万条。"守护青苗"方案的技术能力明细如表 1 所示。

表 1 "守护青苗"方案技术能力明细

保护儿童数据和隐私	盗用未成年人形象制作成人话题内容（软色情表情包）
	盗用未成年人形象制作辱骂/侮辱他人的表情包
确保儿童的安全 （过滤不良信息）	女性胸部/腿部性感图片、表情包
	校园暴力欺凌/虐待未成年人
	儿童邪典漫画
	诱导未成年人自残自杀
	封建迷信/邪教（相关服饰、物品识别、算命占卜、塔罗牌、驱鬼符咒）

【技术方案】

1. 技术方案概述

"守护青苗"行动解决方案主打两个功能：一是未成年人敏感内容鉴别：对以未成年人为行为主体的敏感内容进行鉴别与拦截，包括儿童色情，校园暴力，青少年犯罪等内容识别。二是未成年人不宜内容过滤：对未成年人不宜接收的信息进行过滤，包括抽烟、饮酒、吸毒，赌博等不良行为，提供青少年模式下的内容审核解决方案，做未成年人的滤芯。

本项目方案在 2020 年 8 月启动策划、9 月初完成第一版方案上线，10 月底完成第二版方案上线。

2. 关键技术

未成年人内容安全审核解决方案运用腾讯优图的图像识别、OCR 等视觉 AI 领域的前沿技术，结合网信办"清朗"行动细则、未成年人保护法以及网络安全法等与未成年人网络安全相关的法律法规，形成未成年人保护和青少年模式两大解决方案。通过与相关企业的合作，助力企业建立完善长效的涉青少年网络内容治理机制，遏制网上违法和不良信息的传播，为青少年营造清朗的网络环境。方案具体包括如下 AI 能力：

（1）未成年人保护：提供未成年人保护内容审核解决方案，对以未成年人为主体的不宜内容进行拦截，切断针对未成年人相关不宜信息非法传播的途径，做未成年人的保护罩。

（2）青少年模式：提供青少年模式内容审核解决方案，对未成年人不宜接收的内容进行过滤，切断不良信息向未成年人传播的途径，做未成年人的滤芯。

本方案具体基于图文跨模态预训练技术框架，通过对互联网上海量无标注图文数据进行匹配训练，建立图像—文本之间的内在表征联系；然后，基于这一联合表征能力在具体下游任务上（如识别盗用儿童形象传达暗示/辱骂/挑衅内容的表情包，如图 3 和图 4 所示）迁移输出针对具体任务的 AI 模型。模型的训练主要有 3 个阶段，以下按先后步骤用图片形式进行说明。

图 3　未成年人保护 & 青少年模式

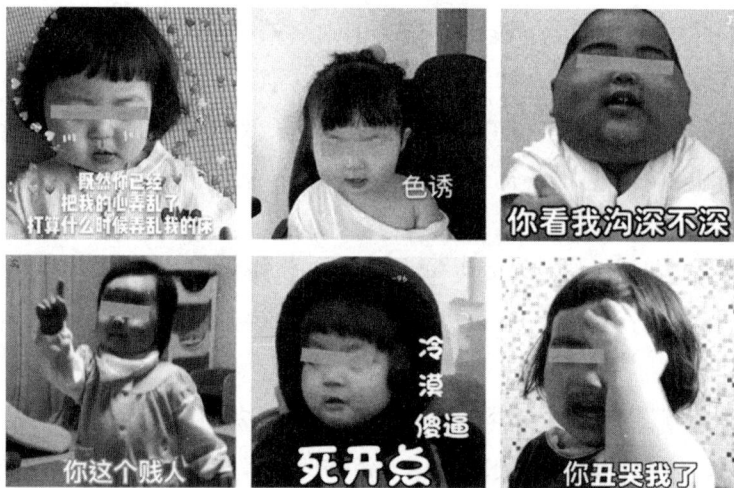

图 4　盗用儿童形象制作不良内容表情包案例
（为保护儿童隐私对图片做了技术处理）

图 5 表示首先设置自监督任务，其次进行多任务跨模态自监督预训练。三大自监督任务缓解过拟合，实现全局语义关联。首次实现内容审核领域的多模态拟合可用。

图 6 的多级关联是指图片和文本语义存在不同层级抽象程度关联。多粒度语义融合包括：不同空间尺度特征融合和不同语义深度特征融合。

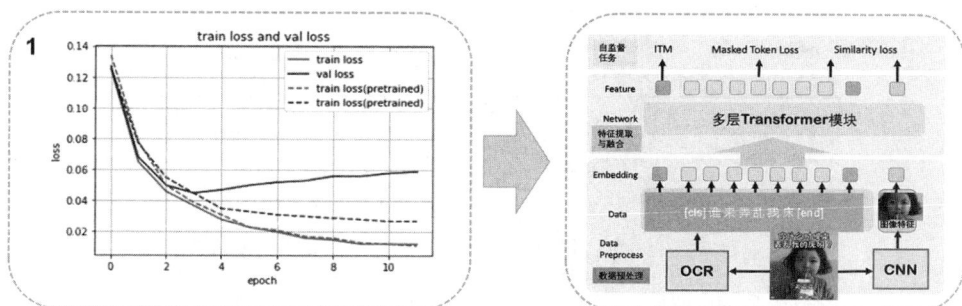

图5　图文跨模态技术，第一步：多任务跨模态自监督预训练

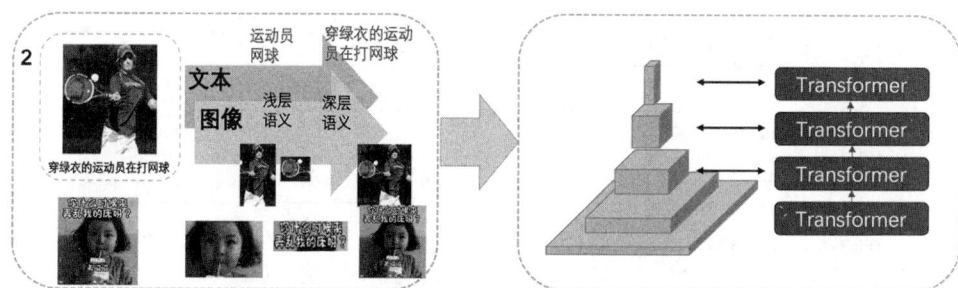

图6　图文跨模态技术，第二步：多级语义关联、多粒度语义融合

图7左右的图片表示根据表情包的图片和文本之间存在实体级匹配实现模态关联推理。图7右边图片是实体响应注意力模块。注意力模块获取实体级特征提高图文实体关联度。

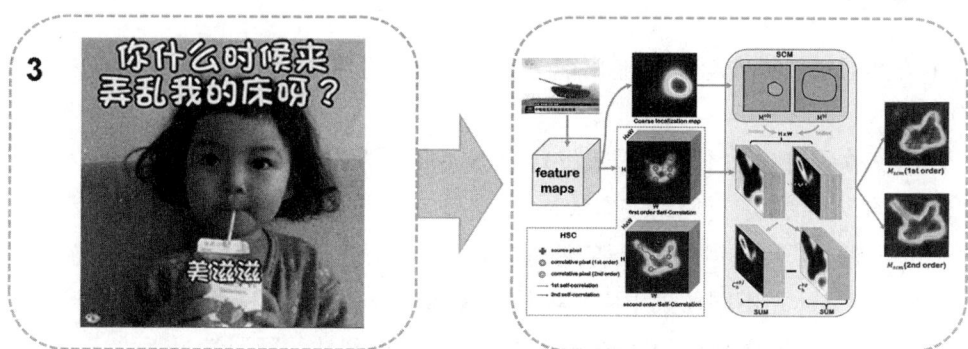

图7　图文跨模态技术，第三步：在注意力机制指导下实现模态关联推理

通过对图文双模态的关联融合，图像特征提供了纹理细节信息和全图全局信息、文本特征提供了抽象语义信息，通过对全局和局部的信息组合强化了模型对推理结果的准确率，使得在软色情等暗示性、隐晦性的内容上达到了传统单模态图像识别不能达到的效果指标，部分对比实验的指标结果如图8所示。

模型	单级/多级融合	AUC	Recall
全局(baseline)	—	0.857	0.882
局部	—	0.860	0.889
全局+局部	单级	0.865	0.889
全局+局部	多级	0.879	0.910
全局+局部	多级	0.881	0.918

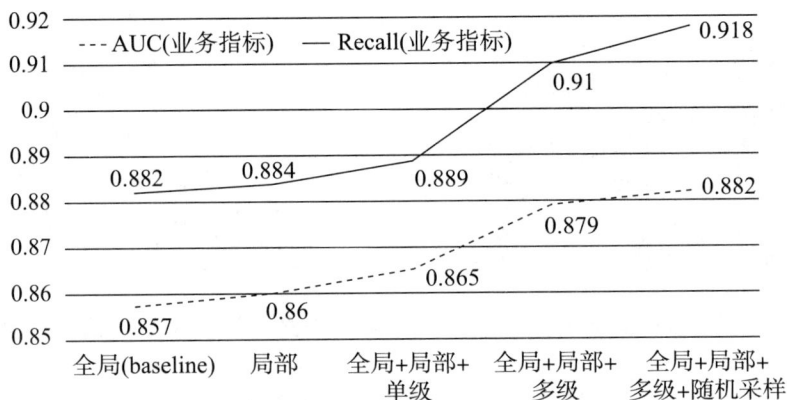

图8　图文多模态识别对比实验指标

3. 使用场景

本方案通过腾讯安全天御输出能力，为中小互联网内容平台提供"守护青苗"能力。

本方案在设计之初参考了国家出台的与未成年人网络安全相关的法律法规，包括：《未成年人保护法》《网络安全法》《儿童个人信息网络保护规定》《网络表演经营活动管理办法》《未成年人节目管理规定》《关于防止未成年人沉迷网络游戏的通知》；本方案具体在不同场景中实现保护儿童隐私、过滤对儿童不安全的信息。

（1）（教育类场景）学习教育类网站平台和其他网站的网课学习版块。

（2）（ACG场景）网站平台少儿、动画、动漫等频道中的动画动漫内容。

（3）（直播、短视频场景）直播、短视频场景。

（4）（社交/社区场景）即时通信工具群圈和论坛社区。

（5）（游戏场景）网络游戏平台场景。

（6）（网络弹窗）青少年常用的浏览器、输入法等工具类应用程序恶意弹窗。

【应用效果】

本方案为腾讯安全天御首个专门针对未成年人这一网络弱势群体的可落地技术方案。这种基于保护未成年人的技术研发和能力实现，也是腾讯科技向善的最好体现。该方案可完善当前标准的内容审核服务体系，从政策法规、企业平台生态治理、社会责任、用户体验共同作用体现价值。本方案中的"青苗行动宣传介绍"视频一经发布就受到社会广泛关注，传播触达人数超 3000 万、视频播放量超 145 万。发布平台覆盖微博、微信视频号、快手、B 站等，除主流平台外，亦被转发于亲子教育类大号、全国各中小学生父母微信社群及亲子教育类 KOC 朋友圈、快手短视频平台等。

在技术层面上，当前针对未成年人敏感内容的识别上仍有一定的提升空间。应用层面，当前的方案较多依赖企业主体开启内容审核服务或开发青少年模式。当前不少中小型视频 App 并没有青少年模式，也不乏出现主播衣着暴露、视频含危险动作等不当内容。加强未成年人网络保护是全社会的共同责任，需要多方协同、综合施策，司法机构、政府部门、企业、社会组织、学校和家庭要各司其职，形成未成年人网络保护的社会共治体系，努力为未成年人营造一个良好的网络生态环境。

【专家点评】

互联网时代未成年人面临的网络安全风险日益增多，其权利保护问题变得越来越重要。经济与发展组织（OECD）将未成年人面临的网络风险归结为 3 种类型，即技术风险、消费风险以及信息风险。网络不良信息一般是指违反法律规定、损害社会公共秩序及社会公德对社会产生不良影响的信息，通常可划分为：违反法律类信息，如色情、暴力、赌博、犯罪等信息；违反道德类信息，如低俗谩骂、情感诱骗、市井谣言等信息；破坏安全类信息，如木马、蠕虫病毒等信息。从对未成年人的实际影响来看，违反法律类和违反道德类信息是主要的风险防范对象。网络不良信息不仅影响未成年人的学习、道德品质、社会交往，而且严重地诱发他们走向犯罪。根据本案例的描述，"守护青苗"是一套系统化、可应用于多平台的解决方案，这对全方位保护未成年人的成长具有重要意义。应用效果部分中的描述还是 2020 年的，建议更新。业务模式对这类服务的推广十分重要，建议强化描述业务模式现状及未来发展方向。

6.3.6 人工智能系统为儿童网络安全绿色护航

【报送单位】

上海宽娱数码科技有限公司

【案例背景】

根据 CNNIC 第 47 次调查报告显示，截至 2020 年 12 月，我国未成年人网民人数（19 岁以下）占所有网民人数的 16.6%，年龄低于 10 岁的网民超过 2000 万，未成年人上网人数过亿。引导儿童安全上网，抵御网络中的不良信息，为儿童营造良好的网络环境已然成为全社会共同关注的问题。

从儿童的互联网使用现状来看，儿童的上网内容集中在影音娱乐（看视频/听故事/玩游戏），人际交往（与亲人/朋友聊天），技能掌握（上网课/写作业）等场景中。考虑到儿童的心智发育尚未完善，缺乏应对网络上不良信息的意识和能力，网络社区平台需要对于社区中的不良信息进行监测和处理，建设专业的团队对不良信息进行系统性的防控和治理。

【技术方案】

1. 技术方案概述

哔哩哔哩作为一个开放性的用户社区平台，用户可以选择社区中的弹幕、评论、私信作为相互交流的媒介。在这些用户生成的文本内容中，存在部分危害儿童健康成长的低俗内容。为了引导社区良性发展，为青少年营造健康清朗文明的网络环境，作为一家内容平台，哔哩哔哩平台利用人工智能技术识别和干预社区中的"软色情"与"人身攻击"不良信息，降低对儿童的负面影响。

哔哩哔哩使用人工智能技术搭建深度学习模型，自动识别弹幕中的不良信息并主动采取屏蔽策略，负向信息检测包含"软色情"以及"人身攻击"等两个主要模块，如图 1 所示。

用户输入弹幕文本

对软色情内容进行过滤

对人身攻击内容进行过滤

用户
弹幕

系统
架构

软色情
模块

人身攻
击模块

正向信
息处理
模块

筛选正向信息展示给儿童

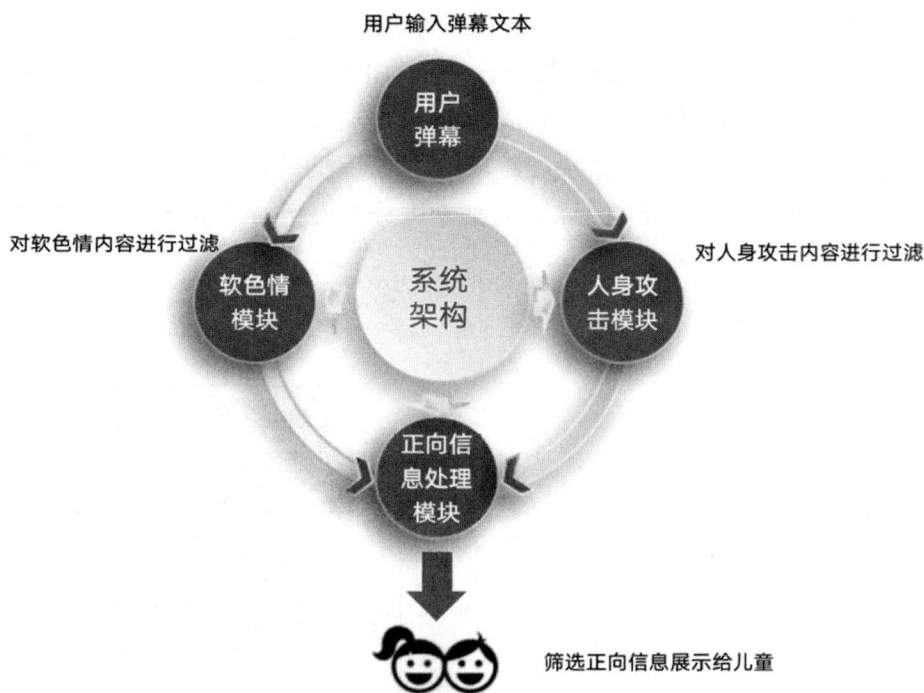

图 1　弹幕系统架构

2. 关键技术

（1）"软色情"不良信息处理模块。

"软色情"不良信息指的是在内容社区当中通过打色情的"擦边球"，传播淫秽色情思想，诱导意志力不强的未成年人接触严重的色情犯罪的信息。软色情信息不仅不是科学的性教育，反而会给未成年人带来深层次的伤害。

识别并处理弹幕软色情的文本，存在 3 个主要的技术难点。第一，弹幕的文本较短，传统的机器学习模型很难在很短的内容上获取到足够的特征，对于文本的语义识别难度较大；第二，软色情的评判标准难以统一，不同用户对于软色情文本的容忍程度和认知程度不一，相同文本内容在不同场景下也可能存在不同的含义；第三，软色情信息分布失衡，在所有的弹幕中软色情文本内容的占比很低且较隐晦，样本类别的分布失衡导致软色情文本识别难度加大。

"软色情"不良信息的识别属于文本分类任务，目前常见的文本分类模型有 Fasttext、TextCNN、TextRNN、Transformer 等自然语言处理中的文本分类模型。Fasttext 模型基于文本中 Token 的 Average Embedding 进行分类，该方法虽简单有效，但未考虑词序，作为文本分类任务的 Baseline。TextCNN 模型基于卷积建模文本的局部依赖关系（Local Feature），通过 Pooling 学习 Global 信息。CNN 模型能够在降维的同时捕捉到局部词序关系。若要建模长距离依赖关系，需依赖于多层的卷积和池化层，模型结构较复杂。TextRNN 基于 LSTM 或 GRU 建模文本的 Sequential Patterns，有效建模文本的长距离依赖关系。Transformer 结合了 CNN 和 RNN 的优点，既学习到了文本中的局部依赖，又能解决长距离的依赖问题，很适合在弹幕场景中使用。针对上述的技术难点，选择 Transformer 的文本分类模型如图 2 所示，搭建"软色情"不良信息的处理模块。

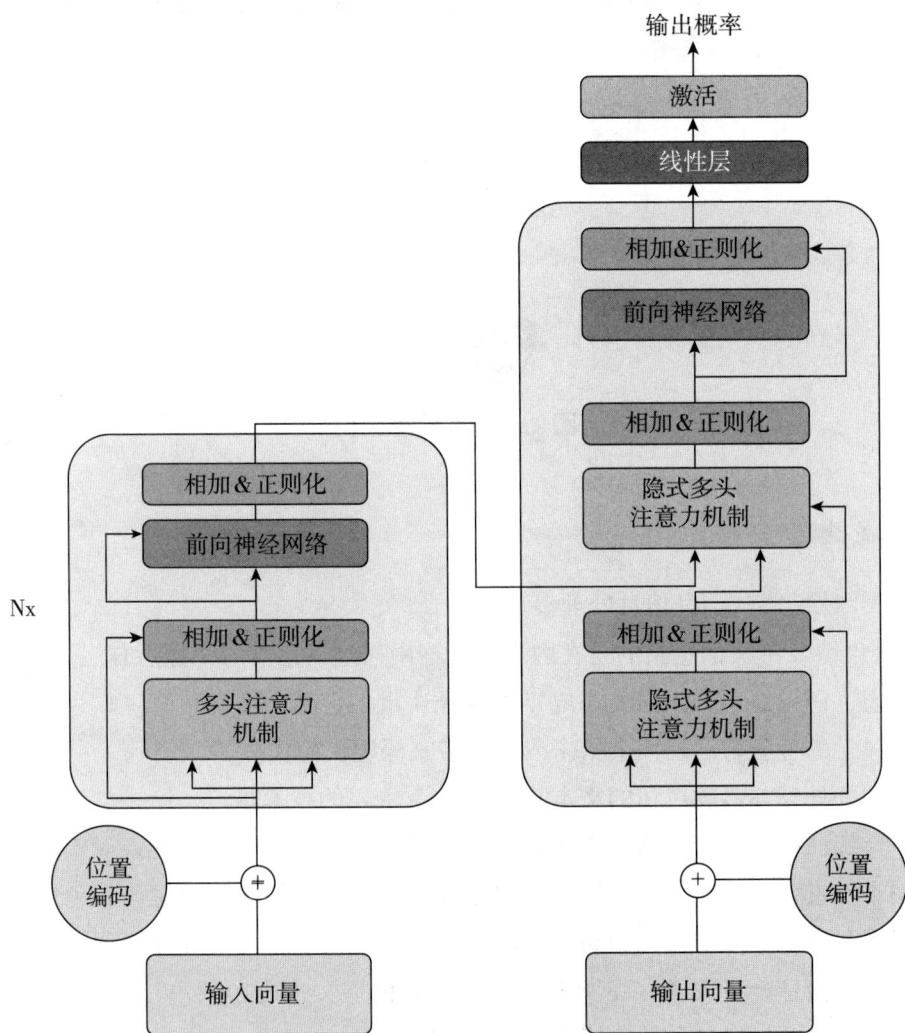

图 2　Tansformer 模型结构

模型的实现分为数据准备与模型构建两个阶段。

①在数据准备阶段，通过社区中的举报反馈机制，快速从涉及"软色情"的举报数据中拉取大量的色情举报弹幕，通过数据清洗技术快速积累一批质量较高的训练数据。数据清洗的方法包含数据增强（快速增加训练样本、提升模型泛化性能）、

标签修正（置信学习、聚类等）、种子词发现等。

②在模型构建阶段，模型引入 Focal Loss 对样本进行加权，解决了样本不均衡且文本特征不均衡的技术难题，帮助模型更好地学习到文本中的信息。同时，通过模型的不断迭代与数据反馈，针对识别"软色情"信息中出现的问题，组织专案小组进行案例的分析，寻求优化的训练方案，对模型进行针对性改进。

（2）"人身攻击"不良信息处理模块。

"人身攻击"不良信息主要包含以下几种类型：①语义情感较为负面的内容；②带有骂人、羞辱、嘲讽等词汇的内容；③恶意玩梗，让青少年产生不良体验等内容。

"人身攻击"不良信息的过滤本质上是一个文本二分类问题。经过综合考虑，模型选择 Albert 模型作为基准。该模型是一种基于 BERT 模型的轻量级优化，它基于嵌入参数化进行因式分解和跨层参数共享的技术，大幅提升了训练速度。其模型结构如图 3 所示。

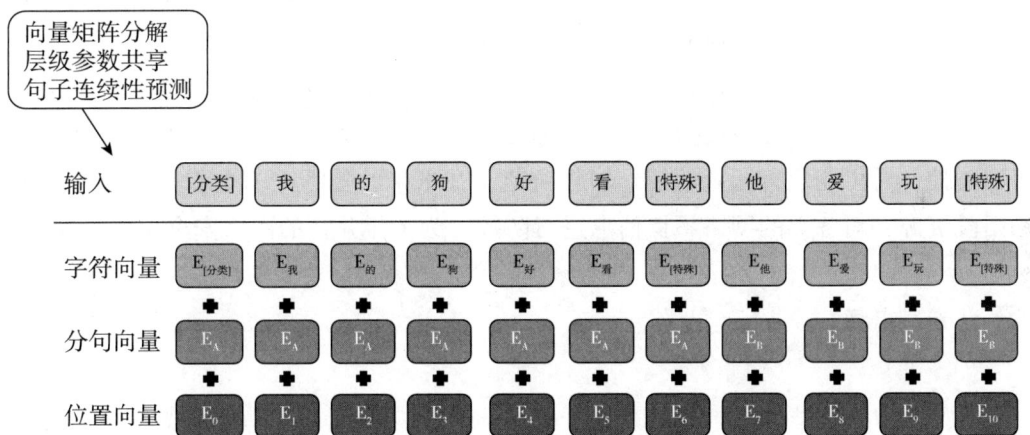

图3　Albert 模型结构

对于"人身攻击"不良信息的模块处理同样需要经过数据准备与模型构建两个阶段。

在数据准备阶段，需要对于"人身攻击"弹幕进行数据清洗、筛选和增强。模型采用 Confidence Learning 技术对数据进行标签修正。以人身攻击文本：非人身攻击文本＝1：5 的比例，构建有两千万条弹幕的训练集进行模型的训练，并在 20 万条文本的验证集上进行验证。

在模型构建阶段，模型会先对输入的弹幕进行 Tokenization（ID 化），然后对 Token、Segment 和 position 这 3 种 Embedding 进行相加，再通过 Encoder 层拿到句子的表征向量，最后输出一个 0 和 1 之间的概率值。越接近 1 表示该弹幕内容越有可能包含人身攻击内容。根据 B 站的弹幕生态分布情况，需要不断进行模型的迭代优化，减少青少年观众接触"人工攻击"不良信息的可能性。

【应用效果】

针对上述提到的信息处理模块，在不同的业务场景下均实现了较好的为儿童网络安全保驾护航的效果。

"软色情"不良信息处理模块应用于平台中的文本软色情识别。在识别并进行运营的干预后，能够有效地降低观众对于淫秽色情内容的举报数量，在部分视频观看场景下，色情内容的举报量下降超过 30%。对于整体的社区氛围而言，"软色情"不良信息处理模块能够对于弹幕总量中 1%~2%的相关弹幕进行自动化处理，大大提升了审核的效率。

"人身攻击"不良信息处理模块应用于平台中的人身攻击类文本识别。在识别并进行运营的干预后，整体人身攻击类弹幕占比下降约 40%。当前模型预测有较高的准确率，为儿童的观看体验提供了保护和支持。

作为中国最大的内容社区平台之一，哔哩哔哩长期关注儿童的网络安全相关风险与趋势，对网络中的不良信息持坚定的抵制立场。以人工智能的技术进行平台的机制防控，对可能危害儿童的信息加强防范。在未来，哔哩哔哩也将持续投入专业的团段资源，对各类的网络不良信息进行防控，为少年儿童的网络安全保驾护航。

【专家点评】

青年作为充满活力和反叛精神的群体，在网络"二次元"里构建了一个个不循规蹈矩的、具有反抗意味的创造性文化生产空间，用"微小但不逃离"的方式与主导文化、商业文化进行互动与对话。哔哩哔哩网站是我国最大的弹幕视频网站，已经成为当下我国年轻人追捧的潮流文化网络空间。目前网站首页上有动画、电影、音乐、舞蹈、游戏、时尚等若干版块，建立了相当稳定的群体会员关系。弹幕文化作为诞生于网络时代的新型文化，依托视频网站的传播与推广以及独有的新颖性、互动性，受到越来越多的欢迎。随着弹幕使用范围和用户人群的扩大，也随之出现了低俗弹幕等问题。本案例中，哔哩哔哩网站利用人工智能技术提高弹幕发送的门槛，开展及时监控，处理低俗弹幕，努力给青少年用户带来良好的观看体验，并营造一个更好的网络弹幕环境。利用人工智能技术为少年儿童成长保驾护航，让人工智能造福儿童和青少年是社会各方应共同努力支持的事业。

6.4　儿童健康

6.4.1　智慧体育学习与管理系统的应用实践

【报送单位】

阿里巴巴集团控股有限公司

【案例背景】

伴随信息技术革命，云计算、大数据、智能穿戴、移动通信和人工智能等新一代信息技术的相继出现，不仅改变了教与学的方式，而且已经开始深入影响到教育的理念、文化和生态。

智慧体育借助智能可穿戴技术实现校园体育课信息化建设的融合创新。利用可穿戴智能感知终端实现学生实时体质监测数据收集，并利用云计算、大数据技术，分析和共享数据，将体质监测数据应用于体育教学和决策，实现个性化教学、精细化管理和科学化决策。

近年来，随着素质教育的推进，提倡学生全面发展已经成为时代对新人才培养的要求。唯分数至上的教学理念，阻碍着体育课堂灵活性和智慧性的发展，目前，大多数学校的体育教学仍停留在传统的教学模式上，不注重学生运动数据的实时采集与运动状态的科学监测。

在云计算、大数据、智能穿戴、移动通信和人工智能发展的同时，用技术解决阻碍体育教育走向个性化的关键问题主要有以下几个：

（1）传统的体育教学中，学生上课的质量完全依靠老师的观察和以往的教学经验，没有具体的数据做参考，无法监测学生的运动强度，无法量化体育教学效果，不利于提高体育教学的质量。

（2）目前学生运动负荷是否达标，过多过少都是通过教师经验判断，课中教师无法对每一位学生都进行实时的跟踪判断，造成课上学生运动负荷效果不均一，有些同学运动负荷并不达标。

（3）课堂效果没有稳定的留存记录，无法对长时间的教学内容进行数据分析，得到的结果一般都是靠教师的感官经验判断，不利于快速地对教学内容进行改善调优。

（4）学生个体具有差异性，高年级中男生女生具有差异性，对差异性的分析没有数据支撑，对学生个人的特长优势没有充分发掘和发展。

（5）教师可高效在线布置作业、评价作业，家长可督促学生按时完成体育作业，共同监督学生体育课作业完成情况，培养学生养成体育锻炼的好习惯，增强学生体质。

（6）除了最终的成绩体育课堂没有提供给家长看到学生课堂表现和课堂成果的其他途径。

【技术方案】

1. 技术方案概述

智慧体育课堂在建设的过程中始终以应用系统为核心，以有效、简单、实用三大目标为出发点，充分考虑学校的实际需要、现有的网络环境和使用习惯，全面兼顾技术、应用与发展的和谐统一。既注重实效，满足当前的现实需要，又为系统的后续升级和扩展留有余地，大大提升了各项指标和整体性能。

专为中小学体育课定制的智慧体育课解决方案，是以借助智能穿戴技术、云计算和大数据分析技术，赋能体育精准教学，解决传统体育教学"难量化、难记录、难监督、难分析"的问题，满足体育教学管理"智能化"、教学过程"数字化、可视化"和教学数据"精准化"分析的教学需求，减轻体育教师教学负担，提高教学效率，帮助体育教师达到因材施教的个性化、精准化教学目标。智慧体育构成示意图如图1所示。

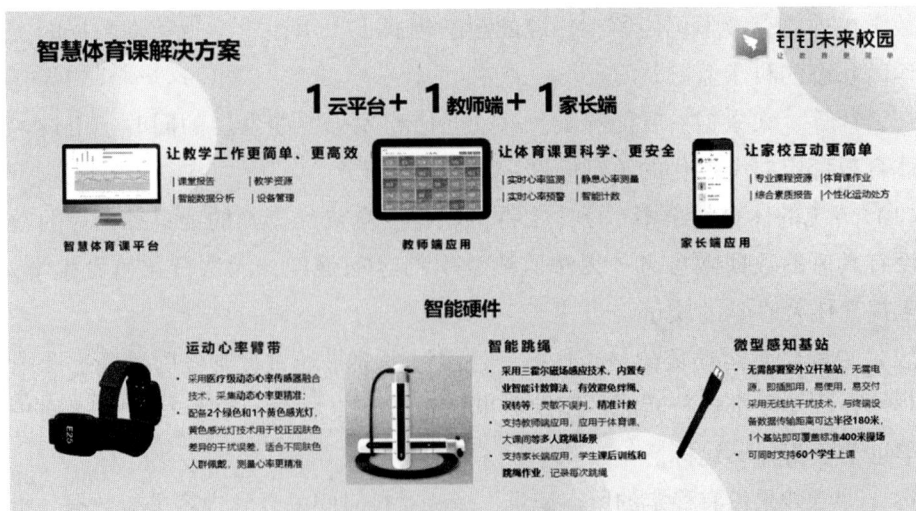

图1 智慧体育构成示意图

借助穿戴设备及前沿技术在体育课中对学生心率进行监控，呈现班级和学生个人心率曲线、运动密度、心率预警等各项指标，为体育教学提供强有力的数据支持，辅助教师科学、高效地完成体育教学内容，对学生体质健康相关数据系统会自动留存、归类、分析，形成学生个人的体质档案。同时提供拍照和录入成绩入口，拍照可方便老师记录学生上课风采并分享给家长，录入成绩可方便老师对体质健康测试进行管理，减少纸质录入烦琐的工作量。

智慧体育解决方式，需要学生通过在上课期间使用臂带完成数据实时收集、连续不间断监测。收集完成的数据通过云端的计算分析处理，实现数据的实时可视化展示。学生实时了解自身运动的状态、老师实时掌握上课节奏、管理层实时观测上课情况。通过实时数据的共享，学生可以实时调节自身运动强度，老师可以实时指导学生调整运动锻炼内容，管理层可以实时反馈给教师上课建议，多方互动教学，实时数据最大共享，充分利用数据的价值，让学生上课更有参与感，老师上课更有科学依据，管理层制定教学方针和政策更有针对性。

智慧体育课无须在学校部署基站。微型感知基站即插即用，简单易用，不增加教师工作量。上课期间不受网络限制，支持无网上课，支持数据离线存储，系统检测到网络自动上传数据，无须手工操作。数据自动采集，实时图形化、可视化展示运动数据，运动效果和上课情况实时展示。

智慧体育课无须同步学生、班级、课程等数校基础数据信息，节省前期准备工作时间，学生只需要体育课过程中佩戴智能感知臂带上课即可，智能感知臂带学校统一管理，课前统一发放，同时学生不做班级固定要求，可随机选择各班的任意学生，实现学生随到随用。教师打开 App 即可上课，不受网络限制，支持无网上课。

2. 关键技术

智慧体育课是智能穿戴技术、体育教学信息化技术与体育教学实践的深度融合创新，技术架构如图 2 所示。主要包含下面两个部分：

（1）通过智能穿戴技术，学生佩戴运动心率臂带上课，实现体育课堂学生运动数据的实时智能采集，辅助体育教师完成体育课学生运动数据的自动采集，为日常体育教学研究提供数据支撑；实时心率监测和预警功能，为体育教师实时调整教学内容和运动强度提供决策支持。

（2）智运动管理系统的应用，基于"互联网+教育"的模式，实现了体质健康测试数据的智能录入和体育课堂风采数据采集，满足体育教师日常体质健康测试数据智能采集和学生运动风采数据采集的教学需求，丰富了学生体质档案数据信息，提高了体育教学信息化水平。

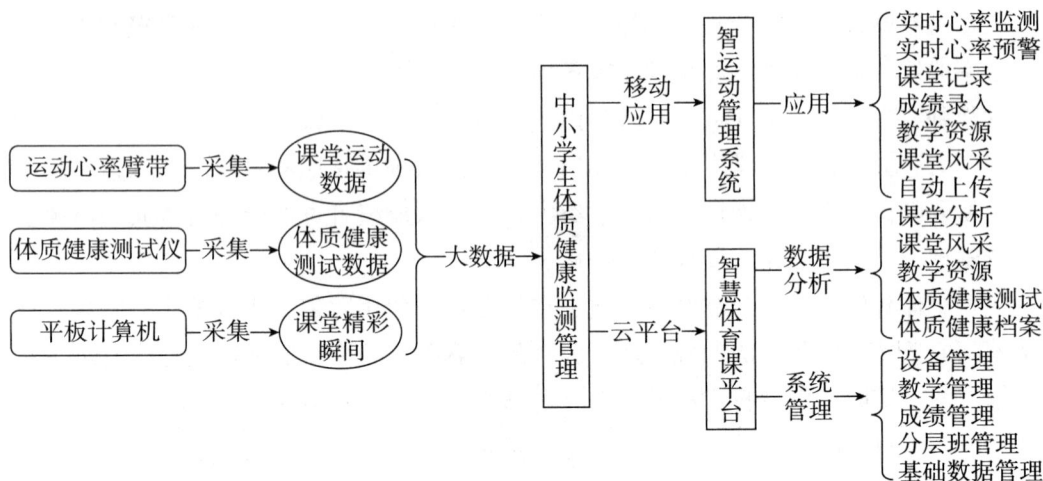

图2 技术架构

【应用效果】

专为青少年体育课定制的智慧体育课解决方案，借助智能穿戴技术、云计算和大数据分析技术，赋能体育精准教学，解决传统体育教学"难量化、难记录、难监督、难分析"的问题，满足体育教学管理"智能化"、教学过程"数字化、可视化"和教学数据"精准化"分析的教学需求，减轻体育教师教学负担，提高教学效率，帮助体育教师达到因材施教的个性化、精准化教学目标。采用领先的运动智能穿戴设备，在体育课中对学生心率进行监控，呈现班级和学生个人心率曲线、运动密度、心率预警等各项指标，为体育教学提供强有力的数据支持，辅助教师科学、高效地完成体育教学内容，通过智能身高体重测量仪与微型感知基站通过蓝牙 BLE 协议链接和实时通信，实现身高、体重数据实时传输，自动记录身高、体重、BMI 值。

应用场景：学生体质健康测试、学生体检等场景对学生体质健康相关数据系统会自动留存、归类、分析，形成学生个人的体质档案。同时提供拍照和录入成绩入口，拍照可方便老师记录学生上课风采并分享给家长，录入成绩可方便老师对体质健康测试进行管理，减少纸质录入烦琐的工作量。智慧体育课的宗旨是从安全、智能、智慧、科学四个方面来提高体育课质量，利用现代科技来促进体育课堂的改革与发展。

【案例展示——体育教学安全】

案例一：【安全无小事】

上课时间：2019 年 5 月 14 日下午第二节课

上课地点：某小学

上课时长：36 分钟

上课班级：小学六年级某班

上课内容：综合运动，包括：热身运动、往返跑、50 米往返跑、拍手跳和拉伸。

案例描述：上课期间，A 同学的实时心率出现多次预警，体育老师没有及时调整 A 同学的运动负荷；课后经同学反馈，A 同学出现明显的身体不适，并及时送往医院就医，目前 A 同学已经出院，在家调养。

案例分析：本节课班级平均心率曲线总体走势平缓，如图 3 所示；应注意避免突然加大运动负荷或突然降低运动负荷的教学安排；应将强度较高的内容安排在基本阶段；A 同学：①心率曲线大部分时间高于班级平均水平，需重点关注 A 同学的身体素质状态；②整堂课出现 5 次心率预警，在第 3 次预警时，体育老师没有进行有效的干预，学生心率再次出现 2 次预警，最后一次预警达到本节课心率高峰 210 次/分钟；③建议体育老师参考心率预警提示和学生身体素质的差异性，适当降低学生运动负荷，并提供个性化运动指导，及时预防运动损伤，加强体育教学安全。

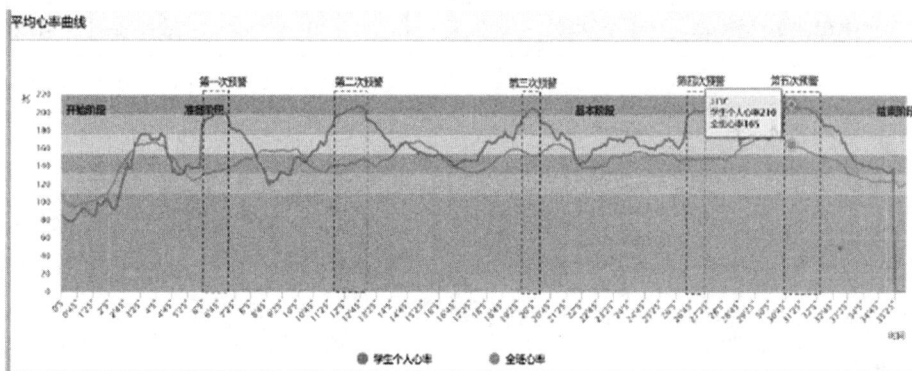

图 3　平均心率曲线

案例二：【减负增效】

学校：某小学（分校区 1500 个学生）

上课：国家学生体质健康测试

时间：2020 年 10 月 28 日

智能设备：智能跳绳、智能超声波身高体重测量仪

使用功能：成绩录入，见表 1。

表1 学生体质健康测试

测试项目	录入方式	用时	人数	班级数量
坐位体前屈	Pad 录入	5h30min	731 人	15 个
一分钟跳绳	智能计数	5h30min	678 人	14 个
仰卧起坐	Pad 录入	5h30min	784 人	16 个

本次测试实现无纸化成绩录入，配合使用智能跳绳和智能超声波身高体重测量仪辅助测量，实现多人同时测量，极大提高了体测效率，节省了体测时间，测试完成后，系统自动计数成绩、自动生成可上报数据表格，减轻了教师大量的重复性工作。辅助测量提升效率见表2。

表2 辅助测量提升效率

项目	测试数量	测试时间	数据整理时间	效率提升
传统随堂测	一个学校	3 周	3 周	
使用智慧体育课随堂测	一个学校	3 周	0	效率提升 5 倍以上
传统集体测试	一个学校	2 天	数据整理 10 天	
使用智慧体育课集体测试	一个学校	2 天	0	效率提升 5 倍以上

【专家点评】

近年来，国家对体育教育工作空前重视，尤其是青少年体育教育、体质提高方面。同时，伴随着互联网技术的革命，5G 时代、人工智能、可穿戴智能设备的出现，深刻地影响着教学技术、教育理念、教学方式和手段的变革，也给体育教学工作带来了拓展空间。

阿里巴巴集团开发的智慧体育学习与管理系统正是将人工智能与体育教学完美结合的实践与探索。通过可穿戴设备，学生上体育课时的心率、运动强度和密度等各项指标能够科学地保存与传递，便于体育教师、学校管理者掌握学生体育课上课效果，同时，有效的数据监控和长期数据存储可以对学生体育课上课质量和体质进行历史对比。该系统操作简单，便于开展，可作为将来体育教育一项基本教学技术配置和推广。在推广时应尽可能考虑到老少边穷地区教育资金的投入和缺乏问题，给予一定优惠政策。

6.4.2　儿患智能医学专家系统

【报送单位】

北京思普科软件股份有限公司

【推荐单位】

北京信息化协会

【案例背景】

医院诊断的准确度是决定医疗质量和效率的最关键因素。诊断绝大多数情况下和临床医生思路及患者诊断流程相关，很多情况下作为一个普通医生凭借固有思路很容易会导致诊断失误。对于非三甲医院的医生而言误诊主要是缺乏经验引起的，而对于三甲医院而言由于医生每天都面临大量患者（以北京儿童医院呼吸科为例，高峰期每位医生接待患者时间不超过 1 分钟）。这种情况下，医生做诊断时一般是通过"直觉"，这样的思维模式在医学诊断层面则可能出现低概率的错误从而造成医生误诊和漏诊。

"儿患智能医学专家系统"在儿童专科疾病辅助诊疗领域具有重大创新性，它学习了北京儿童医院最顶尖的医学专家的诊疗思路，将全国具有巨大影响力的北京儿童医院优势学科能力，通过人工智能技术转化为儿科领域的辅助诊断工具，实现了人工智能技术与医疗科学的完美融合，并填补了国内儿科智能医疗领域的空白，成为我国儿科智能辅助诊疗的先行者和推动者。该系统已在儿童医疗机构得到了广泛应用，为儿科临床医生提供了有效的辅诊服务，在极大地减轻了医生的工作强度的同时，也有效地避免了漏诊、误诊情况的发生。

【技术方案】

1. 技术方案概述

人工智能（Artificial Intelligence，AI）是指由人工制造出来的系统所表现出来的智能，人工智能已经在医学影像、体外诊断、手术导航、智能康复、健康大数据等方面得到了实际的应用，并在提高癌症确诊率、加速新药研发、改善诊疗体验以及判断患者预后等方面都发挥了重要作用。

关于人工智能在医学上的应用主要表现在医疗专家系统，它主要是采用人工智能中的知识表示和知识推理技术来模拟医学专家对病人病情的诊断和治疗的思维过程，编制的计算机程序，它在继承和发扬医学专家的宝贵理论及丰富临床经验的同时，还可以作为医生诊断的辅助工具，帮助医生解决复杂的医学问题。专家系统具有高度的针对性、透明性及灵活性。基于人工智能的全医学会诊中心为医院解决了医生人手不够，忙不过来产生误诊漏诊，疑难病症会诊、转诊消耗医生资源等问题。把医生从繁杂的工作中解放出来，为疾病诊治提供最佳方案，系统能够帮助医生扩大用药知识面，合理用药，为患者提供更好的医药服务；为病历书写建立科学依据，详细的记录诊断的全过程，方便医生参考、书写病历或建立电子病历档案。迅速弥补医疗资源的匮乏，降低医疗事故率，是医生案头的一部快速、准确、随心所欲的智能化医学百科全书，并提供临床最佳思路。对于那些年轻无经验的医生，系统能够帮助他们提高诊断技能，从而为患者提供最佳的诊断方案。

该领域的新进展，使得人工智能学习模型可以根据大量的现实数据，通过专家标注进行学习，形成传统统计模型难以达到的效果，模拟人类根据输入做出判断，并且达到比基层医生更高的敏感性和特异性。

2. 关键技术

本系统主要应用人工智能技术，包括：自然语言处理、知识图谱、图像识别技术以及公司自主研发的空间向量精准诊断模型、儿科医疗大数据库和数据解读训练模型等。AI 应用模型如图 1 所示。

（1）空间向量精准诊断模型。

依托北京儿童医院既往 5~10 年住院电子病历数据，搭建基于多组学融合的 AI 模型，通过多组学融合模型对噪声数据进行筛选、清理，形成初步疾病诊疗数据集及诊断模型。现实中医院电子病历书写准确性、规范性、完整性并不理想，疾病诊断逻辑知识往往存在于临床专家大脑中，基于初步诊断模型并将临床专家大脑内经验转化及融合才能真正适用于临床医生用户。本系统的空间向量精准诊断模型突破传统 AI 只基于"病历数据"训练的诊断技术，突破传统 AI"黑盒子"算法，空间向量精准诊断模型支持将专家经验转化为算法参数，同时支持诊断算法"白盒"化，空间向量精准诊断模型具有精准、灵活、可调试性。

（2）构建儿科大数据平台和数据解读训练模型。

基于北京儿童医院多年海量病历数据搭建儿科医疗大数据库，包括病因、疾病症状、专科检查、实验室检查、影像特征、鉴别诊断、重度分型、适宜治疗方案等数据集，根据本公司十几年专注医疗项目积累，搭建标准化疾病谱、疾病细分类库、标准化医疗用语词库、医疗用语语义分析库、医疗知识关联融合库、多因素判断逻辑库、引导提醒库等数据解读训练模型。基于本公司的医疗数据解读训练模型将儿童医院多年"沉睡"的海量医疗数据"激活"，将"数据"转化为可解读及应用的"信息"和"知识"，本公司在医疗数据深入解读能力方面处于国内领先水平。

（3）国内儿科顶尖医疗技术团队。

本公司是唯一与北京儿童医院合作开发儿科智能医学专家系统公司，独家享有国内儿科顶尖医疗技术资源，系统研发过程中与院内多位专家密切沟通、学习、配合，在疾病认知，疾病诊断、疾病处置等方面学习到大量精准、规范、前沿知识，并将其转化融合至系统应用。俗话说"名师出高徒"，本系统通过儿童医院专家的校对、测试等环节确保其儿科诊疗能力达到三甲医院医生水平。

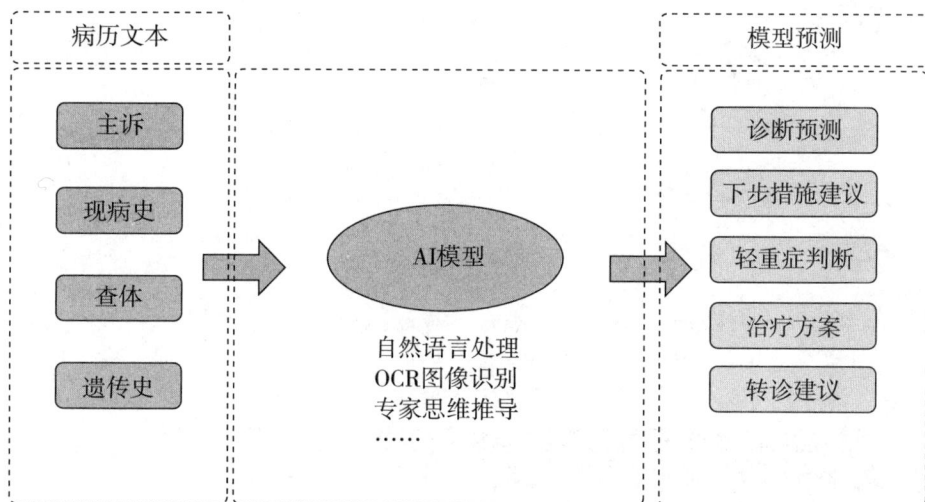

图 1　AI 应用模型

【应用效果】

1. 医联体版本

该系统的医联体版本自 2018 年至今，陆续在顺义空港医院、方庄社区卫生服务中心、保定儿童医院及医联体单位、河北省儿童医院国际部、石家庄市辛集第一人民医院、保定市曲阳恒州医院、井陉县孙庄乡卫生院、云南省昆明甘美医院儿科、保山市施甸县妇幼保健院以及昭通市大关县上桥回族彝族苗族乡中心卫生院等几十个卫生医疗机构安装后，经过一年的临床实践与应用，系统在儿科疾病诊断上起到了很好的辅助作用，诊断准确率超过一般年轻医生。据多个院医生反馈，因儿童往往不会表达疾病症状，诊断流程费时费力、效率较低，但使用了"儿患智能医学专家"后，能有效地缩短诊断时间，优化服务流程，在1000余例患儿诊断上，应用效果良好。这在一定程度上解决了医院医疗服务能力不足问题，同时也提高了医生的服务水平和诊断疾病能力，为儿科临床医生提供了有效的辅诊服务，进而有效地避免了漏诊、误诊，同时也为基层医院信息化发展奠定了基础。在这次新冠肺炎疫情防控工作中，该系统的应用减少了儿童到三甲医院就医可能遇到的新冠病毒的传染的概率，保证了部分儿童患者得到了高水平的规范诊治。

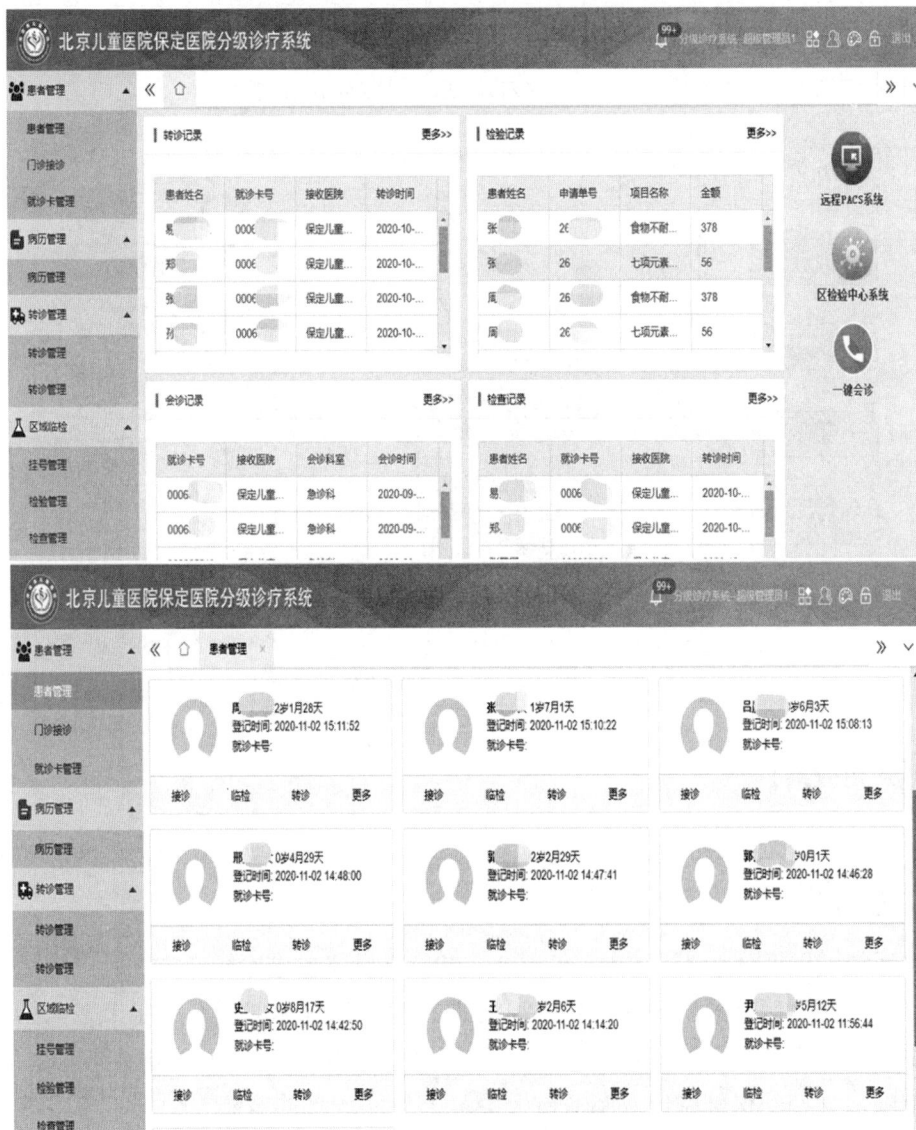

图 2　北京儿童医院保定医院系统应用

以保定儿童医院及医联体单位为例，系统使用情况见表 1。利用该系统进行辅诊的医联体机构患者已有 532 名，申请检验项目 611 个，依托系统向上级转诊患者 7 名，开卡患者 63 名。北京儿童医院保定医院系统应用如图 2 所示。

表 1　2020 年 8—11 月系统使用情况

终端登录（台/天）	转诊（次）	会诊（次）	临检送检样本（个）	开卡（名）	新增患者（名）
4	7	3	611	63	532

2. 三甲医院版本

系统三甲医院版本已于 2020 年 8 月份在北京儿童医院门诊上线。当前包括：呼吸、消化、神经、感染等 28 种疾病。系统在儿科疾病诊断上起到了很好的辅助作用，诊断准确率超过一般年轻医生。北京儿童医院辅诊应用如图 3 所示。

图 3　北京儿童医院辅诊应用

【系统特点】

1. 结合国内儿科顶尖医疗技术团队经验方面

本项目依托北京儿童医院顶尖医学专家开发，系统研发过程中与院内多位专家密切沟通、学习、配合，在疾病认知，疾病诊断、疾病处置等方面学习到大量精准、规范、前沿知识，并将其转化融合至系统应用。本系统通过儿童医院专家的校对、测试等环节确保其儿科诊疗能力达到三甲医院医生水平。

2. 应用创新方面

儿患智能医学专家系统填补了儿患 AI 应用的空白，尤其是在儿童呼吸科疑难杂症的辅助诊疗方面，目前尚属首例。

【专家点评】

人工智能应用最重要的领域之一就是医疗方面，其中儿童患者的医疗工作又是重中之重。一方面，传统的医疗模式存在着技术和水平的高低，对于一些基层和偏远地区来讲，由于各种原因，不可避免地会出现一些误诊情况；另一方面，在一些优质医院里，儿童患者数量庞大，导致医疗人力物力资源紧张。如果能采用先进的人工智能医疗进行辅助，可有效提高优质医疗资源的使用效率，优化医院的医疗服务和流程。

"儿童智能医学专家系统"就是这方面的创新，它是依托北京儿童医院多年的电子病历数据，搭建模型，对儿童疾病进行初步诊断。就该系统案例自身描述来看，在多家医院实验结果比较理想。在未来的应用与实验中要考虑几个问题：一是如何建立医生与儿患监护人对系统的信任问题；二是应该考虑的一个很重要的问题是，在应用过程中避免过度依赖系统判断，导致医生医疗技术和水平的下降，尤其在相对落后的边远地区，过分依赖系统的判断是否会导致医生诊断水平、医疗水平的停滞不前和下降？该系统作为辅助可行，但最根本的是要提高医生诊断水平，以及对儿童未来出现新疾病的判断。

6.4.3 智能幼儿身体形态素质评量系统

【报送单位】

北京咏威亚太教育科技有限公司

【案例背景】

我国 6 岁以下幼儿有 1 亿多人，是一个庞大的群体，其体质健康问题不仅关系到幼儿个人未来发展，也关系到我们国家和民族的发展，是实现中华民族伟大复兴的基础。

幼儿阶段打好体质健康基础，对于从根本上解决我国青少年体能素质30年持续下降问题，整体提升我国青少年体质健康水平等具有重要意义。

当前中国儿童的体质健康水平、社会适应能力与智力的发展明显失衡。有数据显示，我国儿童青少年体质健康主要指标连续30多年下降，《中国3~6岁儿童体质研究报告（2019）》表明幼儿时期是人身心发展的奠基阶段，更是影响身体形态、素质和机能发展水平的重要阶段之一，要提高全民体质水平和促进身体素质发展应从幼儿时期抓起。

研究表明，我国3~6岁幼儿总样本优秀率3.4%，良好率为14.6%，合格率为63.5%，不合格率为18.4%，合格及以上的比例为81.6%，优秀及良好率较低。其中，男性幼儿合格及以上的比例为78.9%，女性幼儿合格及以上的比例为84.8%，女性幼儿的综合得分、优秀率、良好率、合格率和合格及以上的比例均高于男性幼儿。研究报告指出，33%的儿童存在不同程度健康隐患，18.40%的儿童体质测试评分未达到合格标准，其中体现身体素质的上肢力量、柔韧性、灵敏性和平衡能力等方面发展薄弱，儿童肥胖检出率为7.2%，呈快速上升趋势。

《"健康中国2030"规划纲要》指出健康是促进人类全面发展的必然要求，是经济社会发展的基础条件。特别提出要实施健康儿童计划，加强儿童早期发展。儿童的体质与健康状况不仅直接关系到他们现阶段的学习和生活，并且对于成年后的体质水平、健康状况和劳动能力都将产生深远的影响。所以，促进儿童的健康是我们全社会的共同责任。

为加强幼儿园的科学管理，规范办园行为，提高保育和教育质量，促进幼儿身心健康，教育部于2016年发布了《幼儿园工作规程》，提出幼儿园保育和教育的首要目标是促进幼儿身体正常发育和机能的协调发展，增强体质，促进心理健康，培养良好的生活习惯、卫生习惯和参加体育活动的兴趣。明确要求"幼儿园对幼儿健康发展状况定期进行分析、评价，及时向家长反馈结果"，在卫生保健部分中明确提出要保证幼儿户外活动时间（包括户外体育活动时间）每天不得少于2个小时。

教育部于2012年颁布的《3~6岁儿童学习与发展指南》中将幼儿的健康放在首位，提出健康包括身体和心理两个方面，幼儿阶段是儿童身体发育和机能发展极为迅速的时期，也是形成安全感和乐观态度的重要阶段。发育良好的身体、愉快的情绪、强健的体质、协调的动作、良好的生活习惯和基本生活能力是幼儿身心健康的重要标志，也是其他领域学习与发展的基础。其中（健康领域）要求每天为幼儿安排不少于两小时的户外活动，其中体育活动时间不少于1小时，季节交替时要坚持。在不断出台的学前教育有关新政的指引下，幼儿健康管理已成为国家重要战略。

6 【技术方案】

1. 技术方案概述

本研究根据《3~6岁儿童学习与发展指南》《幼儿园教育指导纲要》及参考《国民体质测定标准手册》（幼儿部分）对我国部分省区市幼儿体质测试结果进行分析研究，探讨3~6岁幼儿体质发展的基本规律，以及影响幼儿体质发展的各种因素，进而提出有针对性的建议和采取积极的幼儿体质干预措施，有利于促进幼儿体质的提高，为新时代幼儿体质发展提供理论依据。同时，通过测试能充分挖掘幼儿潜力，极大地提高在园幼儿的体质水平，为幼儿今后运动能力的发展和良好的运动习惯的培养打下基础，这对我们深入认识幼儿体质测试在幼儿成长过程中的作用有着重要的意义。它促使社会、学校及家长重视对幼儿体质测试工作的投入和科学规范的管理，从而使体质测试在促进幼儿体质发展过程中发挥更好的作用，能提高社会、学校、社区、家庭等对幼儿体质发展的关注与重视程度。

本系统通过AI评量系统识别儿童肢体点位，分析儿童身体形态，根据分析结果由《中国儿童体质健康评量与干预课题组》提供评量报告并给予干预方案。同时本团队与清华大学联合完成了以高效、精准为核心的《国民体质测定标准手册（幼儿部分）》测试指标。

本系统的测试项目包括身体形态和身体素质。其中身体形态包括：身高、体重，身体素质包括：10米折返跑（灵敏性）、立定跳远（下肢力量）、网球掷远（上肢力量）、双脚连续跳（协调性）、座位体前驱（柔韧性）、走平衡木（平衡能力）。

2. 基本流程和算法

本系统利用目标检测与分割算法，人脸识别算法，目标跟踪算法和人体关键点检测算法等计算机视觉多个领域的深度学习算法框架，通过目标检测完成视频中目标儿童的检测和定位，人脸识别算法部分完成对测试儿童身份的识别，目标跟踪算法和人体关键点检测算法部分构成人工智能评量系统的主要部分。本系统的整体框架如图1所示。

（1）目标检测+分割算法：Mask R-CNN。

对于儿童的体质检测，由于往往需要家长、教师等成人进行辅助和指导，并且对集中体形体质测评往往会对一群儿童进行同一批次的评测，因此通过人工智能来评测儿童体形体质的首要工作是将目标儿童从一众人物中分离出来，以及需要将不同的儿童区分出来，因此目标检测和图像分割工作是最基本的。近年来，目标检测

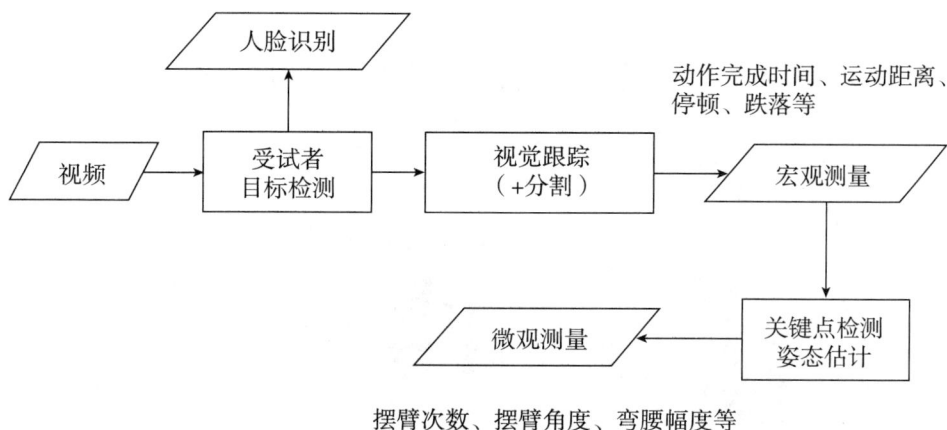

图 1 整体系统架构

算法取得了很大的突破，基于 Region Proposal（候选框）的 R-CNN（区域卷积神经网络）系列算法，首先产生目标候选框，再对候选框做分类与回归得到最佳结果，这类算法具有准确度高的特点，我们利用 Mask R-CNN 的网络模型（如图 2 所示），在快速 R-CNN 的基础上添加一个预测分割掩码（Mask）的分支，完成对图像中目标儿童的分割。

图 2 Mask R-CNN 架构

（2）人脸识别算法：RetinaFace。

人脸识别部分我们采用了 RetinaFace 算法（如图 3 所示）对目标儿童进行身份的识别，该网络使用特征金字塔网络架构，运用更多的监督信息完成人脸验证精度的提高，即使在户外进行评测也能在多变的自然环境中得到良好的识别效果。

（3）目标跟踪算法：KCF+DSST。

目标跟踪算法用来实现对目标儿童的运动进行跟踪观察，主要包括特征提取、

图 3　RetinaFace 架构

运动模型、外观模型、在线更新机制四个基本部分，本方案采用 KCF+DSST 算法（如图 4 所示）融合方案，KCF 算法利用循环矩阵进行位移变化的快速计算，因此将 DSST 算法中的平移部分引入 KCF 算法进行计算。

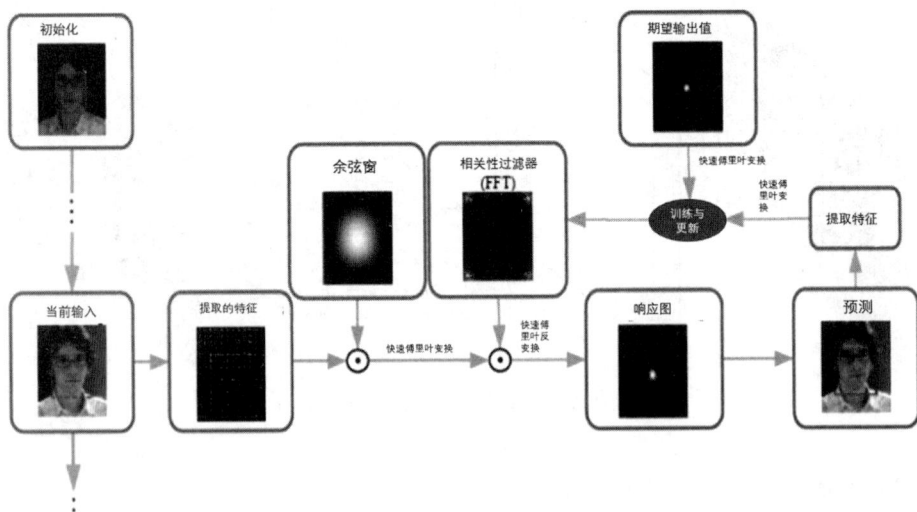

图 4　KCF+DSST 架构

（4）人体关键点检测算法：OpenPose。

关键点检测也是形态估计的重要一环，通过检测视频图片中的每个人物身体上的关键点，完成人体姿态的描述与评估、动作识别的功能。本案例使用 OpenPose（如图 5 所示）人体姿态识别对儿童进行关键点的识别，识别儿童肢体点位，分析儿童身体形态。

（5）评量报告反馈。

根据评量结果，由"中国幼儿体质健康评量与干预课题组"提供评量报告，并由应用后台反馈给家长、教师和园所，并提供科学合理的亲子活动和教学活动建议。

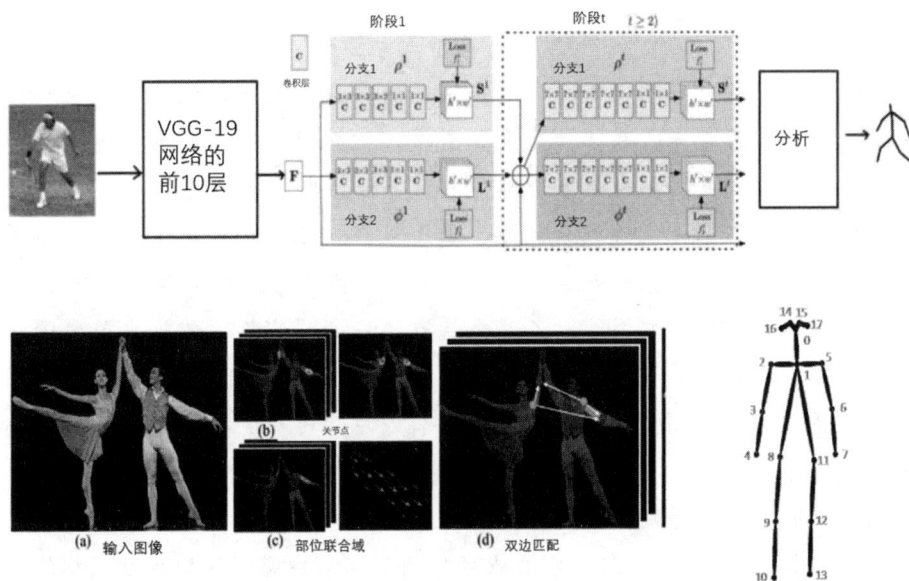

图5 OpenPose 架构

【应用效果】

本方案采用的人体识别技术，应用于家长端，儿童父母手机应用中 AI 评量功能输入孩子身高后进行全身拍照，系统将分析儿童是否存在头倾斜、高低肩、躯干倾斜、胯骨倾斜、O 型腿等身体形态问题，根据 AI 算法识别的点位分析儿童肢体倾斜的角度提供专业的分析报告和干预方案。

根据 AI 评量结果，制定儿童的身体形态改善方案，通过游戏的方式锻炼儿童头倾斜、高低肩、躯干倾斜、胯骨倾斜、O 型腿等问题。

应用中设计单项训练的互动游戏，并根据 AI 算法识别人体 16 个点位，针对不同肢体部位，设计不同 AI 游戏，可以有效锻炼儿童灵敏性、柔韧性、协调性、上肢力量、下肢力量、平衡能力等，儿童通过移动肢体各个部位从而达到训练的效果。

本团队联合首都体育学院开展了历时近一年的幼儿体质测试，研究院所属 99 所分院 1000 多人参与测试工作，测试对象分布于 28 个省自治区、直辖市 1256 所各级各类幼儿园，有效样本量达 119178 人。此次体质测试的研究成果和结论具有普遍性和代表性。

疫情期间我们通过和清华大学、北京旷视科技有限公司的深度合作，推出园所端 AI 评量和家庭儿童 AI 身体形态评量及 AI 训练游戏，拓宽了家庭儿童训练场景，帮助儿童锻炼身体形态等问题。

【专家点评】

幼儿身体素质的好坏不仅仅是个人和家庭的事，更是关系到未来国家和民族的健康发展。但是，近年来，我国幼儿身体素质连续多年下降的新闻不绝于耳，引起儿童家长、学校、教育和体育专家的重视，整个社会也非常关注。"智能幼儿身体形态素质评量系统"项目组关注这一问题，通过结合人工智能技术，对幼儿体质进行评量，监测范围较广，包括幼儿灵敏性、柔韧性、协调性、平衡性、上下肢力量等，制定幼儿体质改善方案。本系统具备几个特点：一是现实性。依据当前我国幼儿体质存在的问题，项目团队认真研究《中国 3~6 岁儿童体质研究报告 2019》《国民体质测定标准手册》《幼儿园教育指导纲要》等文件，具有现实指导意义。二是科学性。项目组与清华大学、首都体育学院等相关高等院校进行合作，制定方案，现场测试，科学性较强。三是实践性。项目组已经在全国 28 个省自治区、直辖市进行测试，有效样本量达到近 12 万份。在未来的应用于拓展中需要制定更加严格的标准和措施以保护幼儿个人信息和隐私问题。

6.4.4 儿童学习发展监测与评估系统应用实践

【报送单位】

广东红橙云大数据有限公司

【推荐单位】

广州互联网协会

【案例背景】

儿童能力的发展离不开教师的科学引导，而观察和记录儿童行为是教师理解和培育儿童的工作起点。全美幼儿教育协会在儿童评估指南纲要中指出，观察法与儿童表现样本相结合的评估方法，能更全面、更精确地描述儿童各个方面的能力。

用 AI 技术解决学前教育中儿童行为记录和学习发展能力评估的关键问题主要有以下几个：

（1）通过智能记录解决儿童学习过程行为数据沉淀的效率问题。一方面，智能记录打破原有数据存放无序的状况，将园区各个班级和教师产生的记录数据聚合在统一的系统；另一方面，智能化、高精度数据处理流程，减轻甚至免去教师整理数据的烦琐任务，提升教师工作效率，增加教师记录儿童成长的意愿；此外，成长记录自动分发给家长，家长同步获悉园区教学和儿童表现，提升家长对园区的信任度。

（2）通过智能评估解决儿童学习和发展能力评估的客观性问题。一方面，智能评估实现以成长记录评估儿童学习和发展能力，做到定论有依据，异议可溯源，成长可视化；另一方面，智能评估将儿童学习和发展能力建模为数字化知识图谱，以能力知识图谱为核心实现个性化育儿。

（3）通过智能决策解决教学督学管理科学化问题。一方面，智能决策实现教学过程和园区管理数字化；另一方面，智能系统对数据加工、建模、生成可视化图表，实现数据驱动教学研究和管理决策。

【技术方案】

1. 技术方案概述

红橙云提供一套儿童行为记录和评估的解决方案和系统，依托 AI 技术能力与大数据处理能力，为幼儿园和家庭提供以儿童人脸识别为核心的"智能记录"和为教育管理者提供以统计分析为核心的"智能决策"服务，如图 1 所示，以图像理解和知识图谱为核心的"智能评估"服务尚在研发中，本案例不详述。目前儿童系统已服务 400+家幼儿园和学前机构、5000＋位教师、50000＋名儿童，累计沉淀和处理 500 万+个图像。

（1）智能记录类服务。

该类服务在当前幼儿园硬件基础设施的基础上，利用边缘计算和云计算提供的数据处理能力，将教师手中的智能手机打造为儿童行为记录的可移动便携智能终端，覆盖全场景教学记录。

利用该服务，教师便捷地实现各个教学场景下儿童成长记录，智能生成可视化儿童成长档案，通过红橙云 SaaS 服务存储分发给儿童监护人。

（2）智能决策类服务。

智能决策类服务在运用计算机视觉、自然语言处理、大数据处理等技术提取班

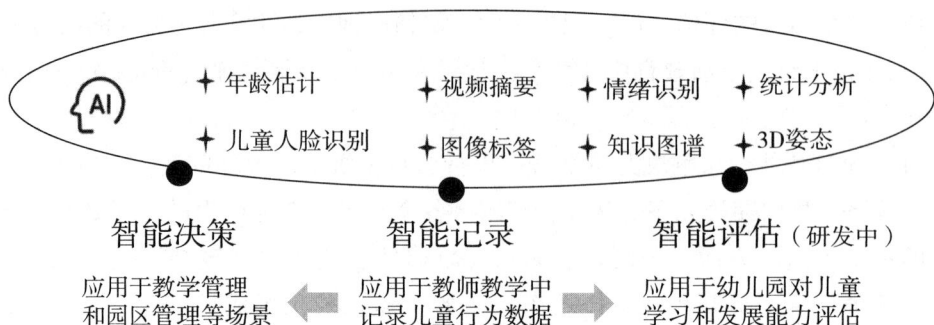

图 1　智能记录、智能决策和智能评估服务

级的教学活动及家长在系统中产生的行为和互动数据的基础上，将统计分析的结果用数据可视化技术展示出来，为教学管理、园区管理决策提供数据支撑。

2. 关键技术

红橙云结合先进的 AI 技术，为幼儿园、学前机构和家庭构建的学习和发展监测与评估系统，实现了智能记录服务，其核心技术包括智能采集技术和智能分发技术。

（1）智能采集技术。

教师手机设备中存储日常拍摄记录的儿童学习生活图像，智能采集技术从中剔除无关的数据，仅自动同步儿童相关的资料到云端存储。红橙云从时间、空间和内容三个维度筛选上课期间在幼儿园内拍摄儿童的图像。

从图像元数据可获取记录在文件中的拍摄参数，包括图像的拍摄时间、GPS 坐标。图像 GPS 坐标与幼儿园 GPS 坐标对比可粗略判断图像是否在幼儿园内拍摄。

年龄估计技术，根据人脸面部图像推测出主体所属的年龄段，实现终端筛选有效的儿童图像、视频，剔除无关的大人影像。红橙云采用 ResNet18 ［1］为骨干网络回归人脸年龄，从而判断图像是否包含儿童。

（2）智能分发技术。

智能分发技术精准识别儿童生物特征，将识别出儿童的图像分发给儿童的监护人。红橙云以 RGB 图像中儿童人脸特征作为识别 ID，不断改进儿童人脸识别模型的精确率和召回率，实现精准图像分发。其关键技术包括构建高质量儿童人脸识别数据集、人脸特征模型、人脸分发系统。

数据驱动的人脸模型准确率依赖于高质量大规模人脸识别数据集。研究发现，现有公开的数据集，例如，MS-Celeb-1M ［2］、MegaFace ［3］，不适用于儿童学前教育场景。一方面，受隐私保护和知识产权开放协议影响，以欧美人种人脸居多，而其中小孩的数据比例很低。另一方面，数据分布上，幼儿教育场景中儿童人脸与公开数据集差异很大。在幼儿教育应用中，儿童拍照多在无约束状态完成，存在表情夸张、低头俯拍、侧拍、遮挡、美颜滤镜、快速成长引起的面部外貌变化等挑战。为此，红橙云从数据源头出发，对海量儿童人脸数据进行多轮算法——人工迭代清洗，建立人脸数据集，包含约 100 万人脸数据。

红橙云采用主流深度卷积神经网络训练人脸特征模型。该模型在 ResNet50-SE[4] 的基础上，调整网络的空间分辨率和特征图分辨率而成。网络的损失函数联合 Arc loss [5] 和 Focal Loss [6]。Arc loss 以余弦距离作为度量，使同类别的人脸特征在球面上的映射相邻，不同类的人脸特征映射保持一定的间隔（margin）。Focal Loss 减少易分样本的损失增加难分样本的损失，解决分类问题中正负样本比例失衡的问题。

数据增强技术可增加训练样本的多样性，改善数据集的尾部分布，提高模型鲁棒性，避免过拟合。除了常用的缩放（Scale）、颜色抖动（Color Jitter）、随机擦除（Random Erase [7]）、混合（Mixup [8]）等方法外，针对儿童人脸实现了基本的美颜滤镜，包括磨皮、贴纸等。

迁移学习 [9] 从一个或多个源任务（Source Tasks）中抽取知识、经验，将其应用于一个目标领域（Target Domain）。我们利用迁移学习将成人人脸识别知识迁移到儿童人脸识别和多人种人脸识别上，加快训练收敛。

在抽取人脸生物特征的基础上，识别分发采用一对一人脸比对（Verification）和人脸聚类（Clustering）的方法。一对一人脸比对，计算未知样本特征与锚点样本特征的距离度量，基于阈值判断是否为同一人。人脸聚类并没有锚点样本，将相同类中的样本分配相同的标签，不同的类分配不同的标签。

我们在 20 万对儿童人脸数据集上评估红橙云儿童人脸识别模型的性能，作为对比，将其与国内某大型云服务提供商的模型相比较，见表 1。红橙云的儿童人脸识别能力很好地弥补了该领域的偏差，几乎达到了成人人脸的识别水平。

表1　红橙云儿童人脸识别模型性能对比（2019）

	TAR@FAR=1%	TAR@FAR=0.1%	TAR@FAR=0.01%
红橙云	97.59	92.13	83.16
某云服务商	84.96	71.98	58.29

【应用效果】

中国某上市教育集团旗下 7 所幼儿园陆续在教学场景中应用了红橙云儿童学习和发展监测与评估系统，成为典型特色的人工智能学前教育应用案例。下面将以这 7 所幼儿园 254 名教师、2241 名儿童、3635 名家长为例，介绍其人工智能在学前教育的应用情况。数据采集时段是 2017—2019 年。

红橙云儿童学习发展监测与评估系统集成了儿童成长记录服务，以 SaaS 服务的形式开放给幼儿园使用，如图 2 所示。该系统采集教师手机上记录儿童成长的图片和视频，通过移动端 App 通过互联网同步到云端存储和分析。经过教师和儿童监护人双重授权后，系统对上传的图像识别分析，将其按儿童 ID 归集，一对一分发给儿童监护人，保证儿童数据的隐私性，实现无人干预、实时自动识别分发。其间红橙云共采集 79 万+张照片，完成 85 万+张智能分发，比手工操作节省 39 万 5000 余分钟，按老师时薪 35 元计算，为幼儿园节约 23 万元人工成本。除了图像记录外，红橙云为教师提供食谱、入园、动态等多媒体记录形态，家长累计阅读动态 20 万+次，点赞与留言互动约 2 万次，大幅提升了教师的工作效率和家长的满意度。

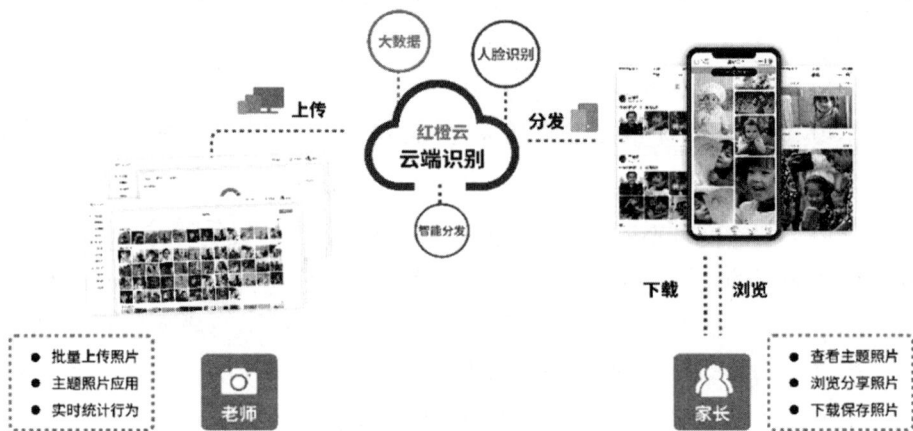

图 2　红橙云儿童学习发展监测与评估系统

红橙云儿童学习发展监测与评估系统集成了智能决策服务。其主要功能包括：①成长记录统计。按园区、班级、儿童、教师、时间跨度、教学场景等维度统计儿童成长记录情况，将数据可视化展示。②智能考勤。采集儿童每日园区的图像数据，提取分析其当日入园情况，将数据可视化展示。③家长满意度分析。以家长在系统中的行为和评论作为数据源，统计家长家园共育的参与度，挖掘舆论主题和情感倾向。

智能决策服务包含教学数据分析，以图 3 各个园区照片记录数分布为例，该图可帮助园区管理者直观掌握各个幼儿园的教学记录情况。

智能决策服务包含家长行为数据分析，以图 4 每日家长访问次数为例，该图可帮助园区管理者直观掌握家长对儿童在幼儿园表现的关注度。

在项目发展过程中我们发现，即使是高端的幼儿园，幼师的专业能力与人员配比依然无法满足个性化精准育儿的需求。AI 学习儿童成长路径，发现儿童成长特

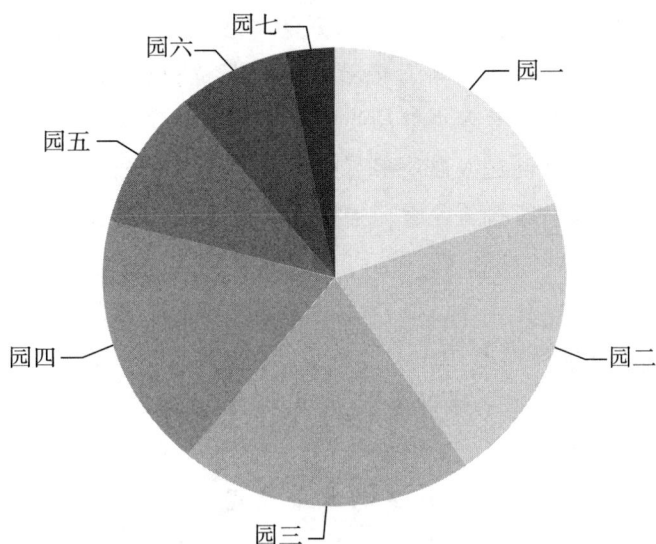

图 3　各园区照片记录数分布

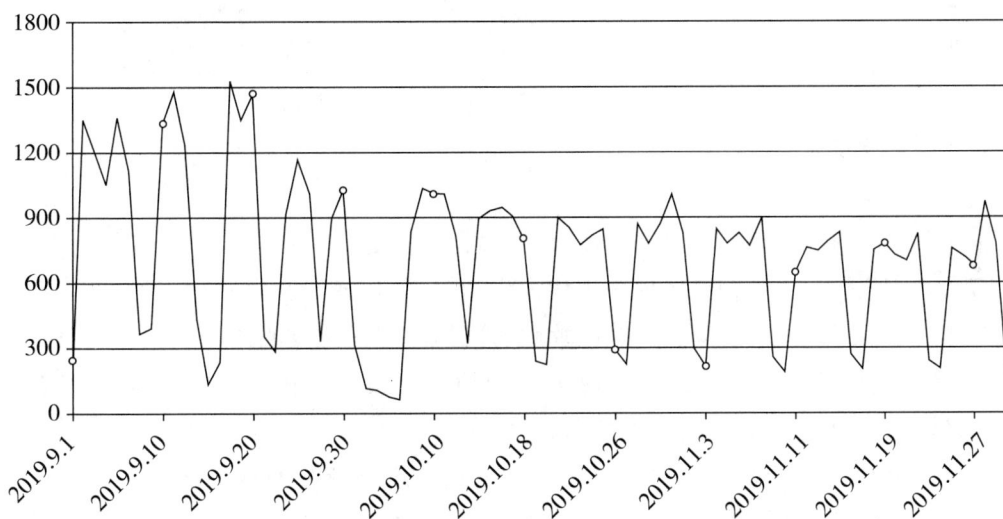

图 4　2019.9.1—11.30 每日家长访问次数

征，精准评估儿童各个关键能力的状态，为老师和家长推荐优质育儿方案和服务，提升育儿质量，可缓解家长焦虑、为儿童身心健康发展提供福祉。

【专家点评】

　　学习对儿童来说是很重要的事情，同时也是对学校和家长的一个考验。人工智能的发展在儿童教育和学习领域应该有很广阔的应用和空间。红橙云通过人工智能技术，结合已经在 400 家幼儿园和学前机构的测试，为儿童提供一套行为记录和评估的解决方案和系统，既为幼儿园和家长提供"智能记录"，利用该服务，教师可以轻松实现各个教学场景下儿童学习记录；也为儿童教育管理者提供"智能决策"服务，为教学管理、幼儿园管理决策层提供数据支撑，应该说很好地搭建了家长与管理者之间的桥梁，可以使双方都能很好地掌控儿童学习行为和发展。未来的应用和推广过程中要严格保护数据的安全，避免过度商业化，兼顾社会效益。

6.5 休闲娱乐

6.5.1 基于机器学习的个性化内容挖掘模型

【报送单位】

北京微播视界科技有限公司

【案例背景】

在互联网时代，许多新事物的流行速度都远远超过了互联网以前的时代，短视频就是其中之一。短视频已经成为现代人生活中不可分割的一部分，日渐取代图文成为大众在上下班途中、睡觉前等碎片化时间里消遣的主要娱乐方式。短视频在近年里持续高速增长，截至 2020 年 12 月，中国短视频用户规模为 8.73 亿，较 2020 年 3 月增长 1.00 亿，占网民整体的 88.3%。

然而短视频质量参差不齐，如今的短视频，沦为抄袭的重灾区。一些优质的短视频，未经允许被"搬运工"和"剪刀手"稍作处理，就成为吸引流量的工具。同一内容的短视频被"掐头去尾"，重复出现在不同平台，不仅令观众纳闷，更令视频原创作者烦恼，大大扰乱了短视频行业的创作环境。短视频的发展短板令人担忧。

近日，对 1974 名受访家长进行的一项调查显示，92.1% 的受访家长觉得青少年沉迷短视频的现象普遍。70.6% 的受访家长担心孩子沉迷短视频会对学习生活提不起兴趣，66.3% 的受访家长担心孩子模仿不良的短视频内容。针对短视频的上述不良现象，国家出台了一系列针对青少年的保护措施，如 2020 年国家网信办决定 7 月初起开展为期 2 个月的"清朗"未成年人暑期网络环境专项整治，专项整治时间为 7 月初至 8 月末。严厉打击直播、短视频网站平台存在的涉未成年人有害信息。

随着在短视频平台活跃的青少年用户日益增加，为了响应国家号召，整治短视频中的不良信息，同时为了满足青少年用户的内容消费需求、为青少年用户们提供更好的服务，抖音青少年项目从内容挖掘和智能推荐等多维度应用人工智能技术赋能业务，更好地服务青少年用户。本案例主要分享了抖音青少年项目如何应用机器学习技术，为广大青少年用户创建形式多样内容丰富、寓教于乐的消费环境。

机器学习在抖音青少年项目中主要应用在以下场景中：

（1）内容挖掘模型赋能内容生态建设，丰富内容供给：青少年模式前期主要依靠运营人工检索挖掘账号丰富内容供给，为高效扩充青少年模式的内容池，我们引入机器学习内容挖掘模型，通过人工智能技术在抖音全局挖掘适合青少年观看的内容，补充青少年模式内容供给，优化、丰富内容供给生态，为青少年提供更加多样的视频内容。

（2）机器学习模型赋能适龄内容发掘，提升青少年使用体验：在用户调研访谈中，我们发现不同学段的青少年需求有明显差异，为针对性提升青少年内容消费体验，我们在推荐系统中增加了用户侧和内容侧的特征，提升个性化推荐效果，向不同年龄段的青少年推荐适龄内容，满足青少年用户多样的内容消费偏好和对内容的个性化需求。

【技术方案】

1. 概念介绍

（1）机器学习。

机器学习是研究怎样使用计算机模拟或实现人类学习活动的科学，是人工智能中最具智能特征，最前沿的研究领域之一。自 20 世纪 80 年代以来，机器学习作为实现人工智能的途径，在人工智能界引起了广泛的兴趣，特别是近十几年来，机器学习领域的研究工作发展很快，它已成为人工智能的重要课题之一。机器学习不仅在知识系统中得到应用，而且在自然语言理解、非单调推理、机器视觉、模式识别等许多领域都得到了广泛应用。

随着大数据时代各行业对数据分析需求的持续增加，通过机器学习高效地获取知识，已逐渐成为当今机器学习技术发展的主要推动力。大数据时代的机器学习更强调"学习本身是手段"，机器学习成为一种支持和服务技术。如何基于机器学习对复杂多样的数据进行深层次的分析，更高效地利用信息成为当前大数据环境下机器学习研究的主要方向。所以，机器学习越来越朝着智能数据分析的方向发展，并已成为智能数据分析技术的一个重要源泉。

（2）特征工程。

特征工程是能够将数据像艺术一样展现的技术。因为好的特征工程很好地结合了专业领域知识、直觉和基本的数学能力。本质上说，呈现给算法的数据应该能拥有基本数据的相关结构或属性。特征工程，其实是将数据属性转换为数据特征的过程，属性代表了数据的所有维度，在数据建模时，如果对原始数据的所有属性进行学习，并不能很好地找到数据的潜在趋势，而通过特征工程对数据进行预处理的话，算法模型能够减少受到噪声的干扰，这样能够更好地找出趋势。

在我们的内容挖掘模型中采用了图像特征、语音特征、文本特征，并且对这些特征进一步分析，选择出作者维度特征、画风模型特征、互动维度特征、内容理解特征、文本长度特征。在机器学习模型中采用了基于视频分龄的内容侧特征和基于用户类型、学段的用户侧特征。

（3）内容挖掘。

随着互联网技术的飞速发展，网上的信息量也以惊人的速度增长，面对互联网上海量分布、动态、异质、复杂、非结构化的丰富信息资源，用户如何从中查找、抽取自己想要的数据和有用信息，由此产生了互联网挖掘技术。

互联网挖掘就是从大量的互联网文档和互联网活动中发现、抽取感兴趣的、潜在的有用模式和隐含的、事先未知的、潜在的信息。互联网信息的多样性决定了互联网挖掘任务的多样性。互联网挖掘可分为三类：互联网内容挖掘、互联网结构挖掘和互联网应用挖掘。

内容挖掘是从大量互联网数据中发现信息、抽取有用知识的过程。互联网内容挖掘是互联网挖掘的一个重要方面。

2. 内容挖掘模型

内容挖掘模型赋能内容生态建设，该模型流程如图1所示。内容挖掘模型的训练主要分为以下三个部分：

（1）训练集选取：基于目前青少年模式内容的画风和安全标准，我们积累了一定数量的高质量、符合青少年观看的正例Case，这部分正例Case将作为输入数据输送模型学习。

（2）模型训练：基于XGBoost算法模型，对训练集里的正负例case学习其各维度的特征——在视频特征维度上，通过多模态特征（视觉、文本、语音、OCR字幕、作者特征、正向行为特征）的学习，提升模型对视频内容的学习能力，并持续优化调整模型特征结构；在学习视频特征之外，加入内容理解维度标签特征（使用抖音其他模型输出结果），为机器学习增加特征维度，提升机器学习效果；最终模型会对被预测视频进行打分，根据模型学习效果和准确率情况制定分数标准，分数高于此标准的视频会被模型召回；

（3）输出结果策略：在模型学习视频特征并对大盘视频内容进行回扫后，将对模型进行策略剔除（如通过一定字段剔除广告视频、通过剔除不适合青少年内容的关键词对视频进行过滤等），最终输出模型的召回结果。

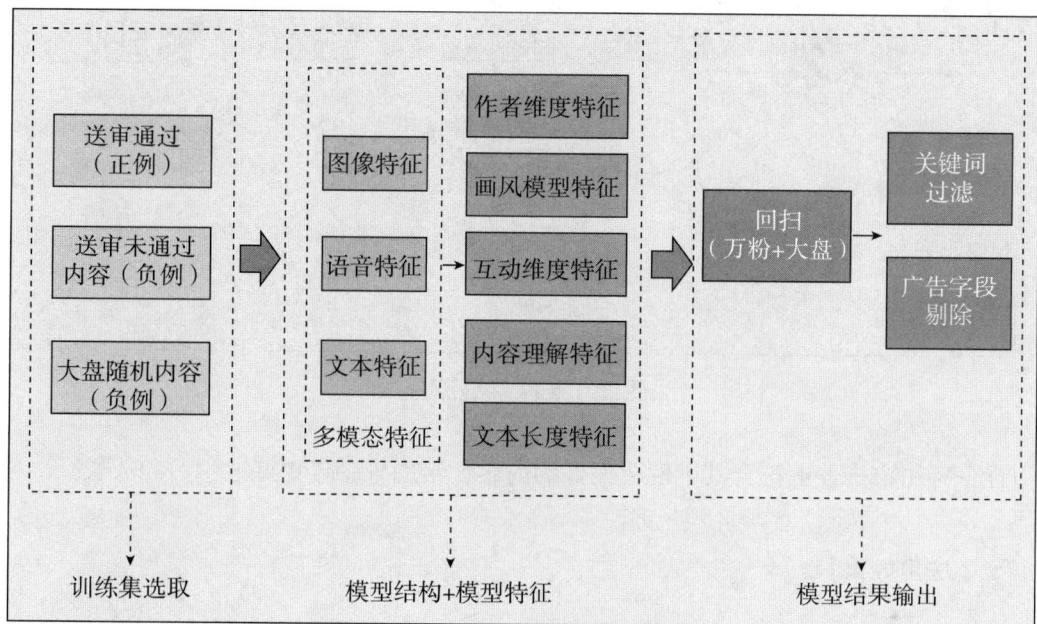

图 1 内容挖掘模型流程

3. 机器学习模型

机器学习模型赋能适龄内容发掘，图 2 展示了该推荐系统流程。机器学习模型的训练主要分为四部分：

（1）筛选视频：根据视频分龄的内容侧特征和基于用户类型、学段的用户侧特征，选出用户可能感兴趣的部分视频。

（2）读取数据：读取筛选后的视频数据。

（3）计算得分：以预测模型和价值模型联合来计算每个视频的得分。预测模型根据视频分龄的内容侧特征和基于用户类型、学段的用户侧特征，从而预测互动发生的概率。价值模型计算视频播放的价值。

（4）返回结果：将每个视频的得分返回。

在推荐模型中加入青少年用户类型、青少年用户具体年龄段、内容的匹配年龄分段的特征维度，通过将用户侧的用户类型和年龄段特征以及内容侧的内容适配年龄特征加入推荐系统的筛选和预测环节，提升推荐系统个性化推荐能力和准确性，

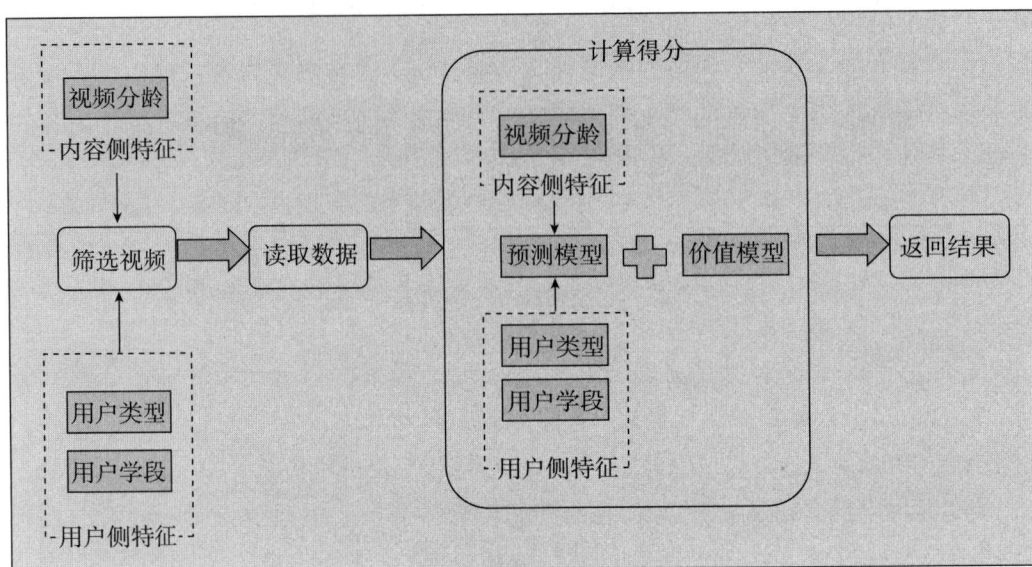

图2 推荐系统流程

为青少年用户推荐更符合其个性化偏好的内容，帮助青少年更好地学习和成长。

【应用效果】

目前青少年模式内容池已有丰富优质内容，后续模型接入预计每日内容供给量可提升31%，并持续优化模型为青少年模式输入内容、丰富供给。

内容分龄模型已训练完成（准确率80%）并上线，后续会结合用户类型、学段和内容分龄进行推荐分发，为青少年提供更加个性化、多元化的消费体验。

【专家点评】

基于儿童发展的网络内容过滤、挖掘、审核和推荐是一项十分重要的工作，在加强监管的同时，平台企业必须承担起社会责任。短视频已经成为少年儿童比较喜欢的学习、娱乐和社交的重要媒介，短视频沉迷、不良视频内容、儿童隐私以及社交风险是社会比较关注的问题，加强技术保护，为儿童提供更多更好的数字内容产品，满足儿童的内容消费需求，保护儿童的发展权十分重要。字节跳动公司研发的基于机器学习的个性化内容挖掘模型丰富了儿童的内容供给，针对不同年龄儿童的身心发展特点、行为习惯和用户特征提供了有针对性的内容产品，在一定程度上解决了儿童在学习、娱乐过程中的安全问题，有利于儿童学习成长。这里必须指出一点，对于儿童短视频内容的审核，仅仅依靠人工智能是不够的，必须加强人工监管，通过对重点内容，重要环节和关键节点的审核，采取巡查和抽查的方式，加强对暗示性、隐蔽性和误导性的不良内容进行过滤审核，同时，在对机器学习过程中的儿童信息采集也要注意隐私保护问题，避免对儿童造成隐私侵害。

6.5.2　基于人工智能的内容推荐和健康呵护系统

【报送单位】

腾讯科技（北京）有限公司

【案例背景】

小企鹅乐园 App 是腾讯视频儿童版，致力于为青少年儿童提供纯净、绿色、安全的视频观看环境。动画片作为孩子们童年密不可分的一部分，如何让孩子们在观看过程中还能够有效收获知识、养成科学习惯是我们密切关注的问题。

腾讯视频目前有近 500 万部动画片和短视频内容，将持续探索符合家长期望和儿童成长阶段的良好内容匹配，如何将海量内容分发给不同需求的用户是我们关注的重点之一。

另外，儿童的视力和听力健康也是家长关注的重点，世界卫生组织指出，儿童的视力要到 5~6 岁才发育完成，低龄儿童特别是 0~2 岁幼儿看屏幕的时间每次不能超过 5 分钟，否则会加快眼轴发育，增加近视风险。

我们以人工智能技术为方向，遵从儿童教育科学规律，开启硬件功能，利用语音、动作识别等多种新科技应用，打造场景沉浸式体验，通过涂鸦、配音、绘本、知识挑战等儿童喜闻乐见的互动形式，不断激发孩子创造力，提升他们的成长质量。专为儿童设计的非触屏互动，让孩子可以在安全视距环境下通过语音、动作识别等沉浸在动画中，推动动画片情节的发展，极大提升参与感。

自从 2016 年上线以来，小企鹅乐园以儿童身心健康为设计前提，提供包容、多样性的产品功能和服务，提升儿童用户的参与度，并借助人工智能科技，持续完善为儿童观看视频提供安全健康的内容和服务。

【技术方案】

1. 五维知识体系智能推荐系统

小企鹅乐园 App 旨在创造一个促进儿童友好型人工智能的环境，将少儿成长不同阶段所需的通识能力提炼为五维能力模型，并设计了五维三级标签体系。在产品内通过引导家长选择感兴趣的标签，并将用户历史观看行为发送给机器学习，通过机器算法召回推荐给适合小朋友的内容。通过丰富的内容知识体系，为孩子提供适龄推荐，并全方位地培养孩子各项素质的完善。通过趣味性十足的"教育场景"，App 将视频内容按照五维模型分类推荐，保证家长们都能够选择到孩子最需要发展的一环，综合培养其创新思维能力，实现高效率的学习。

五维体系分别是学科知识、常识百科、能力培养、情商教育、行为习惯。学科知识除了传统的数学、英语的学习，我们还加入了儿童国学、形状学习、颜色学习等可供选择的标签，这些可选择的标签内容有利于儿童从多方位积累知识。图 1 展示了该 App 的学知识频道五维体系和智能推荐结果应用展示。儿童通过对学科知识的学习，不仅学到了知识，还产生了对知识的渴望，有利于儿童的成长。常识百科包括生活常识、安全教育、自然常识、动物科普、建筑认知五个标签内容。能力培养包括儿童才艺、儿童绘画、动手能力 3 个标签内容。情商教育包括个性培养、友情亲情、待人接物、素质教育四个标签内容。行为习惯包括生活习惯、习惯培养、身体认知三个标签内容。

图 1　应用展示

另外我们会保护儿童的隐私和数据，基于推荐的用户画像数据仅在小企鹅乐园中使用，不会泄露给第三方平台。后续规划中还将加入反馈机制，通过不断调优算法和匹配实际观看行为，进一步修正能力模型。

图 2 为个性化智能推荐原理，其中账号基础画像包含用户年龄、性别、地区等基础信息。

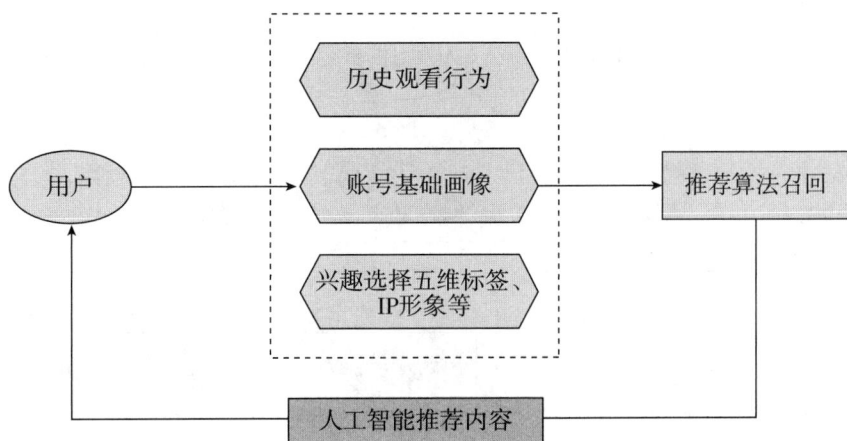

图 2　个性化智能推荐原理

2. 智能健康呵护系统

系统整合了护眼模式、护耳模式，保护孩子身体正常成长，更提供时长设置，孩子学习反馈报告等功能，在为儿童营造安全、健康的观看环境的同时，让"陪伴"理念更加深入人心。为了儿童的身心健康发展，智能健康呵护系统从多方位多角度为儿童考虑。主要包括了护眼模式、音量提醒、时长设置、关爱提醒四个方面。

（1）护眼模式。

为切实改善视觉环境，保护儿童视力健康，App 推出了护眼模式、观看时长设置、投影 TV、后台"听"等诸多功能，可监控观看距离，防止儿童沉迷网络，避免不合理用眼，在为儿童营造安全、健康的观看环境的同时，让"陪伴"理念更加深入人心。

小企鹅乐园在确保儿童用眼安全和健康上做出了很多努力。App 分别利用设备重力感应系统、苹果 Face ID 识别技术和屏幕光线亮度识别技术设计针对播放视频场景的坐姿提醒、距离提醒和蓝光过滤功能。图 3 为护眼模式智能识别原理。

坐姿提醒：由于儿童处于骨骼的发育期，不正确的坐姿不仅影响视力还影响儿童的脊柱发育。据统计，每 1000 名学龄儿童中，就有 36% 有轻微姿势不良的问题，37% 明显姿势错误协调力不佳；有 18% 已证实有姿势不良倾向。因此矫正儿童的坐姿问题也是关爱儿童健康成长的重要环节。App 可以识别手机当前的水平角度，当超过 30 度时触发提醒，防止儿童在观看视频时因坐姿不正导致屏幕倾斜。在 App 提醒期间会暂停视频播放，直到屏幕角度恢复正常。

距离提醒：当儿童没有正常观看时，如距离屏幕过近等，App 同样会提醒儿童。利用苹果 Face ID 摄像头识别人眼与屏幕的距离，在不足 30cm 时出现提醒。提醒时会暂停视频播放，直到距离恢复到 30cm 以上。

```
┌──────────┐   ┌──────────┐   ┌──────────┐
│ 手机屏幕角度 │   │ 人眼与屏幕距离 │   │ 开启蓝光过滤 │
└────┬─────┘   └────┬─────┘   └────┬─────┘
     │              │              │
┌────▼─────┐   ┌────▼─────┐   ┌────▼─────┐
│ 重力感应系统 │   │降低屏幕中RGB中│   │Face ID摄像头│
│          │   │ B通道的透明度 │   │          │
└──────────┘   └────┬─────┘   └──────────┘
```

AI智能识别系统

角度识别　　　　距离识别　　　　屏幕亮度优化算法

是否符合标准　　　　是否符合标准　　　根据环境亮度自动调整蓝光过滤度

否　　　　是　　　　否

坐姿提醒　　　继续播放动画　　　距离提醒

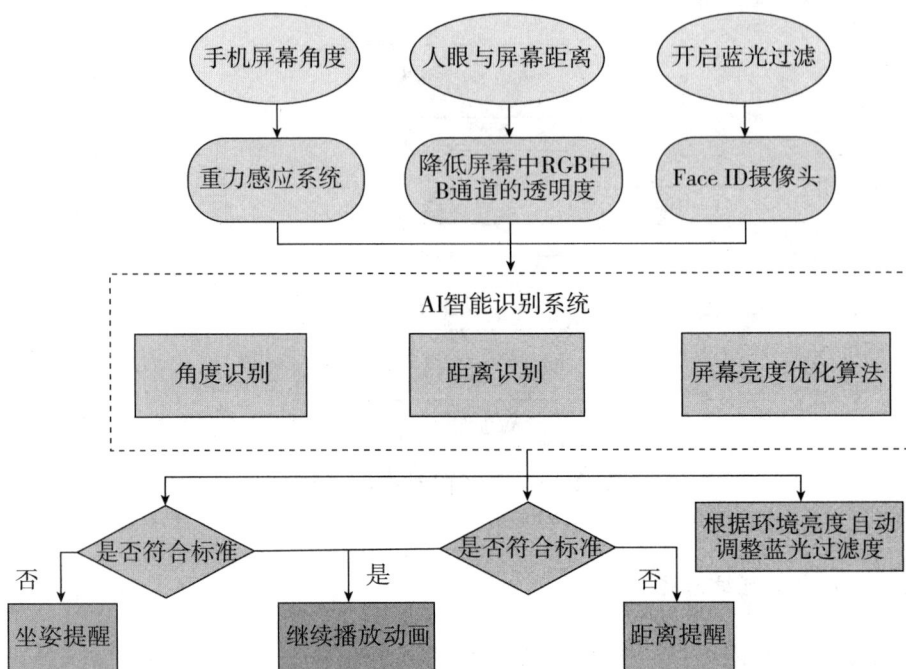

图3　护眼模式智能识别原理

蓝光过滤：蓝光作为可见光中的高能量可见光，通常不会被角膜和晶状体吸收，因此会接触到视网膜。而且蓝光能加速视网膜黄斑区的细胞氧化，过量照射甚至损伤视觉细胞。视网膜中的黄斑区是眼睛中收集信息最丰富最敏感的区域，直至儿童4岁左右才发育完全；而与成人相比，婴幼儿的晶状体相对清澈，无法有效过滤光线，眼睛更容易受损。因此过滤掉手机、计算机中的蓝光对于保护儿童的眼睛尤为关键。我们通过给 App 增加一层统一的遮罩，并将 RGB 色值中 B 的透明度降低至10%来过滤有害的蓝光波段。

（2）音量提醒。

与成年人不同，儿童的听觉器官并没有完全成熟，比较娇嫩，因此一些成年人耳中听到的微小刺激都可能给孩子带来伤害。专家指出，声音超过70分贝，就会对儿童的听觉系统造成伤害；80分贝的声音会使孩子感到吵闹难受；如果声音经常达到并超过80分贝，儿童就会产生心理问题。我们系统可以智能检测设备音量，当音量超过小朋友可承受范围时，小企鹅形象会给出提醒，提醒小朋友将设备音量调整到合适的范围内。

（3）时长设置。

根据世界卫生组织对不同年龄儿童用眼时长的要求，以及不同年龄段儿童对于事物专注力时长的差异，我们设置了从 5～60 分钟不等的时长选项，满足不同年龄段的家长和儿童诉求。到约定时间以后需要家长解锁，儿童才可以继续观看。适当的用眼用脑时间不仅有利于保护儿童的身体健康，还促进儿童心理方面的健康发展。

（4）关爱提醒。

系统会根据时间给出智能化、人性化提醒，以小企鹅的形象和语音提醒小朋友吃午饭、准备睡觉等。如在白天 12：00—14：00，小朋友如果打开小企鹅乐园，小企鹅会提醒小朋友"到了吃饭和午睡时间哦"。避免发生儿童在休息和吃饭时间仍然沉迷于娱乐的问题。

【应用效果】

1. 五维知识体系智能推荐

该功能上线后，在线下的用户调研中，九成家长对五维知识体系推荐给予了高度认可，成为他们选择继续留用小企鹅乐园的关键决策点。

2. 护眼模式

在播放设置中，90%的用户开启了坐姿提醒，iOS 设备用户有 1/3 开启了距离提醒。当小朋友看动画姿势不正确时，小企鹅会语音提醒小朋友保持良好的坐姿、保护视力，得到家长的信任。

3. 音量提醒

当系统音量过大时，小企鹅会以 50%的系统音量声音给出语音提醒，提醒小朋友调整音量。这样的做法不仅保护了儿童的听力不受损伤，也避免了因过大音量带来的惊吓，非常人性化。

4. 时长设置

在看动画的时候控制每次观看时间，是家长对儿童产品的基本要求。小企鹅乐园不仅在家长未设置时默认了 30 分钟时长，还可以基于不同家长的诉求，提供多个时长选项，帮助家长管理小朋友看动画的时间，保护儿童视力，养成遵守时间约定的好习惯。

5. 关爱提醒

App 系统自动检测时间，当时间是早上时，小企鹅会问好，时间为午间小企鹅会提醒小朋友吃午饭，时间为晚上小企鹅会提醒小朋友早睡觉，培养小朋友良好的作息时间。功能上线后获得小朋友和家长的喜爱，每天有 10 万小朋友与小企鹅互动，为小朋友提供趣味的同时养成好的习惯。

【专家点评】

国家一直鼓励建设儿童专有网络环境，在《未成年人网络保护条例》（征求意见稿）中指出："国家支持有利于未成年人健康成长的专门网站、应用程序等网络内容平台的建设，支持有利于未成年人健康成长的网络内容的生产，支持有利于未成年人健康成长的网络技术的研发和推广。"腾讯公司小企鹅乐园 App 是为儿童提供纯净、绿色、安全的专有视频内容的平台，也是腾讯公司履行企业社会责任的具体体现。小企鹅乐园 App 通过人工智能和大数据技术打造的内容推荐和健康呵护系统充分地考虑了不同年龄段儿童的认知差异，关注儿童听力和视力健康，通过人工智能系统为儿童营造以学科知识、常识百科、能力培养、情商教育、行为习惯为内容的五维体系教育环境，帮助儿童通过互联网成长和提高。这里需要注意的有两点，一是通过算法和标签对儿童的内容推荐，有可能形成"信息茧房"效应，要思考如何保证儿童平等、充分地获取各方面信息和知识；二是部分内容源来自传统媒体和已经出版的视频内容，并不能完全保证信息内容的安全性，比如该案例介绍材料中使用的个别动画片的某些剧集曾饱受社会争议，被家长联合举报，甚至被停播，所以，儿童专属网络加强内容把关更加重要。

6.5.3　基于游戏内多维度深度学习的未成年人识别与保护系统

【报送单位】

广州网易计算机有限公司

【案例背景】

游戏作为一种大众化的娱乐项目，已经逐渐成为生活中不可或缺的一部分，随着手机的普及，未成年人也越来越多地接触到了手机游戏，国家上线未成年人防沉迷系统后规范了大部分未成年用户上网的行为，但是与早些年相比，游戏厂商仍然面临许多亟待解决的问题与挑战：①未成年人通过冒用成年人身份进行实名后游戏的情况依然存在，且因未成年人过度充值导致家长多方求助的新闻屡见不鲜，对未成年人的消费管控已然成为游戏公司的重要课题。②2020年教育部、国家新闻出版署、中央网信办等六部门联合下发通知，启动未成年人网络环境专项治理行动，但由于游戏内社交方式丰富，群体多样化，仍有一部分违规手段及不法分子会逃避常规的监控和干预。同时，未成年人在网络社交中可能遭遇的风险也多种多样，性骚扰、社交诈骗、社交沉迷等。

面对上述问题，网易游戏结合其领先的技术研发能力与多年来处理未成年人保护相关问题的丰富经验，上线了基于深度学习的智能识别未成年人保护系统。为了更好地提高和保护未成年人在游戏内的社交质量，同时减少在社交上可能遭遇的威胁和负面影响，网易搭建了系统且多维的监控与打击体系，更加全面和精准地保护游戏内未成年人的社交生态。首先，该系统通过综合游戏内的多维度监控和打击手段共同防治，包括但不限于危害未成年人不良信息人工智能识别模型、不良信息的过滤与隔离机制、未成年人社交风控模型、网络黑手专项打击，完善并创新了现有的单一体系，组合应用于未成年人的社交保护；其次，在解决未成年人不理智消费的问题方面，网易针对未成年人的游戏行为进行多方面的大数据分析，如游戏发言、游戏语音、实名情况、登录时间、付费习惯等，依靠网易游戏多年来沉淀的未成年人问题相关处理经验，使用深度学习框架 Pytorch 搭建了一套神经网络模型，用于判断玩家特征是否属于一个未成年的玩家；最后，基于不理智消费玩家的相关行为特征，结合正常用户的行为习惯进行横向对比，搭建了一个基于多种机器学习算法的融合模型，用于提前预测未成年玩家的不理性消费，并及时地进行干预与拦截，有效地保障了未成年人在游戏时的适度消费。

网易游戏未成年人保护系统是整个游戏行业中领先的、将人工智能技术与未成年人保护深度融合的解决方案，开拓了未成年人保护的先河，在覆盖的游戏产品量级、未成年玩家数量上都处于业内顶尖的水平。目前网易游戏未成年人保护系统已经覆盖了全网易上百款不同种类的游戏产品，累计为上亿名未成年玩家进行健康游戏保驾护航，截至目前，已经为 17000 个产生不理智消费行为的疑似未成年玩家发起消费拦截并要求玩家提交身份认证资料；社交保护方面，处理涉及未成年人相关不良信息 1.8 万例，对游戏内出现言语污秽、频繁骚扰的未成年人黑手进行识别处罚并联合公安机关对其进行打击，共处理 162 例。

未来，网易游戏未成年人保护系统将致力于拓展至更多类型的游戏产品、保护更多的未成年玩家，目标覆盖超过 200 款游戏产品。此外，网易游戏未成年人保护系统基于其独特的优势及广泛的应用场景，已经提交国家专利局进行专利认证。

该系统在设计及实施的过程中，遵循了以下几个以儿童为中心的人工智能原则：①支持儿童的发展和福祉：保护儿童在游戏内健康社交，并在监护人允许范围内进行理性消费。②保护儿童的数据和隐私：设立严格的权限机制，对儿童的数据由严密的储存机制进行管控，防止儿童的数据发生泄露。③确保儿童的安全：对骚扰儿童的言论进行快速屏蔽及删除，对存在骚扰儿童或其他不良行为的玩家进行监控、隔离及其他游戏内处罚，情节严重者会直接通报公安，确保儿童在游戏世界内进行健康、安全的游戏。

【技术方案】

1. 技术方案概述

《2019年全国未成年人互联网使用情况研究报告》数据显示，未成年网民上网活动中，排在前三位的是网上学习（89.6%）、听音乐（65.9%）、玩游戏（61.0%）。游戏已然成为儿童上网时普遍的娱乐选择之一，在面对大量涌入的儿童玩家时，如何保护未成年人安全地进行游戏、在游戏中健康社交，已经成为游戏公司迫切需要解决的重要课题。"网易游戏"作为游戏行业中知名的头部企业，通过接入网易游戏未成年人保护系统，将大量玩家的游戏数据进行监控与筛查，结合业内领先的人工智能算法与技术，实时识别风险用户的异常行为并及时保护儿童不受侵害，对儿童的不理智消费行为也做到提前发现并采取相关手段进行拦截，有效地保护了儿童在游戏内的安全，让孩子玩得放心，家长看得安心。自网易游戏未成年人保护系统上线以来，已累计保护了数百万未成年用户，未成年人不理智消费申诉量下降20%。

网易游戏未成年人保护系统，共分为一个主模块及两个子模块，主要结构如图1所示。

主模块，基于网易游戏所有游戏产品的实名数据、玩家语音数据、玩家言论数据、定位数据等对玩家的实名有效性和真实性进行检测，其中包括声纹识别、定位区域识别、言论文本识别等先进的AI技术。

社交保护模块，构建未成年人社交生态保护上的方法体系，综合游戏内的多维度监控和打击手段来共同防治，包括但不限于危害未成年人不良信息AI识别模型、不良信息的过滤与隔离机制、未成年人社交风控模型、网络黑手专项打击，完善并创新了现有的单一体系，组合应用于未成年人的社交保护。

消费及时长保护模块，针对玩家的账号状态、游戏充值情况、付费购买情况等多种游戏内行为进行综合分析判断，利用xgboost等多种融合的机器学习算法来预测并判断玩家的行为目的，一旦检测到疑似未成年人且存在不理智消费的行为，即可快速对玩家采取相应干预措施。

在本系统中，网易游戏成功地融合了语音、自然文本语言、实时定位和数据挖掘等多方面与人工智能相关的技术判断和识别的难题。系统结构如图2所示。总体上，本系统基于大量游戏用户数据的分析与验证迭代，将各类有风险的玩家行为进

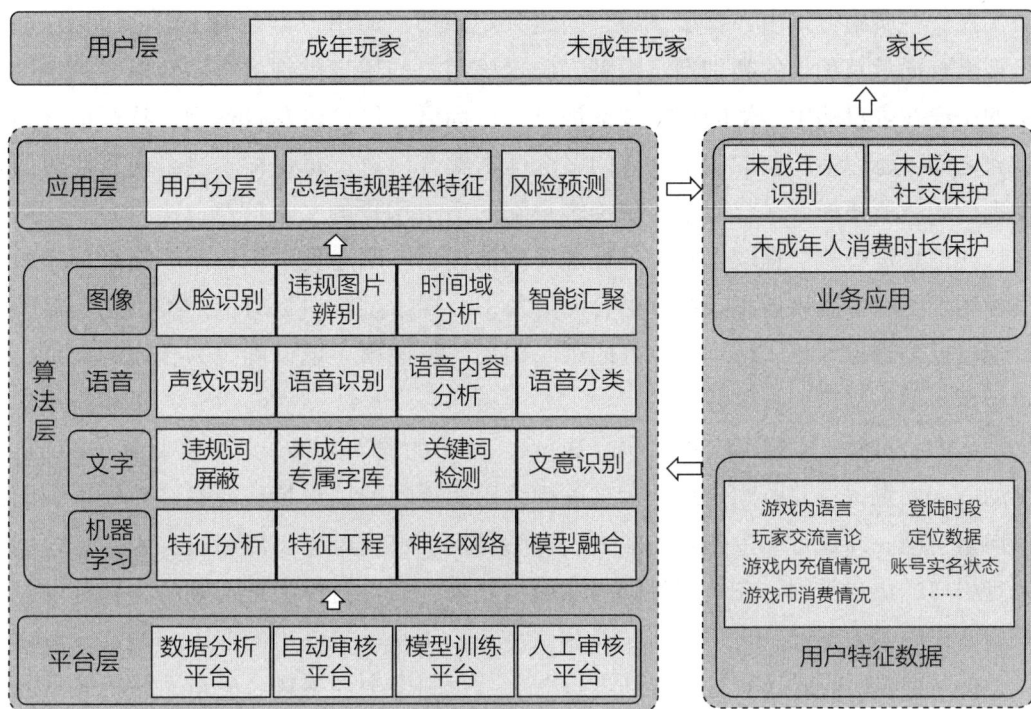

图 1　平台方案架构

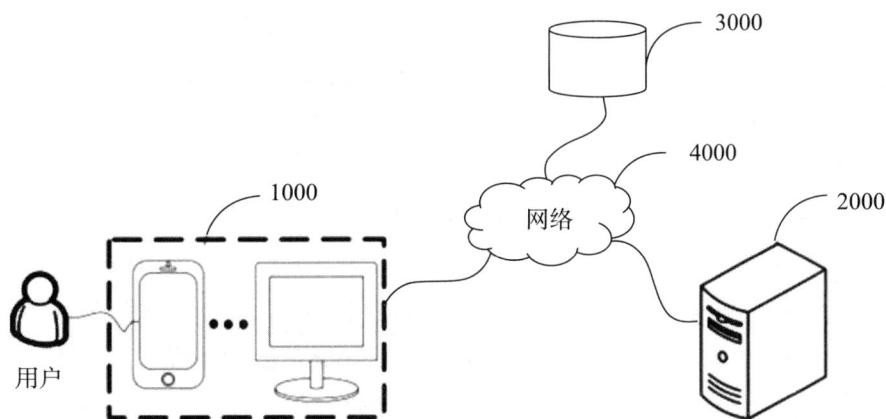

图 2　系统结构

行识别，有效地提升了未成年人玩手机游戏的安全系数，阻止了不法分子对未成年人的侵害，控制了未成年人在游戏娱乐时的理性消费。

2. 关键技术

（1）创新性。

该技术根据融合向量判定用户的用户类别。

在一些实施方式中，基于该融合向量判定该用户的用户类别的步骤，包括：基于该融合向量及预设的类别判定模型，确定该用户的用户类别；在该获取待判定类别的用户在客户端中产生的目标文本信息、目标语音信息以及目标用户特征信息的步骤之前，还包括：获取用于训练的多个样本融合向量及每一样本融合向量对应的类别标记，所述样本融合向量为基于客户端的历史用户的文本信息、语音信息，用户特征信息进行特征提取以及融合处理得到的向量，所述类别标记用于指示用户的实际用户类型；利用该多条样本融合向量及每一样本融合向量对应的类别标记对第一预设模型进行训练，得到训练好的第一模型，将该第一模型确定为预设的类别判定模型。

其中，可将文本模型全连接层（Dense）输出的嵌入向量、语音模型 Dense 层输出的嵌入向量，以及对用户特征信息进行编码后得到的用户特征向量线性映射到同一向量空间，并进行向量融合，输入预设的类别判定模型中，以通过类别判定模型判定用户的用户类别。在使用类别判定模型之前，需要对模型进行训练，训练的方式为事先收集大量记录表信息，以及由文本模型 Dense 层输出的嵌入向量、语音模型 Dense 层输出的嵌入向量。对其进行融合，得到多个样本融合向量，并将融合向量输入多层感知机分类器中进行训练，得到最终训练好的第一预设模型，并将第一模型确定为预设的类别判定模型。

具体地，在判定出用户的用户类别后，可针对不同的用户类别实施不同的操作规范。例如，当识别用户为未成年时，在该用户进行游戏时，限制该用户的游戏时长；当识别用户为成年时，不限制该用户的游戏时长等。

（2）准确性。

目前各样本数据使用深度学习框架 Keras 实现神经网络模型及其训练，网络模型主要使用了深度神经网络 ResNet18，且进行了必要的修改，标记数据集随机划分80%作为训练集，剩余 20% 作为验证集，训练使用的是交叉熵损失和 Adam 优化器，学习率为 3e-4，训练轮数为 100 轮，且每一轮计算验证集的精确率和召回率，通过严密的计算及多重校验使得精确率指标和召回率指标尽可能优化，能够准确地识别到未成年玩家。

【应用效果】

该方案在游戏行业，主要解决的问题包括了使用他人身份证进行游戏的未成年人身份识别，对未成年人在游戏环境下的多样化社交保护，对未成年人不理智付费行为的前置干预和保护。

近年，在未成年人充值问题上，国内游戏公司受到的舆论压力越来越大。媒体上总能看到类似"未成年人在玩游戏时充入巨额款项,家长走投无路寻求曝光"的报道。这些案例普遍涉及的金额在4位数以上,一些案例还会达到5位数。我国已经上线了非常严格的游戏实名政策及未成年人防沉迷系统,但难以避免的未成年孩子冒用家长身份信息绕过监管这一问题,依旧是各游戏公司的重要痛点之一。同样地,也有利用游戏社交平台赠送道具、服装等好处引诱未成年人发裸照和裸体视频的相关案例,因此在游戏内对未成年人进行保护已经成为游戏厂商的重要课题。

针对以上问题,网易游戏通过全线游戏产品接入网易游戏未成年保护系统的解决方案,从三个层面进行拆解:

(1)未成年人识别,依托业内前沿的深度学习技术和外界难以复制的大数据资源,对每个进行游戏的账号实际是否为未成年人进行综合的评估和识别,以便用于儿童保护相关业务的开展。

(2)未成年人社交保护,实现了网易游戏大部分游戏的未成年在社交安全上的统一化管理保护,同时通过该体系进行更多维度的监控和打击,对不良社交环境的打击力度大且全面。我们对涉及未成年相关不良信息处理1.8万例,对游戏内出现言语污秽、频繁骚扰的未成年黑手进行识别处罚并联合公安机关对其进行打击,共处理162例。

(3)未成年人消费及时长保护,覆盖了登录、言论、消费、实名等多项游戏数据,依托多年沉淀的大数据样本以及风控方面的业务沉淀,再借助业内顶尖的AI解决能力,对玩家的整体行为风险进行判断和评估,合理预测未来行为走向,针对有风险的行为采取预警、知会、干预、限制等多样化、阶梯化的处理手段。

在上述三大层面的解决方案下,网易游戏成功地解决了游戏行业中难以对实名信息为成年账号实则为未成年玩家的识别问题,同时延伸拓展至解决未成年人社交保护和消费时长保护等两大问题。对网易全游戏的未成年人用户的识别覆盖率从5%提升到了80%,尤其对未成年人较多的重点产品采用了更加严谨的识别与保护方式。我们看到,在家长的反馈中他们普遍满意我们对未成年人的游戏行为采取的管控方式。

【专家点评】

近年来,消费者有关网络游戏消费的投诉增长较快,未成年人在网络游戏中过度消费的问题尤为突出。这些问题已经引起了全社会的关注,相关政策规定网络游戏企业须采取有效措施,限制未成年人使用与其民事行为能力不符的付费服务,并对不同年龄段的未成年人在游戏中付费的额度进行了限制。由于部分未成年人冒用成年人身份进行游戏注册,因此如何对未成年人身份进行智能识别是游戏公司面临的挑战。网易公司报送的基于游戏内多维度深度学习的未成年识别与保护系统，将大量玩家的游戏数据进行监控与筛查，结合人工智能算法与技术，实时识别风险用户的异常行为并及时保护儿童不受侵害，对儿童的不理智消费行为做到提前发现并采取相应手段进行拦截。这些技术的推广应用将会有效地保护未成年人权益，有利于消除社会对网络游戏的负面情绪，对游戏产业的健康发展起到长效推动作用。但是在实际的应用中，还得长期观察这些手段的有效性，并及时更新技术。

6.5.4 基于人工智能的网络应用青少年模式研究

【报送单位】

中国传媒大学

备注：本案例为课题组根据公开材料编写，非企业报送。

【案例背景】

根据中国互联网络信息中心发布的统计报告显示，截至2020年6月，我国网民人数已达9.4亿，其中19岁以下网民占18.3%，为1.72亿人，学生占比最多，达23.7%。随着互联网技术的快速发展，网络在各个领域的深入渗透，给我们的生活带来了深刻影响，互联网为青少年的学习和生活带来便利的同时，也对青少年的身心健康产生了不同程度的影响。据相关调查统计青少年在浏览网络短视频过程中遇到的不当内容分布如图1所示，可以发现有59.8%的青少年在浏览网络视频中遇到过歪曲事实，散布虚假信息的情况。由于多数青少年好奇心强，自我控制能力差，难以鉴别网络上海量信息的真伪，也难以抵挡住虚拟世界的种种诱惑，因此如何防止青少年沉迷网络已成为一个十分重要的热点问题。

2021年2月，在国家互联网信息办公室等七部门联合发布的《关于加强网络直播规范管理工作的指导意见》中，明确提出应该向未成年用户提供"青少年模式"。青少年模式是一种在主要短视频平台和直播平台试点上线的"青少年防沉迷系统"，在该系统中使用AI技术通过使用时段、时长、功能和浏览内容等方面对未成年人的上网行为进行规范，访问内容仅限于专属内容池，减少青少年对网络的依赖，用户也无法在平台进行打赏、充值、直播等功能，从而制止未成年人在网络上不理智的消费行为。在内容方面，运用人工智能相关算法推送给用户的也多为适合青少年观看的学习课程、科普知识等优质视频。截至2020年10月，已有53家网络视频和直播平台上线了"青少年模式"。青少年模式是保护未成年人的一种新举措，对于呵

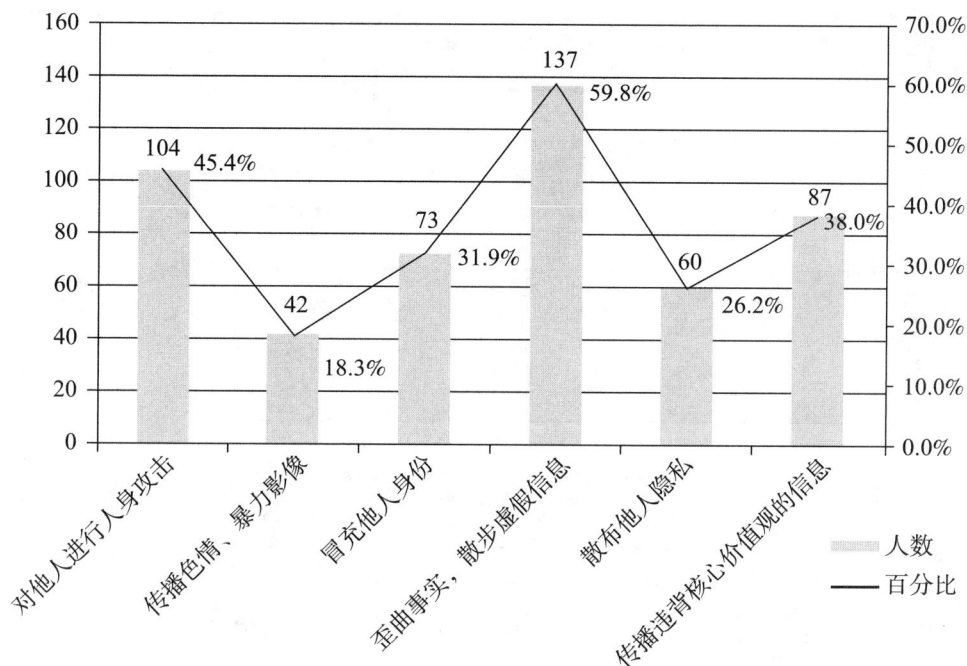

图 1　青少年在浏览网络短视频过程中遇到的不当内容分布

护未成年人健康成长、营造良好网络环境具有创新性意义。

【技术方案】

1. 概述

青少年模式是专门为未成年人设计的一种网络防沉迷系统。对于互联网上各色各样真伪难辨的海量信息内容和平台上大量种类繁杂的资源视频，可以通过大数据分析及相关智能算法来筛选出适合青少年观看的内容，通过关键词检测和互动质量检测技术可以智能地为青少年用户推送更适合的专属内容。一些平台会在用户使用时通过 AI 人脸识别技术智能在判断使用者为未成年人时自动进入青少年模式。在青少年模式下会通过相关算法为用户智能推送优质视频、优质评论和优质用户，引导青少年形成正确的人生观、价值观和世界观，培养孩子养成良好的学习习惯和生活习惯。家长在青少年模式下可以查看孩子所观看的内容以及上网时间，对平台内容可以实时进行反馈，系统可以根据反馈来调整平台推送内容。图 2 描述了一个典型的基于人工智能技术的青少年模式方案架构。

"青少年模式"设立的初衷就是守护青少年健康快乐地成长，它是一种由网络监管部门、互联网企业平台和未成年人监护人针对青少年在网络安全防沉迷问题上达成一致意见下的结果。网络监管部门为青少年构筑绿色上网、安全上网的"防火

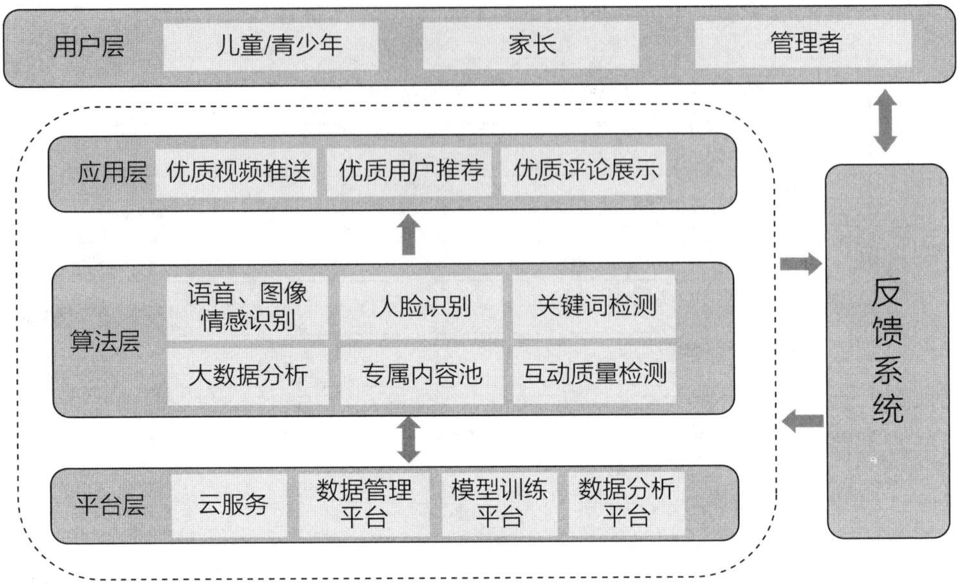

图2　基于人工智能技术的青少年模式方案架构

墙"，给青少年营造一种文明健康的网络空间环境，为青少年健康安全上网保驾护航。互联网企业平台积极履行社会责任，运用大数据分析、人脸识别、人工智能等技术，在青少年模式下限定使用时长，规范服务功能，严把网络内容审核关，为青少年提供文明健康、积极向上的良好网络平台。未成年人监护人是防止孩子沉迷网络的重要基石，除了对孩子进行合理的监督之外，还应该加强对孩子的自律意识、自控能力和自我保护的教育。青少年模式可以使孩子更加便利地学习百科知识，开阔视野，又不会过度依赖于网络。

青少年模式的主要内容有以下五点：①在进入或退出青少年模式的时候，需要家长输入提前设置好的密码，这一措施可以使孩子无法主动退出此模式。②用户在线的时长受到限制，每日累积使用的时长不能超过40分钟，超时则无法继续使用该平台，此限制可以有效防止青少年沉迷网络。③用户访问的内容受到限制，通过大数据分析和AI智能算法设计和参数设置，青少年用户只能访问专属内容池，主要有课程内容、书法绘画、生活实用技能、趣味科普、人文地理等的精品内容，具有积极的教育意义。④用户使用时段受限，每日22时至次日凌晨6时，用户禁止使用平台，此限制可以避免扰乱用户的正常作息规律，保证充分有效的睡眠时间。⑤用户的服务功能受限，青少年用户禁止使用平台的打赏、充值、提现、直播、发布观点等功能，有效避免"16岁孩子打赏主播，55万家当挥霍一空"等类似事情的发生。青少年模式的系统架构如图3所示。

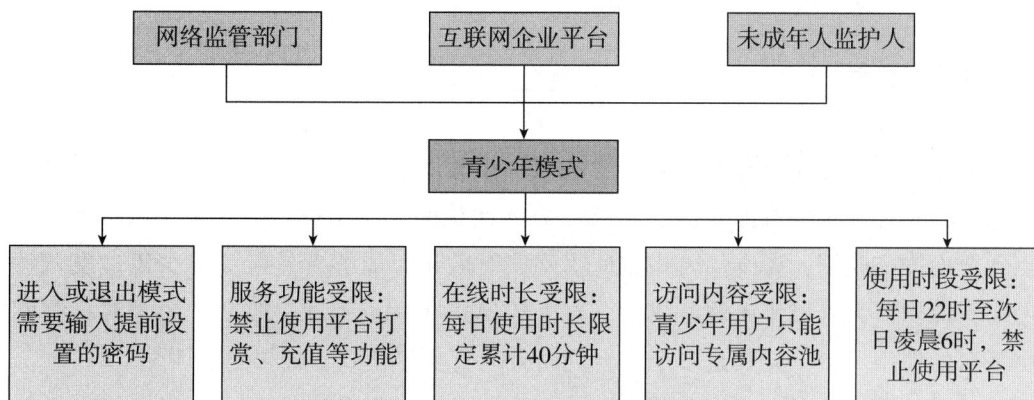

图3 青少年模式系统架构

2. 关键技术

构建一个好的青少年模式专属内容池一般分为四个步骤：大池→粗筛→细筛→精筛。大池的初始内容主要有站内资源——用户或团队的创建内容，还有企业合作的内容以及站外抓取的内容，这些内容要禁得起时间的检验、数据效果好且值得信任。构建的大池里面会有一些杂质，比如背离价值观的，干扰用户正常消费等，粗筛池就是将大池中的这些杂质拣出来丢掉，同时进行初步质量评价和打分，根据内容质量分数和内容上传者分数，建立一个专属内容池优选模型，对于劣质内容直接过滤掉。细筛池是在粗筛池的基础上，结合具体场景和业务进行人工调整，使得内容多样化，内容池在主题上的分布是不均匀的，热门的主题内容较多而冷门的主题内容偏少，需要人工进行干预调整，保证内容池的多样性。精筛池可以解决内容池上线后用户看到的效果和低效内容淘汰的实时动态筛选问题。青少年模式专属内容池构建步骤如图4所示。

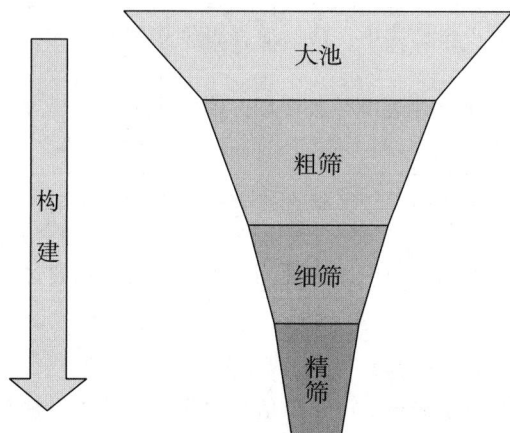

图4 专属内容池构建步骤

⑥【应用效果】

据相关调查统计，青少年防沉迷试点工作开展 2 个月内，约有 4.6 亿短视频用户每日收到青少年模式弹窗提示，5260 万人次访问青少年模式引导页。从小范围试点到全面推广应用，青少年模式被证明确实有效果，能够有效避免青少年过度依赖网络，保护广大未成年人健康成长。青少年模式在一定程度上改变了孩子对一些网络平台的使用习惯，尤其是多个平台同时开启青少年模式，效果更加明显。

目前已经上线了"青少年模式"的 53 家网络视频和直播平台实现了统一运行模式和功能标准，其中大多数应用，在首次使用时会有青少年模式弹窗提示，输入密码后即可进入该模式。各个平台青少年模式对比见表 1。分应用还可以通过 AI 地理位置判定、用户行为分析、大数据分析等技术手段，筛选甄别出农村留守儿童用户，为他们自动切换到青少年模式。各大短视频平台都构建了专属青少年模式的内容池，大部分是教育类、知识类、文化类内容，也有动漫、趣味科普、手工制作、亲子等寓教于乐的优质内容。抖音联合中国科学院科学传播局等单位发起了"DOU知计划"和"非遗合伙人计划"，快手发起了只是标签专区"百科全书"等。

表 1　各个平台青少年模式对比

平台类型	名称	功能简介
短视频平台	哔哩哔哩	开启青少年模式后，只能浏览推荐内容，无法进行打赏、充值等功能
	快手	开启青少年模式后，只能浏览推荐内容，无法进行打赏、充值等功能
	抖音	青少年模式：无法直接浏览同城页面，也无法打赏、充值，限制使用时长 亲子平台：通过关联账号，控制孩子手机青少年模式开启
长视频平台	优酷视频	在青少年模式中，精选适合青少年观看内容，无法进行购买、打赏等操作 禁止使用时间内无法使用，单日使用时长超过上限，需输入密码才可使用
	芒果视频	在青少年模式中，精选适合青少年观看内容，无法进行购买、打赏等操作 禁止使用时间内无法使用，单日使用时长超过上限，需输入密码才可使用
	腾讯视频	青少年守护模式：益智、儿童模块 绑定孩子账号：可在微信小程序查看孩子看视频时长、玩了哪些腾讯游戏

续　表

平台类型	名称	功能简介
社交平台	微博	无法看到别人的评论，可以点赞和转发，仅开放搜索功能，无法看热搜热点
	微信	使用微信小游戏、小程序、视频号、公众号、搜一搜等功能受到保护限制
	QQ	聊天显示拼音、屏蔽无效搜索信息、推送学习内容、动态页功能聚集
音频平台	喜马拉雅	只能收听适合未成人收听的内容，不能收听内容无法进行下载、购买、订阅 无法发起直播、不能消费喜钻、不能看小说（电子书）
手机、电脑	苹果手机	使用"购买前询问"功能，家长可为儿童账户设置每个 App 使用时间
	华为手机	学生模式支持家长设置密码、使用限时、安装授权、查询孩子上网信息 可将那些不良信息的网站设置为黑名单
	Windows家庭功能	添加儿童用户，控制使用时长，通过网页登录控制家庭成员上网方式

【典型应用】

2018 年 3 月，抖音推出了时间锁功能，用户可以自主设定使用时长的限制，功能开启后，单日使用时长超过触发时间，需要输入密码才能继续使用。6 月，抖音成立青少年网络健康成长研究中心。7 月，抖音正式启动旨在推进青少年健康成长的"向日葵计划"，推出"青少年模式"，并在审核、产品、内容等层面推出 10 项措施，包括升级未成年人审核模型，升级未成年人管理工具；设置"实名验证+人脸识别+人工审核"三道防火墙、杜绝未成年人直播等。抖音还将敏感账户充值消费进行实名认证，并全额退还未经家长同意的未成年人充值。抖音青少年模式界面如图 5 所示。

在全新升级的青少年模式下，用户在推荐首页将只能浏览由抖音青少年内容团队精选出的短视频，使用抖音时无法进行直播、充值、打赏、提现等功能，同时，抖音将设置未成年人相关的专项举报入口、顶格惩罚侵害未成年人权益的行为。为引领未成年人健康成长，发挥平台在教育、知识方面的优势，抖音通过 AI 精选内容池，向青少年推送适合其年龄阶段的内容：精选课程、音乐、书法、绘画、手工、美育等教育类益智性内容，以及展示祖国大好河山、风土人情、生产劳动、感人故事、传统文化等寓教于乐的精品内容。同时正常版本中的搜索发现入口将被关闭。抖音在青少年模式基础上，还上线了亲子平台，开通亲子平台后，孩子原有

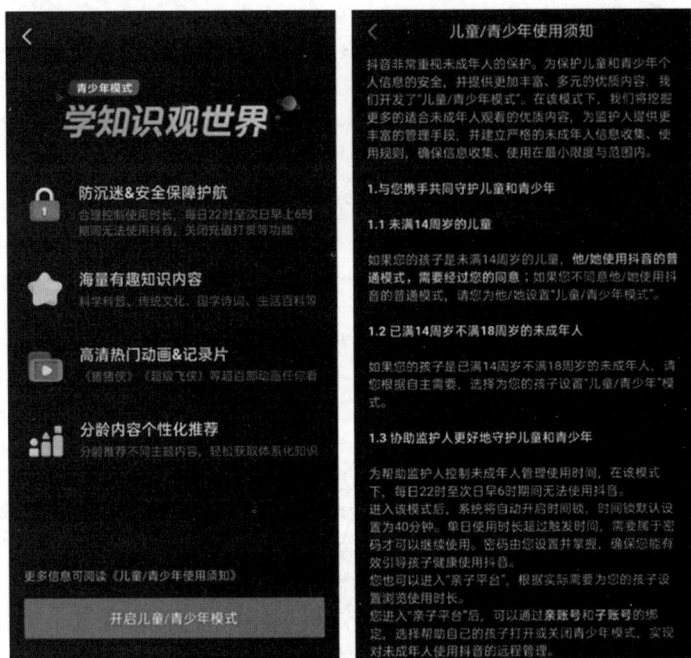

图5　抖音青少年模式详情

的青少年模式及时间锁就会清空，家长可以根据需求设置孩子使用抖音时长。一个家长账号可以绑定每名未成年人的 1 个抖音账号，最多可以绑定 3 名未成年人的抖音账号。

【专家点评】

国家高度重视青少年网络保护工作，2019 年，国家网信办开始在全国主要网络短视频平台全面推广上线"青少年防沉迷系统"，引导家长及青少年登录视频 App 时选择"青少年模式"，在 2021 年 2 月颁布的《关于加强网络直播规范管理工作的指导意见》中，也明确要求直播平台开启"青少年模式"。"青少年模式"是目前互联网平台防止青少年网络沉迷，帮助青少年免遭网络不良内容侵害的重要手段，是在政府主管部门的推动下实施的。人工智能、大数据和云计算等技术进一步提高了青少年防沉迷系统的防护能力，在国家网信办"统一运行模式、统一功能标准"的基础上，各大互联网平台结合自身业务特点纷纷推出了有针对性的"青少年模式"，丰富完善了青少年网络保护环境，取得了一定的成绩，但我们必须看到，目前"青少年模式"的保护作用有限，体现在青少年使用成人账号上网，部分网络平台为追求流量和经济效益导致"青少年模式"形同虚设，青少年模式内容不足且缺乏吸引力，家长对儿童上网行为的监管能力有限等方面，这些问题亟待破题解决，同时，基于人脸识别技术对青少年用户进行上网识别也存在青少年隐私保护和过度获取个人信息等争议，还需要在法律层面进行解决。

6.6　人工智能教育

6.6.1　人工智能 VR 实验室赋能儿童自然科学教育

【报送单位】

辽宁邮电规划设计院有限公司

【案例背景】

当前，新一轮科技革命和产业变革正在萌发，大数据的形成、理论算法的革新、计算能力的提升及网络设施的演进驱动人工智能发展进入新阶段。2017 年 7 月 8 日，国务院印发《新一代人工智能发展规划》指出，人工智能"成为国际竞争的新焦点""成为经济发展的新引擎""带来社会建设的新机遇""面对新形势新需求，必须主动求变应变，牢牢把握人工智能发展的重大历史机遇，紧扣发展、研判大势、主动谋划、把握方向、抢占先机，引领世界人工智能发展新潮流，服务经济社会发展和支撑国家安全，带动国家竞争力整体跃升和跨越式发展"。

人工智能作为信息技术的更高发展阶段，毫无疑问会深层次推动教育教学改革与创新发展，进而给未来教育带来机遇和挑战。为顺应时代发展，促进教育改革，越来越多的教育工作者尝试将人工智能应用到课堂教学中去。尤其在儿童自然科学教育领域，孩子在学习阶段，常有一些概念是看不见、摸不着的，传统的教学方式虽然能通过图片、视频等方式让学生建立相关科学概念，但学生的科学形象思维不能得到发展，以至于不能将所学知识由部分到整体、由点及面的串联起来。因此将人工智能技术融入儿童自然科学教育是目前儿童教育的热门技术。

虚拟现实技术 Virtual Reality（VR）是 20 世纪发展起来的一项全新的实用技术。在使用过程中儿童可以在虚拟现实世界体验到最真实的感受，其模拟环境的真实性与现实世界难辨真假，让人有种身临其境地感觉；同时，虚拟现实具有一切人类所拥有的感知功能，比如听觉、视觉、触觉、味觉、嗅觉等感知系统。

基于信息化时代的发展和实际教学中面临的困境，本案例将以人工智能 VR 实验室如何赋能儿童自然科学教育为主要内容，阐述虚拟实验室的主要形态与运用方法，帮助解决教学中遇到的实际难题，研究人工智能 VR 实验室在教学中的应用。

【技术方案】

1. 技术方案概述

人工智能 VR 实验室主要针对小学阶段自然科学实验教育领域设计开发，充分利用人工智能及虚拟现实技术，构建高效、先进、实用的教学环境。通过建设虚拟实验室能够促进学校教育信息化建设的革新与进步，全面提升师生的信息化素养，进一步更新教学观念，改进教学方法，提高教学效率。本方案整体系统架构如图 1 所示。

图 1　人工智能 VR 实验室技术架构

人工智能 VR 实验室综合运用了多种前沿技术，实验室整体建设采用"云+端"的系统架构，将大数据和云计算技术作为基础支撑；5G 技术主要解决了云端快速数据传输与处理的瓶颈问题，大大提高了数据传输的效能；教学系统与学习系统采用了 VR 虚拟现实技术，全面服务教育教学；学情分析系统使用了 AI 人工智能技术，多维度智能分析学情，赋能儿童自然科学教育。

2. 基础支撑环境

人工智能 VR 实验室，是基于人工智能技术与虚拟现实技术结合的实验教学系统，整个实验室的运行环境需要依托 VR 一体机与教师移动端教学设备。

（1）VR 一体机。

VR 实验室以 VR 一体机为学生学习的载体，可以应用于课堂教学和线下自主学习。学生通过佩戴设备，进行沉浸式学习，身临其境地感受科学实验的全过程，系统完整地还原实验操作场景，寓教于乐，把实验室"搬回家"！打破了时间与空间的限制，随时随地都可以进行实验学习，充分激发了学生的学习动力和学习兴趣。

（2）教师移动端教学设备。

教师移动端设备主要作为人工智能 VR 实验室教学应用的载体应用于课堂教学，教师在授课前可以运用设备进行备课，授课时作为教学工具，便捷地讲授课程内容，提升整个课堂的信息化教学水平。

3. 实验教学应用

（1）教师教学系统。

教师教学应用，主要包含运行在平板计算机上的人工智能 VR 实验室教师系统，目前系统主要应用于小学自然科学学科。教师在进行实验教学时可以采取 AI+VR 的形式，为学生生动形象地讲解每一个实验。系统包含课前引导、课中协同实验、课后成果汇总等功能。

（2）学生自主学习系统。

学生自主学习系统主要运行在 VR 一体机上，学生在进行实验课之前，可以依据教师布置的学习内容进行课前预习，通过观看微课，了解实验课程的内容，课上可以进行沉浸式实验学习，课下也可以进行自主学习，同时系统中还具有针对性的习题系统，利用 AI 技术进行线上测试与评阅，帮助学生精准地掌握知识点。

（3）AI 学情分析系统。

教师在完成每一节实验课的授课之后，AI 学情分析系统会自动统计教学数据，针对学生的个人学习情况，AI 分析系统会进行更加细微的多维度分析，将学生的各项学习数据进行量化，在学生完成测验后，系统会自动生成不同类型的习题报告，全方位地辅助学校开展精准的 AI 教学。

4. 课程资源

人工智能 VR 实验室的课程资源目前涵盖 K12 阶段小学自然科学学科的所有实验课程，资源与国家标准教学大纲课程章节高度智能匹配，相应教学资源的实验视频包、实验器材包、实验课程包和课程内容详细介绍等虚拟资源。每个教学资源包含实验操作脚本、实验真实视频演示、虚拟操作演示、实验易错点总结、实验相关练习题等虚拟课程资源包，根据资源包可进行相应的沉浸式操作。图 2 为资源包中部分课程目录。

小学自然科学课程目录	
序号	实验名称
1	植物的生长变化
2	动物的生命周期
3	我们周围的材料
4	温度和水的变化
5	我们关心的天气
6	我们的身体
7	岩石和矿物
8	生物与环境
9	地球表面及其变化
10	运动和力
11	工具和机械
12	形状和结构
13	生物的多样性
14	微小世界
15	物质的变化
16	宇宙和太阳系
17	四季更替
18	环形山的形成
19	食物链
20	自然界的水循环

图 2　小学自然科学部分课程目录

5. 自然科学案例展示

本次展示的是儿童自然科学中比较重要的两节课，分别是环形山的形成与四季更替。通过运用人工智能技术与虚拟现实技术，彻底颠覆传统的授课模式，学生可以身临其境，直观地进行课程的学习。

环形山的形成这节课，能够有效地帮助儿童观察了解月球的整体概况，学习环形山形成的原理。系统还可以高度还原陨石撞击月球的过程，孩子们可以近距离地观察这一现象，并学习其中的科学知识。环形山教学课的示例如图3所示。

四季更替这节课主要是为孩子介绍为什么会出现四季变化的现象，系统通过虚拟现实形式的地球模型展示，一目了然地将需要掌握的知识点呈现出来，便于学生学习。在教学过程中，鼓励学生亲自动手操作，体验科学实验的乐趣，真正实现寓

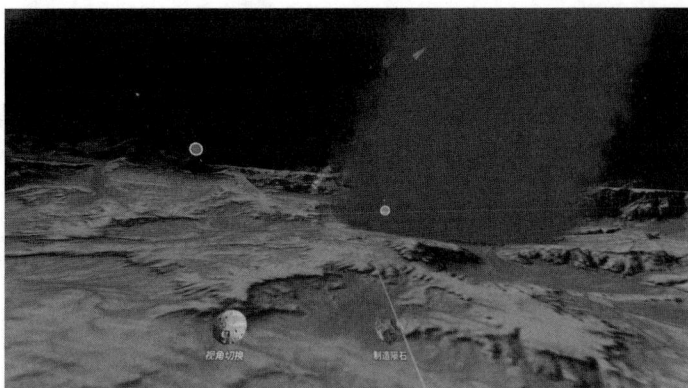

图 3　陨石撞击实验

教于乐的目标。四季更替教学课的示例如图 4 所示。

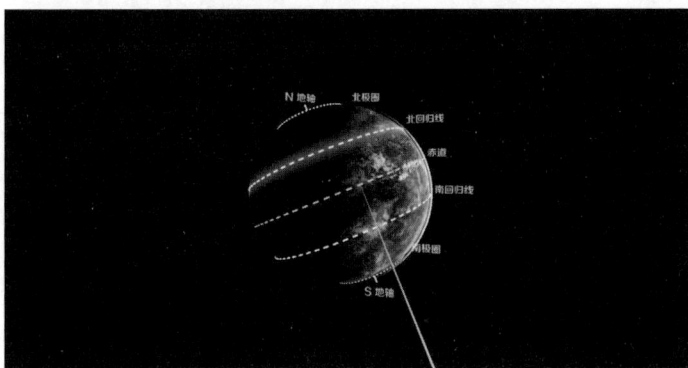

图 4　虚拟实验场景

【应用效果】

　　人工智能 VR 实验室作为技术支持应用到儿童自然科学课堂当中，对于教师和学生都是一个重大的突破。合理运用人工智能技术对课堂教学可以起到良好的推动作用，取得良好的教学效果。人工智能主要有 5 大方面的效果：提高学习效率、降低教育成本、高度仿真还原、提高学生学习兴趣与动力、改变传统教学模式。

1. 提高学习效率

　　通过实际教学中师生教学活动的分析，利用人工智能与虚拟现实技术可以有效地提高学生的学习效率，尤其对小朋友来说，形象具体的认知要比枯燥的讲解更容易接受，也更能为他们留下深刻的印象，完成好启蒙教育的重任。

2. 降低教育成本

将小学科学实验通过虚拟现实的形式呈现出来，可以降低目前实操实验的成本。以往的常规教学中为了进行一些复杂的科学实验，学校需要购买大量的设备与耗材，而且由于科学实验的特殊性，往往也达不到满意的实验效果，利用人工智能 VR 实验室进行教学将减少这一部分的支出和开销。

3. 高度仿真还原

自然科学中有许多的实验是无法进行展示与操作的，传统的教学方法一般采用图片、视频等媒介进行还原，学生很难直观理解，虚拟实验室教学完全解决了这一系列的问题，任何场景都可以进行智能化的虚拟仿真设计，在实验过程中将现实中无法模拟的现象与场景进行展示，起到良好的教学效果。

4. 提高学习兴趣与动力

学生利用人工智能 VR 实验室进行学习会大大增加沉浸感、临场感和趣味性，可以将枯燥乏味的知识以生动有趣的方式呈现，大大提高学生学习的积极性，激发学生的探索潜能。

5. 改变传统教学模式

通过建设人工智能 VR 实验室，可以改变传统的实验课堂教学模式，脱离传统实验的束缚，教师的授课更生动，实验内容更丰富，学生身临其境的感觉更直观，对实验过程与结果的理解更透彻。同时学生还可以通过微课与自主学习的方式，反复进行实验，巩固学习成果，真正做到吸收理解课堂的教学内容。

【专家点评】

该案例很好地将人工智能技术和虚拟现实技术（VR）融入儿童自然科学教育之中，基于"云+端"的系统架构，建设了人工智能 VR 实验室，其中涵盖了较为完备的实验课程以及相应的配套资源，采用 VR 一体机作为学生学习载体、教师移动端设备作为教学应用载体，通过直观、沉浸式的体验，帮助学生更加生动地学习、理解和记忆自然科学现象及原理，这种寓教于乐的教学设计是非常值得肯定的。此外，学情分析系统利用人工智能技术从多个维度对学生的各项学习数据进行量化分析，使得教师可以及时分析每个学生的学习情况，以获得更好的教学反馈，辅助学校开展精准教学，实时调整教学进度和教学方式，为教师的工作带来了诸多便利。

然而，VR系统以及人工智能学情分析系统的引入也带来了一系列值得关注的问题。首先，眩晕感是VR设备带来的副作用之一，特别是对于身体发育尚未完全的儿童而言，是否会对儿童视力等健康因素造成影响，需要在产品设计时多加考虑。其次，人工智能学情分析系统对学生个人信息的采集，是否会涉及隐私和伦理问题，以及系统的各项指标是否会给学生带来无形的压力，这些问题都应该被慎重思考与讨论。

6.6.2 编程教学管理及课程资源一体化云平台

【报送单位】

深圳点猫科技有限公司

【案例背景】

2017年7月，国务院印发的《新一代人工智能发展规划》明确提出：实施全民智能教育项目，在中小学阶段设置人工智能相关课程，逐步推广编程教育，鼓励社会力量参与寓教于乐的编程教学软件、游戏的开发和推广。

2018年4月，教育部印发《教育信息化2.0行动计划》，其中提到"引入'平台+教育'服务模式，整合各级各类教育资源公共服务平台和支持系统，逐步实现资源平台、管理平台的互通、衔接与开放，建成国家数字教育资源公共服务体系"。

2019年3月，教育部公布了《2019年教育信息化和网络安全工作要点》，要求中小学逐步推广编程教育。无论是国家政策的趋势，还是深观国内各省的教育变革，编程教育大势所趋已无悬念，编程教育已经从"非刚需"转变成"刚需"。

从国家将人工智能作为国家战略之后，因公立学校缺少充足的编程学科课程资源平台和教学管理平台，校内教学短期无法提供符合市场需求的服务，青少年编程类在线教育机构迅速发展起来。目前，更多的家长选择校外课程对孩子进行编程教育。

随着编程课程在中小学的普及，目前市面上的编程学习工具多样且功能效果参差不齐，普遍存在功能未及时更新、代码语言单一、学习方式不适用于K12阶段在校学生、操作系统要求高、终端实现形式不统一等问题，学生无法形成固定且有效的学习、操作方式，编程学习效果差，无法形成跨学科融合。而且，目前国内部分中小学使用的编程工具来自国外，存在数据安全隐患、意识形态风险等。

同时，大多数编程学习软件，其功能相对单一，无法对编程教学背后产生的数据进行科学的采集分析功能，针对不同编程基础的学生，无法根据所采集的数据为学生提供科学有效的教学、练习，缺乏定制化的教学指导。且一般以各学校为统计范围，不能够为学校、地区教育部门提供管理建议。编程教学软件相关应用数据统计不准确，致使已有的软硬件设施并未能充分发挥其应用效益。

【技术方案】

1. 技术方案概述

"未来教室"在内容建设方面突出 STEAM 课程与游戏化教育之间的融合关系，根据小学、初中、高中学生的各学科知识水平，设计出符合各学段学生发展特点的内容，让学生在活动中应用知识解决问题，实现动手造物，培养实践创新能力。同时为师生提供全方位、家校互通互动的体验，为家长提供 H5 家长端，可在手机上随时了解学生动向，熟悉孩子上课内容，帮助孩子在家更好地学习。并有优秀编程师生经验、知识的分享场景，编程能力较差的教师、学生能够在对应的场景中提出疑问，互动讨论，提升整体编程水平。

"未来教室"是一款集编程教学管理及课程资源于一体的云平台。为完成项目的开发，攻克的难题主要有 4 个方面：

（1）如何在全国乃至全世界大量学生同时上课的时候，保证系统的稳定性、流畅性和可靠性。

（2）区域性数据信息大厅，需要实时采集学生的行为进行统计并通过课程、班级、学校、个人等维度进行数据分析。

（3）作品自动批改系统，答案的多样化和语法的合法性判断。

（4）上课界面交互，编程教学与语数英学科不同，本项目调研多位一线教师实际上课场景，针对普通的编程学科教学场景进行了技术突破，为师生打造沉浸式的教学体验。

2. 关键技术

（1）解决编程学习工具参差不齐，学习方法不适用的问题。

为解决编程学习工具参差不齐，学习方法不适用的问题。编程猫自主研发了全线创作工具，自研的图形化编程语言 Kitten，区别于市面上基于 Scratch 的二次开发创作工具，采用从图形化编程到代码编程循序渐进的学习环节，学生学习了一段时间之后可以无缝衔接为 Python 代码编程。

编程猫的平台架构使得用任意编程语言实现的编程功能，都可被做成图形化模块。加上多终端学习环境和场景，可在计算机、手机、平板上，跨平台无障碍应用。针对不同的用户阶段、用户场景和创作语言，我们定制开发了一系列创作工具。其"工具+课程+平台"的教育体系，针对不同基础的学生，提供定制化编程学习方案，保障学生学习进度，促进学习兴趣，全面提升学生的编程水平。

（2）解决编程学科缺乏信息化教学管理平台的问题。

编程猫推出了"未来教室"，面向学校、机构、教育主管部门的编程教学管理与课程资源一体化云平台。其"一站式"的课堂管理平台，可帮助校长、老师追踪学生学习进度，极大地提升编程课堂的教学效率。

"未来教室"统筹建设教育信息化编程基础应用环境平台，达到高速可用、安全可靠、可信共享、泛在开放的水平，并逐步优化编程教育基础应用环境，完善信息化平台支撑功能，提升系统线上编程教学保障能力。

如图 1 所示是编程猫的教学管理平台，利用教学统计数据，推动个性化教学、精准化管理，利用系统和数据支撑教育科学决策，推动教育治理能力现代化。以可持续发展的编程教学应用环境为基础，通过大量用户行为数据采集分析，构建区域级编程教育应用支撑平台和编程教育大数据平台，促进各级各类学校编程教育数据共享，实现课前、作业、测验、考试的全过程数据，实现数据的统一开放、实时分析，破除"数据孤岛"，推动教育大数据建设。通过大量用户行为数据采集分析，形成创新教育领域定制化数据大厅，能够协助地区教育部门制定适宜的编程教学政策。为了加快推进编程教育管理建设，需要建立各地统一的教育用户认证管理中心和教育教学应用数据交换中心、资源中心。

图 1　编程猫的教学管理平台

（3）解决编程课程体系与信息技术课程标准不贴合问题。

编程猫"未来教室"平台全面整合编程教学资源，针对不同阶段学生的形成阶段性教学指导资料，对编程教学模式进行深入探索，推动编程学科课程体系标准形成。编程猫参与行业标准制定，注重与企业合作开展技术推广和应用。

由编程猫作为主要起草单位之一，起草的《青少年编程能力等级》团体标准第

1 部分"图形化编程"标准和第 2 部分"Python 编程"标准，由全国高等学校计算机教育研究会、全国高等院校计算机基础教育研究会、中国软件行业协会及中国青少年宫协会 4 个全国一级团体联合正式对外发布。

旨在为编程教育提供一个指导和参考依据。将解决目前青少年编程教育培训领域尤其课外培训领域，阶梯型目标指引缺乏、培训内容良莠不齐、课程设计体系缺乏等问题，通过规范教学内容引领行业按照符合青少年学生认知规律、知识和能力兼顾、计算思维和创造思维并重的路线良性有序发展。

（4）完善的教学服务支持，促进教育公平。

如图 2 是编程猫的服务支持方式，编程猫自研的平台和工具免费开放给我国学校和教育机构，同时开源给教育领域的硬件厂商。独创"人工智能+真人"双师教学模式，实施在线学习与课堂教学相结合的混合教学模式，变革传统课堂教学模式，解决欠发达地区的编程教育与学习的问题。将人工智能与真人老师无缝结合，为学生创作提供可以真实感知并互动的虚拟老师卡通角色，减少了在线学习的隔阂感，拉近了学生与老师之间的距离。人工智能保障了知识讲解的准确性及教学效果的及时反馈，无限丰富的个性化教学案例。在人工智能的协助下，真人老师有更多精力用于关键性的启发点拨，更有针对性地引发学生进行深层次的思考和学习。

编程猫组织开展教师教学能力培训，"未来教室"提供了编程教学交流、资源开放共享的平台。通过优质资源共享，拓展了教育管理、教育资源公共服务平台应用的广度和深度，为教师、学生、家长和社会公众提供"全面工具+教学管理平台+课程体系+交流社区"一站式服务，加快优质数字教育资源在各国各地中小学的扩展。

同时，提供全方位运营服务支持，提供校园教育装备整体解决方案，不仅提供定制性编程教管平台，还提供针对不同场景的考试、赛事一站式服务，打通"学、考、赛、管、析"的学习闭环，赋能整个青少年编程教育行业。编程教学管理平台的实现方式如图 2 所示。

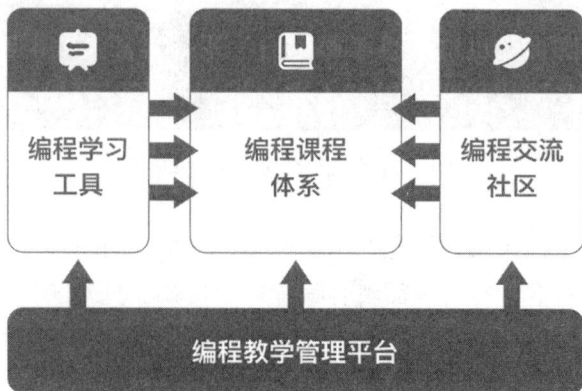

图 2　编程猫的服务支持方式

【应用效果】

编程猫自主研发的图形化编程语言和编程工具，技术水平属于国际领先，使得我国在人工智能——青少年编程教育领域的关键底层架构技术不再受制于人。已通过国家高新技术企业认定，并荣获国家级 AAAAA "在线教育服务认证" 证书。

编程猫旗下产品已打通线上线下、校内校外生态闭环。累计服务了 17000 余所公立学校，完成在线编程教育的普及，业务已经覆盖全球 20 多个国家。编程猫标准教材系列，已被多地学校采购并引用，并参与行业标准制定，解决编程课程体系与标准不贴合问题。免费为教师提供入门培训，提升教师授课效率。通过 "AI+真人" 双师教学模式，解决师资匮乏和教育资源不均衡问题。

近期，景德镇市四套领导班子积极响应国家号召，携浏阳市 5 所学校的领导与老师们，参观视察由景德镇市昌江区实验学校、编程猫和猎豹移动共建的 AI 编程教室。考察过程中，市领导们对 AI 编程教室整体模式表示充分认可，编程猫 "AI 双师课堂" + "AI 助教机器人" 的创新智慧教育教学模式也受到了高度肯定，如图 3 所示。

图 3　"AI 双师课堂" + "AI 助教机器人" 线上教学部分

作为在线教育科技企业，自创立以来，编程猫始终借助编程技术搭建人工智能教育平台，赋能编程教育和智慧教育，提升教育质量和效率。AI 双师课堂推动人工智能在教学线上下全流程的应用，编程猫已经作为智慧教育连接者，串联起教育部门、学校、老师、学生和家长多方需求，服务于教育参与的每一个角色，为智慧教育的加快推进与深化应用提供动能。

【专家点评】

目前，编程教育已经从"非刚需"转变成"刚需"，而大多数公立学校缺乏一个功能完备且可进行有效教学练习的编程平台。由于少儿编程起步较晚，所以市面上相关的教学内容比较匮乏，教师资源不够充分，同时知识的前后衔接存在一定的问题，比如从图形化编程到代码编程的过渡问题。该案例将人工智能教学与真人老师教学很好地结合起来，有效地解决了欠发达地区的编程教育与学习的问题，非常符合当前编程教育的发展趋势及市场需求。通过自行研发的图形化编程语言 Kitten，采用图形化编程到代码编程循序渐进的学习过程，使得学生能顺利地从图形化编程切换到实用型语言 Python 编程。同时，该案例中"未来教室"的一站式课堂管理平台可帮助校长、老师及时追踪学生的学习进度，提升课堂效率。此外，该案例构建了区域级编程教育应用支撑平台和编程教育大数据平台，能对大量的用户行为数据进行实时采集分析，有利于学校和教育部门制定有针对性的编程教学政策。总之，该案例对偏远地区编程教育普及、编程教学管理以及数据分析平台建设都具有重大意义，但如何将编程学习和真正的编程实践与应用相结合，还需要更多的研究与思考。

6.6.3　人工智能教育赋能儿童科学素养培养

【报送单位】

北京市商汤科技开发有限公司

【案例背景】

中国正处于经济转型期，以人工智能为代表的新一轮科技革命，正在深刻影响着人们生产生活的方方面面，"AI+"与各行各业的加速融合势不可当。当前，全球多数国家皆在积极布局人工智能产业，AI 已成为衡量一个国家综合实力的重要指标，为国家竞争之战略焦点。中国 2018 年发布的《新一代人工智能发展规划》中提出，"到 2030 年，中国要成为世界主要人工智能创新中心"。德勤 2019 年报告显示，2025 年人工智能市场规模将超过 6 万亿美元，人工智能产业已成为全球经济发展之"新动能"。

科技产业发展离不开人才要素，人工智能产业的快速发展也带动了对相关人才的需求增加。据 UIPath 2018 年报告显示，过去四年中 AI 人才的需求量以每年 74% 的速度增长，全球面临 AI 人才匮乏局面。据教育部测算，我国当前人工智能人才缺口超过 500 万人，供求比例约 1∶10。国与国间的科技竞争以人才竞争为核心，而科技人才的培养将直接决定国家的竞争力水平。随着人工智能应用的爆发式增长，未来将面临千倍数据流量增长和千亿设备联网需求，培养优秀的新型科技人才有助于提高我国整体的自主创新能力。

人工智能人才培养分为专业人才培养和科学素养培养。专业人才培养主要由高等教育承担，为行业输送研究型和应用型人才；科学素养培养则是从基础教育出发，更注重儿童的 STEM 思维培养，包括科学思维、计算思维、数学思维、工程思维，着力提升学生的创新意识和探索能力，为人工智能产业未来储备人才。联合国教科文组织发布《教育中的人工智能：可持续发展的挑战与机遇》中提出，"'计算思维'成为必须培养的关键能力"；中国早在 2016 年即将 STEM 教育写入教育"十三五"规划，并在 2019 年发布的《中国教育现代化 2035》中提出推动 STEM 教育发展，培养学生对 STEM 学习的兴趣和技能，为"科技兴国"积极储备高科学素养人才。

科学素养培养有一定的认知门槛和底层知识要求，在具体实施过程中，需要循序渐进地对不同年龄段、不同认知水平的学生针对性地设置学习目标，并以学习目标为导向，设计人工智能课程内容。不仅如此，相较于传统教育注重"以教为主"的课堂教学，科学素养培养强调"以学为主"的实践教学，重视学生与老师、学生与学生，以及学生与课程内容间的互动体验，在交互和共创中教学相长，在理论结合实践的教学安排下培养学生科学素养。因此，在儿童教育阶段融入人工智能课程教学，对教学环境和师资水平都提出了新的要求，需要进行相应的配套化升级与师资培训，使之与课程内容形成有机整体。

【技术方案】

秉承人工智能人才培养之目标——以人工智能教育普及助推儿童科学素养的全面提升，基于 AI 原创技术与丰富的行业落地实践，商汤科技推出了全球领先的人工智能教育解决方案，如图 1 所示，通过构建"平台+内容+服务"的创新教育体系，全面推进人工智能教育"进课堂"。

"平台"即"AI 教育服务平台"。基于商汤 AI 开放能力（包括自研的

图1 商汤AI教育"平台+内容+服务"创新教育体系

SenseParrots深度学习框架、产业级AI算法工具库以及算法开源社区等）构建人工智能教学服务平台，集"课程教学、项目科创、内容创作"于一体，全方位支撑AI教育教学，打造人工智能教育的"基础底座"。其中，"教学实验平台"围绕师生"教"与"学"问题提供针对性的能力支撑——例如涵盖全学龄的实验课程，行业落地典型应用等，以及方便快捷的教学管理服务——例如针对教师课堂教学、布置作业、学习评估等配套管理工具；"项目创作平台"主要针对高阶AI教学（初高中阶段为主），为师生进行高阶应用开发和创作提供更多的算法工具、课程内容和开源硬件支持；"课程创作平台"面向师生共创和第三方课程创作机构，提供开放式的课程开发环境，为AI教学源源不断输入创新课程内容。

依据渐进式科学素养培育要求，商汤教育在AI课程内容设计上针对"小学—初中—高中"全学龄段开展分层、进阶式教学，并结合AI教材、实验课程及机器人教具等AI实验配套设施辅助，构建理论与实践结合、衔接贯通的人工智能教学体系。商汤《人工智能启蒙》《人工智能入门》《人工智能基础》系列丛书如图2所示。

针对小学生（7~12岁），注重兴趣激发与启蒙。1~3年级采用视频形式全面进行不插电科普课程开课，4~6年级基于AI教学实验平台，结合商汤《人工智能启蒙》系列课程，培养人工智能感知并了解人工智能技术在各行业的实际应用案例。

针对初中（12~15岁）、高中（15~18岁）学生，注重动手实践。一是基于教学实验平台，结合商汤《人工智能入门》《人工智能基础》系列课程。通过编程、算法学习，培养原理探究能力，打好人工智能学习基础。二是针对学有余力的学生

图 2　商汤《人工智能启蒙》《人工智能入门》《人工智能基础》系列丛书

提供更高难度的学习挑战，基于项目创作平台，结合科创课程辅导，鼓励学生参与科创大赛等高阶学习活动，进行更高层次应用创作。商汤 AI 教育课程内容体系如图 3 所示。

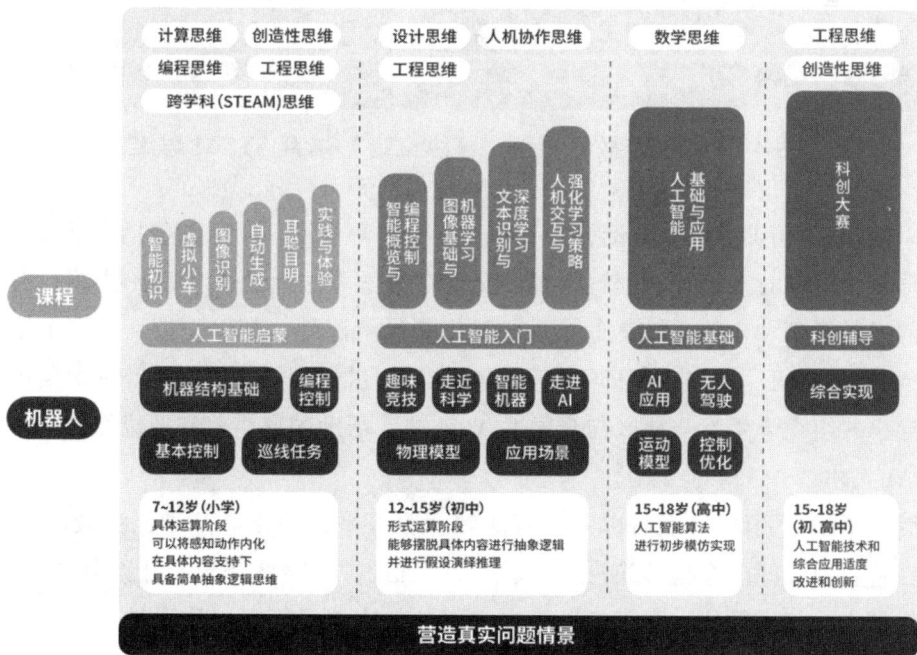

图 3　商汤 AI 教育课程内容体系

总体来讲，商汤 AI 教学体系纵向覆盖"小学、初中、高中"全学龄阶段，横向兼顾"基础、拓展、科创"三大教学层级，结合不同学龄认知水平及学习目标设置（例如小学——兴趣启蒙；初中——应用体验；高中——理解智造）进行针对性的课程内容设计，阶梯化培养儿童 STEM 思维素养。譬如贯穿全学龄、全部课程的"计算思维"培养；基础课程中强调"数学思维"培养；在初高中阶段，通过开设科创课程重点培育学生"工程思维"。

为切实落实 AI 教育进课堂，商汤教育同时配套教师培训、科创辅导、AI 赛事、互动体验等一系列教学服务措施，与平台能力和课程内容形成有机整体，如图 4 所示。

图 4　商汤 AI 教育课程"横纵交错"培育 STEM 思维

以教师 AI 培训为例，商汤打造了一支专业的师资培训团队，包括大学教授、名校老师等，不仅对人工智能理解深入，而且在教学方法上经验丰富，能够针对不同水平的教师做到"定制化"教学，深入浅出地讲解课程，帮助学校从 0 到 1 培训自己的 AI 教师队伍。譬如，商汤组建科创竞赛班，并安排 AI 专业人士对学生进行科创辅导，并组织学生参与地区与全国性 AI 比赛，帮助国家培养和选拔面向未来的创新型 AI 人才。

综上所述，商汤 AI 教育以人工智能教育服务平台为核心基础，将最前沿的 AI 技术在各行业的赋能案例转换为 AI 教学的项目式、实践性课程，并充分融合 AI 教材、机器人、培训教研、赛事活动等内容服务，让孩子们可以快乐地了解和探索人工智能的实际应用，并通过构建"全学龄、多层次、阶梯化"的人工智能教学和人才培养体系，助推 AI 教育对儿童科学素养培养，从娃娃抓起，为我国人工智能产业发展储备可用之才。

【应用效果】

在青岛市发布的《人工智能教育实施意见》中提到，要"从教育内容、教学标准、师资建设、评估评价、赋能应用等维度全面构建人工智能教育体系"。为此，市教育局以青岛入选山东省人工智能教育试点城市为契机，选培青岛一中等百余所学校作为人工智能教育试点，以支撑 AI 教育的落地执行。

在实地落地过程中，我们发现青岛的 AI 教育项目推进有三大问题亟待解决：

（1）课时问题。学校无专门人工智能课时，大部分学校依然使用信息技术课时间周开课，或与信息技术课程融合开课，极少数学校使用活动课、校本课等课时开课。

（2）师资问题。大部分教师人工智能授课能力不足，对于人工智能发展的了解和人工智能知识储备较少；部分学校教师数量不足，大部分学校为信息技术老师或其他数学、英语老师等兼代人工智能课程。

（3）学生 AI 基础知识不足。学生整体人工智能知识储备较少，初期接受课程难度较大，在初高中体现较为严重，易对 AI 学习失去兴趣。

为了支持建设目标的落实，商汤与青岛市教育局、崂山区政府通力合作，利用自身技术优势、人才优势以及青岛教育的信息化优势，促进人工智能教育课程在青岛各学段的全面展开，助力青岛市教育改革战略目标的实现。如图 5 所示，基于商汤 AI 教育服务平台及内容服务能力支撑，以人工智能教师培训，人工智能专家示范课、人工智能大会实践参观、人工智能学生竞赛等活动为具体实施方案，推进 AI 教育项目落地。

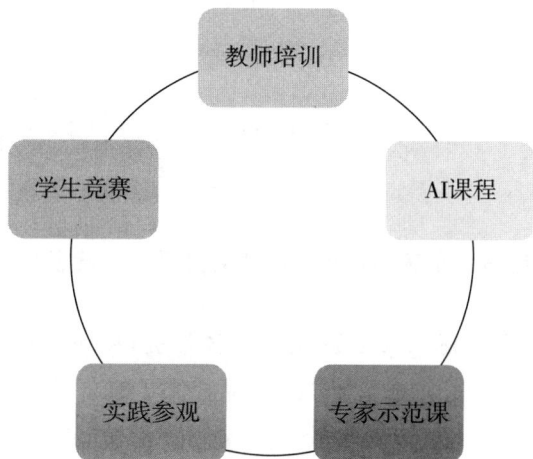

图 5　实践措施一览

1. 教师培训

自项目开展以来，累计开展教师培训 5 场，见表 1，覆盖青岛 7 区 3 市，惠及全市所有小学及 147 所人工智能试点校，总计 1400 余人次。培训类型有全市普及型培训、试点校人工智能教师培训、区域型人工智能培训、专家送课入校以课代培型活动。

表 1 教师培训相关活动

序号	时间	地区	培训类型	学校数	教师数
1	2019.3	青岛市	第一期人工智能教师培训	—	47
2	2019.12	青岛市	人工智能教师培训	143	198
3	2020.8	青岛市	全市人工智能师资培训	819	1056
4	2020.9	青岛市	专家送课入校、以课代培	11	60
5	2020.10	胶州市	胶州市人工智能师资培训	62	115

2. AI 课程

针对小学 1~3 年级提供人工智能启蒙视频课程（"不插电"课程），如图 6 所示，第一期课程总计 9 课时，包含算法系列、编程系列和 AI 体验系列三类。所有课程已于 12 月初完成全部更新。授课资源包含三类素材——视频课程、授课 PPT、授课文档，课程获取路径为青岛市教育 e 平台。

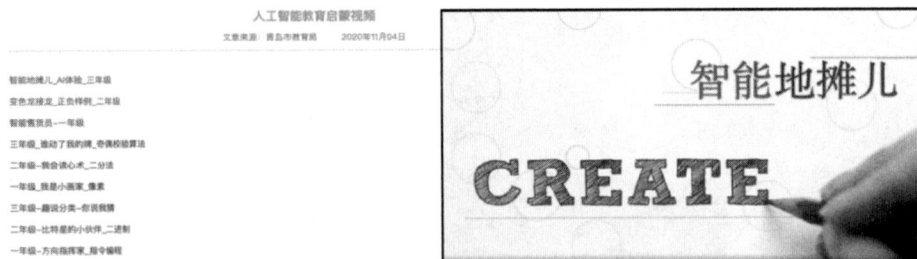

图 6 商汤 AI 教育启蒙课目录及视频截图

针对 4~8 年级、高一高二人工智能课程教学提供示范课资源包，包含授课课件、教案、课程视频等教学素材。为方便教师查询下载，商汤专门开发资源获取官网，供老师随时查询下载，及时获取最新资源，如图 7 所示。截至目前，青岛市资源使用授权人数 389 人。

图 7　示范课资源包

3. 专家示范课

商汤在学校开学期间，采用专家送课入校的方式，将共计覆盖小初高学段的 20 节人工智能相关课程带到课堂，专家通过以课代培的方式为授课教师带来关于授课方法和课堂呈现的启发，同时对于研究院讲师团队来说能够深入一线对各学段教学情况和学生认知做更精准的了解与分析。

4. 实践参观

为增强人工智能教育的趣味性和实践性、巩固已学知识，商汤开放企业内部展厅和企业人工智能相关展会，接待来自青岛同学和老师的参观。在 2020 年疫情的特殊环境下，所有参观均按照防疫要求统一布置完成。在时间和条件允许的条件下，利用信息化手段，以线上和线下相结合的形式完成参观活动。到目前为止总计接待学生及带队教师 570 余人次，2020 年 7 月份以来接待参观 5 次，其中规模最大的为 8 月份商汤人工智能大会参观，得到老师和同学的一致好评。

5. 学生竞赛

为培养学生创意思维，商汤在青岛多所学校开展科创辅导班，以人工智能知识解决实际问题，由领域内专业的科学工作者手把手指导科学研究的整个过程，如图 8 所示。在指导老师一对一的教学服务下，对学生进行科创项目创意、思路、实现路径等方面的辅导。

在 2020 年最新一届的国际青少年人工智能交流展示会（IAIF）上，青岛地区有

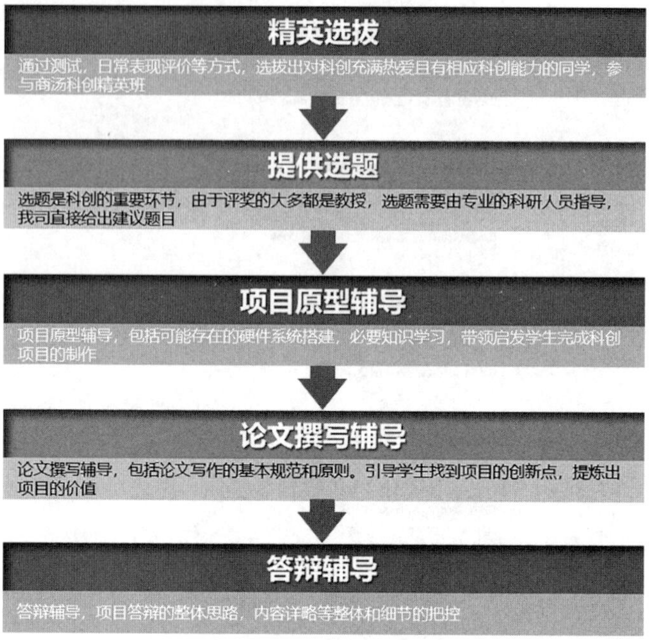

图8 科创辅导竞赛流程

17个参赛队伍从1047个项目中脱颖而出，并在此项国际人工智能赛事中取得了1个一等奖、3个二等奖、13个三等奖的成绩。对参与学生的自主学习能力、创新实践能力、数据分析能力、自我认知能力、情感处理能力产生了深远的影响。

除在青岛市实现项目落地之外，上海徐汇区、山西晋中市、武汉市等地都有商汤AI教育的身影。"十年树木，百年树人"，人工智能教育是一个长期持久的大工程，可谓任重道远。商汤人工智能教育在实践中得到了来自政府、学校、老师和家长的重视，每一次实际的试点都是人工智能教育的"火种"，随着时间的推移，AI教育终有一天可呈燎原之势，迎来因材施教的黄金时代。

【专家点评】

新一轮科技革命方兴未艾，"人工智能+"与各行各业加速融合，人工智能人才需求快速增长。为培养高科学素养人才，商汤科技提出了人工智能教育"平台+内容+服务"的创新教育体系，旨在通过人工智能教育普及，助推儿童科学素养的全面提升。该体系具有三大特色：第一，基于商汤强大的人工智能开放能力，集"课程教学、项目科创、内容创作"于一体，为人工智能教育打下了良好基础；第二，该课程内容覆盖"小学—初中—高中"全学龄，开展分层、进阶式教学，三阶段分别注重兴趣启蒙、应用体验和理解智造；第三，课程服务中包含教师培训、科创辅导、人工智能赛事、互动体验等一系列寓教于乐的措施。商汤科技还在人工智能教育试点城市——山东青岛，积极开展教师培训、人工智能课程、专家示范课、实践参观和学生实践等活动，推进人工智能教育项目落地，取得了良好的效果。然而，仍有以下问题值得考虑：第一，大多数学校现有的师资力量不足以支撑人工智能教育课程在学校开展，特别是在非一线城市；第二，如何选拔人工智能学科教师，制订统一的评判标准，还缺乏完善的制度；第三，由于很多大学也是刚设立人工智能学院，如何有效衔接初等教育与高等教育，是否需要一个完整的教育体系，都有待进一步考量。

6.6.4　机器人科技馆人工智能科普项目

【报送单位】

科沃斯家用机器人有限公司

【案例背景】

科沃斯机器人股份有限公司于 1998 年 3 月 11 日在苏州成立，科沃斯家用机器人有限公司为其全资子公司，公司经营范围包括研发、设计、制造家庭服务机器人、智能化清洁机械及设备等。2016 年，董事长钱东奇先生本着回馈社会、为社会提供优质人工智能旅游资源，关爱青少年人工智能普及和教育的初心，投资建设了创想机器人科技馆。

创想机器人科技馆是集展、学、研、游于一体的，以机器人和人工智能为核心的综合性场馆。馆内藏品丰富，聚集了中、美、英、法、日、韩等国家的前沿智能机器人。展馆分为历史发展区、智慧生活馆、互动体验馆、技术应用馆、机器人实验室、机器人影像馆。馆内提供丰富的机器人互动体验、展览教育、科普讲座、实践活动等服务内容，通过场景化营造、互动式体验、启发式教育，让参观者在领略机器人奇妙世界的同时，学习前沿知识，感受科技魅力，深受青少年、机器人爱好者及行业人士的欢迎。

人工智能未来将更广泛地运用在生活中，改变人类的生活方式，面对未来人工智能时代，现代儿童需要接触、了解人工智能，进而学习和运用人工智能。机器人与人工智能紧密相关，创想机器人科技馆在机器人科普基础上策划开展了"创想·AI 未来"人工智能科普项目，通过多维度、多形式的活动为青少年儿童带来人工智能科普。

【相关成果及做法介绍】

创想机器人科技馆自开馆以来，努力打造具有"国际视野、创新意识、人文精神"的"创想·AI未来"人工智能科普项目。多年来在日常科技馆参观基础上开设了主题临展、科技竞赛、线上公益课堂、人工智能科普进社区等多种形式的主题活动近百场，也与全国各中小学校进行合作，开展校内课堂及校外实践活动，将人工智能科普教育从馆内拓展至馆外，让全国各地更多的青少年了解学习人工智能和机器人。科技馆每年开展公益活动，开展了"爱心浇灌格桑花""关爱特殊儿童""关爱单亲妈妈"等十余场公益专场活动，将人工智能科普带给更多需要关爱的不同群体的儿童。

1. 主题临展

创想机器人科技馆不定期开设主题临展，迄今为止已开设四场，分别为"仿生机器人""智慧生活""机器人与艺术""AI与生活"，通过丰富主题相关科普内容、引进全新展项、定制科普影片，场景化改造等给参观儿童带来更多样深入的人工智能科普。

案例："AI与生活"主题展

时间：2019年11月30日至2020年2月15日

地点：创想机器人科技馆

活动背景：AI是近年来最热门的话题之一，人工智能时代已经来临，不知不觉中，AI已经深入各行各业，也深入我们的生活中。智慧家居改变了现代人的生活方式，越来越多的智能机器人出现在银行、酒店中，为人们提供智能化的服务，当我们打开手机，看到的都是根据我们喜好和习惯推送的新闻资讯，这一切都是AI为我们的生活带来的改变。如图1所示，本次主题展，创想机器人科技馆从家庭生活、娱乐生活、社会生活、学习生活四个角度为大家展开一幅在人工智能环境下我们未来生活的图景，让参观者身临其境地感受人工智能将给我们的生活带来哪些巨大改变。

活动特色：科技馆在原有参观互动体验基础上，增加人工智能知识科普，并打造特色内容。

（1）科技馆定制人工智能主题科普影片，用生动直观的影像带领孩子们进入展览主题。

（2）打造"AI的前世今生"长廊，将人工智能发展史上重要事件以展板事件陈列展示，并对参观儿童做专业详细的讲解，让参观儿童对人工智能有更清晰全面

图 1　"AI 与生活"主题展主画面

的了解。

（3）定制人工智能答题卡，在参观过程中学习并寻找答案，增强互动性和孩子们的专注度，做到学有所得。

（4）为主题展引进自动侧跟随行李箱、中国版波士顿动力机器狗、机甲大师教育机器人等全新展项，让参观儿童体验更多人工智能应用，如图 2 所示。

图 2　演示智能侧跟随行李箱展项和引进全新展项四足机器狗

2. "青少年创想秀"科技创新比赛

创想机器人科技馆策划主办"青少年创想秀"科技创新比赛，为让赛事科普范围更广，让更多苏州青少年对科学产生兴趣，比赛设置为公益性质，所有对科技创新感兴趣的青少年均可参加，至今已成功举办两届，比赛旨在贯彻落实"科技强国，科教兴国"的发展战略，培养青少年科学意识，鼓励学生运用所学知识和技能，解决生活中遇到的问题，为青少年提供科技创新和创意展示的平台。

案例：第二届"青少年创想秀"

时间：2020 年 8 月 22 日

主题：设置"智慧家居""废柴机器人"两个主题

分组：少儿组（8 岁及以下）与少年组（9~14 岁）

图 3 表示的是"废柴机器人"和"智慧生活"两个主题的比赛过程。创意赛每人 3~5 分钟演讲展示时间，由选手独立演讲，比赛当天将作品带到现场展示；竞技赛选手抽签分为 4 组，采取 1V1 对战，通过双败淘汰制决出名次。

图 3 "废柴机器人"竞技赛和"智慧生活"创意赛

排名评选的标准是创意赛每个年龄组单独设立相同奖项，按得分进行排名，设立一、二、三等奖及最佳创意奖等奖项；竞技赛按竞技得分排名，设立 1~8 名及最佳创意奖等奖项。

3. 线上公益科普课堂

2020 年 2 月至 6 月，科技馆开设了线上公益直播课。为疫情期间只能在家学习的青少年儿童带来人工智能知识，公益直播课针对不同基础儿童分为机器人科普课和基础编程课两类，课程开展 5 个月，共开设 56 节公益直播课，近 3000 名同学参与课程学习，图 4 为部分优秀学生课后的作品。我们在课程结束后开展师生线下见面会，让线上沟通交流的师生们通过线下活动增进了解，也让同学们通过实地参观我们的科技馆更好地体验和学习人工智能知识。

图 4 学生课后作品

4. 人工智能进社区

创想机器人科技馆扩大人工智能科普范围，自 2019 年以来开展人工智能进社区活动。为社区居民和儿童带来家门口的科普课堂，在课堂上通过人工智能科普影片播放、机器人表演以及机器人科普手工课程让孩子们感受人工智能的魅力和趣味性，丰富社区孩子的课余生活，创想机器人科技馆人工智能进社区活动至今已走进苏州二十余个社区，为 1000 多个社区居民儿童带来人工智能科普，也收到周边社区和家庭的好评和欢迎，并根据社区居民的需求不断增加场次，科技馆计划将于 2021 年走进更多社区。

5. 公益专场活动

为让人工智能科普教育普惠更多儿童群体，科技馆每年都会开展公益活动。目前与科沃斯妇联、格桑花公益组织、苏州特殊儿童学校等陆续合作开展了"爱心浇灌格桑花""关爱特殊儿童""关爱单亲妈妈"等十余场公益专场活动。我们致力于将人工智能通过科普带给更多需要关爱的不同群体的儿童，并将继续开设更多公益好活动，让人工智能科普惠及更多群体。

6. 科普进校园

创想机器人科技馆开展馆内活动的同时也积极拓展馆外活动。结合目前中小学校人工智能科普的需求，与方洲小学、平江实验中学、石湖中学等多所学校合作走进校园，为各个学校定制适合不同学龄段的课程体系，开展校内课堂与多样化的校外实践活动。

【应用效果】

创想机器人科技馆四年多以来秉持关爱青少年人工智能和机器人教育的初心，始终坚持在人工智能科普项目上投入人力物力，因此科技馆"创想·AI 未来"人工智能科普项目截至目前也实现了优秀的科普效果。

创想机器人科技馆累计为来自全国各地的 20 万青少年儿童带来人工智能科普，举办公益活动 90 余场，突破科普场地限制，科普从场馆内到社区到学校到线上，科普群体广泛，从苏州市到全国各地儿童乃至偏远地区儿童，突破地域限制，不断探索科普新形式，创想机器人科技馆将把人工智能科普项目继续做下去，不断创新拓展更多形式，真正做到为孩子们"点亮梦想，创造未来"。

【专家点评】

为了在青少年中更好地普及人工智能技术和机器人教育，苏州科沃斯公司创建了集展、学、研、游于一体，囊括多个国家前沿人工智能技术的机器人科技馆。馆内开展了主题临展、科技竞赛、线上课堂等活动，以"寓教于乐，寓学于趣"的方式让学生们高效地学习到了各类相关知识。该案例不只是简单地展示应用成果，还在馆外开展了一系列实践活动和公益专场，使得人工智能技术可以走进社区、学校甚至是偏远山区，介绍人工智能的设计思想和知识体系，有效地突破了科普场地的限制，扩大了受益学生的范围，具有重大的现实意义。需要考虑的是，活动期间除了要向学生传递人工智能技术的优势和带来的便利之外，还要向他们介绍一些人工智能技术在预防信息安全、个人隐私及伦理道德等方面的不足，使他们对人工智能有一个全面的认识。青少年正处于知识技能提升和个人品德素质养成的关键时期，机器人科技馆可以拓展他们的国际视野，激发他们的创新意识，培育他们的人文精神，应该进行大规模的推广。此外，以科技馆为基础，结合各类公益机构，应在周围地区开展多样的馆外实践活动，真正达到"科技强国、科教兴国"的教育目的。

6.6.5 青少年人工智能技术及编程水平测试

【报送单位】

青少年人工智能技术水平测试工作站

【推荐单位】

中国电子教育学会

【案例背景】

为响应和服务国家人才强国、科技强国的重大发展战略，有效落实国务院《新一代人工智能发展规划》，进一步推进人工智能教育的普及与发展，工业和信息化部教育与考试中心、中国电子教育学会和中国工信出版传媒集团联合开展"青少年人工智能技术水平测试"及"青少年人工智能编程水平测试"项目，培育儿童创新精神和创新能力。旨在通过培训、测试、赛事等活动方式为广大儿童群体指引正确的人工智能学习方向，创造学习人工智能相关知识的相对健康、稳定的社会环境。为快速发展的工业、通信业和信息化产业培养高质量专业人才苗子，不断完善行业人才发展智库，更为开展行业人才需求预测等前瞻性、战略性、全局性问题研究增添助力。

【体系介绍】

1. 基本简介

青少年人工智能技术水平测试、青少年人工智能编程水平测试面向社会开放，18 周岁以下的青少年、儿童均可报名参加。青少年人工智能技术水平测试主要用于考查青少年、儿童在人工智能关键技术、产品、服务及应用方面的能力水平；青少年人工智能编程水平测试主要用于考查青少年、儿童在程序思维、编程语言、数据处理及人工智能算法方面的能力水平。

2. 测试体系

青少年人工智能技术水平测试体系分为 11 个级别，即启蒙级、1 至 10 级，难度逐渐提升，如图 1 所示。能力模型分为知识层面、思维表达层面、技术层面等 3 个层面 18 种能力，不同的级别对应 3 个层面不同的能力要求，为人工智能及新工科专业人才的选拔提供科学和标准的评价体系。测试分为理论测试和实践操作测试两个环节，只有全部合格才能通过。其中实践操作测试要求儿童在现场完成指定的搭建或编程任务。

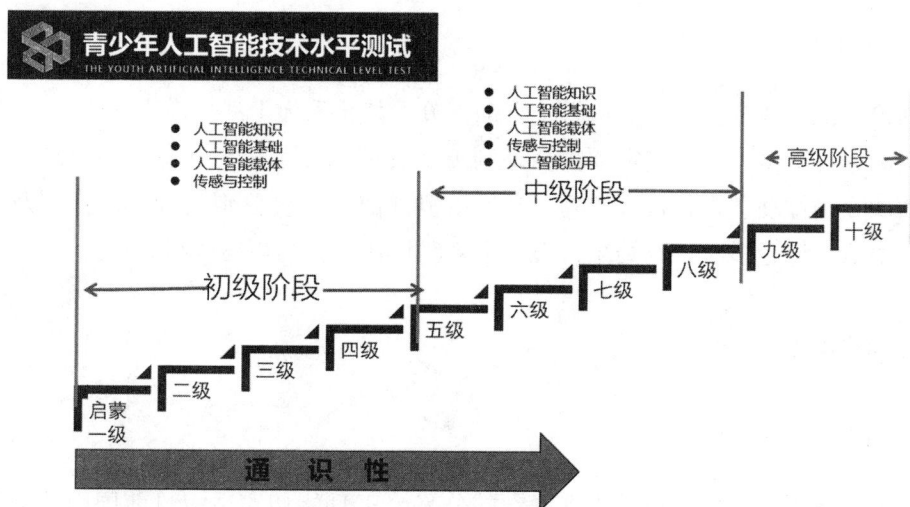

图 1　青少年人工智能技术水平测试级别进阶

青少年人工智能编程水平测试体系包括 1~8 级，其中 1~3 级考核图形化编程，4~8 级考核代码编程，难度逐级提升，如图 2 所示。测试内容的表现形式分为客观题和编程题，编程题要求儿童在现场完成指定的编程任务。

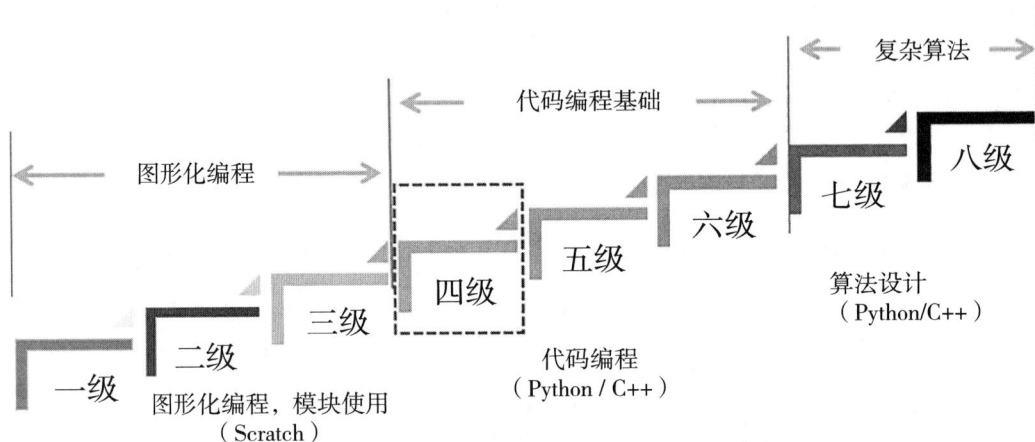

图 2　青少年人工智能编程水平测试级别进阶

3. 测试证书

通过测试后可获得由工业和信息化部教育与测试中心和中国电子教育学会共同颁发的证书作为鼓励。证书可在青少年人工智能技术水平测试官网 www. yaitest. com 及工业和信息化部教育与测试中心官网 www. miiteec. org. cn 同时进行查询。此外，通过测试的考生名单录入"工业和信息化技术技能人才数据库"，代表该考生成为行业高质量专业储备人才。

4. 关于成绩

理论测试为机考，由计算机系统自动判分，禁止人为干涉。

实践操作测试由标准制定委员会评判组负责评判，分成初评复评两个环节，即初评团队在测试现场进行首次评判，然后由复评团队人员分别负责二次评判及三次评判。最后，综合多次评判结果得出考生实践操作测试的最终成绩。

【项目建设】

1. 专家团队建设

为规范体系及题库建设，保证考题的公平公正且能切实适应目前国内儿童学习人工智能相关知识的能力水平，青少年人工智能技术水平测试工作站组建标准制定委员会，划分为顾问组、专家组、编写组、审核组、评判组五大部门。

（1）顾问组由行业权威院士、专家组成，如联合国专家、国际导航与运动控制科学院院士、纽约科学院院士蔡自兴等组成，主要为青少年人工智能技术水平测试体系建设及题库开发方向指引方向并提供咨询指导等服务。

（2）专家组由重点大学机器人、计算机、编程、教育等专业教授、专家组成，主要为测试体系及题库内容的质量把关，切实保证可行性、专业性和权威性。

（3）编写组顾名思义，主要智能是对测试体系、题库内容、教材案例、课件教案等进行编写，由行业内知名的重点中小学特级、高级教师、大型赛事裁判长等一线专家组成。这是一个熟悉国内儿童人工智能教育现状并能精准把控儿童学习方式及接受程度的团队，确保编写角度能从儿童的视角出发，在充分调研的前提下，最终得出能让儿童更易于理解和学习的编写成果。

（4）审核组则是特聘国内各地教育一线教研员，共同组成审核团队，主要是负责依据国家关于发展人工智能的政策依据及九年义务教育大纲等，对已完成的编写成果进行严格的审核与筛选，优胜劣汰，保证最终成果符合国家主流意识形态、符合社会主义核心价值观，顺应社会发展和时代潮流且能与儿童的日常学习相辅相成，相互促进。

（5）评判组由相关专业的赛事裁判和学校信息技术、创客教育教师组成，分成初评团队和复评团队，切实保证儿童最终成绩结果有据所依、真实有效。

2. 教辅资料开发建设

测试汇聚优质出版资源，按上、下两学前教学周期和教学时长规划出版教材图书，以故事的形式，结合生活中的实例循序渐进地介绍人工智能相关知识。同时研发与图书配套的课件、教案，免费对外开放，以更灵活有效的方式为儿童教育服务，如图 3、图 4 所示。

3. 校企合作建设

工作站携手北京大学共同组建青少年人工智能技术水平测试体系开发组，携手中科院计算所组建青少年人工智能编程水平测试体系开发组，共同研发测试考核体系。

自项目开展以来，得到了清华大学基础工业训练中心、北京大学软件工程国家工程研究中心、哈尔滨工业大学机器人研究所、哈尔滨工程大学招生办、西北工业大学招生办公室、北京邮电大学招生办公室、北京理工大学招生办公室等单位的支持。在全国范围内上百家中小学如清华附中、北京白家庄小学、重庆巴蜀中学、杭州学军中学等开设考点，且在多所中小学校设置人才培养基地，为学校提供教材图

图 3　青少年人工智能技术水平测试教材

图 4　青少年人工智能编程水平测试教材

书、课程教案、器材设备等整套课程解决方案。此外，测试得到了多家以儿童培训为主要业务的全国大型连锁培训机构如乐博乐博、好未来、童程童美、腾讯教育、贝尔、码酷等的积极响应和参与。

4. 安全保障建设

（1）报名数据保障。

青少年人工智能技术水平测试考生需通过本人或监护人自愿并自行在官网注册并报名，同一账号只限报一人。故不允许收集资料批量报名的政策在一定程度上限制了某些机构收集考生个人基本信息的行为。此外，我司聘请专业技术团队和采购专业安全防护硬件、软件对考生报名数据系统和数据库进行日常维护，切实保障考生的信息数据安全。

（2）考生人身安全保障。

因在实践操作考试环节需要使用器材，故统一标准并保证该器材的质量与安全是重中之重。青少年人工智能技术水平测试工作站联合工业和信息化部计算机与微电子发展研究中心（中国软件评测中心）制定《青少年人工智能技术水平测试设备通用技术规范》，对测试活动使用器材进行安全质量评定。该评测中心作为国内权威的第三方软、硬件产品及系统质量安全与可靠性检测机构，是直属于工业和信息化部的一类科研事业单位，由其承担器材的安全评测工作，将会是广大考生及相关人员人身财产安全的有力保证。

【最终成效】

青少年人工智能技术水平测试、青少年人工智能编程水平测试坚持优先实现社会效益，不断加强自身体系建设、完善产品形态，夯实项目发展基础。目前，测试已经形成独立的品牌，在行业中获得了一定的知名度，形成了一定的影响力。测试开展范围已覆盖60个城市，举办活动超过300场，参与人数达5万人次，已进入百所中小学校，并免费为儿童提供人工智能课程体系。

此外，为从多方面完善对儿童的培育方案，工作站在全国范围内累计举办公益性师资指导培训会30场，免费培训教师近2000人次；开展考官培训培养合格专业的考官和评判近200人次，为测试活动的公平公正保驾护航，广受广大儿童、家长好评，在业界赢得了好口碑。

【专家点评】

在落实国务院《新一代人工智能发展规划》的背景下，该案例为进一步推进人工智能教育的普及与发展发挥了重要的作用。通过培训、测试等活动方式，为广大青少年指引正确的人工智能学习方向，创造相对健康稳定的社会环境，并为快速发展的工业、通信业和信息化产业培养高质量的专业人才。人工智能技术及编程培训锻炼了青少年的基本编程能力、逻辑思维能力和抽象思维能力，体现了创造性思维的信息素质培养过程，运用计算机思维去求解问题、设计系统和理解人类行为。青少年人工智能技术及编程水平测试作为标准化的科技评价体系，可以用来辅助高校与考生的双向选择，合理评估青少年在此领域的专业水平和技术特长，有助于青少年抽象出问题的核心思想并以人工智能的方式加以体现，促进其全面发展。人工智能技术与产业已经成为中国迈向未来工业和服务业创新发展的关键技术领域，人工智能和编程技术是融合机械、电子、计算机、智能控制、互联网、通信等诸多技术的生态综合体，对未来的学科启蒙意义重大。

6.6.6 西部地区人工智能特色教育探索及实践

【报送单位】

重庆市荣昌区教育委员会

【推荐单位】

中共重庆市荣昌区委网络安全和信息化委员会办公室

【案例背景】

习近平总书记指出，人工智能是引领这一轮科技革命和产业变革的战略性技术，具有溢出带动性很强的"头雁"效应。要抓住民生领域的突出矛盾和难点，加强人工智能在教育、医疗卫生、体育、住房、交通、助残养老、家政服务等领域的深度应用，创新智能服务体系。随着社会信息化建设的不断推进，人工智能技术的快速发展，在儿童教育和成长中，人工智能教育可以发挥的潜在应用价值越来越大。为了贯彻落实《国务院关于印发新一代人工智能发展规划的通知》和《国家新一代人工智能标准体系建设指南》要求，更好地了解人工智能如何保护、提供和赋予儿童权利，重庆市荣昌区立足人工智能师资不足、教学经验欠缺，学生理解程度较浅、多停留于感性和具象的水平等实际情况，不断建立健全相关机制，逐渐充实师资队伍，探索打造"智慧校园建设示范学校"。通过建设智慧教育平台、运用信息化教育等多种手段，探索利用人工智能技术，不断提升教育智能化水平，为学龄儿童创设友好型的人工智能环境，助力破解西部地区教育振兴相关难题。

【主要做法】

重庆市荣昌区现有学区 8 个、各级公办法人学校 95 所。近年来，荣昌区以"智慧校园"建设为抓手，逐步夯实信息化教育基础设施，积极探索人工智能与教育、教学和学习系统性的有机融合。棠香小学作为示范学校，信息化专职教师辅导提升学生人工智能技术水平，让学生在探索、体验中发展信息化思维，在分享信息化带来的乐趣中获取创新动力，在探索以信息化为钥，开启学生健康成长、打造人工智能特色的"智慧校园"办学新模式当中，取得一定成效。荣昌区"智慧校园"建设工作整体架构如图 1 所示。

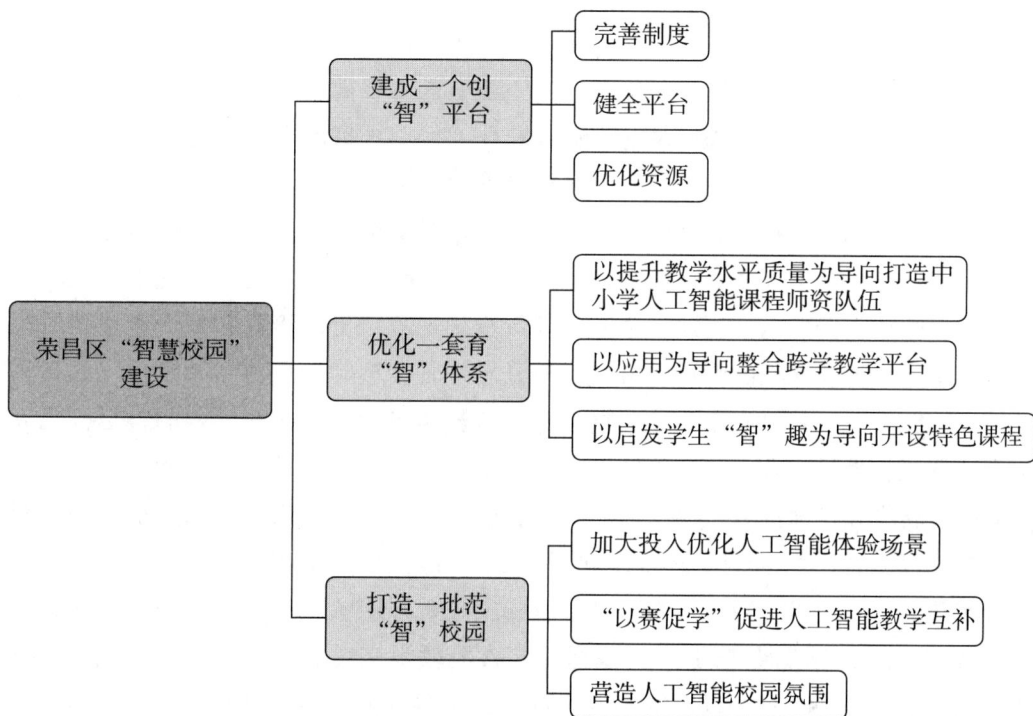

图1　荣昌区"智慧校园"建设工作架构

1. 建成一个创"智"平台

一是完善制度。出台《荣昌区智慧校园建设示范学校创建工作计划》，按照"抓建设、强管理、重应用、促发展"的思路，打造荣昌区教育信息化升级版。主动对接融入"智慧荣昌"建设，实现"教育云"与"智慧荣昌"大数据中心共建共享、互联互通。二是健全平台。采取增添数字教育资源接收播放设备、无线网络设备、建设远程同步课堂等方式，着力在基础环境、应用服务、师生发展、保障措施、特色创新和示范引领等方面加快人工智能与信息化建设。按照"建设一所，成熟一所"的指导思想布局"智慧校园"。三是优化资源。荣昌区在万灵中心小学、吴家镇中心小学等非城区的镇（街道）学校，开展远程互动课堂建设，建设录播室，实现不同学校、不同学生对优质信息教学资源的共享，促进城乡教育均衡发展。加强与区外科技教育基地的合作，引进区外人工智能资源，增强办学力量。发挥人工智能领域优质创新资源的溢出效应，通过与能力风暴、中鸣科技、上海鲸鱼机器人科技有限公司、重庆渝鼎宏泰科技、重庆梦知骥教育科技等人工智能科技企业开展教企合作，在机器人、编程、航模等人工智能领域进行技术攻关和成果转化，促进人工智能科技创新体系，推进人工智能智慧赋能基础教育工作。

2. 优化一套育"智"体系

一是以提升教学水平质量为导向打造中小学人工智能课程师资队伍。组织开展"国培计划（2020）"信息技术应用能力提升工程2.0整区实施推进项目，开展学校编程教育、教育城域网系统的建设管理与维护等培训。以"一师一优课·一课一名师"活动为抓手，推动智能信息技术与教育教学深度融合。组织教师参与《信息技术应用能力提升工程2.0整校推进策略》专题培训，在以校为本、基于课堂、应用驱动、注重创新、精准测评五个方面进行指导实战，全区培育起一支能够胜任教授中小学人工智能课程的师资队伍，并充分发挥骨干教师的示范引领作用，提高多领域发展能力。二是以应用为导向整合跨学科教学平台。通过跨学科的整合，充分汇聚计算机、数学、人文社会等领域师资教学力量，全面推动人工智能相关学科的研究范式转型和实力提升，逐渐形成人工智能多学科交叉汇聚、共生共享的创新网络布局。以棠香小学为例，该校成立了"棠香小学人工智能工作室"，吸纳科学、综合实践、信息技术、数学等学科骨干教师组成教师团队，成立"同舟共济"式的学习共同体，采用慕课与SPOC、录播课、直播教学、线上答疑辅导等方式，积极进行教学模式创新。三是以启发学生"智"趣为导向开设特色课程。棠香小学等学校结合自身教学资源、学生兴趣爱好等实际情况，开发以"机器人""编程""航模"为主的人工智能校本课程。该校开设《飞叠杯》《创意构型》《魔方》等智力训练课，并纳入教学课程表；通过邀请人工智能教育专家开展科普讲座普及人工智能知识，开展"智慧分享读书活动"，引导学生增强创新意识，鼓励"异想天开"，为人工智能培养后备力量。

3. 打造一批范"智"校园

一是加大投入优化人工智能体验场景。荣昌区万灵镇中心小学、荣昌区初级中学等3所学校被评为"智慧校园建设示范学校"。荣昌区棠香小学等示范学校与相关部门联合组织开展"小公民法律课堂"活动，将具有智能语音交互、触摸屏选择功能的智能机器人"棠城小法"引进校园，并定期开展体验活动。通过听"棠城小法"讲解法律知识、案例分析，以及和"棠城小法"进行"聊天"，依托前沿人工智能技术为学生普及法律知识。加大投入更换一体式智慧黑板、电子班牌，建设设施完备的录播室，实现全校宽带网络全覆盖，为全校师生实现智能、便捷教学打下基础。建设远程互动课堂，运用会议直播系统，通过网络直播向镇街学校分享专题讲座、名师课堂，让城乡学生在共上一堂课当中体验智能应用。

二是"以赛促学"促进人工智能教学互补。棠香小学等示范学校通过"以赛促教""以赛促学",开展"青少年科技创新大赛""棠香小学智力运动会"等科技主题教育活动,通过积木搭建和编程设计,打造战队机器人并完成系列模拟任务等活动形式,提升学生技术素养和智能科技知识、创造能力和实践能力,构建具有语音、图像等多模态感知的智慧空间。组织学生参加"世界教育机器人大赛""重庆市青少年智能科技航模大赛"等赛事活动,让学生们在比赛中练兵,不断加深自然语言处理、机械设计、传感器、自动控制、人机智能交互、物联网控制、数字人助理等技术,激发学生创造性思维。图 2 展示了荣昌区棠香小学人工智能特色教育工作架构。

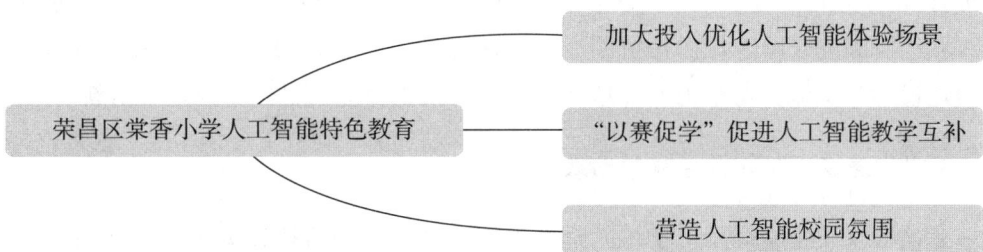

图 2　荣昌区棠香小学人工智能特色教育工作架构

三是营造人工智能校园氛围。棠香小学等示范学校定期优选一批人工智能课程项目及产品,在课堂内外向学生展示展览。为比赛获奖学生搭建平台,向其他学生演示人工智能课程成果,带领更多学生爱好人工智能,在"点带面,面促点"的良性循环中,增加全校学生体验人工智能的主动性。每年定期开展网络安全宣传周活动,搭建互动体验专区,借助人工智能、VR、AR、模拟场景体验等技术,让学生直观体验到网络安全风险,在现场互动中了解网络安全知识。

【工作效果】

1. 全区中小学信息化教学设施不断完善

荣昌区先后布局完成涉基本环境、资源建设、教育教学等 9 个方面 35 项指标内容的智慧校园信息化建设。2020 年,投入学校信息化建设 1444 万元,新增农村义务教育学校远程互动教学设备 12 套、计算机 208 台、电子班牌 322 套、校园无线网络热点 774 个、优质资源班班通 132 套、录播室 19 套等信息化教育教学设备。荣昌区职教中心物联网技术应用专业学生在全国职业院校技能大赛"物联网技术运用项目""物联网智能家居安装与维护项目"中均获二等奖。在"第 35 届重庆市青少年科技创新大赛"中,选送的 163 件优秀科技作品荣获一等奖 15 项,二等奖 44 项,三等奖 56 项,优秀指导奖 8 项,优秀组织奖 2 个。

2. 人工智能课程育人体系渐趋成熟

坚持"一校一品"建设与信息技术应用深度融合，创新人才培养体系，启发学生运用手机小程序做简单的 AI 体验，在对图像识别、人机对话、智能语音等加深体验中，培养学生人工智能兴趣爱好。通过成立专家团队、特色工作室、特色学科，充分挖掘优秀教学人才，加强信息化人才队伍对教育改革发展的支撑作用。棠香小学等学校成立"人工智能教学工作室"，为针对性培育人工智能后备人才奠定保障基础。全区中小学引导学生在任务型机器人体验、机器人挑战活动、创意编程、单片机编程、编程无人机、积木搭建等课程中，充分享受 AI 体验乐趣。依托成渝城市群双城经济圈建设跨区域协作机制，荣昌区与四川省自贡市、泸州市等地开展智慧校园建设学习交流，可望为西部地区基础教育人工智能学科创新探索做出新贡献。

3. "智慧校园"示范学校带动效应比较明显

荣昌区棠香小学等示范学校的师生先后在"世界教育机器人大赛"等国际赛事中，荣获一等奖（含冠、亚、季军）28 人次、二等奖 3 人次、三等奖 3 人次；在"全国青少年科技创新大赛"等国家级赛事中荣获一等奖 1 人次、二等奖 9 人次、三等奖 1 人次；在"重庆市青少年航模智能编程大赛"等省市级赛事中，荣获团体、个人一等奖（含冠、亚、季军）80 人次，二等奖 48 人次，三等奖 34 人次。该校被评为"全国青少年人工智能活动特色单位""重庆市中小学科技教育先进集体""振兴荣昌贡献奖"等荣誉称号。在棠香小学等示范学校的引领带动下，荣昌区每年推送数万人次师生参与各级人工智能相关赛事，五年来师生荣获国家级奖项 20 余人次、省级奖项 390 余人次，取得成绩位居西部区县前列。WER 大赛组委会相关负责人表示，棠香小学学生囊括小学组两项比赛冠军的情况，自 WER 大赛开赛以来还是首次。

【专家点评】

人工智能在儿童教育和成长中发挥的价值越来越大，尤其是在欠发达的西部地区，由于师资队伍不足或者师资水平发展不均衡，造成了儿童教育发展出现一些问题，如果能科学、合理地开发和利用人工智能技术，使之更好地补充到儿童教育中去，是一件具有重要意义的事情。

重庆市荣昌区打造"智慧校园建设示范学校"，通过建设智慧教育平台，运用信息化教学手段，不断提升教育智能化水平，为探索西部地区教育水平发展不平衡不充分提供可借鉴的参考。荣昌区"智慧校园"通过建成一个"智"平台，优化一套"智"体系，打造一批"智"校园，取得了一些很好的工作效果。为了使这种通过人工智能进行特色教育的探索更加科学，更加符合儿童学习和认知的习惯，在后期探索和实践中，需要增加学前教育儿童专家和心理学专家，给系统提供更加专业和科学的指导意见。

6.6.7　面向幼儿园儿童的人工智能编程游戏及科技节应用实践

【报送单位】

广州孩教圈信息科技股份有限公司

【推荐单位】

广州互联网协会

【案例背景】

1. 应用场景

幼儿园儿童人工智能编程游戏是针对性给幼儿园使用的儿童场景化编程游戏，幼儿园孩子可在老师的带领下使用拼板搭建出幼儿园、医院、图书馆等常见的生活场景，然后在搭建好的场景里进行儿童智能编程相关游戏，并进行相关的智能编程知识学习，培养良好的创新性思维。

孩教圈儿童人工智能科技节应用于幼儿园、小学、教育机构等场所。人工智能科技节通过一个个有趣好玩的人工智能机器人让孩子从小接触先进的人工智能技术，加深孩子们对人工智能领域相关知识的理解。

2. 拟解决的现实问题

目前的智能编程课程一般适合中小学以上阶段的学生，对于幼儿园阶段的孩子来说具有一定的难度。我们根据幼儿园阶段孩子的心理学习特征和实际操作能力，通过构建孩子常见的生活场景将智能编程教育的学习内容低龄化、趣味化，将其调整为适合幼儿园孩子学习的内容，同时为了增加孩子学习游戏的兴趣和热情，配套拼图、地毯、磁力贴、图卡、障碍物等各种道具，增加游戏的趣味性，使其适应幼儿园阶段孩子的学习特征。

虽然智能编程教育得到了我国政府的大力支持，但是幼儿园大多数的老师对智能编程教育的认识还是非常不足，加上幼儿园的老师大部分是非理工科专业毕业的，所以让他们对孩子进行智能编程教育具有一定的难度。为了帮助老师快速掌握本套游戏的教学方法和教学技巧，我们除了为幼儿园提供入园培训，提高教师对智能编程教育的认识和教学技巧外，同时为老师提供上课教案、上课 PPT、活动手册、教学视频等，帮助老师了解本套游戏的设计原则、玩法和教学重点等。

按照 3~12 岁儿童的心理学习特征和实操能力，将人工智能知识的难度降低和优化，将其调整为适合儿童学习的内容。3~12 岁孩子正处于喜欢游戏、乐于动手的阶段，为了激发 3~12 岁孩子学习人工智能知识的兴趣和热情。人工智能科技节根据幼儿的兴趣特点，以游戏为形式，在各个人工智能专区活动中开展有趣的游戏、竞赛等，让孩子亲自参与、动手体验，通过孩子喜闻乐见的游戏方式让他们潜移默化地接触人工智能技术。

由于学校内多数没有专职的人工智能教师，而教师在意识、能力方面对人工智能的认识和掌握是比较弱的。所以为加强教师对人工智能科技节每个专区活动的了解，我们为学校提供入校培训、教具演示、教学视频等服务，帮助老师掌握每个人工智能机器人的使用方法和涉及的人工智能知识。

【技术方案】

1. 技术方案概述

幼儿园儿童人工智能编程游戏在游戏中融入语音识别、图片识别、声音感应等人工智能技术。孩教圈儿童人工智能科技节应用了语音识别、图像识别、图形模块编程、避障传感器、红外线传感器、AI 算法、颜色传感器等众多人工智能相关技术。

2. 关键模块

（1）人工智能编程游戏。

幼儿园儿童人工智能编程游戏通过构建"幼儿园、医院、图书馆、餐厅、超市、动物园、警察局、消防局"等 8 个 3~7 岁孩子常见的生活场景，每个场景根据大中小班不同孩子的学习特点和心理特征设置了初级、中级、高级 3 个不同级别的智能编程游戏，共 23 个。

——美味餐厅

该游戏分为初级、中级和高级 3 个级别。下面以初级游戏为例进行说明。游戏准备工作：地垫（4×4 空格）、西红柿卡片 7 张、鸡蛋卡片 3 张、米饭卡片 4 张、磁力贴 14 个、规则图卡一张。

机器人们饿了，来到餐厅里点了一道西红柿炒鸡蛋，但是机器人们要完成下面的挑战才能拿到自己的西红柿炒鸡蛋，小朋友们快来帮帮它们吧！

①老师按照下面的图示用磁铁将食物卡片背面固定在对应的位置上。

②小朋友们观察挂图上的规则，了解游戏的玩法。

③小朋友们排好队伍依次进行游戏。游戏规则如图 1 所示。第一个小朋友站在开始向右方向的第一空格上并翻开食物卡纸，观察卡纸上的食物，第二个小朋友根据卡纸上的食物做出相应的动作并站在对应的格子上，并翻开该格子上的食物卡纸，第三个小朋友根据食物卡纸做出相应的动作并站在对应的格子上。以此类推，直到到达画有西红柿炒鸡蛋的格子上。结束第一轮后，由队伍中的下一个小朋友站在向下方向的第一个格子开始游戏。如第一个朋友站在向右方向的第一个空格翻开的是西红柿，那么第二个小朋友就站在任意方向向前的一个空格并翻开食物卡片，如翻开的是鸡蛋，那么第三个小朋友就站在任意方向向前的两个空格上并翻开食物卡片，如果翻开的是米饭，那么第三个小朋友需要沿路退回一个空格并翻开食物卡片，第四个小朋友根据食物卡纸前进，以此类推，直到到达西红柿炒鸡蛋的空格上，本轮游戏结束。

规则：

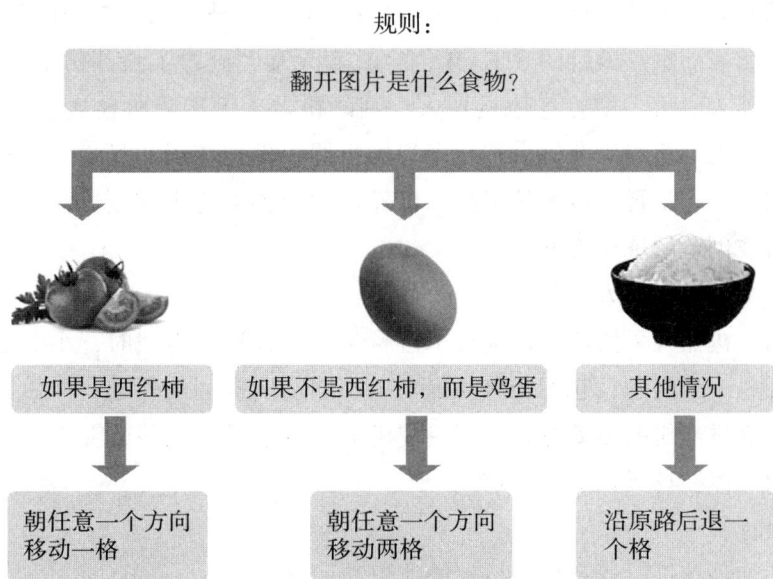

图 1　美味餐厅游戏规则

——智能超市

该游戏分为初级、中级和高级 3 个级别。下面以初级为例进行说明。

超市准备营业啦！超市货架上还缺少很多货物，小机器人们能发现货物摆放的特定模式吗？请按照特定的排列规律把货物补满。

教师提前把部分货物按规律放好，留下缺少的部分。如图 2 所示。

孩子扮演机器人，根据编程中的发现模式寻找规律，根据推理出的规律找出每排货架缺少的货物，然后按规律补好货物。

可分组进行比赛，看看哪组用时最少完成陈列任务。

当小朋友熟悉程序操作可自己创造规律进行排序。

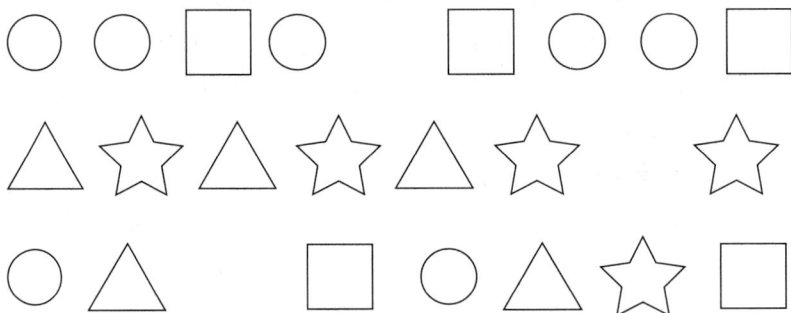

图 2 按规律放好的货物（有一些空缺需要找出规律）

（2）儿童人工智能科技节。

孩教圈儿童人工智能科技节适合 3~12 岁儿童。科技节以人工智能科技为核心，同时结合国家当前重点鼓励的 STEAM 创客教育元素，设置了脸部仿生机器人专区、手臂仿生机器人专区、魔方还原机器人、画画机器人、避障机器人、巡线机器人、足球机器人、无人机障碍赛等，将众多智能机器人带到孩子的身边，让孩子通过有趣的活动加强对人工智能技术的了解，培养他们的创新思维和创造能力，助力他们成为未来科技创造的栋梁之材。

——脸部仿生机器人

脸部仿生机器人采用语音识别技术进行工作。在进行游戏时，小朋友们可以对着它提出任意一个问题，它便会自动识别出小朋友所提问的问题，并做出正确的回答。此外，通过舵机的驱动方式，可遥控机器人的眉毛、眼睛、嘴巴、脖子做出不同的表情包。体验场景如图 3 所示。

活动目标：

①从小加强孩子对语音识别技术的认识和了解。

②激发孩子对人工智能技术研究的萌芽。

活动流程：

①老师向孩子讲解脸部仿生机器人的设计理念和操作方法。

②老师简单向孩子讲解语音识别技术。

③孩子对着脸部仿生机器人提问，听听机器人是否能够回答正确。

④孩子利用遥控手柄遥控机器人的眉毛、眼睛、嘴巴、脖子做出不同的表情包。

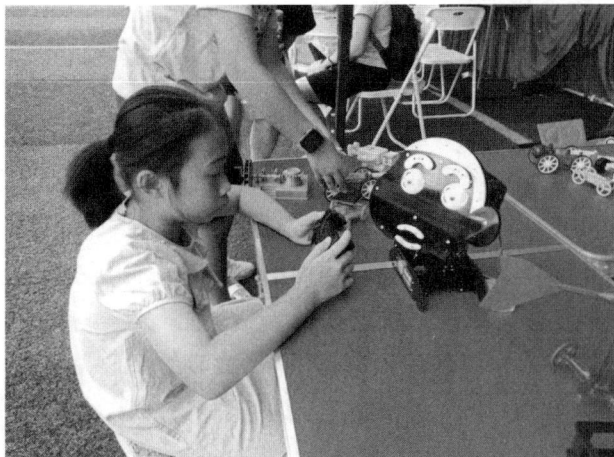

图3 脸部仿生机器人体验场景

——避障机器人

避障机器人可通过摄像头采集数据，经 AI 算法完成自主避障的功能。在孩子体验的过程中，孩子可在避障机器人的行驶周围堆放一些障碍物，然后操控避障机器人开始行驶，如果机器人在行驶的过程中遇到障碍物，避障机器人便会开启 AI 算法，从而避开障碍物。避障机器人另外一个十分有趣的玩法就是自动跟随。小朋友事先选择好一个跟随目标，智能机器人通过摄像头自动识别出要跟随的目标后，便会一直自动跟随着这个目标行驶。体验场景如图 4 所示。

图4 避障机器人体验场景

活动目标：

①加强孩子对 AI 算法的认识。

②学习图像识别的相关知识。

活动流程：

①老师向孩子讲解 AI 算法和图像识别的相关知识。

②孩子自行设置障碍物，观察避障机器人是否能够顺利避障。

③孩子自行选择一个跟随目标，观察机器人是否能够跟随目标行驶。

（3）无人机障碍赛。

在无人机障碍赛专区，小朋友们可利用图形模块编程遥控无人机完成起飞、盘旋、避障、降落等操作。体验场景如图 5 所示。

图5　无人机障碍赛体验场景

活动目标：

初步接触无人机编程知识。

活动流程：

①老师向孩子讲解无人机编程的相关知识。

②孩子利用所学的编程知识完成无人机障碍物挑战赛。

（4）智能垃圾分类。

为了借助人工智能技术加强孩子们对垃圾分类的了解和认识，人工智能科技节设置了智能垃圾分类游戏专区，利用图像识别、语音识别等智能技术让孩子了解有害垃圾、可回收垃圾、其他垃圾、厨余垃圾等分类。体验场景如图 6 所示。

活动目标：

①学会垃圾分类，增强环保意识。

②初步接触编程知识，从小培养良好的编程思维。

活动流程：

图6　智能垃圾分类体验场景

①小朋友在老师的带领下学习语音识别垃圾机器人、图像识别垃圾分类、刷卡垃圾分类、智能垃圾车等垃圾分类教具的使用方法。

②将垃圾图卡插入博士先生的肚子里，博士先生便会说出它属于哪个分类。

③将垃圾图卡在垃圾桶旁边的刷卡处轻轻地刷一下，垃圾桶便会自动识别出它属于哪个分类。

④对着语音垃圾分类桶说出一个物品的名字，垃圾分类桶便会自动识别出它的正确分类。

【应用效果】

通过幼儿园儿童人工智能编程游戏可以从小培养孩子的编程思想和编程技术。计算机程序通常具备很强的逻辑性，完成一个程序就是在完成一个项目，一个任务，因此，通过本套智能编程游戏可以锻炼孩子的逻辑思维能力和创新能力，同时又可以锻炼其建立、完成和管理项目的能力。儿童在进行人工智能编程游戏的过程就是一个训练空间思考能力的过程。在人工智能编程游戏闯关的过程中，儿童仿佛自己就是在高低起伏中，寻找迷宫出口的那个游戏的角色，手脑一同运转起舞，左转、右转、跳上、跳下，置身于编程式的世界中，在游戏之中学习，明白方向感以及立体的空间感。随着全国各地政策的出台，全国各地的中小学纷纷开始人工智能和编程课程的探索和学习，但是目前很少有幼儿园进行人工智能和编程课程的探索。本套智能编程游戏根据幼儿园孩子的学习心理特征，探索出一条适合3~6岁孩子接受、理解的学习途径，让孩子在幼儿园阶段就开始接触人工智能技术，从小激发他们人工智能和探索的兴趣，培养良好的编程思维。

孩教圈儿童人工智能科技节现已在广州市第二幼儿园、广东省公安厅幼儿园、越秀区科技周、广州市南沙区珠江小学、广东省委机关幼儿园、广东省军区幼儿园、南沙区第一幼儿园等上百家幼儿园、小学顺利举行，并取得了良好的反响。下面将以广州市南沙区第一幼儿园为例，介绍人工智能科技节在该幼儿园的开展情况。孩教圈在广州市南沙区第一幼儿园开展了儿童人工智能科技节，设置了脸部仿生机器人专区、手臂仿生机器人专区、魔方还原机器人等 20 个专区。此外，幼儿园还利用汽车废弃零件、汽油瓶等零件 DIY 了科技感十足的机器人，使整个学校在活动当天都充满了人工智能和科技的气氛。活动当天，南沙区第一幼儿园全园孩子参加了本次人工智能科技节，每个孩子都十分热情积极地参与了每个专区的活动体验，体验结束后，众多的孩子表示通过智能科技节不仅初步接触了众多人工智能机器人，了解了不少有关人工智能的知识，也深深体会到科技创新的重要性，觉得这是一次既有趣又能增长人工智能知识的科技活动。此外，人工智能科技节通过一个个有趣的智能机器人体验活动，激发了儿童爱科技、学科技、用科技的热情和兴趣，从小在心中种下一颗"创新"的种子。

【专家点评】

游戏是幼儿在学习的过程中最有效的方式之一，将符合儿童学习阶段应该具备的知识融入游戏中，使儿童在学习过程中既轻松又投入。本案例将智能编程这种有难度的课程，通过编程游戏的方法，教给儿童，在编制过程中，充分考虑到幼儿园阶段孩子的心理学习特征和实际操作能力，将生活中常见的场景融入编程教育的学习中，通过配套拼图、地毯等各种道具，增加孩子学习的兴趣和热情，应该说可以通过这种方式进行尝试，但是从长远来看究竟有多大效果，还需要进行长期实践与研究。相对来讲，儿童人工智能科技节，我认为更能有效地让儿童加强对人工智能技术的了解，培养他们对这方面的兴趣，开发儿童创造力和想象力。儿童人工智能科技节包含内容丰富，有脸部仿生机器人、魔方还原机器人、避障机器人、无人机障碍赛、智能垃圾分类等，通过参加这类科技节活动，激发儿童学习科技的兴趣和热情。

6.6.8 软硬一体化方案助力人工智能基础教育进校园

【报送单位】

北京联想软件有限公司

【案例背景】

2010 年前后，深度学习的突破引领人工智能时代加速到来，生产力的提升，消费需求的增加，将成为下一阶段经济增长的核心驱动力。到 2035 年，人工智能有望推动全球劳动生产率提高 40% 以上，人工智能将成为下一阶段经济增长的核心驱动力。2017 年国务院印发《新一代人工智能发展规划》，从政策层面明确了人工智能作为国家战略的总体目标，并且将"开展人工智能科普活动"作为保障措施。

在这一政策的指导下，一系列教育文件对人工智能基础教育做出明确要求。2018 年 1 月，教育部印发《普通高中课程方案和语文等学科课程标准的有关情况》中提出，要将人工智能正式划入新课标，成为高中的选择性必修课。结合《2019 年教育信息化和网络安全工作要点》和《2020 年教育信息化和网络安全工作要点》的指导要求，截至目前，政策对人工智能教育的课标、课程、环境设施、师资、教研等均提出了明确的要求。

然而，政策要求下"教什么"以及"如何教"成为主要问题。随着政策对人工智能教学要求的不断提高，这一领域的行业痛点也逐渐显现。核心痛点无外乎两点：一是教师资源紧张、教师队伍培养尚需时日。二是教具和实验工具选择难。

为了让所有适龄儿童都有接受人工智能基础教育的机会；挖掘孩子们在 AI（Artificial Intelligence，人工智能）方面的兴趣和潜力；培养下一代实现 2030 国家规划，为人工智能发展做出贡献，联想人工智能教育解决方案提供课程+平台+教具+算力+服务的软硬一体化方案，全面助力人工智能基础教育进入校园，给每个儿童平等的学习机会。

【相关成果及做法介绍】

1. 方案整体介绍

为了让每个适龄儿童都有接受人工智能基础教育的机会，解决人工智能基础教育"教什么/学什么"以及"如何教/如何学"的两大问题。联想结合自身优势，以人工智能教学平台为核心，以联想大脑云服务和智慧教育云服务为技术支撑，构建人工智能基础教育的生态，提供了面向小学、初中、高中信息技术课（人工智能课程）所需的课程体系、教学实验平台、教具、算力和师资、赛事服务，是专为学校设计的完整的普适性教室、实验室解决方案。本方案产品架构如图 1 所示。

（1）提供国家教材配套的课程体系。

通过参与教研院、课标组的顶层设计，方案中的课程设计遵循青少年由具象到

图1 联想人工智能教育方案产品架构

抽象的认知发展规律和人工智能学科学习路径。从计算思维的培养、具象理解过程与控制，物联网实践工程思维，算法的入门、进阶等方面培养学生的信息素养。在AI原理科普和进阶上，以AI技术应用体验；AI算法的可视化体验与理解；AI算法全流程体验；AI算法的交互式学习；AI技术全流程学习（采集、标注、训练、部署、应用）等方式进行学习。

课程覆盖全学段，符合课标和信息素养培养要求，为AI全民科普和精英科普提供必需的内容原料。课程体系如图2所示。

	1	2	3	4	5	6	初一	初二	初三	高一	高一
系列课程	人工智能导论启蒙培养数感1	人工智能导论启蒙培养数感2	人工智能初探编程驱动欧布硬件	人工智能初探编程驱动哪吒硬件	人工智能入门编程驱动哪吒硬件	人工智能入门图形化Python基础	BlockPy Python Editor	Python Editor驱动物联网主题硬件	Jupyter+AI算法初级体验	数据与计算信息系统与社会	Jupyter+AI算法人工智能完整项目学习
硬件教具	欧布套件		哪吒基础套件			NA	哪吒高级套件			教学机器人	
编程语言	图形化编程		图形化编程			图形化python	图形化Python、代码化Python			代码化Python	
人工智能	建立计算思维、寻找感受人工智能		具象理解过程与控制，物联网实践工程思维、使用、创新人工智能			AI语言及算法入门	感受算法的效率，建立传感与控制的工程思维		人工智能算法初步体验	信息意识、计算思维	机器学习、AI算法
竞赛活动	全国青少年科技创新大赛、中国青少年机器人竞赛、全国青少年创意编程与智能设计大赛、全国青少年电子信息智能创新大赛等										

体系化课程设置，符合课标要求　多样化教学内容，支持自主学习　软硬结合激发学习兴趣
标准化课程内容，降低授课门槛　智能学情系统，支持个性化教学　竞赛通用编程语言便于参赛

图2 覆盖全学段的AI课程体系

（2）AI教学实验平台支持课程体系。

联想人工智能教学平台由三部分组成，如图3所示：一是集合备课、授课、资源、作业、赛事的教学管理平台。该平台提供丰富的课程内容（课件、教案学案、示例代码），方便教师开课；支持远程教学、双师课堂，让每个孩子都有接受AI基

础教育的机会。二是集成多种 IDE（Integrated Development Environment，集成开发环境）的编程平台，为计算思维培养、编程控制硬件提供必需的编程实践环境。结合多种教具，进行项目式小组学习。三是人工智能实验体验平台，提供 AI 技术应用体验；AI 算法的可视化体验与理解；AI 算法全流程体验；AI 算法的交互式学习；AI 技术全流程学习（采集、标注、训练、部署、应用）。让每个孩子知道人工智能对自己生活的影响，为今后投入人工智能相关方面的工作与研究做最基础的理解和准备。

图 3　联想人工智能教学平台

从技术上讲，联想提供六大主流方向的近百种 AI 能力。根据不同学段学生的理解能力进行封装，形成上述符合各学段学生认知特点的 AI 实验体验平台。

（3）开机即用的 AI 教学实验环境。

联想基于自身在算力领域的优势，将 AI 教学实验环境和算力进行有机整合，提供最适合 AI 教学的算力保障和最方便 AI 教学的计算环境。这一整合为教师、学生的环境准备节约大量时间。为 AI 教学的便捷开展打下了基础。

（4）完善的教师培训和赛事相关服务。

为了顺利开展人工智能基础教育课程，针对每门课程提供完整的师资培训和磨课服务。通过培训，教师可以作为最基础的"信息播报员"将课程开展起来，也可以作为资深 AI 导师，赋能全区开展课程。在培训的同时，充分发挥区域骨干教师和教研员的优势，通过"自造血"形式开展创新实践，培育具有区域特色的课程内容。

2. 小学人工智能基础教育

从认知发展的角度，小学低年级以具象思维方式为主；从人工智能的学习路径来看，小学以体验为主，发现和认识生活中的人工智能。结合以上两点，小学低年级的课程采用启发式教学，探究式学习，内容涉及 AI 知识普及体验，AI 智能载体系统相关动手实践及编程。

在课程设置上充分考虑小学生的认知能力发展，以应用体验为主，结合动手拼搭，构造非常简单的智能系统。课程以项目形式展开，以"语音控制台灯"为例，学生需要进行如下几步学习：第一步，了解语音控制的基本原理和应用场景；第二步，进行结构件拼搭，构造出场景外观；第三步，进行编程，以实现控制并引入 AI 模块，从而完成整个系统的搭建和调试。AI 应用体验在编程这一步进行。联想将自有 AI 能力进行封装，以拓展的形式放入图形化编程 IDE 中，进行 AI 技术应用体验，如图 4 所示。学生们可以轻松"调用"人工智能模块，通过调整最基本的"参数"设置，完成智能系统搭建。

图 4　AI 技术应用体验

孩子们随着年龄的增长，抽象思维能力逐渐增强。小学高年级的课程引导学生构建相对复杂的智能系统，使用 AI 部件进行更深入的 AI 应用体验学习。以"巡线小车"为例，学生需要对 AI 摄像头的能力有所了解，并搭建合适的场景，最终实现摄像头巡线智能车的智能运行。在项目运行过程中，孩子们对机器是如何"看见"事物的原理有一定了解。虽然依旧使用图形化编程，但是 AI 的应用体验比低年级有所深入。

图形化 Python 成为小初过渡期的学习内容，为人工智能编程语言学习做铺垫。模块化编程和代码程序的映射，如图 5 所示，帮助学生掌握 Python 基础语法。

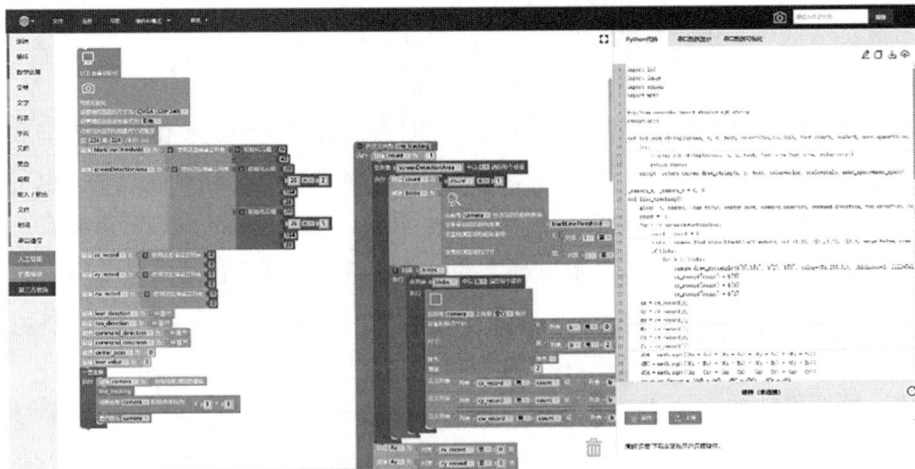

图 5　模块化编程和代码程序的映射

3. 初中人工智能基础教育

从认知发展的角度来看，中学生具有一定的抽象思维能力；从人工智能学习路径上来说，初中可以代码学习体验，AI 原理入门为主；高中以 AI 算法学习为主。因此，针对初中采用项目式学习方式，以物联网、服务机器人和自动驾驶为主题，内容涵盖万物智联以及人工智能技术实际应用体验。课程的设计以培养学生工程思维和动手实践能力为主。内容涵盖编程语言（Python）学习，数据采集处理，算法原理和实现方式，以及人工智能技术实际应用体验。具体而言，包括 AI 原理入门、Python 基础语法学习、AIoT（Artificial Intelligence & Internet of Things，人工智能物联网）代码编程控制智能硬件、人工智能机器人原理体验等，兼顾体验与项目。

以 AI 原理入门为例，联想人工智能编程实验平台提供算法体验和可视化讲解。如图 6 所示，以姿势识别为例，实验平台将识别过程拆解为若干步骤，每一步介绍一个知识点。并通过可视化的方式进行体验。学习过程无须编写代码，门槛极低。平台支持人工智能经典算法原理学习和体验。是初中进行人工智能原理入门学习的必需的环境。

图 6　AI 算法的可视化理解

作为 AI 实践体验，课程采用项目式学习的方式，以 AIoT 为主题开展。以"智慧城市——环境监测"为例，课程首先对环境监测和相关设备原理进行解释；然后引导学生搭建环境监测系统；通过 Python 代码编程和 AI 模块的使用完成、完善智能系统，如图 7 所示。实践过程中，既有计算思维的培养和逻辑能力的建立；又涉及 AI 原理入门和智能系统搭建；同时巩固代码编程能力，为高中人工智能学习做准备。

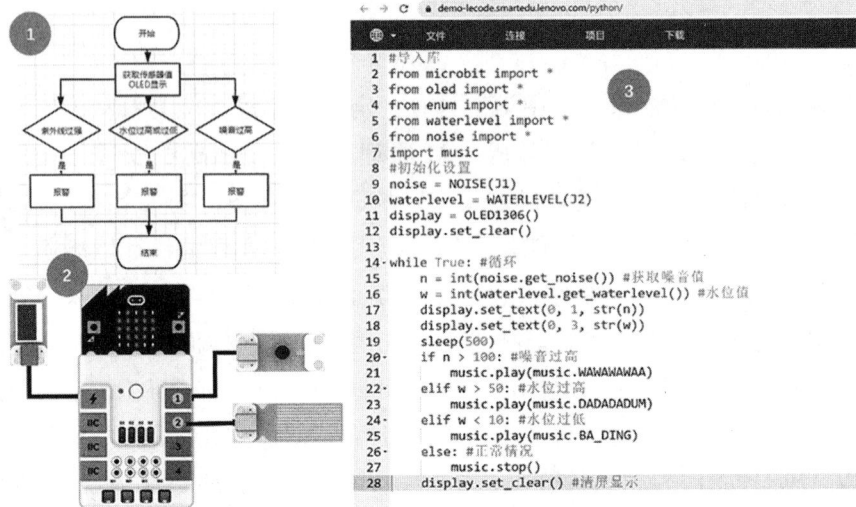

图 7　环境监测智能系统搭建

4. 高中人工智能基础教育

高中旨在培养学生理解人工智能的基本特征，会利用开源人工智能应用框架，搭建简单智能系统。课程的设计符合课纲要求，AI 通识教育，结合管线式可视化编程工具，阐述 AI 原理。算法理论讲解结合实际项目应用体验，让学生了解从数据采集、标注到模型训练部署全流程的人工智能项目，并能够将训练结果部署在 AI-kit 教学机器人上进行验证。

以"计算机视觉——人脸识别"为例，如图 8 所示，课程从计算机视觉基本原理、人脸关键点监测、人脸识别几个层次进行递进式讲解，并结合 OpenCV 等软件库的应用，进行 AI 原理学习。联想人工智能教学平台提供了实验学习的必需的环境

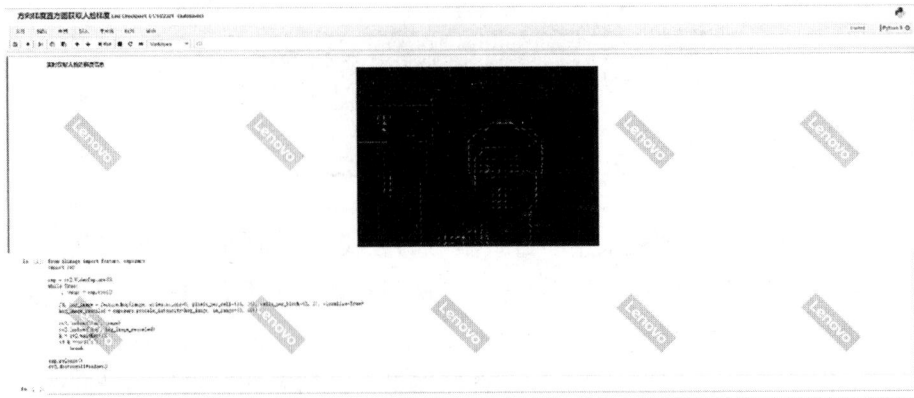

图 8　AI 算法的交互式学习

和案例代码，预装环境一键开启，方便教学。

在此基础上，结合管线式编程，进行 AI 算法全流程体验。可视化 AI 编程工具，预置图像、语音、文本、视频分析处理等 AI 模型，学生通过可视化的拖拽，在项目式或者任务式的学习流程中生成满足任务目标的自定义 AI 模型，并能用 Web API 的方式直接调用和验证生成的 AI 模型。

综上为小初高不同学段，联想人工智能教育方案提供的能力和支持。

【应用效果】

在北京某小学，学生们使用联想人工智能教学平台和教具进行学习，不仅完成了项目任务，还举办了课后竞赛。该过程培养了学生的计算思维、理解和控制能力；通过项目式小组学习，分工合作完成智能系统的搭建。

在江苏某中学，学生们以智能机器人为载体，学习人工智能的基本原理和应用，并将 AI 理论应用到智能机器人的控制中。为参加世界机器人大赛做足准备。

在广东某高中，学校使用联想方案进行人工智能初步的教学与教研，不仅服务本校，还为区域教研提供培训场所和内容。

在刚过去的 2020 年，联想人工智能教育以软硬一体化方案形式落地，在 9 个省市、30 余所学校，让 2 万多名儿童接受人工智能基础教育。

【专家点评】

信息技术、人工智能对教育领域的开拓与应用是未来一个重要的发展方向。北京联想软件有限公司针对人工智教育开展的痛点和存在的问题，进行充分调研和论证，在此基础上，研发软硬一体化方案，提供课程+平台+教具+算力+服务的一套方案，为给每个人儿童平等的学习机会进行有益探索。该方案主要有以下几个特点：科学性强，在设计的过程中能充分遵循青少年由具象到抽象的认知发展规律，根据规律开发人工智能学习路径，提供了国家配套的课程体系；覆盖面广，能覆盖小学、中学、高中；受益范围广泛，课程体系涵盖面也广，涵盖了信息技术课程所需的课程体系、教学实验平台、教具、算力和师资、赛事服务；应用性好，从已获得的应用效果看，本方案在北京、江苏、广东等地取得了不错的表现和效果；而且在 2020 年，软硬一体化方案在全国 9 个省市、30 余所学校进行人工智能基础教育，使 2 万多名儿童受益。本方案可以在充分的论证和实践中进行广泛推广。

6.7 智能陪伴

6.7.1 儿童陪伴教育机器人

【报送单位】

华为技术有限公司

【案例背景】

儿童陪伴教育机器人是华为用户数字人生的第一步，与 AI 智能音箱，手机，平板，大屏等其他消费电子产品形成全生命周期的解决方案，为不同年龄段的用户提供最优质的服务。

华为深入研究 3~9 岁儿童的亲情陪伴和学习教育场景，借助其在 AI、IoT、大数据、互联网服务的发展优势，发布其首款儿童陪伴教育机器人小艺精灵。华为致力于把优质的教育带给每个家庭、每个儿童，让人人都享有学习优质内容的机会，在小艺精灵的陪伴下探索世界，用游戏化的教育方式让每个孩子变得更加不同（培养孩子的终身学习能力）。

为了让儿童陪伴教育机器人具备最佳的体验：在产品设计上，设计了最符合儿童的主动式自然交互形式，打造机器人 IP 故事，性格，输出 2000+ 的拟人化表情动作。构建出一套寓教于乐的游戏化教育系统与内容体验（聚焦英语教学、益智游戏，AI 绘本阅读，儿童对话系统覆盖儿童百科、儿歌、故事等）。给儿童陪伴和学习场景带来丰富的趣味性和娱乐性。

在技术上，围绕 AI 多模态自然交互（语音、视觉、触控、人脸、手势、情绪）进行突破，产品获得了机器人情感、多模态交互、视觉、对话、触觉、硬件结构等 10 多项专利，充分展现华为在机器视觉、语音识别、情感感知等 AI 技术的强大实力。

1. 儿童陪伴教育机器人研发行业难点

因为儿童发音特点、情绪表达、说话逻辑、说话方式等与成人有非常大的差异，受限于应用场景、算法、儿童数据等客观困难，海内外在儿童语音、视觉、情绪感知等方面的解决方案都非常不成熟。而华为习惯走最困难的路径，弯道超车，依托华为 AI 领域高端专家，机器人产品设计团队联合国内高校，在儿童语音识别、儿童中英文特定场景下的多轮对话、儿童情感化 TTS 上取得了极大突破。

2. 华为儿童教育机器人研发能力

华为历时 3 年，研发了业界首创的 HRI 多模融合决策与感知能力系统，实现了真正意义上机器人从"机器"到"人"的跨越式进步。

利用多模融合决策系统，华为完成了 HRI 交互决策引擎的技术开发，使机器人设备能进行更自然的拟人化交互。其中包括儿童语音 TTS、触摸感知、情绪表达等外部拟人化的交互设计，在小艺精灵机器人上，人性化 ID 设计，儿童音色，精密传感系统、柔性舵机的植入以及丰富的表情变化，使得小艺精灵在外部形态和交互体验上更加接近于"人"；而在内在拟人化方面，中英文多轮对话、基于 VAD 技术的儿童对话意图识别、主动情绪识别等业界最强的儿童 AI 解决方案，能够维持儿童的注意力和参与度，使儿童语言的学习效益最大化。

【具体措施】

找到用户关注点，了解儿童不同年龄段的喜好和发展特点，做出最符合儿童喜爱的产品是我们的使命。我们必须对儿童的认知能力有基本的认识与了解。当我们为那些属于"正常"范畴的成年人设计时，可以理所应当地认为他们能够进行逻辑推理、抽象思考，能够理解常见的符号和图形，并可以预测交互所产生的后果。我们熟悉这样的设计对象，因为我们本就是他们其中一分子。但是当我们的对象是孩子时，一切都变得模糊，我们需要了解不同年龄段孩子的心理特征，这样当我们开始谈论儿童机器人设计时，就有一个共同的认知框架。

随着智能手机、平板、TV、儿童电话手表、音响等数字产品的普及，移动互联网渗透率接近 100%，与智能手机结合，智能玩具厂商也积极开发智能建筑积木、科学技术、遥控玩具等不同的玩具品类。围绕儿童的数字环境已经形成，孩子与数十种数码设备互动很常见，所有这些产品与设备现在都是自然环境的一部分，孩子在这样的环境中出生与长大。当许多成年人在理解和使用数字界面遇到认知困难时，孩子们却能热情地接近它，尽管他们可能不完全理解界面元素真正的含义。儿童并不是缩小版的成年人，他们有自己的需求和目标，这些需求和目标是成人化的数字产品无法满足的。为成人定制的产品不会经过简单的转化成为符合孩子心理模型的产品。

儿童与成年人一样，也能不断吸收新信息，并基于自身的体验扩大对世界的了解，处理新信息的能力取决于他们现有的心理模型。与成年人相比，儿童无法像成人一样运用逻辑推理和经验，他们不得不依赖事物本身具有的隐喻和暗示进行尝试。因此，为儿童设计友好的数字产品更加苛刻，需要通过熟悉不同年龄段孩子的关键心理特征来识别和评估这些模型，保证设计能恰当地映射、符合儿童的心理特征。

启蒙期的儿童喜欢对外探索但注意力不持久，需要让机器人具有持续被用户喜爱的特点。如图1所示，华为小艺精灵机器人分别从不同的方面进行了设计。

图1 华为小艺精灵机器人主要设计要点

1. 机器人需要拥有漂亮的 ID

华为小艺精灵的 ID 从儿童陪伴和教育展开，灵感来源于儿时玩伴。

为了成为孩子喜欢的快乐伙伴，它拥有了拟人化的外观。圆圆的脑袋，大大的眼睛，丰富夸张的表情，充满亲和力；华为团队设计了 3 种形态来满足不同喜好的儿童对小伙伴的期待，如图2所示。①珠光白色形象代表纯洁、正直和善良，凸显小艺精灵整体的未来感和高端感；②炫彩色代表聪明、活力和可爱，象征彩虹，充满快乐；③毛茸茸的外观形象代表亲和、灵动和温暖，充满亲和力，让孩子们想亲近，想拥抱。

图2 华为小艺精灵机器人 3 种不同形态展示

2. 机器人需要拥有孩子喜欢的性格

机器人拥有鲜明的性格才能被孩子记住，喜爱并产生黏性，在机器人的陪伴过程中，机器人与儿童是平等的伙伴关系。

在儿童 4+ 发展阶段中，儿童的心智发展主要以"我"为中心，因此儿童偏向于将自己定位成"英雄"，而机器人是孩子身边的活泼机灵的"小伙伴"。

机器的性格是丰满的，它古灵精怪、可爱、勇敢、友好、耐心、乐于助人、积极向上，但并非完美得让人无法接近，它同时具备冒失的特征，时不时地做出一些让人出乎意料的反应，如图 3 所示。

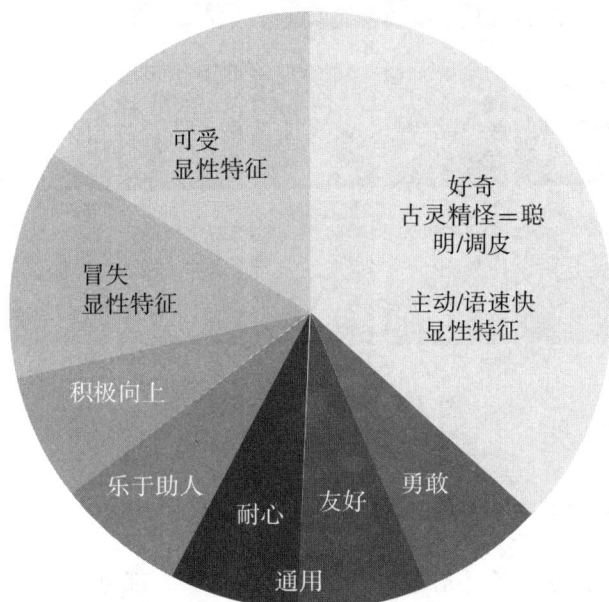

可受
显性特征

好奇
古灵精怪＝聪
明/调皮

主动/语速快
显性特征

冒失
显性特征

积极向上

乐于助人

耐心　友好　勇敢

通用

图 3　机器人性格示意图

3. 机器人需要拥有聪明的大脑

我们让机器人拥有自己的思想，对世界，它有自己的思考与处理方式。可以说机器人大脑是当今最令人兴奋和具备挑战的技术领域之一。

通过机器人多模态的输入优势，机器人可以比其他设备更准确地了解当前所处的环境、用户的画像，为孩子在合适的时机用合适的方式提供合适的内容，让机器人聪明的智能解决孩子们的问题。

4. 机器人需要拥有情绪共情与情绪反馈

在设计机器人时，机器人拥有属于自己的情绪，他和我们一样，具备喜怒哀乐等情绪，会因为思念家乡悲伤，会因为看到自己喜欢的东西开心，同样也会感受到孩子的喜怒哀乐，与孩子在情绪上形成共情。

5. 机器人需要拥有丰富的表达能力

为了让机器人持续被孩子喜欢，并拥有与孩子持续互动的表达能力，目前我们已经设计出超过 2000 种表情，如图 4 所示。以高兴的情绪为例，小艺就可以表达出 16 种以上的层次，微笑、大笑、兴奋、陶醉。

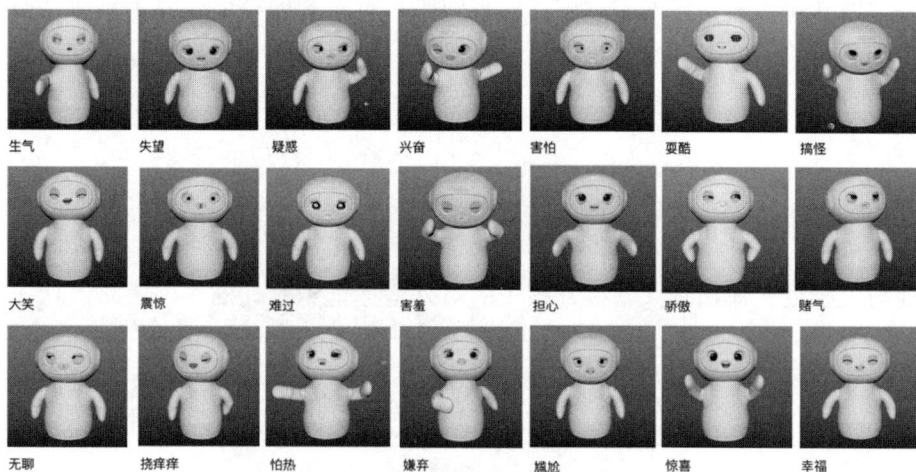

图 4　机器人表情示意图

6. 机器人需要拥有丰富的感知力

当孩子触摸，摇晃，甚至光线发生变化时，机器人都可以做出丰富的表情反馈，让孩子每一次期待都充满惊喜。

7. 机器人需要拥有能和儿童持续沟通的对话能力

我们联合北师大、中科院、东南大学等权威高校，通过深入的桌面研究和 5000+ 儿童用户测试，总结出了一套符合不同年龄段儿童的专属语音助手规范及儿童对话系统六大能力，包含：

（1）主动情绪识别，可以通过识别儿童的表情或通过文本语境识别情绪并实时进行响应，小艺也能表达 7 种情感。

（2）儿童情感化 TTS，机器人拥有丰富情感，能通过视觉、文字及语义和儿童产生共鸣，从而赢得儿童好感并产生依赖性，获得良好的交互体验。

（3）由于儿童语义、意图识别等幼儿语言系统组成部分发育不完善，儿童说话时会出现很多倒装、重复、否定、缺失等情况。可通过 AI 意图识别系统，对儿童的表达进行自动优化矫正；基于意图理解的动态 VAD 技术（优化儿童说话思考，停顿问题）让机器人真正地理解孩子并提供合适的响应。

（4）多人互动，机器人支持多人的同时互动，让合家欢成为可能。

（5）双语畅聊，对话不间断，小艺精灵是业界首个支持中英文闲聊的儿童机器人，在日常生活场景下进行英文对话熏听。

（6）为了儿童的健康成长，华为投入了 200+ 人的儿童语料开发团队，联合高校，适配儿童的认知发展模型，在符合国家发布的《幼儿教育大纲》（详见教育部关于印发《3~6 岁儿童学习与发展指南》的通知）的基础上，目前已开发出 300 万条中文定制语料。

（7）双语童趣音色，为了让机器人的声音被儿童喜爱，华为对 300+ 儿童进行调研，得出 3~13 岁儿童更喜爱的童趣音色。

巧妙的机器人的对话系统设计，能够维持儿童的注意力和参与度，使儿童语言的学习效益最大化。拟人态的机器人在与儿童的日常交流对话中，能启发儿童如何友好地与人相处、体贴别人，提升孩子的对外沟通能力，让幼儿在潜移默化中受到熏陶。

8. 机器人需要拥有教育意义

父母都非常重视孩子教育问题。但由于工作和生活的种种压力，他们无法全身心地对孩子进行教育。那小艺是如何辅助家长，成为家长的好助手的呢？

我们希望小艺在与孩子相处中越来越了解孩子，通过游戏的方式，主动为孩子安排科学合理的教育内容，在愉悦的环境下培养孩子的学习兴趣。

为此，华为联合中科院+东南大学+北师大，在儿童教育理论体系进行深度合作，适配智慧儿童教育算法，基于 AI 和大数据多模态内容精准推荐，输出了一套符合儿童的 AI 教育引擎系统，如图 5 所示。

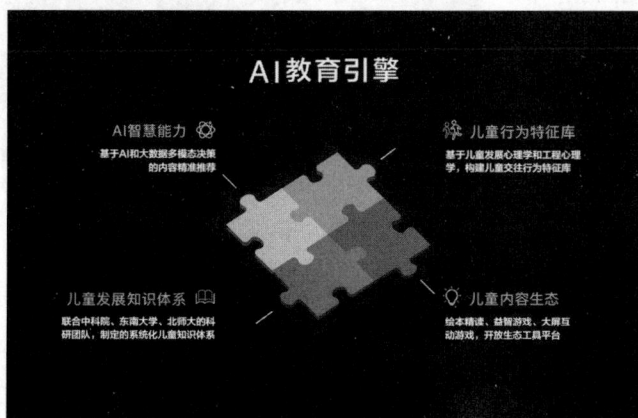

图 5　AI 教育引擎系统

通过机器人强大的教育引擎能力和拟人化的形态，我们也联合教育生态伙伴设计出了儿童喜爱的寓教于乐的教育内容：

（1）启发式阅读。

针对不同内容维度（音乐、生物、国学、情绪管理、百科全书等）去构建儿童的思维体系，支持 OCR 手指点读，中英文点读，机器人通过三屏表情系统、动作、语音提问等形式，形成沉浸式互动学习体验。这些活动引导孩子通过观察、思考、提问、互动等行为来获取知识并主动解决问题，心智得到充分发展。高效的学习使儿童快乐成长。

（2）益智互动游戏。

支持 16+ 款多人互动游戏：记忆卡片、天鹅与天空、冰冻舞者、表情模仿秀、气球炸弹，猜声音等。帮助儿童以游戏的形式锻炼反应力，情绪认知，学习英语，寓教于乐。

（3）鸿蒙分布式大屏英语学习。

机器人通过与华为智慧屏联动创造了一个虚拟的冒险世界，和孩子一起探索学习。儿童可在大屏上进行学习内容+复习内容，用游戏式通关升级的设定，让儿童在游戏中学习英语，学习场景如图 6 所示。在现实世界，通过游戏化的双语环境随时随地熏陶语感。

图 6　鸿蒙分布式大屏英语学习场景

通过虚拟世界与现实世界激发孩子的学习兴趣。

【特色成果】

在对市面儿童学习教育类产品分析发现，优质教育、健康陪伴是消费者核心诉求，且消费者对已购买产品的主要吐槽点集中在以下几点：

（1）被动式响应，不够智能，语音识别不好用（经常唤不醒，唤醒后又常常鸡同鸭讲、答非所问）无法吸引儿童长期使用。

（2）教育内容纷杂不成体系，质量不高，无法保证学习效果。

（3）屏幕过多过大，长期使用不利于儿童视力健康。

（4）家长无法有效管控儿童对电子设备的学习使用。

（5）不了解孩子的学习情况，无法制订有针对性的学习计划。

华为小艺精灵深入了解不同年龄段的儿童发展特点，突破关键技术，通过主动式的自然交互和游戏化的教育体系来辅助父母解决以上问题。解决 K6 教育中的行业痛点。

通过机器人在线下旗舰店用户体验的调研问卷看，96%用户整体印象较好，82%用户有强烈意愿带机器人回家。82%家长放心让机器人与孩子互动，73%的家长认为机器人可以更好地让孩子在玩中学。

【专家点评】

学习教育和亲情陪伴已成为全民关注的社会问题。一方面，华为小艺精灵的诞生充分展现华为在机器视觉、语音识别、情感感知等人工智能技术上的强大实力。这款儿童陪伴教育机器人集多种功能于一身，优势集中体现在以下几个方面：①为儿童。无论是外部形态、交互体验上，还是内在拟人化方面，小艺精灵都满足了儿童的需要，设计用心，表情丰富，实现了机器人从"机器"到"人"的跨越式进步。②为陪伴。机器人有自己的性格，有聪明的"大脑"，有丰富的感知力和沟通力，可以帮助孩子解决问题，成为孩子们喜欢的快乐伙伴。③为教育。小艺精灵的人工智能教育引擎不仅能解放家长的大脑，不会被"十万个为什么"问到词穷，更可助力孩子高效学习，双语沟通，快乐成长。另外，智能机器人在语音识别率、信息资源量领域存在很大的提升空间，小艺精灵同样需要完善自己。

6.7.2　人工智能助手助力儿童发展应用实践

【报送单位】

百度在线网络技术有限公司

【案例背景】

儿童是人类发展的希望，同时也是弱势和脆弱群体，需要全社会的特别关注。当下社会各界正高度重视人工智能对儿童的影响。科技企业应具备社会责任感，发展对下一代负责任的人工智能产品，保护和促进儿童权益，助力实现儿童健康成长。

小度是百度旗下人工智能助手。小度运用 AI 技术赋能儿童成长，解决涉及儿童保护、儿童权利等关键问题主要有：

（1）在当下的儿童群体中留守儿童占很大的比例，基于留守儿童没有通信工具，缺少父母陪伴的现状，小度在家有意帮助父母与孩子通过智能视频音箱设备与绑定设备的 App 进行一种轻量级的沟通，双端的通信机制一旦建立，除了能满足基础的亲子沟通外，还能实现家长管控，从而更灵活柔和地教育儿童，助力儿童健康成长。

（2）大部分儿童从出生起，就被各种高新科技、智能屏、互联网信息所包围。但因儿童还缺乏基础判断能力，父母担忧在这样的信息环境中，儿童会接触到不良信息，不利于其成长。小度在家智能屏的儿童桌面，就是根据各年龄段儿童的生长敏感期，提供与儿童相适龄的内容和交互方式。在这个模式下，儿童所接触到的信息是安全的，同样儿童也可以凭借语音、手势等儿童最自然的交互方式，参与整个交互过程，进行自我探索，满足他们对于这个世界的好奇。

（3）儿童智能手表如今已成为主流儿童电子设备，但其受屏幕小的限制，不易操作，在较多场景下无法使用，儿童需求的满足大大受限。手表端小度 App 通过使用 AI 技术，促进了电子设备的儿童友好性，满足更多场景和需求，通过智能语音助手解决儿童操作受限的问题，降低使用门槛，通过智能图文阅读器解决儿童阅读受限的问题。

【技术方案】

为营造一个儿童友好型的人工智能环境，系统性提升 AI 技术对儿童教育领域的应用，小度将人工智能相关技术进行封装，整合为各类产品服务。目前小度主要依托小度在家家长管控功能、小度在家儿童模式、儿童智能手表小度 App，实现儿童管控、儿童保护、儿童教育场景的多维度覆盖。小度正通过人工智能技术革新传统教育市场，缔造人工智能时代下聚合儿童权利全场景需求的强大人工智能助手。

1. 小度在家实现家长管控场景

针对儿童这个特殊群体，小度在家智能屏从使用时长、时段、内容等多维度辅助家长管控儿童，防止儿童沉溺，助力儿童健康成长，其主要应用场景包括：

（1）视力保护提醒：父母可通过手机端 App，查看小度智能音箱的儿童使用足迹，发现当天设备短时间内触发了多少次"距离提醒"，距离提醒功能在儿童距离屏幕过近时触发。此时父母可通过该功能适当地提醒一下孩子，即从 App 端向小度智能音箱端发送消息"要注意保护视力哦，离小度远一些"，如图 1 所示。

图 1　视力保护提醒示意图

（2）一键锁屏功能：该功能支持家长在 App 端随时对小度智能音箱进行锁/解屏，并且可实时看到当前设备的使用状态（如正在使用爱奇艺或宝宝巴士），如图 2 所示。

（3）全天使用时长限制：父母在 App 端可查看小度智能音箱的每日使用时长，若达到时长上限，会触发小度的禁用机制，即展现锁屏页面。此刻儿童可在设备端点击"申请再玩"，相关申请消息便会从设备端发送至 App 端，父母可用帮助孩子解锁或者更改全天使用时长设置。对应智慧屏会显示禁用时段，如图 3 所示。

（4）亲情连接：小度致力于构建小度智能音箱与配套 App 之间的即时通信渠

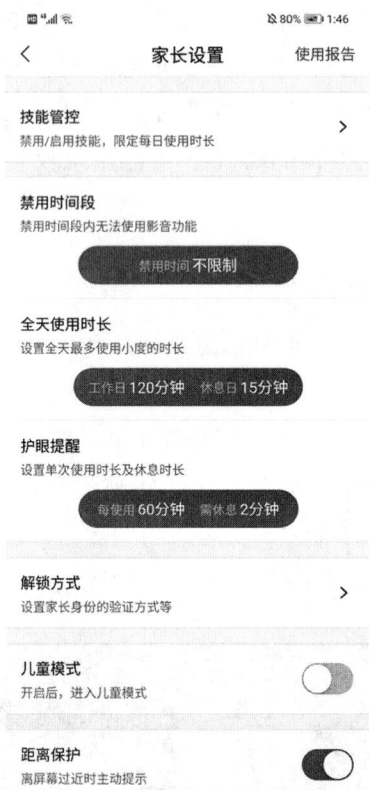

图 2 App 端全天时长限制示意图

图 3 设备端全天时长限制示意图

道，该渠道支持发送语音、文字、图片、表情包以及支持发起多/单人音频通话、视频通话，这在方便家长管理的同时也起到了亲情连接的作用，如图 4 所示。

图4 即时通信渠道示意图

2. 小度在家儿童模式

小度在家智能屏儿童模式致力于给孩子提供一个更安全的网络环境，推送更精准、适龄的内容，它针对儿童的行为习惯，进行量身设计，满足儿童的日常操作需求，其主要应用场景包括：

（1）"童脸识别"技术：为了让儿童在屏幕前时所接触到的信息是安全的，小度智能屏在识别到屏幕前的主要使用人为儿童时，就直接切换进入儿童模式。

（2）儿童内容保护：在儿童模式中，所有内容都经过人工或者算法的筛选，过滤了"儿童不宜"的内容，保护了儿童所能接触到的信息环境。

（3）分龄内容推荐：不同年龄段的孩子处于不同的敏感期，信息需求是不同的，如图5所示。在儿童模式中，0~12岁的儿童，根据不同的生长敏感期，分成了3个年龄段，被分龄推荐适合的内容。0~3岁主要推荐英语、语文等磨耳朵类被动输入的内容，让孩子多听多看，适配其语音发展敏感期；3~6岁，主要推荐寓教于乐的多模互动内容，让儿童在自主操作中认识世界，探索世界；6~12岁，主要推荐教材同步的内容，辅助儿童的日常课堂学习。

适合儿童的多模交互设计：在儿童模式中，不仅有点触、拖拽、滑动等的基本的屏幕操作，更有针对儿童设计的语音交互、手势交互等。语音交互针对儿童做了语音识别优化，提升的儿童的语音识别率，使儿童可以直接语音唤醒设备，并使用语音进行点播内容、查询天气、百科等。使用语音交互这一最自然的行为，满足儿童的"十万个为什么"。现在的交互App多为触、拖拽、滑动等交互方式。儿童在

图 5　"学龄前"桌面示意图

使用手指接触屏幕过程中，会不自觉得会离屏幕比较近，影响视力发展。在儿童模式中，儿童可以通过手势交互代替点触，进行一些选择操作，使儿童与屏幕的交互距离可控制在 30cm 以上，保护儿童的视力发展。

3. 儿童手表端小度智能语音助手

小度智能语音助手面向多样化的手表使用场景，采用先进的人工智能能力，通过技术与优质内容的融合，主要覆盖百科问答、资源点播、闲聊对话、功能指令等场景需求，实现使用过程中的语音对话快问快答，复杂指令一步到位等，降低使用难度，提升操作便利性，见表 1。其主要技术包括：①自动语音识别技术，指通过手表内置麦克风，采集并识别儿童语音指令，是适合儿童的、简单的人机交互形态；②自然语言理解技术，指能实现人与计算机之间用自然语言进行有效通信的方法，将采集识别的儿童语音指令，经过自然语言理解技术，完成对儿童表达意图的理解，并分发给不同子功能，响应承接；③知识图谱和大数据，依赖百度长期积累的内容平台，可提供优质的百科结果和聊天问答等，满足儿童需求，支持如"最高的山在哪里？最长的河是哪个？"等的提问。

表 1　智能语音助手功能事例

主要场景	具体事例
百科问答	最高的山是哪个？秦始皇是谁？
资源点播	我想听故事；放个小苹果

主要场景	具体事例
闲聊对话	我今天心情特别好
功能指令	声音小一点；打开相机
复杂指令	给妈妈打电话；给爸爸发微聊说我到家了

4. 儿童手表端小度智能图文阅读器

智能图文阅读器面向图文阅读场景，集成 AI 技术，探索一套新型的图文阅读交互模式，有效解决字体过小，阅读困难的问题，为儿童提供更好的阅读体验，如图 6 所示。其主要包括以下服务：①辅助文字，指通过图像识别技术，识别出图文中的文字，并在屏幕底部展现。儿童阅读时，可实现根据图文内容，在图片的下方区域，同步显示其相应的文字，且字体标准、字号适用。儿童滑动浏览图片，下方文字随之变化，同时可点击文字，专门浏览相关文字内容。其主要应用的技术方案，是使用百度 OCR 技术，识别出图中文字位置和具体内容，通过对话段落的位置，确定文字顺序，然后根据前端界面呈现图片位置，匹配提供相关文字。②有声漫画，即将提取出的辅助文字，通过 TTS 播放进行播放，实现边看边听漫画的效果。该服务解决阅读文字困难，或部分儿童不认识生字的情况。

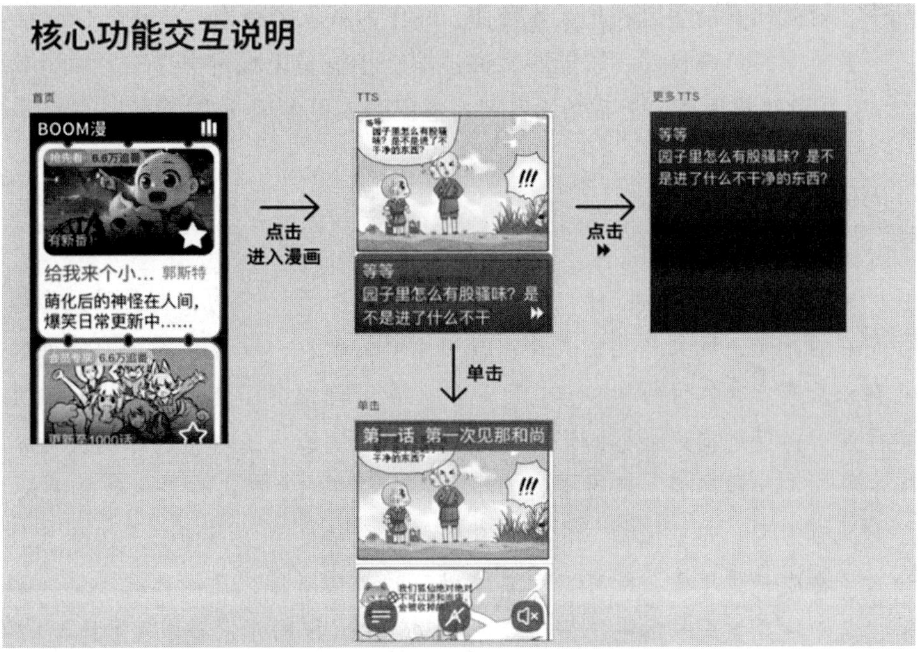

图 6　智能图文阅读器示意图

🔲 【应用效果】

从产品应用效果来看，小度在家家长管控相关功能上线以来，小度在家 App 端家长管控功能 DAU 从 9w 提升至 15w，功能渗透从 9% 提升至 15%，功能留存从 26% 提升至 30%。该功能有效防止儿童沉溺设备，从观看时长控制、贴心距离提醒，亲情连接等方面有效呵护儿童成长，诸多家长用户对该功能的实用性表示了肯定，并希望小度在家能在家长管理、亲子沟通方面扩展更多功能。

从用户反馈中可以发现，小度在家儿童模式"童脸识别"功能是家庭中最受欢迎的功能之一。在每天进入儿童模式的用户中，有 30% 的用户是通过"童脸识别快速进入"的，随着识别率的提升，该功能的使用范围会进一步被扩大。在儿童模式中，70% 的用户在儿童桌面上有点击交互行为，即对于有点击交互行为的用户，大多能通过桌面的推荐来触达他们想要的内容。在儿童模式下，语音交互率达 97.27%，远大于点击交互率 85.6%。且 3 ~ 6 岁的孩子中，语音交互率达 98%。数据表明，"语音"交互形式在儿童群体中正慢慢被接受，目前该模块正逐步优化中，未来可被应用于更多场景。

儿童手表端小度 App 目前合作厂商包括小天才、华为、小寻、读书郎、三基同创等，月活跃用户近 800 万，月语音交互次数近 20 亿次，受到广大儿童家长的好评。其中，智能语音助手已和小天才合作，并作为新款产品 Z6 巅峰版的新卖点，进行推广，儿童家长口碑良好。智能图文阅读器，小流量上线部分手表厂商，次日留存 50%+，儿童热情很高，上千条语音留言催促引入更多优质内容。

🔲 【专家点评】

孩子成长道路上父母的陪伴，玩具的互动都是必不可少的。在父母无暇时时刻刻陪伴左右的时光，玩具是儿童成长过程中最好的伙伴，通过玩具的直观化、形象化的教育以及儿童身体力行的参与，可以使儿童开阔眼界，增进智力，培养儿童的社会交往能力，促进良好性格的形成。该案例中小度的人工智能技术为儿童成长期构建了一个人工智能环境，通过家长管控系统、在家儿童模式、儿童智能手表 App，实现了对儿童管控、儿童保护、儿童教育场景的多维度覆盖。拥有人工智能技术的小度让孩子在成长过程中，既可感受温馨甜蜜的亲情陪伴，又能体验丰富多彩的信息互动，是陪伴儿童成长的一个好伙伴。该案例中，根据儿童不同发展阶段的特点，进行分龄推荐的方式是值得提倡的，但内容方面以视听的信息接收为主，儿童期正处于学习各种知识和动作阶段，在开发设计中，今后可适当增加运动类互动项目，将儿童的心理特征、行为特征与运动天性结合起来，相辅相成，共同促进儿童成长。

6.7.3 基于机器人技术的自闭症儿童社交能力评估与训练

【报送单位】

深圳市优必选科技股份有限公司

【案例背景】

自闭症谱系障碍（Autism Spectrum Disorder，ASD），又称孤独症，以社会交流障碍、狭隘兴趣以及重复和刻板行为为两大核心症状，是一种广泛性精神发育障碍。目前，自闭症病因尚未明确，病程可持续一生，需要终身学习和干预。根据《中国自闭症教育康复行业发展状况报告2017》，我国的自闭症儿童发生率保守估计约1%，目前我国有超过1000万的自闭症患者，其中0~6岁的自闭症儿童数量超过200万。

自闭症儿童在可预测的环境中情绪比较稳定，而与机器人的交往环境是一个相对简单、安全的环境，因此有利于其社交技能的发展。为帮助自闭症儿童康复，探索基于机器人技术的自闭症儿童评估干预，优必选科技结合自身人工智能和人形机器人研发技术与华东师范大学康复科研团队共同聚焦0~6岁年龄段自闭症儿童，提出运用悟空机器人——由优必选联合腾讯推出的具有生命感的人形机器人作为自闭症儿童的同伴，让自闭症儿童与其互动，进而模仿，并与康复师形成三方互动，即为自闭症儿童、悟空机器人和康复师三方互动的ART交互训练模型（Autism-Robot-Therapist Interaction Model）。

【核心技术】

1. 技术方案

（1）自闭症儿童社会交往评估技术。选择评估系统作为设计参考工具，研发可视化评估定位技术，包括儿童言语、语言及社会交往能力，创设规范化的评估场景，出具评估报告，为后续课程体系提供理论依据，为干预训练提供指导。

（2）自闭症儿童社会交往干预课程。利用优必选自主研发的ROSA机器人系统建立自闭症儿童社交能力的干预课程体系，开展实证研究，课程摘选见表1。通过编程实现悟空机器人、自闭症儿童和康复师的互动交流，改进传统应用行为分析训练方法，设计悟空机器人教学情境互动内容，完成自闭症社会交往干预训练康复技术的创新研发和临床试验。

表 1　课程摘选

序号	月龄	对应残联评估项目	主题	训练课程
1	0~6	目光注视社交对象	社会性注意	看一看
2		对别人的问候（你好）表示惊讶	社会性注意	你是谁？
3		用微笑回应照顾者	非口语社交技巧	笑一笑
4		妈妈离开时，儿童盯着妈妈并双手臂上下摆动	告别	妈妈不要走
5	6~12	与陌生人 3 米距离内身体接触	社会性注意	大家抱一抱
6		与熟悉人 3 米距离内身体接触	社会性注意	爸爸/妈妈抱一抱
7		认识镜子中的自己	自我意识	照镜子
8		微笑或伸开手臂拥抱表达对照顾者的喜爱之情	非口语社交技巧	让我抱抱你
9		微笑或发出声音引发照顾者的反应	非口语社交技巧	出声的笑
10		用微笑回应别人的问候（你好）	问候	微笑

（3）自闭症儿童社会交往评估和干预训练实验。基于康复干预实验，开展实证研究，验证"评估+训练+监控"技术体系的有效性。筛选 100 个学龄前自闭症儿童，持续进行为期 1 年的悟空机器人社会交往干预训练同时引入 WS/T 580—2017《0~6 岁儿童发育行为评估量表》进行评定，对自闭症儿童进行跟踪测量，验证悟空机器人干预技术的有效性。

（4）基于机器学习技术的自闭症儿童康复数据模型。用技术手段记录自闭症儿童的基本信息以及状态（行为、情感和认知），形成矢量数据予以保留，归纳整理成为具有个案特征的数据链；汇总众多个案数据，形成自闭症儿童康复数据库；经过机器学习可以形成数据模型，用于预测自闭症儿童康复趋势，指导更多康复案例。

2. 技术优势

（1）技术创新性。

国产悟空机器人技术平台——悟空，悟空机器人如图 1 所示。悟空是深圳市优必选科技股份有限公司推出的一款智能人形机器人，深度挖掘软硬件优势，具备生命感体系，首次在悟空机器人中加入 4G 通信模组，整合海量内容资源；同时这款机器人产品的性能优越和性价比高，且采用开放技术平台，拥有大量 SDK 函数，可以进行二次开发设计人机交互模块，通过机器人传感器有助于获得自闭症儿童有效信息，经过语音识别技术、人脸识别、数据分析技术，获取干预训练过程中自闭症儿童的社会性注意、社会性动作和社会性语言数据，实现自闭症儿童社交干预课程在线效果监控。图 2 展示了人形机器人交互流程。

图 1　悟空机器人

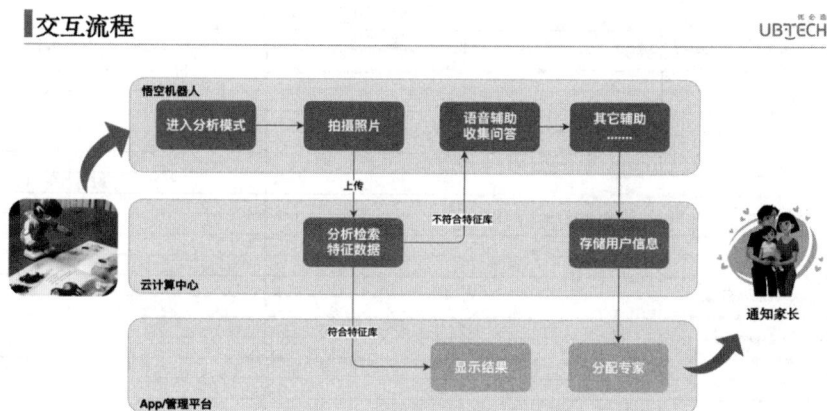

图 2　人形机器人交互流程

（2）技术效益性。

在干预实验和数据分析阶段，我们首创"1 试点+10 基地+100 案例"模式，筛选被试自闭症儿童进行干预训练和跟踪测量，计划为 100 名自闭症儿童提供全面、科学的评估与训练，收集实验数据，收集方式如图 3 所示；通过 XGBoost 算法得到一个儿童基本信息及 47 个评估点的多项式模型，各项特征参数在推算结果中关联的重要程度（权值）可以直观地由图 4 表示，影响儿童自闭症康复趋势的因素众多，其中影响权值最大的前 8 个评估项目权值分别依次为 15%、9%、8%、7%、7%、6%、6% 和 5%，对应的评估项目编号和课程名称为：32（阿姨好，我叫×××）、18（妈妈不要走）、26（这是哪里?）、3（笑一笑）、22（我的名字是×××）、45（一起玩一玩）、7（照镜子）、35［早上好（回应）］。

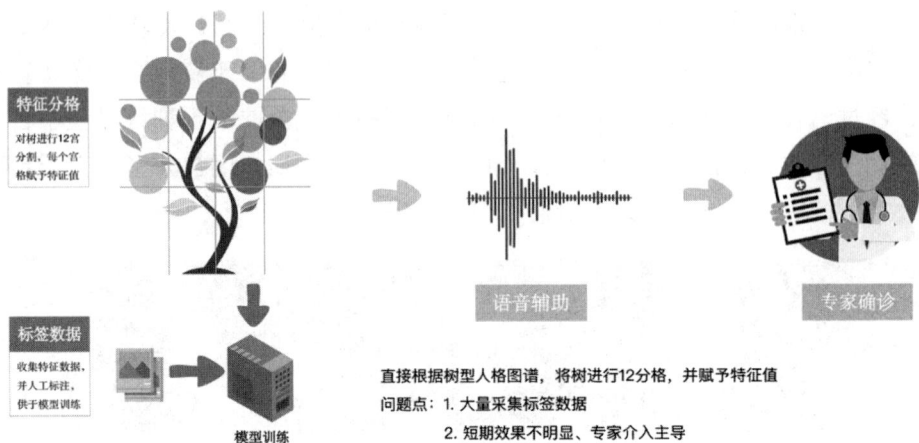

图3 特征分格

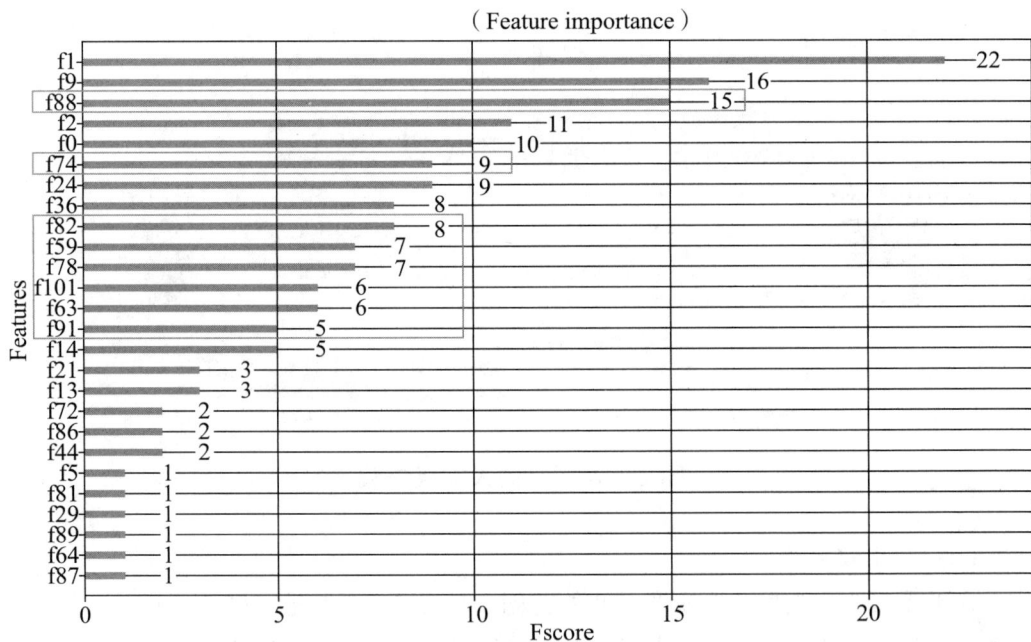

图4 自闭症儿童社交能力相关特征权值

【应用效果】

与行业康复专家联合推进实验：以试点课程为基础，推进"1 试点+10 基地+100 案例"实证研究模式，与专业康复机构合作，开展自闭症儿童的筛查评估和干预；然后完成各点连线实验，10 个实验基地初步确定在上海、广东东莞、江苏南通、浙江杭州、河南郑州、山东青岛、湖北咸宁、安徽合肥、重庆等地，形成网络结构布局；通过实验基地完成 100 个自闭症儿童的干预实验，优化形成全面技术解决方案。2019 年底已经完成了上海、江苏南通、浙江杭州的基地建设，由于新冠肺炎疫情暴发，研究进展放缓，现在实验已经全面恢复。

实验一：自闭症儿童社交障碍小组课干预课程实验，在上海徐汇区博爱儿童康健园开展"幸福之花"实验班。

实验二：自闭症儿童社交障碍个别化干预实验，在上海徐汇区博爱儿童康健园开展"幸福之花"实验班。

实验三：以机器人技术平台的自闭症儿童认知障碍实验，在上海嘉定区残联阳光之家开展的嘉定区微公益项目。

实验四：悟空结合场景教学实验，在河南郑州大学五附院自闭症康中心开展。

在机器人高速发展和 5G 应用普及的将来，人形机器人会走进自闭症儿童家庭：可以通过机器人传感器动态测量和监控自闭症儿童，使用语音识别、人脸识别和数据模型技术，分析儿童行为能力推送最适合的干预课程，在自然轻松的居家环境中让自闭症儿童接受社会性注意、社会性动作和社会性语言的训练，机器人与自闭症儿童开展互动交流和游戏对话，提升其社交能力。

运用悟空机器人技术开展的自闭症儿童社会交往能力训练实验，旨在提高自闭症儿童生存和生活能力。这将会产生很大的应用价值和社会意义，为实现"人人享有康复服务"的国家目标和提升中国社会的文明程度做出贡献。

由于自闭症属于长期病症，医学至今没有有效的改善方法，而自闭症人群的特殊性，不得不人为介入帮助治疗。不同的病症人群，也对不同的事物有着不同的应激反应。对于康复机构而言，如何降低人力成本，寻找更多有效的康复方法，成了主要难题。

自闭症康复治疗，在全世界整个行业没有统一的方法，机器人的运用仍处于研究阶段。

悟空机器人针对自闭症康复，主要提供四个层面的能力：（1）仿生命体：为自闭症患者，可能对人产生抗拒，而悟空可控的仿生特征，为康复治疗提供了新的可能，也是全世界诸多机构开始选用机器人的主要动机，且成为辅助教具。（2）智能化：传统康复方法均使用静态物品（书、笔、玩具），人为介入，反复训练，极为消磨人的意志。而悟空能全自动地进行行为训练，不用过多的人为介入，帮助缓解康复机构人员成本。（3）自动监测：传统方法的康复治疗，只能通过康复师在康复结束后，回忆记录患者的变化，不可避免存在主观或漏记的情况。而悟空能在治疗过程中自动记录完整过程，并记录特征行为变化，康复师可对历史进行回溯，高阶主任医师也能再评估。（4）应用家庭：为避免患者机能弱化，患者需要每天不间断地前往康复机构训练治疗，在这过程中，家庭既要付出辛苦的时间成本，也要付出昂贵的治疗成本。而悟空提供了一系列的治疗课程，家庭在居家也能进行一定程度的训练，帮助缓解家庭的经济及精神压力，也缓解高流量的机构学员人力成本。

【专家点评】

我国目前有超过千万的自闭症患者且大部分无法独立生活，因此，自闭症已经成为迫切需要解决的社会问题。本文中的案例采用具有生命感的人形机器人作为自闭症儿童的同伴，改进传统应用行为分析训练方法，形成自闭症儿童、悟空机器人和康复师三方互动的 ART 交互训练模型。该实验旨在提高自闭症儿童生存和生活能力，相较传统康复训练，悟空机器人具有仿生命体、智能化、可自动监测、可居家训练等优势，虽然目前自闭症治疗并没有统一明确的方法，机器人的运用也处于研究阶段，但该技术仍为儿童患者康复治疗提供了更多可能，数据监测更客观，居家训练也使治疗之路变得相对轻松，因此，从长远来看，会产生很大的应用价值和社会意义。不过，由于自闭症儿童难以和现实世界接轨，而普通人也难以解码他们的行为意义，所以，对自闭症儿童来说，机器人并不是简单的陪伴玩具，要达到更好的治疗效果，未来，需要技术的不断进步以及全社会多方面的联动。

6.7.4　智能儿童英语学习翻译器

【报送单位】

安徽淘云科技股份有限公司

【案例背景】

大语文环境对孩子的语文素养提出了高要求。不管学习的是现代文学还是国学经典，都离不开对基础字词句的掌握。英语是一门工具性语言，想要学好它，熟练掌握英语单词，包括发音、词性、释义、词组等的同时也需要理解英语句子的含义，做到准确互译才能学以致用。

课堂时间有限，每个孩子对老师讲解的内容理解程度不同，课后复习过程中，用工具书查字、查词、查成语等花费时间过长，用手机等电子工具查句子，求证翻译时容易分心。父母解答时，常会遇到知识盲区。孩子的注意力有限，若在学习中屡屡受挫，积极性和自信心会受到很大影响。长此以往，大部分孩子学习兴趣会减退，效率也会降低。针对上述问题，安徽淘云科技股份有限公司研发生产了阿尔法蛋词典笔。词典笔操作简单，内容全面，脱离了手机无游戏，大大提升了孩子的学习兴趣和学习能力。

【技术方案】

1. 技术方案概述

目前，该产品经多次升级，产品力和体验感不断增强。产品主要功能点如下：

（1）涵盖 20 本工具书。

查英语：

①牛津高阶第 9 版：英英释义、英式美式读音、单词例句真人发音、同义词辨析、联想词、情景表达、语法说明等功能。

②专业查词翻译：教材释义、自然拼读、真人发音、短语、教材例句等 16 个功能点。

查语文：

①拼音：声母韵母表、拼音拼读、发音技巧、发音示例、四声调、记忆儿歌。

②汉字：汉字笔顺、发音、拼读、释义、结构、部首、笔画、组词、同音字、形近字等 16 个知识点。

③词语：发音、释义、近义词、反义词、教材例句 5 个知识点。

a. 成语：释义、出处、典故、真人配乐的朗诵音频等 7 个知识点。

b. 诗词古文：单句释义、注释、赏析、作者简介、真人配乐的朗读音频等 7 个知识点。

c. 专业词典：《现代汉语规范词典（第 2 版）》

（2）查词快：使用算力高达 400G 深度神经网络硬件加速单元（NPU），搭配每秒扫描 120 帧图像的高速摄像头，实现 0.5 秒快速查词。

（3）英语口语：采用中高考口语测评同源技术引擎，让孩子从小跟着考试标准练发音。

（4）英语翻译：应用全球首次通过全国翻译专业资格水平考试的人工智能翻译系统，中英翻译媲美专业八级，让孩子从小告别中式英语。

（5）面向孩子的人体工学设计：机身依据中小学孩子手型数据做工程学设计，抓握方便；屏幕采用儿童手表同类屏幕，孩子操控更熟悉。

（6）专注学习无游戏，家长可管理：无游戏干扰，孩子学习不分心。家长可管控，如关闭组词造句、口算等功能。

（7）发音规范：采用国际语音合成大赛 Blizzard Challenge 连续十四年蝉联第一

的技术，朗读效果赶超真人。名师单词自然拼读和汉字拼音拼读，发音拆解，教孩子标准中英文发音。

（8）儿童人工智能技术：童声识别和儿童语义理解，不仅能听得清孩子说的话，更能听懂孩子说的话。

（9）孩子的内容翻译平台：围绕孩子的中英文绘本阅读、教材学习，深度构建针对孩子的内容翻译平台。

2. 技术架构

为了能够更好地支撑词典笔的用户体验，我们在词典笔的硬件解决方案中创新性地引入了 NPU 技术，大大提升了系统对神经网络算法的处理能力，对词典笔中的图像拼接引擎、图文识别引擎和翻译引擎的效果提升和效率优化起到了至关重要的作用。通过对笔头扫描帧率的动态调整以及高效的图像拼接算法，词典笔可以对用户的扫描习惯有极大的包容性，无论是慢速扫描还是快速扫描，都可以有很好的识别效果。新一代高真实感语音识别技术让词典笔的内容朗读更自然，更像真人。

（1）词典笔的硬件设计。

词典笔的处理器使用了多核异构架构的 CPU，ARM Cortex-A7 处理器主要用来进行应用和逻辑的处理以及一些并不需要很高算力的算法，NPU 处理器的算力高达400GOPS，深度神经网络算法等需要高算力的算法都在 NPU 上运行。笔头扫描的摄像头采用全局曝光，采样帧率高达 240fps，能够适应用户不同的扫描习惯。词典笔的硬件架构如图 1 所示。

（2）词典笔的软件架构设计。

阿尔法蛋词典笔上软件架构分 Linux Kernel、Libraries 和 Toycloud 核心算法库、Application Framework、Application 层。其中 Toycloud 核心算法库是架构的核心技术部分，包含：图像拼接、扫描 OCR 识别、语音合成、翻译、分词、评测、MSC。词典笔的软件架构如图 2 所示。

（3）词典笔云端服务平台。

词典笔的云端服务平台主要由基础设施层、中间件层、平台层、网关层构成。基础设施层和中间件层是承载整个系统框架的基础，它包括集群网络设施、硬件虚拟化、数据存储、安全网络、负载均衡等各种基础构建。系统使用集群网络设施支撑系统服务的实现以及存储资源软件的运行，负载均衡集群运行时通过多个前端负载均衡器将工作负载分发到后端的一组服务器上，提高整个系统的性能和可靠性。智件云、数据标注平台、资源服务平台、服务治理等提供硬件接入管理服务，数据标

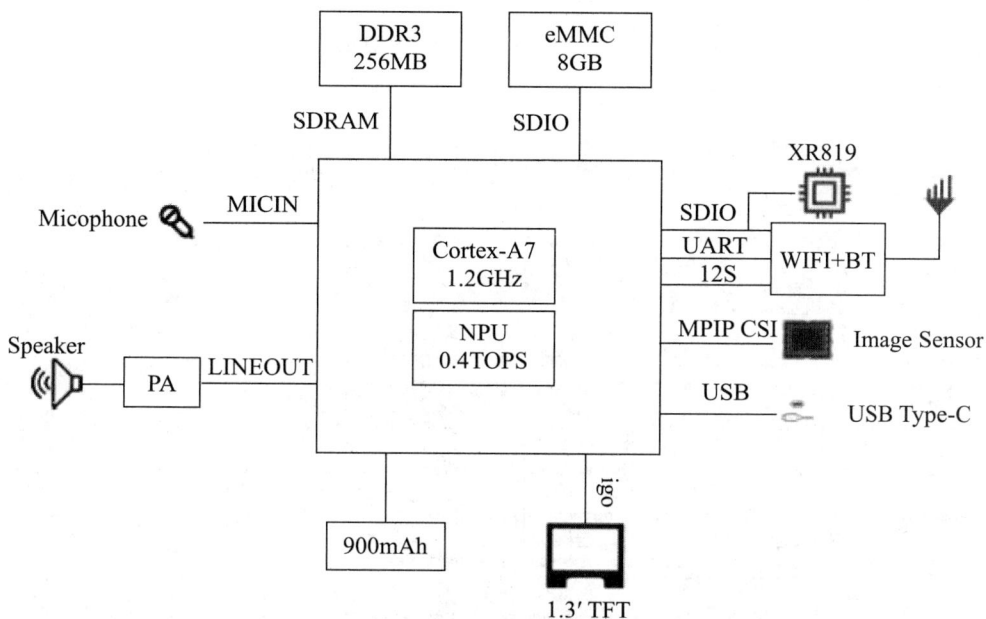

图 1　词典笔的硬件架构

图 2　词典笔的软件架构

注优化提升识别率服务，资源检索更新服务等以及其他业务逻辑服务，有力地保证了词典笔硬件接入及高效率、高可靠、安全、稳定地运行。词典笔云端服务平台如图 3 所示。

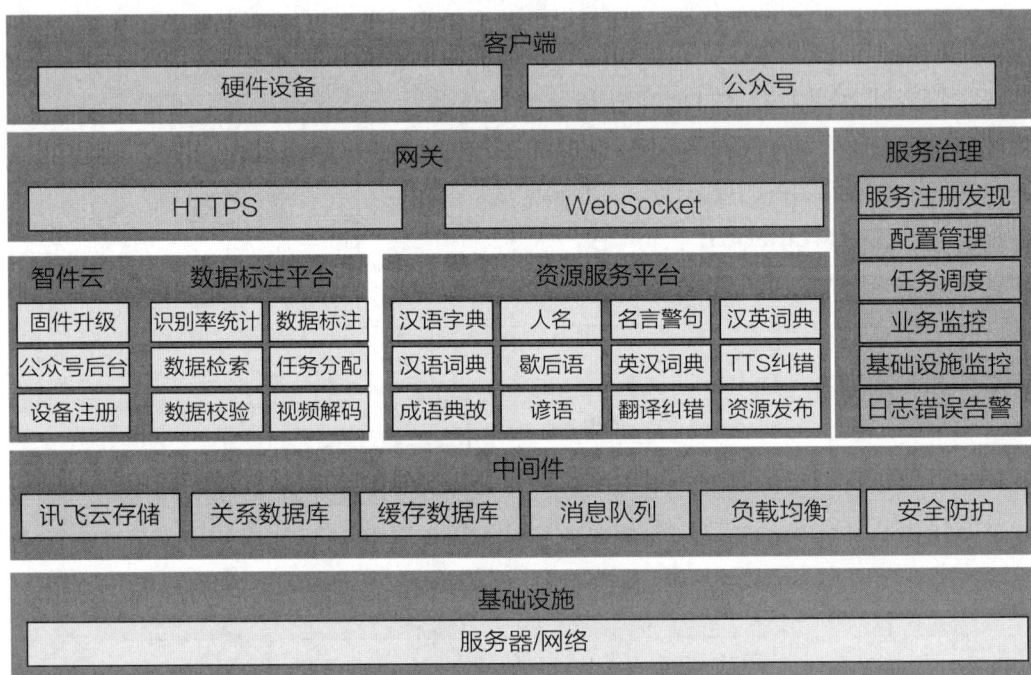

图 3　词典笔云端服务平台

3. 关键技术

阿尔法蛋词典笔上的关键核心技术主要有：最高可达 240fps 的速度自适应图像拼接技术；基于 NPU 优化的模型切行算法；基于 NPU 优化的离线翻译引擎；针对小学语文和英语优化的离线分词引擎，整句单词查询操作更方便；高真实感离线语音合成引擎；资源维护后台，资源问题小包替换升级；动态图+拼接图+识别结果的高效数据回收及标注平台；离线资源，58 类小学知识点全覆盖。

（1）基于 NPU 优化的中英文 OCR 识别算法。

文本识别在传统技术中采用模板匹配的方式进行分类。但是对于文字行，只能通过识别出每一个字符来确定最终文字行及内容。因此可以对文字行进行字符切分，以得到单个文字。这种方式中，过分割——动态规划是最常见的切分方法。由于单个字符可能会由于切分位置的原因产生多个识别结果，例如"如"字在切分不当时会被切分成"女 口"，因此需要对候选字符进行过分割，使其足够破碎，之后通过动态规划合并分割碎片，得到最优组合，这一过程需要人工设计损失函数。还有另一种方法是通过滑动窗口对每一个可能的字符进行匹配，这种方法的准确率依赖滑动窗口的滑动窗尺寸，如果滑动窗尺寸过大会造成信息丢失，而太小则会使计算力需求大幅增加。

以上的传统方法通过识别每个单字符以实现全文的识别，这一过程导致了上下文信息的丢失，对于单个字符有较高的识别正确率，其条目识别正确率也难以保证。以身份证识别为例，识别 18 位的身份号的场景下，即使单字符识别正确率高达 99%，其条目正确率只能到 $(0.99)^8 = 83\%$，如果切分也存在 1% 的损失（即正确率 99%），条目正确率则只有 $(0.99 \times 0.99)^8 = 70\%$。

我们的研究团队拟引入上下文信息解决上述问题，并在 RNN 和 LSTM 等依赖时序关系的神经网络方向上去突破：

CRNN 模型：以 CNN 特征作为输入项，双向 LSTM 进行序列处理使得文字识别的效率大幅提升，也提升了模型的泛化能力。先由分类方法得到特征图，之后通过 CTC 对结果进行翻译得到输出结果。

注意力机制：以 CNN 特征作为输入，通过注意力模型对 RNN 的状态和上一状态的注意力权重计算出新一状态的注意力权重。之后将 CNN 特征和权重输入 RNN，通过编码和解码得到结果。Attention OCR 的网络结构如图 4 所示。

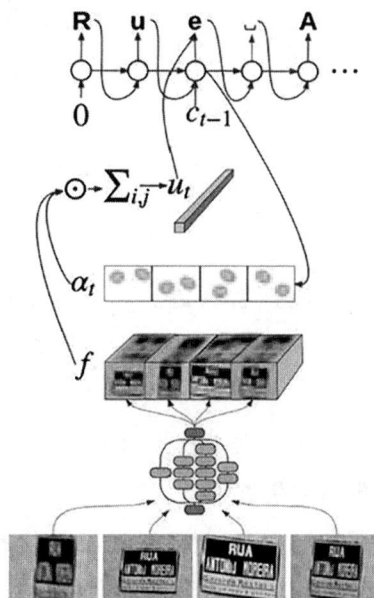

图 4　Attention OCR 的网络结构

（2）高真实感离线语音合成引擎。

传统语音合成强调信息传达的准确传递，合成语音比较生硬、机械，容易形成冷冰冰的机器印象，在语音合成技术广泛应用的今天，尤其在儿童相关产品中也广泛应用的情况下，迫切需要提升人机语音交互的真实感，"中心"拟开展高真实度、声音特征与使用场景较为适应的对话风格语音合成研究，进而实现拟人化的人机语音沟通，降低人与机器设备的距离感，提升交互的舒适性、愉悦性。

语音合成技术实现文本到语音的转换，是人机语音交互系统中的关键技术之一。淘云科技的阿尔法蛋系列产品积累的播音级高品质的产品提示音音频和对话音频是童声合成训练库的极佳训练语料，利用这些语料做训练集可以实现一个听感、韵律、可懂度等各方面表现极佳的童声发音人角色。"中心"拟采用现有的基于声学建模的参数语音合成主流技术方法构建面向儿童使用场景的语音合成系统，预计该语音合成角色的 MOS 得分将达到前所未有的 4.4 分，其实现框图如图 5 所示，主要研发工作包括：

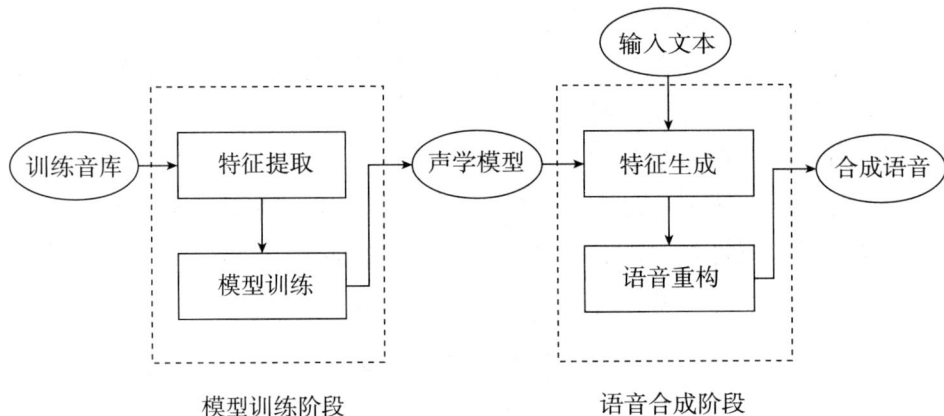

图 5 语音合成技术基本框图

（1）训练音库制作。

①前端资源：针对儿童的语言语音特点，开展各语种词典（包含词性、拼音、语法结构等多重信息）、规则库（包括多音字、未登录词、特殊符号、分词歧义等多规则库）等相关资源建设。

②发音人挑选：依据产品应用需求进行发音候选人的挑选，对发音候选人进行样音采集，根据初步实验效果确定最终发音人。

③语音录制与标注：采用 44100Hz 采样 16 比特量化的 WAV 格式保存发音人录制数据，并根据其发音特色进行韵律、基频、音段等多方面的标注（其中包含发音停顿、声调、声韵母等多维度信息）。

④音库制作：对标注过的数据进行汇总和处理形成音库基础资源，对其信息进行分析、相关参数信息运算及调整，最终形成该发音人专用的语音合成库资源。

（2）基于"听感量化"的语音合成建模方法。

"听感量化"的根本思想就是把听感中连续变动的音节韵律参数从通过多组控

制编码来表征，如发音人、风格、情感、语种等，将自然语流中拥有形形色色复杂变体的都可以通过统一模型来建模。首先，方法上我们构建传统的文本输入到语音输出的 RNN-LSTM 模型，通过长短期记忆网络的时序建模能力，可以稳定高质的文本到语音预测模型；其次，听感量化编码接入 LSTM 主模型的各层网络，可以将丰富多样的海量数据统一建模，学习实际发音中的复杂情况；最后，通过听感量化编码的预测控制，在基本文本的基础上来实现丰富多样的语音变化表达，以及实现跨领域能力。基于听感量化编码吸收声学模型如图 6 所示。

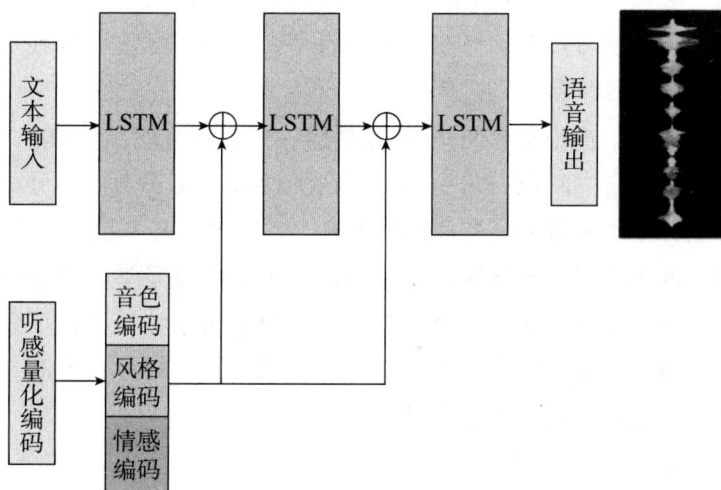

图 6　基于听感量化编码吸收声学模型

（3）基于文本分析的参数生成技术研究。

在语音合成阶段，输入文本首先经过文本分析得到其所对应的上下文信息，这些信息会经过声学神经网络模型预测该句话所对应的声学参数；其次生成的语音参数被送入语音声码器重构恢复语音。

基于显性情感维度的情感语音合成技术，提升了合成语音的表现力和情感性；使用数据驱动方法开展情感语音合成技术尝试，通过对录制的情感音库（包括高兴、中立、悲伤）进行声学参数的概率统计建模，形成一套可训练的参数化语音合成系统，在高兴、中立、悲伤三种确定维度情感上标记文本，均有较好的情感表达效果，提升语音合成表现力。该技术正在儿童智能玩具、伴随型情感机器人等场景投入使用。

基于听感量化编码的深度神经网络的混合数据训练算法，提升了合成语音的表现力和情感性。有声读物作品（如童话故事、少儿读物）有着多样且充沛的情感状态，通过对文本信息和声学参数的分析挖掘，可以实现对海量有声读物的不同情感、状态实现共同训练和风格控制。合成时配合标记信息的灵活使用，以实现自然流畅的语音情感合成。通过基于循环神经网络（RNN_LSTM）的情感预测采样算法，将有声读物中的对话数据进行区分和预测，并配合基于统计参数模型的声学建模，实现具有丰富情感的高表现力合成。

【应用效果】

专为孩子精心设计的阿尔法蛋词典笔已走进很多家庭，成为诸多孩子学习成长故事里的主角，家长、师生好评不断。很多消费者坦言，阿尔法蛋词典笔专为孩子精心设计，为孩子的学习带来了自主性和高效率，提升了学习兴趣和自信心，带给孩子们的学习成效有目共睹。

词典笔操作简单，查中英字词句只需要扫一扫，即准确又快速；它内容全面，有利于小朋友认字和自主阅读；它脱离了手机无游戏，孩子学习不分心；它内置单词发音测评功能，孩子跟着中高考标准练发音，口语水平突飞猛进；等等。

截至目前，阿尔法蛋词典笔深入千家万户成为提高孩子学习效率的帮手，同时也走进合肥高新创新实验小学、合肥琥珀小学等数十所学校，推动了校园数字化信息建设。同时，该产品通过地方公益基金会、直播义卖、科技扶贫等方式助力社会公益事业，带动偏远地区师生学习成长。

【专家点评】

语言是所有学科的基础，是人类文明进程的推动力，是人对一切文明符号的理解力和创新力，从小培养良好的听说读写的基础，未来才能在激烈的竞争中取得角逐资格。阿尔法蛋词典笔的案例，打破了传统纸质检索方式，一笔涵盖20余本工具书，通过笔头扫描识别，助力孩子提高学习效率，从而增加学生的学习兴趣。该案例的优势显而易见，主要表现在以下几个方面：首先，操作简单，只需扫一扫便可实现0.5秒快速查词，省去大量时间翻阅纸质工具书。其次，内容全面，孩子可以用它独立完成任何书籍的阅读，释放家长。再次，词典笔可脱离手机相关的游戏装置，以保证孩子在学习过程中不会分心。最后，内置的单词发音测评功能可帮助孩子矫正发音，高真实感的离线语音合成引擎，还可以实现拟人化的人机语音沟通，合成童声发音角色之外，更适合儿童使用，这些都是该产品可用于推广的优势。但是，该产品也存在一些不足，例如：屏幕较小，可能会对儿童视力造成隐患。相比较有些手机App中的单词软件，可以保存生字词，以供后期复习使用，该词典笔目前还不具备这类功能。

6.8　公益/弱势群体

6.8.1　智能作业灯促进教育公平和儿童发展

【报送单位】

深圳壹基金公益基金会

北京孔明科技有限公司

【案例背景】

农村留守儿童和城乡流动儿童的权利保障问题一直都是社会关注焦点。在心智成长和身体发育的关键时期，由于区域经济发展不平衡、教育资源不均衡、亲情和陪伴缺失等情况，农村留守儿童和城乡流动儿童在全人发展、平等机会和公平、儿童安全和心理健康状况等方面面临更大的困难。

在人工智能逐渐普及的今天，如何通过人工智能推进农村留守儿童和城乡流动儿童基础教育均衡发展和儿童身心健康发展，以支持儿童的发展和福祉、公平和非歧视的优先位置、儿童的安全等权利得到保障成为我们思考的驱动力。

益童乐园项目由字节跳动公益与壹基金、贵州省慈善总会联合发起，以儿童保护和发展为核心，通过建立安全友好的儿童活动空间，为乡村留守儿童、困境儿童和城乡流动儿童提供参与式课外游戏活动、安全卫生教育和社会心理支持等服务，缓解他们面临的故意及意外伤害频发、心理健康问题突出及多元化教育机会匮乏等问题，搭建社区儿童服务体系，保障儿童基本权益，助力儿童身心发展。

益童乐园常态化的活动中，周一至周五下午放学后的时段，站点先提供基本的课业辅导，儿童完成作业后可以自由参加活动。由于儿童对于课业辅导的需求较大，需要引进一些辅助方式包括人工智能设备为儿童提供更好的服务。

【技术架构】

为了更好地保障儿童权利，从 2020 年起，益童乐园项目引入"大力智能作业灯"作为儿童服务的补充，选择农村留守儿童和城乡流动儿童作为目标使用人群，确定在项目 60 个选点捐赠 120 台"大力智能作业灯"和站点受益儿童中选择 80 个家庭每户发放 1 台"大力智能作业灯",通过益童乐园站点和家庭双端联动为儿童的教育保障和亲情陪伴提供了解决方案。

1. 概述

"大力智能作业灯"作为大力智能旗下的智能作业辅导台灯产品,能够满足基础教育的智能内容,包含指尖查词、中英文跟读、智能百科问答等功能,当儿童在学习中遇到学习问题,无论是语文释义造句,还是数学难题解答、英语智能拼读,只需喊一句"大力大力"都能得到智能反馈。大力智能作业灯除了作为"讲解者"角色之外,还能实时检查数学作业,并给出相应解题方法。其通过声音+动画演示的方式,对孩子进行习题解析,就如同老师黑板教题一样,每一个步骤,都会在屏幕上通过动画的方式展示出来,更能举一反三,教答案更教方法。

儿童的学习需要来自外部的激励与自信建立。产品的作业闯关功能通过闯关式学习、给予奖励、获得勋章等方式,增强学习的趣味性。另外,智能系统中涵盖诸多自主学习工具,包含自动听写、自录视频、作业规划、智能识别、语音助手、趣味学习,而这也将极大地激发孩子的学习兴趣与好奇心,同时通过多重复习、预习等方式加深记忆,提升孩子自主学习以及时间管理能力。专业性和趣味性的有效结合能够让儿童接受度更高。

大力智能作业灯的双翼照明以手术室无影灯为设计灵感,最大限度减少照明不足带来的桌面阴影,在护眼上获得过国内外多项权威认证。大力智能作业灯 Pro 系列独有智能坐姿提醒系统,能在不中断孩子学习的情况下对其不良坐姿进行语音提醒,避免孩子出现歪头看字、坐姿不正的问题。

2. 使用场景

面对农村留守儿童和城乡流动儿童教学资源不足的问题,大力智能作业灯通过智能语言识别和字图识别处理功能进行全小学课程辅导,并实现中英文听说写、自主作业规划、学情报告等功能,一方面弥补因家庭和地区带来的教育资源不足境况,进而培养自主学习能力、提高儿童的学习效率;另一方面通过提高儿童的人工智能参与感促进儿童学习兴趣的提高,帮助儿童恢复学习信心,从而打造出一个适用于农村留守儿童和城乡流动儿童的学习成长解决方案,实现对儿童的发展和福祉、公平与非歧视权利的促进。

面对农村留守儿童和城乡流动儿童中身心健康发展的问题,大力智能作业灯通过智能交互功能在产品使用过程中实现坐姿提醒、智能百科问答、亲子实时通信等功能,一方面减少儿童眼睛使用和不良坐姿带来的伤害,另一方面通过双端联动实现亲子交互,利用家长检查、实时通信等功能加强亲子联系、改善亲子关系,实现对儿童安全的长期保证，并给予农村留守儿童和城乡流动儿童更多身心健康发展支持。大力智能作业灯在益童乐园和家庭两个场景下的应用结合如图 1 所示。

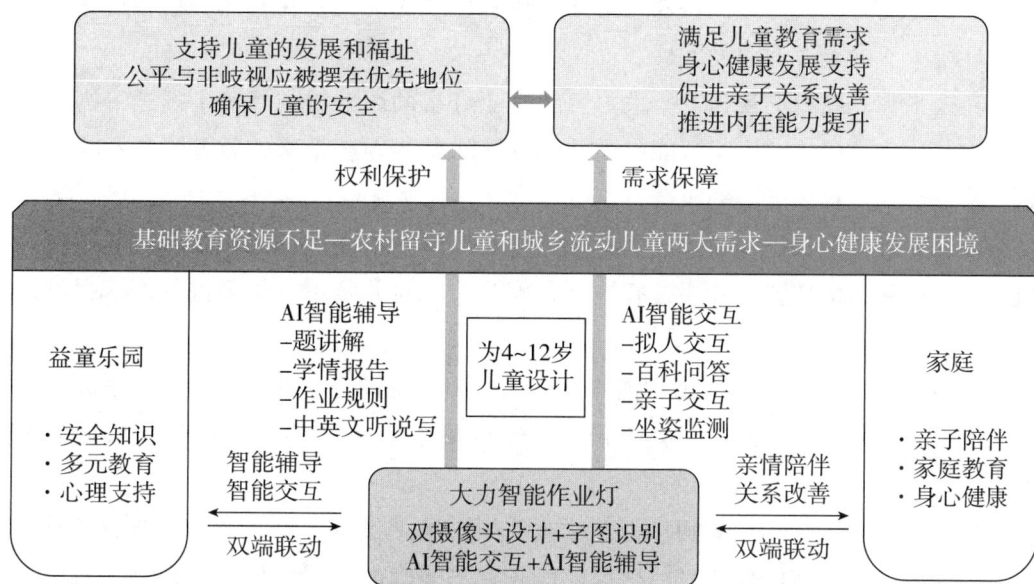

图 1　大力智能作业灯在益童乐园和家庭两个场景下的应用结合

作为智能作业灯，大力智能作业灯拉近了家长与孩子之间的沟通距离，建立"恰到好处"的高质量辅导关系。对于家长而言，通过远程布置作业、远程批改监督，家长能更了解孩子的学习情况，同时在工作繁忙的情况下给予适当陪伴，增强家长与孩子之间的沟通和情感联系，不缺席孩子的成长。

在教育资源不足、亲子陪伴缺失、身心健康问题突出的农村留守儿童和城乡流动儿童群体中，大力智能作业灯的智能辅导功能、学习激励功能、坐姿矫正及护眼功能、亲子陪伴等切中需求点的功能发挥了组合效益，为儿童的基础教育资源补足和儿童身心健康的成长呵护提供了一个满足需要的智能产品。

【应用效果】

作为一款应用在农村留守儿童和城乡流动儿童身上的人工智能产品，以儿童为中心的权利保护视角应受到充分重视。

在围绕儿童的发展和福祉视角上，大力智能作业灯通过以下几个功能进行儿童权利保障。在益童乐园和家庭中，大力智能作业灯对儿童学业成长以及身心健康的改善起到了一定的成效，得益于智能学业辅导、自主作业规划、智能百科问答、学习闯关、360 度学情报告等多产品功能的应用，儿童得到产品带来的学习前、学习中、学习后的三个阶段的全方位"陪伴"，打造出了一个适用于农村留守儿童和城乡流动儿童的学习成长解决方案；在面向教育落后地区的基础教育需求满足之外，大力智能作业灯还为儿童带来学习专注力、自我管理能力、学习兴趣上等内在能力提升上的正面影响；充分支持农村留守儿童和城乡流动儿童在身体和精神健康、社会和环境生活的全方面蓬勃发展。

在公平和非歧视的视角上，大力智能作业灯帮助因地域和经济不发达等因素造成的边缘化儿童群体在人工智能中受益，以消除差异因素带来的教育资源不均等问题，给每个儿童提供平等的机会。

在儿童的安全保护视角上，大力智能作业灯作为官方认证的护眼台灯能减少儿童在学习中眼睛的伤害，并通过智能坐姿检测系统对儿童不良坐姿进行语言提醒及语言矫正。

2021 年 2 月，我们对大力智能作业灯的使用进行调查，共回收在益童乐园场景应用下的老师填写版反馈问卷 45 份，在家庭场景应用下的家长填写版反馈问卷 26 份。

在益童乐园中，站点老师作为儿童服务的直接提供者，对儿童的学业成长具有一定的影响，大力智能作业灯的出现使得儿童与老师的学习辅导关系得到了巩固和改善，满足了儿童的学业需求。在图 2 中，［您觉得目前站点儿童在使用"大力智能作业灯"中与老师构成学习辅导关系］问题中，老师选择［非常同意、比较同意、基本同意］的站点老师多达 43 人，比例高达 95.5%；在［您觉得"大力智能作业灯"是否能够很好地满足儿童的作业需求］问题中，44 位站点老师认为"大力智能作业灯"基本/比较/非常满足儿童的作业需求，仅 1 人认为不太确定，认可比例高达 97.8%；同时两条折线具有一定的重合度，存在一定的相关性。在图 3 的反馈中，89% 的老师确信"大力智能作业灯"在益童乐园中的应用让他们在儿童服务

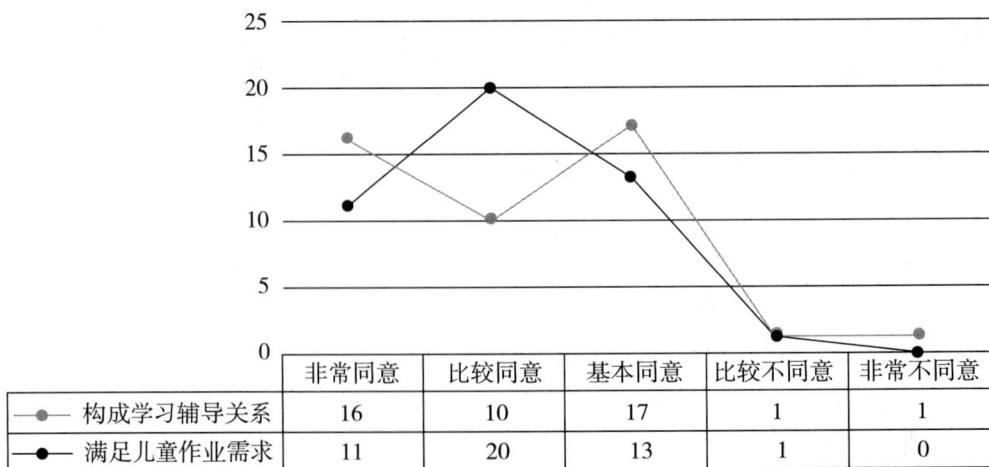

	非常同意	比较同意	基本同意	比较不同意	非常不同意
构成学习辅导关系	16	10	17	1	1
满足儿童作业需求	11	20	13	1	0

图 2　益童乐园站点老师反馈

中更有信心，而其余人则认为不确定，无人选择"否"。综上可见，产品在益童乐园的使用让站点老师在智能教育产品的支持下与儿童形成了辅导关系，并弥补了一定的站点老师教育水平不足的情况，重新构建了站点老师的儿童服务信心，且在大力智能作业灯的支持下很好地满足了儿童在学业帮助上的需求。

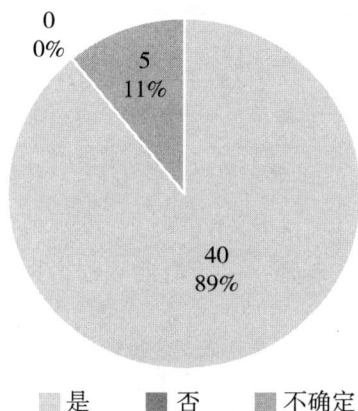

图 3　益童乐园站点老师反馈

除了基础教育的需求满足外，大力智能作业灯还在儿童内在能力提升上具有一定的正向作用。在图 4 益童乐园站点老师关于大力智能作业灯对于儿童的内在能力提升认可度中，综合四项（学习专注力、自我管理能力、学习兴趣提升、自主完成作业）指标的［正面影响］平均认可度为 68.3%，其中在学习兴趣提升单项指标上的认可度最高，达 77.8%；值得注意的是，站点老师一致认为产品对儿童没有负面影响，得益于产品在功能设定上对儿童造成的伤害进行了思考和规避；而 68.3% 的正面认可度也表明足以影响较多的儿童，并为他们带来内在能力和素质的提升，在一定程度上弥补了以往在这几项能力上教育缺失的情况。

在家庭应用中，家长对大力智能作业灯的满意度为 100%，其中非常满意和比较满意占比高达 77%；作业灯与监护人手机的双端联动使得在儿童没有手机时父母与孩子仍能进行实时通信，得益于产品的屏幕与摄像头设计，远程的作业布置、辅导和检查增进了亲子互动，让亲子关系得到改善，反馈结果如图 5 所示。在调查回收的 26 条数据反馈中，所有家长均对该产品总体表现选择满意及以上表现，并有 80.77% 的家长认为产品对儿童有改变，尤其体现在亲子关系等层面上。可见该产品在农村留守儿童和城乡流动儿童身心健康成长方面有正面积极的帮助。

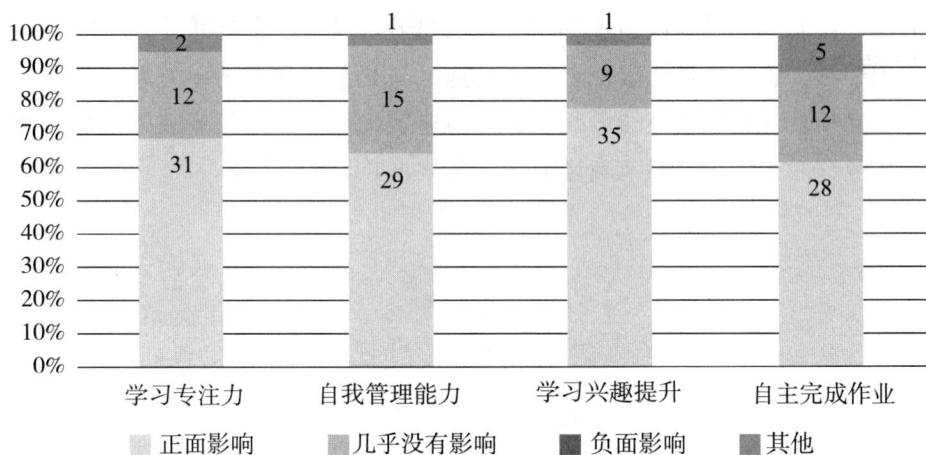

图 4　益童乐园站点老师——综合四项能力内在提升认可度反馈

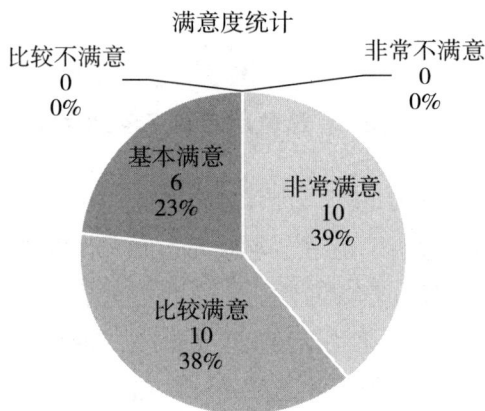

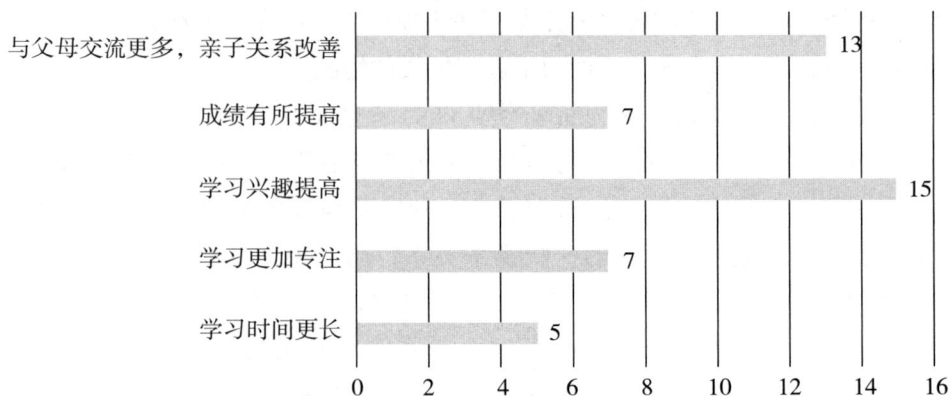

图 5　家长反馈结果

综合益童乐园站点老师和家长的使用反馈来看，产品的智能学业辅导、智能百科问答、智能学业规划等功能特性帮助站点老师、家长与儿童之间构建起学习辅导关系，并帮助儿童在内在能力与素质提升上起到一定作用，使得儿童的发展和福祉权利得以保障；而大力智能作业灯面向农村留守儿童和城乡流动儿童的无偿支持使用也让其在人工智能发展中受益，并减少因城乡差距、经济发展等因素给儿童带来的不公平影响；在儿童安全保护中，大力智能作业灯以护眼模式和坐姿监测减少因儿童使用过程中带来的负面作用，呵护孩子健康、确保儿童安全。

【专家点评】

大力智能作业灯为农村留守儿童和城市流动儿童面临的学业和身心健康问题提供了综合一体化的解决方案，这在教育资源不均衡、社会和家庭支持较弱的背景下显得尤为重要。第一，就灯具本身而言，其物理造型基于手术室无影灯的设计逻辑能够最大限度地起到护眼的效果，而智能坐姿提醒系统则能够及时矫正儿童的不良坐姿，促进儿童身体上的健康发育；第二，该灯具兼具学习辅导机的功能，例如指尖查词代替手动翻阅字典，数学难题解答随时召唤"智能老师"，这些都能够大大提升儿童的学习效率，学习辅导系统还细致考虑到儿童的心理，通过各种激励方式培养儿童的学习兴趣；第三，大力智能作业灯通过双端联动实现亲子实时互动，这在一定程度上缓解了农村留守儿童和城市流动儿童与父母长期分离的心理问题，增强了父母的陪伴和教育引导作用。大力智能作业灯最需要关注的法律问题是安全隐私保护，功能启动时要注意身份验证的可靠性，运行过程中要注意保护儿童和父母的隐私。相应地，技术层面需要建立稳固的加密管理机制，防止服务器被攻击，做到资源信息不共享，确保从产生、传输、存储到销毁等全过程的安全性和保密性，从而杜绝用户隐私外泄。

6.8.2 人工智能助力贫困地区教育扶贫应用实践

【报送单位】

广州摩翼信息科技有限公司

【案例背景】

习近平总书记指出："让贫困地区的孩子们接受良好教育，是扶贫开发的重要任务，也是阻断贫困代际传递的重要途径。"教育扶贫是打赢扶贫攻坚战的重要手段，而推进贫困地区教育信息化，是教育扶贫的一个基本抓手。只有借助人工智能发展的浪潮以及信息化的巨大推动力，贫困地区的教育才能与其他地区齐头并进。受城乡二元结构体系和地区间经济发展不平衡等因素的影响，一些贫困地区儿童的教育环境及教育投入情况与其他地区相比存在明显的差距。中共中央印发的《中国教育现代化2035》提出"加快信息时代教育变革"战略，这表明党和人民对发展现代化教育的迫切需求。

用人工智能技术拟解决贫困地区教育的关键问题，主要有以下几个方面：

（1）通过内容智能化管理引擎支持优质资源共享，并进行信息化设备捐赠，解决贫困地区师资欠缺、优质教育资源匮乏以及相关配套教学设施不健全的问题。首先，捐赠翼课智慧教育平板和翼课网学习资源等，为学生提供信息化教学设备和资源。其次，这些教学平台以内容智能化管理引擎为支撑，由AI加持优质内容生产，"知识路由"驱动智能化内容管理，依托公司20年优质资源积累，80余名顶级专家精心指导、3000余名一线名师持续创造的多模态丰富大资源，让贫困地区师生在翼课平台共享优质教学资源。

（2）通过个性化数据分析与推荐技术拟解决欠发达地区的农村儿童长期缺乏自主性学习和个性化学习的问题。一方面，个性化数据分析系统基于对教师、学生数据的全面掌握，建立针对学生使用行为的分析体系，运用基于内容过滤的推荐算法，分析学习者和资源直接的关联关系，智能化推送恰当的学习资源。另一方面，捐赠的账号学习资源，可以在平板、手机等多终端登录，学生可以在课外随时随地学习。且学习大数据引擎将全程采集、存储、测量、分析学习过程性数据及结果性数据自动生成能力图谱，可视化教情、学情评价，让学生实现自主性学习。

（3）通过智能语音识别与评测引擎拟解决贫困地区与发达地区差距显著的英语听说学习的根本性难题。融合EKAI语音识别与评测技术和翼课人机对话系统，采用外教真人发声录音，保证了学生模仿的语音的准确性。结合世界领先的语音评测技术，依据标准度、完整度、准确度等多维度评分，精准量化评测学生口语能力，即时纠错，显著提升学生听说水平和英语学习兴趣。

【实际做法介绍】

为推动贫困地区教育信息化发展，助力教育扶贫，翼课网联合中国教育技术协会中小学外语教育信息化应用工作委员会等机构。由中国青少年发展基金会发起，创建希望工程教育信息化公益项目"比翼行动"。通过该项目为贫困地区师生提供"信息化设备捐赠"与"人工智能技术资源"两大类帮扶措施，以此帮助贫困地区儿童更好发展。

1. 产品介绍

翼课网是将云计算、大数据、新一代人工智能等技术与优质教育内容资源深度融合，实现课堂内外、校园内外全场景应用的英语教育智慧化全面解决方案。目前已在全国 30 多个省（自治区、直辖市）的上万所学校得到深度应用。

2. 技术架构

翼课网平台整体采用 LNMP 综合性解决方案，整体框架经过不断调整和优化，已经形成了高效、稳定的底层架构和高性能、多样化服务的上层平台结构，如图 1 所示。在业务应用层，翼课网根据教师实际教学场景和学生学习场景，打造了智慧课堂教学、写作智能批改、智慧蜂巢应用等十大创新系统。各子系统间通过学习数据进行有机关联，实现了英语日常教学全场景的深度覆盖。在终端应用层，翼课网提供 Web+手机 App（android/ios）的终端支持服务，多平台运行方便用户在不同条件下选择系统的运行方式，满足教师、学生及管理部门在不同场景下的使用需求。

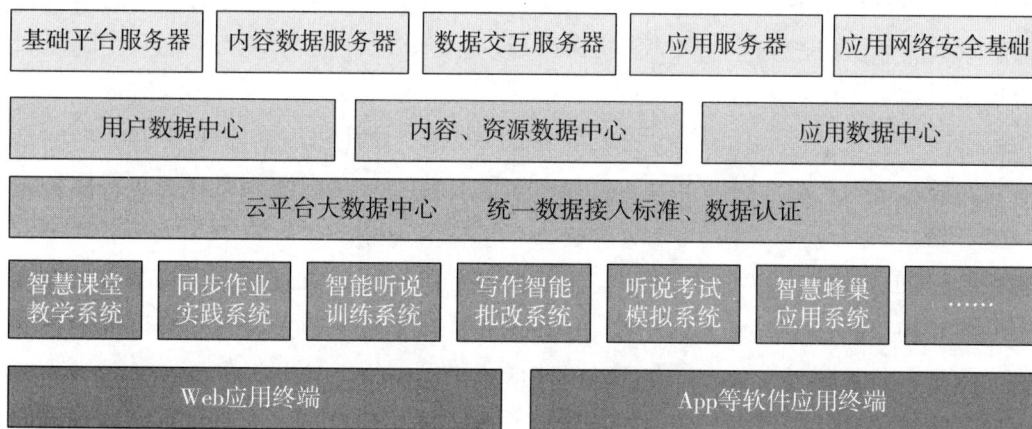

基础平台服务器	内容数据服务器	数据交互服务器	应用服务器	应用网络安全基础

用户数据中心	内容、资源数据中心	应用数据中心

云平台大数据中心　统一数据接入标准、数据认证

智慧课堂教学系统	同步作业实践系统	智能听说训练系统	写作智能批改系统	听说考试模拟系统	智慧蜂巢应用系统	……

Web应用终端	App等软件应用终端

图 1　技术架构

【应用效应】

项目面向经各省、市、县（区）申报、推荐的需要推动教育信息化建设和发展的欠发达地区（或贫困地区）的中小学学校、教师、学生。目前已在陕西省 14 个县区落地实施，且拓展到湖南岳阳和湘西自治州、四川南充、云南曲靖、河南三门峡、西藏林芝、广东韶关和湛江、宁夏等地。为上百所学校，近万名英语教师和上万名学生提供帮助和服务。

1. 信息化教学设备及教学物资捐赠

以城乡差异显著的英语学科及教育信息化发展为切入点，以助力信息化技术与外语教学深度融合，促进教育公平为工作要点，通过教育信息化软硬件、图书、学习账号及服务等捐赠，以及线上线下相结合的教师信息素养培训和教学技能展评，课题研究等主要实施项目，让农村孩子共享优质教育资源，助力精准脱贫攻坚。

2. 技术资源支持

（1）建设翼课智慧课堂。

翼课智慧课堂是依托全场景智能化英语学与教平台，基于新一代人工智能技术的"互联网+"课堂教学整体解决方案，如图2所示。搭载翼课智慧教育专用平板、耳机等智能教学设备，支持"云、网、端"多维运用，贯穿师生课前备课与预习、课中授课与互动、课后巩固与拓展整个学与教过程。支持随堂练习、投票、小组讨论等多种课堂互动形式，自动评测学生随堂测试成绩，智能化即时反馈学生学情数据，帮助教师实现科学化、高效化的精准教学，打造人人参与、即时互动的信息化智慧课堂。平板中的安全书桌模式，可以设置安全软件白名单，屏蔽不良应用和游戏。

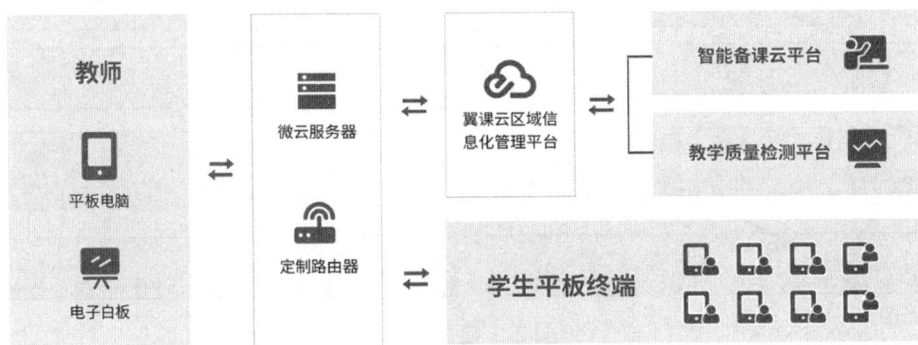

图2 翼课智慧课堂整体架构

（2）学习数据分析。

借助云计算和大数据，系统内学生和教师的过程性数据和行为性数据都得到了存储和分析。通过学习数据分析系统，翼课网将数据按照多种维度、图表化的方式进行动态呈现。每一次的作业、练习、考试等学情数据分析报告实时生成，能够准确从成绩、使用行为、错题错项、知识点能力等多种维度为教师和学生提供准确的诊断分析，做到教学成果、学生情况及时反馈，帮助教师精准教学，特别是帮助贫困地区的学生在课外实现自主学习。

（3）智能听说训练与语音评测。

采用人机对话练习的方式，通过仿真的机器外教形象设计，为每个学生配备的贴身"口语教练"，学生可以根据自身的时间随时进行听力口语练习。双引擎语音评测系统如图 3 所示。同时外教真人发声结合 ASR（自然语言识别）、NLP（自然语言处理技术）及神经网络语音分析的语音评测技术，帮助学生练习口语，让学生彻底告别哑巴英语，破解了贫困地区学生听力口语学习难题。

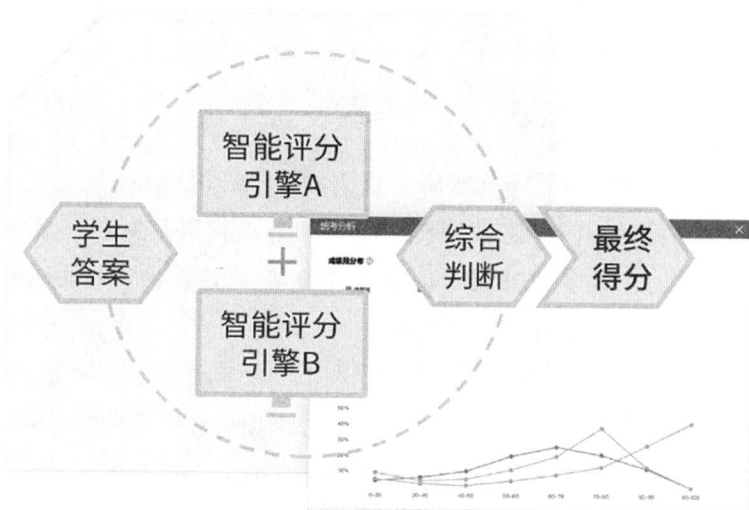

图 3　双引擎语音评测系统

（4）趣味自学进阶系统。

考虑到学生的心理特性，翼课网针对自学场景，主要以提供趣味性的自学方式为主，更多能够通过激发学生学习兴趣，来改善学生针对英语的学习动力。系统根据课标要求，为学生设置了词汇、语法、口语、听力、阅读、写作等不同的专项能力训练项，过程中借鉴游戏化的思路，采用趣味闯关进阶的学习方式，让学生能够与全国小伙伴在线进行学习 PK，互相激励；同时在练习方式上，既保证学习的科学性，又结合一定的趣味化设计，真正做到寓学于乐。

【特色成果】

1. 陕西佛坪应用案例

2019 年，本项目在为佛坪县 12 所学校捐赠各类软硬件设备的基础上，开展了教育信息化平台应用培训以及"基于翼课网的中学英语教学效果研究"的课题研究等活动，有力地夯实了佛坪县外语教育信息化的基础。

城关小学是佛坪县硬件教学设备相对比较完备的学校，但是优质资源匮乏，学生也缺乏个性化的学习环境。"在课堂外，我只能自己练习英语，读音是不是正确没有人能帮我判断"，五年级二班的曾奕皓同学说。面对智能化学习平台的"AI 智能口语家教"与"趣味配音"功能，让城关小学的学生们表现出浓郁的学习兴趣。五年级（2）班的学生李奕果说："这个 AI 老师，会即时纠正我的发音，给我补充很多课堂上学习不到的英语知识。"该校信息技术教师闫瑞说："现在，我们缺的不是设备，而是优质资源。今天，'比翼行动'项目带来的英语课堂新模式，既是对孩子的一次视听说学习冲击，也给我们老师打开了资源通道。"

2. 陕西凤翔县应用案例

2018 年 10 月，项目为凤翔县 5 所学校捐赠各类教学使用图书、教师培训和奖励基金、翼课网人机对话听说考试训练系统、智慧教育平板耳机、翼课网 SVIP 学习账号等资源。同时，在学校开展了信息化涉笔应用培训、学生水平测试等活动，有力地推动了凤翔县外语教育信息化建设。

信息化设备的捐赠，不仅让学生真正告别了"土味英语"，促进了教师信息素养的提升，还推动了项目学校教学模式的变革。凤翔县竞存中学学生张安琪说，在"比翼行动"项目实施前，她和同学们的英语口语水平都很一般，不仅语速语调有问题，而且发音时都还带着一股浓浓的"土味"。但现在，在"比翼行动"项目为学校捐赠了免费的智慧化教学设备，捐建了智慧教室后，她和同学们可以每天使用平板计算机，登录免费学习账号，通过观看名师公开课、趣味记单词、给英文电影配音等多种方法，逐步纠正了口语发音，不仅提高英语阅读水平，还可以说一口非常流利的英语，图 4 为陕西省希望工程"比翼行动"项目启动仪式现场照片。

图 4　陕西省希望工程"比翼行动"项目启动仪式

同时，项目在凤翔县的启动实施，得到了新华社、人民网、《陕西日报》等各级媒体的高度关注和宣传报道，如图 5 所示。陕西省教育厅在向陕西省政府和国务院扶贫办汇报教育扶贫工作时，汇报了"比翼行动"公益项目，得到了陕西省政府和国务院扶贫办的充分肯定。

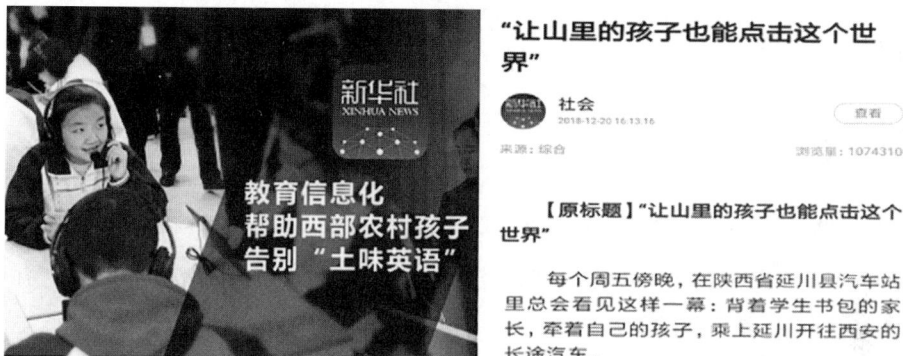

"让山里的孩子也能点击这个世界"

社会
2018-12-20 16:13:16　　　　　　　　　　　查看
来源：综合　　　　　　　　　　　　　　浏览量：1074310

【原标题】"让山里的孩子也能点击这个世界"

每个周五傍晚，在陕西省延川县汽车站里总会看见这样一幕：背着学生书包的家长，牵着自己的孩子，乘上延川开往西安的长途汽车。

图 5　新华社对教育新华扶贫的报道

【专家点评】

翼课网平台致力于通过云计算、大数据、新一代人工智能等技术来弥合贫困地区儿童所面临的数字鸿沟，准确切合联合国《人工智能为儿童政策指导》中"助力儿童发展与福利"的首要原则；同时，其促进教育公平的工作思路也从根本上贯彻落实了儿童保护领域的公平与非歧视原则。具体而言，翼课智慧课堂作为"互联网+"课堂教学整体解决方案的重要前端，科技赋能教与学全过程，能够提升师生的交流互动效率；翼课网平台的学习数据分析系统则为整个平台提供数据脑力支撑；智能听说训练与语音评测结合 NLP 等技术为学生提供宝贵的仿真机器外教资源，直切贫困地区学生哑巴英语的痛点，从一定意义上打破了区域教育资源不平等的严峻现状；趣味自学进阶系统则借鉴游戏化思路来激发学生的学习兴趣。翼课网平台的技术引擎之一是个性化数据分析与推荐技术，故自然面临当前算法的歧视和偏见等通用性问题。如何确保人工智能加持的内容生产准确贴合儿童不同成长阶段的需求，如何避免推荐内容巩固既有社会偏见、将儿童锁定在某种用户画像中而限制他们复杂多样的发展轨迹，是翼课网平台等类似产品需要深层考虑的问题。

6.8.3 孤独症儿童智能教育干预系统及其应用

【报送单位】

华中师范大学

【案例背景】

联合国教科文组织"教育 2030 战略"强调全纳、公平与个性化学习。中共中央印发《中国教育现代化 2035》直接指出"以信息化推进教育现代化"并强调"残疾儿童少年享有适合的教育"。

孤独症（又称"自闭症"）是儿童广泛性发育障碍的代表性疾病，其突出表现为缺乏正常社会互动与交流能力，兴趣狭窄和刻板重复行为。孤独症儿童的个体差异性大，当前无有效药物治愈并极易发展为终身残障，只能依靠教育干预辅助矫治。孤独症发病率近 2% 并持续快速增长；孤独症去年在美国的发病率高达 1/59，而我国也有超过千万的孤独症患者且大部分无法独立生活，孤独症已发展为迫切需要解决的社会问题。然而，我国孤独症康复工作与发达国家相比起步较晚，专业师资匮乏致使服务能力不足 30 万人，劳动密集致使年人均干预费用高昂。孤独症儿童教育干预属我国当前教育发展战略的重大需求。

人工智能技术的发展为孤独症教育干预提供了新途径。研究发现，孤独症患者虽然存在社会交往障碍，但对于电子设备较易接受，发达国家的研究初步验证了智能教育干预的有效性，但仍停留在"简单（个性化干预缺失）粗放（评估主观片面）"的初级阶段：孤独症儿童显著的个体差异性被忽视、零散低效的学习资源及固定单一的干预方法与他们复杂多样的发展轨迹存在鸿沟。长期共同面临的重大技术挑战突出表现在学习者个性表达、学习资源系统构建、学习过程干预 3 个方面：

（1）个性表达：孤独症儿童个体差异性巨大，传统学习者建模方法无法揭示个体认知水平与学习情感的动态演化规律，导致个性表达的准确性无法保证；

（2）资源构建：孤独症儿童发展轨迹复杂多样，要求社会互动学习阶段多、场景多，当前学习资源零散低效，缺乏符合孤独症儿童认知特点的资源构建技术，认知过载问题难以有效缓解；

（3）过程干预：孤独症儿童的社会互动能力表现在涉及行为、语言与情感等多个范畴庞杂的指标体系，当前干预方法单一固定难以适用、评估方法依赖于问卷调查及行为观测，整体不客观且欠精准。

针对上述问题，本研究团队开展对孤独症智能教育干预技术的攻关，在儿童个体认知心理状态的准确刻画、人机交互环境下的学习资源系统性构建、孤独症儿童个性化自适应学习干预等方面实现技术创新；研发了智能化教育干预设备与软件系统，创建云端一体化教育干预服务平台；立足于湖北省、面向全国，依托各级残疾人联合会，整合康复机构与医院、特殊教育学校与幼儿园、教育科技公司，实施了"机构—学校—企业"协同的应用推广。

【技术方案】

孤独症儿童智能教育干预系统围绕孤独症智能教育干预需求，在孤独症儿童三维认知心理模型、人机交互、双维度社会互动能力量化评估与孤独症儿童自适应干预四个方面进行技术攻关，对孤独症儿童提供智能化个性化的教育干预。图 1 描述了技术方案框架。

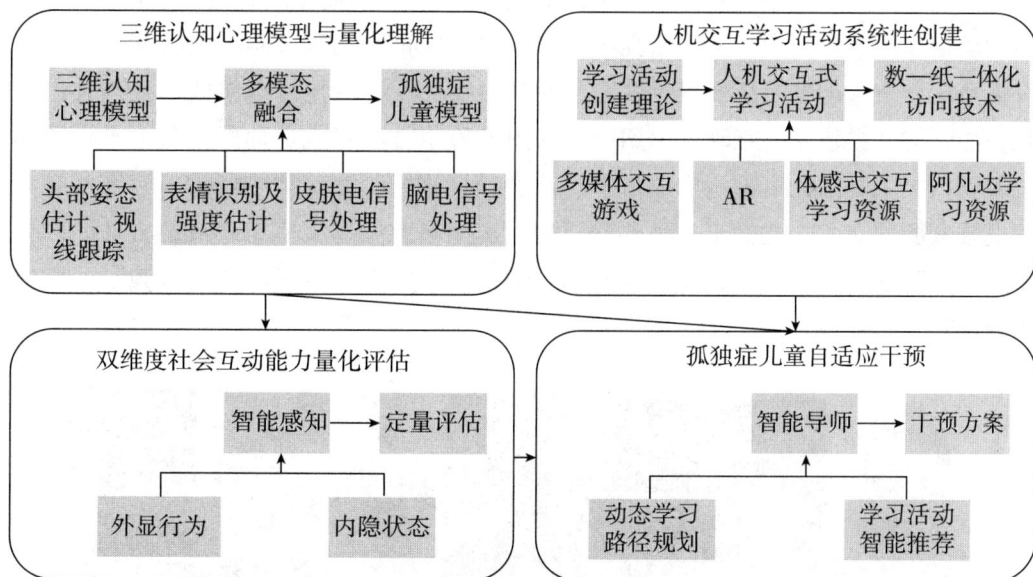

图 1　技术方案框架

1. 孤独症儿童三维认知心理模型与量化理解技术

建构"认知度—唤醒度—愉悦度"三维认知心理模型，融合视觉、触觉及脑电多模态信息，综合理解孤独症儿童认知心理状态。确立了在自然人机交互条件下获得孤独症儿童外显和内隐行为特征数据的多模态行为感知策略，发展了混合视觉、触觉和脑电信号的智能感知方法，通过头部姿态估计和视线跟踪技术实现无约束学习环境下孤独症儿童注意力的可靠估计，通过表情识别与表情强度估计联合计算方法准确估计儿童的情感状态，通过基于皮肤电导与脑电联合分析的孤独症儿童内隐状态发现技术，解决了儿童学习时的唤醒度与脑认知状态判别问题。突破了孤独症儿童认知心理状态自动理解实用化的核心技术瓶颈，提出了三维认知心理模型指导的孤独症儿童多模态融合认知心理理解技术，实现认知心理状态的精准识别。为个性化智能教育干预提供可靠依据。

2. 人机交互学习活动系统性创建技术

基于人机交互式学习的数字化学习是当今教育信息化的重要体现。依托人机交互学习活动思想，提出了融合心理理论、执行功能、中央统合功能及相互主观性理论的学习活动创建理论框架，构建基于慎思与反应式结构的智能体模型，根据在学习活动过程中儿童的行为感知结果及其认知心理状态，产生儿童与虚拟动画人物之间基于游戏的互动和场景变换；率先发展面向孤独症儿童社会认知模式的"面孔与动作投射"增强现实和"阿凡达"互动训练技术，填补了我国孤独症儿童系统性学习活动创建技术的空白。通过增强现实来建立数字世界与现实生活的直接联系，弥补孤独症儿童基础脑功能受损的缺陷，使孤独症儿童能够更好地接收和处理外界信息，加强与外界信息的互动。采用内容的图像检索方法建立实体图书与电子资源间的关联，极大增强儿童通过实体书本获取音频、视频、AR（增强现实）、交互游戏等电子资源的能力；建立了一种移动增强现实型涂鸦绘本真实感生成的方法，赋予平面出版物的数字内容形式支持良好的互动体验。图 2 展示了相关的孤独症儿童缺陷补偿式学习资源。

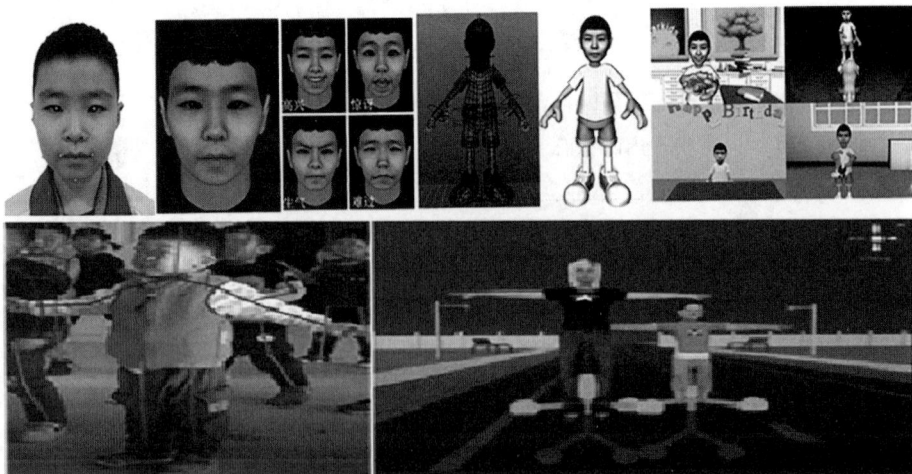

图 2　孤独症儿童缺陷补偿式学习资源

3. "外显—内隐" 双维度社会互动能力量化评估技术

从外显行为能力评分和内隐脑区反应两个维度，对孤独症儿童开展全面、量化、及时的评估，建立了人机交互学习活动到孤独症评估量表之间的映射，发展了基于多模态信号的孤独症儿童行为分析方法，实现了综合量表评分和自动行为观察的孤独症儿童行为能力量化评估；发展了不依赖先验知识的动态脑电数据准确因子化方法，构建自反馈更新的深度学习模型，实现了对孤独症对应脑区功能状态的精准评估。进而实现教育干预机制的自主优化。双维度孤独症儿童量化评价如图 3 所示。

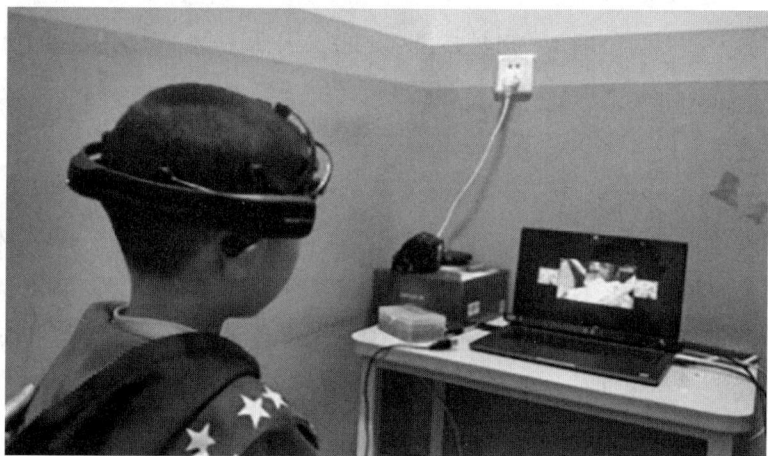

图 3　双维度孤独症儿童量化评价

4. 孤独症儿童自适应干预技术

基于孤独症儿童评估信息和知识地图的拓扑特性，构建了一个具有多层级、多阶段的动态自适应学习路径规划模型，针对具体教育干预情景，规划出一条由知识单元的认知依赖关系构成的路径；提出学习活动智能推荐关键技术，根据孤独症儿童的历史评估结果和认知心理状态，建立学习者模型，并根据儿童的学习路径进行动态更新，保证孤独症儿童能够得到适量、适当、适时的学习活动推送服务。针对现有干预策略固定单一，无法满足孤独症儿童个性化发展需求的问题，采用融合深度学习与强化学习的动态路径规划技术，从多层级、多阶段的认知知识图谱中规划出满足儿童个性化学习需求、自适应儿童学习表现的干预方案。孤独症儿童自适应干预技术如图 4 所示。

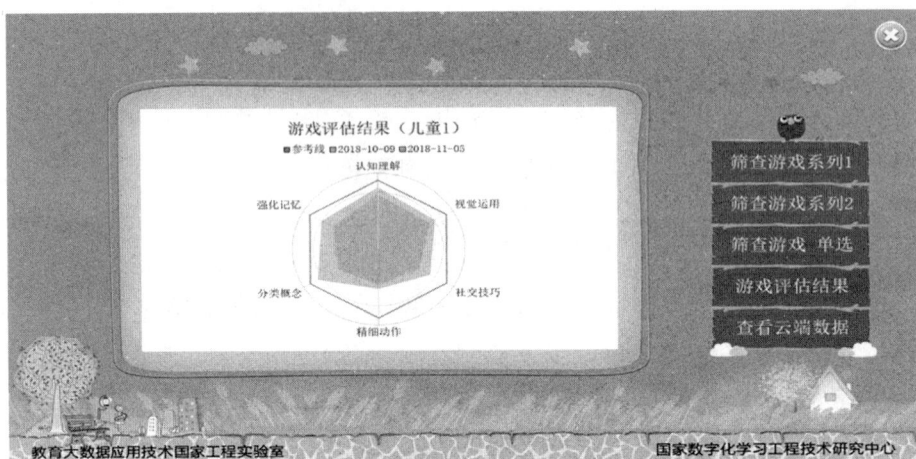

图4　孤独症儿童自适应干预技术

【应用效果】

　　该方案搭建了一整套智能化教育干预设备与软件系统，创建云端一体化教育干预服务平台，图5展示了这个孤独症儿童干预系统的相关界面。该方案通过基于游戏形式的学习场景，集中孤独症患儿的注意力，让孩子们在游戏中获得知识，达到寓教于乐的效果。在患儿使用本系统游戏学习时，系统通过记录各种社交数据，并有专业人士对数据进行分析，随时反馈患儿的康复情况，及时调整训练计划。立足于湖北省、面向全国，依托各级残疾人联合会，整合康复机构、特殊教育学校与幼儿园、教育科技公司，实施了"机构—学校—企业"协同的应用推广，为孤独症儿童提供了质优价廉的教育干预及评测服务。对武汉启慧特教学校近5年的应用跟踪表明，孤独症儿童的学习兴趣显著提升，学习活动完成反应时提升15%、准确率提升10%，社交、认知、语言、精细动作等能力增强，VB-MAPP（语言行为里程碑评估及安置计划）量表评测显示人均得分提高19%，干预效果相比传统方法优势明显。

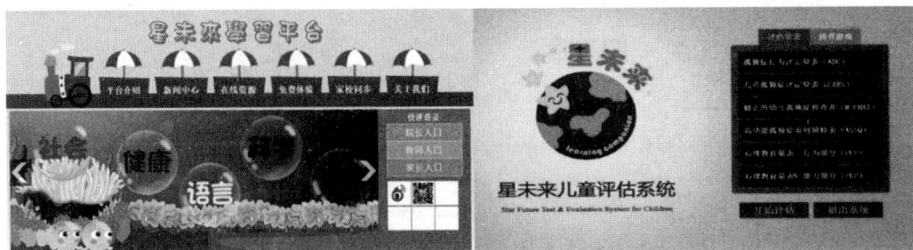

图5　研发的孤独症儿童干预系统

通过本系统进行孤独症儿童的康复训练可以轻松在家里完成。在 2020 年新冠肺炎疫情期间，全面覆盖湖北全省 74 所孤独症康复机构，为孤独症儿童"停课不停学"提供了高效能的学习平台、资源与技术支持；同时通过中国教育电视台与互联网，开创特殊教育的泛在学习模式。

本项目形成了新时代特殊教育的中国方案和国家案例。受联合国教科文组织的邀请，在国际人工智能与教育大会上做了主旨报告，代表我国介绍和推广孤独症智能教育干预经验，国内外专家高度赞赏项目组为世界特殊教育的发展贡献了中国智慧。

【专家点评】

孤独症儿童智能教育干预系统积极寻求对社会最边缘化群体的支持以使其受益于人工智能等前沿技术。该系统的技术方案从孤独症儿童三维认知心理模型、人机交互、双维度社会互动能力量化评估与孤独症儿童自适应干预四个方面入手，针对孤独症儿童千差万别的学习习惯和心理状态提供个性化干预，同时有效整合既有的零散学习资源，创建了一体化的教育干预平台。尤其值得肯定的是整套方案联动政府、残联、康复机构、学校和教育科技公司，全面推动政府、机构和企业等各个机构利用人工智能技术赋能孤独症儿童、通过泛在学习模式为特殊教育注入新的力量。孤独症儿童权利保护在产品设计层面的要点是体现"包容性设计"理念，打破内化歧视（"不完整的身体不需要设计师来使之整全"），将目前仅由个人承担的后果转化成一项社会支持性义务。换言之，不是将孤独症儿童努力融合进既有的社会模式，而是将社会模式发展为针对不同人群更具适应性的形态——所有无障碍社会构想的前提都是让人类意识到其并非单一性群体，任何人都是多样性光谱上的正常值，唯其如此，方能实现真正的人类平等。

致　谢

项目组衷心感谢以下专家及单位对本书编撰的大力支持！（按拼音顺序排列，排名不分先后）

项目支持专家：

冯　涛　北京心理危机研究与干预中心心理援助热线督导

郭　丰　中国信息通信研究院正高级工程师、政策与经济研究所副总工

杭孝平　北京联合大学网络素养教育中心主任、教授

雷　玲　中国传媒大学信通学院副教授

李　燕　北京心理危机研究与干预中心副研究员

李静霞　中国传媒大学马克思主义学院教授

牛帅帅　北京青少年法律援助与研究中心律师、研究员

徐　淼　北京青少年法律援助与研究中心研究员

张洪生　中国传媒大学文化产业管理学院执行院长

朱嘉奇　中国科学院软件研究所副研究员

组织协调单位：

北京信息化协会

成都市互联网文化协会

广州互联网协会

山西省互联网协会

苏州市互联网协会

中共重庆市荣昌区委网信办

中国电子教育学会

中国网络社会组织联合会在线教育专业委员会

项目支持单位：

阿里巴巴集团控股有限公司

安徽淘云科技股份有限公司

百度在线网络技术（北京）有限公司

北京瓜瓜龙科技有限公司

北京孔明科技有限公司

北京旷视科技有限公司

北京联想软件有限公司

北京世纪好未来教育科技有限公司

北京市商汤科技开发有限公司

北京思普科软件股份有限公司

北京微播视界科技有限公司

北京学而思教育科技有限公司

北京咏威亚太教育科技有限公司

北京猿力教育科技有限公司

北京字节跳动网络技术有限公司

成都谦德（VIPKID）科技有限公司

重庆市荣昌区教育委员会

长益华态（天津）科技有限公司

东南大学儿童发展与学习科学教育部重点实验室

工信部人才交流中心蓝桥杯大赛组委会

广东红橙云大数据有限公司

广东快乐种子科技有限公司

广州孩教圈信息科技股份有限公司

广州摩翼信息科技有限公司

广州视睿电子科技有限公司

杭州老爸评测科技有限公司

杭州人工智能小镇科技发展有限公司

华东师范大学

华为技术有限公司

华中师范大学

科大讯飞股份有限公司

科沃斯家用机器人有限公司

辽宁邮电规划设计院有限公司

南京大学人工智能学院

青少年人工智能技术水平测试工作站

清华大学附属小学

清华大学人工智能研究院

三六零安全科技股份有限公司

上海宽娱数码科技有限公司

上海徐汇区博爱儿童康健园

深圳点猫科技有限公司

深圳市腾讯计算机系统有限公司

深圳市优必选科技股份有限公司

深圳市优学天下教育发展股份有限公司

深圳壹基金公益基金会

网易（杭州）网络有限公司

希沃教育研究院

小米科技有限责任公司

新一代人工智能产业技术创新战略联盟

浙江赛目科技有限公司

浙江通鹏智能科技有限公司

中国传媒大学

中国科学技术协会

中国科学院计算技术研究所

中国科学院自动化研究所

中国联合网络通信有限公司大同市分公司

中国人工智能学会

中国信息通信研究院

中国移动通信集团山西有限公司长治分公司

中央电化教育馆

人工智能为儿童项目组

项目组负责人：

赵　晖　中国网络社会组织联合会

项目组成员：

丁秀云　中国网络社会组织联合会
严　明　中国传媒大学
苏文颖　联合国儿童基金会
于　杨　中国网络社会组织联合会
陈佳彤　中国网络社会组织联合会
李水晶　中国传媒大学
袁慧敏　中国传媒大学
赵孟林　中国传媒大学
娄兴睿　中国传媒大学
罗　聪　中国传媒大学
王林青　中国传媒大学